Hans Friedrich Fulda
H. F. フルダ 著
海老澤善一 訳

ヘーゲル
生涯と著作

Georg Wilhelm Friedrich
Hegel

梓出版社

ヘーゲル――生涯と著作　目次

Ⅳ　死後の生、その一瞥

凡例

以下のテクストにおいては、文献からの引用、文献の指示は慣例に従う。例えば、ある著者の著作の箇所を指示する場合、著作（ないしは著作集）の短縮形に続けて、場合に応じて（通例はローマ数字で）巻数が指示され、続けて、ページ数ないしは節番号が、（例えば序言のように、ローマ数字を打たれたページ数ではない場合は）アラビア数字が、続く。ヘーゲルの著作は可能な限り、『大全集』版かズーアカンプ社の『選集』から引用し、場合によっては、以下の略称で指示された著作に従う。個別の書物に関しては、通例通り、著者の名前とその著作の出版年によってのみ示す。それらは付録の主要文献によって容易に分かるであろう。最悪の場合、書名以外のものによってそれらを探さなければならない。

［この訳本では、符号及び引用書に関して、次のように記す。］

一、ヘーゲルの著書の略称

大全集　G. W. F. Hegel, *Gesammelte Werke.* Hrsg. v. der Rheinische-Westfälischen Akademie der Wissenschaften. Hamburg 1968ff.

選集　G. W. F. Hegel, *Werke in zwanzig Bänden.* Hrsg. E. Moldenhauer und K. M. Michel. Frankfurt 1971.《Theorie Werkausgabe》

ベルリーン著作集　G. W. F. Hegel, *Berliner Schriften 1818-1831*, Hrsg. v. J. Hoffmeister, Hamburg 1956（＝*Sämtliche Werke, Neu Kritische Ausgabe.* Bd.11）

エンチュクロペディー　*Encyclopädie der philosophischen Wissenschaften* ^{2}1827, ^{3}1830　特に断らない限り、第三版からの引用である。

エンチュクロペディー初版　上記書の一八一七年初版

自然哲学講義　G. W. F. Hegel, *Naturphilosophie. Die Vorlesung von 1819/20.* Hrsg. v. M.Gies. Neapel 1982

法哲学　G. W. F. Hegel, *Rechtsphilosophie.* Berlin 1821. この書（ないしは「客観的精神」の章）に関しては、この書の§§番号によって、そして残りに関しては『エンチュクロペディー』の§§番号によって示す。

法哲学講義一八一八—一八三一年 Gr　G. W. F. Hegel, *Vorlesungen über Rechtsphilosophie 1818–1831.* Hrsg. v. K.-H. Ilting. Stuttgart-

Bad Cannstatt 1973ff. Bd.IV, Nachschrift Griesheim 1824/5

法哲学講義一八一九／一八二〇年　G. W. F. Hegel, *Philosophie des Rechts. Die Vorlesung 1819/20 in einer Nachschrift.* Hrsg. v. D. Henrich. Frankfurt 1983

法哲学講義一八一八―一八三一年 Ho　G. W. F. Hegel, *Vorlesungen über Rechtsphilosophie 1818–1831.* Hrsg. v. K.-H. Ilting. Stuttgart-Bad Cannstatt 1973ff. Bd.III, Nachschrift Hotho 1822/23

自然法と国家学講義一八一七／一八一八年　G. W. F. Hegel, *Vorlesungen über Naturrecht und Staatswissenschaft. Heidelberg 1817/18 mit Nachträgen aus der Vorlesung 1818/19.* Nachschrift P. Wannenmann. Hrsg. v. C. Becker u.a. Hamburg 1983

書簡集　*Briefe von und an Hegel.* Hrsg. v. J. Hoffmeister. Hamburg 1952ff. その巻数をローマ数字Ⅰ、Ⅱ、……で、その後にページ数をアラビア数字で記す。

二、ヘーゲル関連の書物の略称

発展の記録　*Dokumente zu Hegels Entwicklung.* Hrsg. v. J. Hoffmeister. Hamburg 1956（＝Sämtliche Werke. Neue kritische Ausgabe. Bd. 11）

同時代人の報告　*Hegel in Berichten seiner Zeitgenossen.* Hrsg. v. G. Nicolin. Hamburg 1970

ヘーゲル伝　K. Rosenkranz, *Hegels Leben.* Berlin 1844

ヘーゲル研究　*Hegel-Studien.* Bonn 1961ff. ; 1998年（33巻）以後はHamburg

三、その他の書物の略称

ルソー全集　J. J. Rousseau, *Œubres complètes.* Hrsg. v. B. Gagnebin u. M. Raymond. Paris. Bibliothèque de la Pléiade. 1959ff.

アヘンヴァル『自然法の基礎』　G. Achenwall, *Elementa Iuris Naturae.* Göttingen 1750. ページ数は M. Stolleis による復刻版 Frankfurt 1995 による。

カント全集　I. Kant, *Gesammelte Schriften*, Akademie-Ausgabe. Berlin 1900ff.

カント判断力批判 I. Kant, *Critik der Urteilskraft.* Berlin 1790（＝カント全集 V, 165ff.）

カント法論の形而上学的初歩 I. Kant, *Metaphysische Anfangsgründe der Rechtslehre.* Königsberg 1797（＝カント全集 VI, 203ff.）

カント実践理性批判 I. Kant, *Kritik der praktischen Vernunft* (1788)

カント純粋理性批判 I. Kant, *Kritik der reinen Vernunf* 引用はA版（一七八一）またはB版（一七八七）による。

フィヒテ全集 J. G. Fichte, *Gesamtausgabe der Bayerischen Akademie der Wissenschaften.* Hrsg. v. R. Lauth, H. Jacob u.a. Stuttgart-Bad Cannstatt 1964ff.

シェリング全集 F. W. Schelling, *Sämtliche Werke.* Hrsg. v. K. F. A. Schelling. Stuttgart und Augsburg 1856–1861

四、符号

「……」 ヘーゲルからの引用文、及び強調表現（例えば隔字体による）の引用語句

『……』 書名

〈……〉 概念的規定の引用。科目、専門領域、テーマの強調。書名（しばしば短縮されている）の強調

［……］ 引用文中におけるこの角括弧のなかのものは著者による補足。その他、本文における角括弧は訳者による補足だが、これは最小限にとどめた。

、、、、 イタリック体で強調されている箇所は、この訳書では圏点で示した。

外科医、ダニエル、
造園建築家、フェリックス、
将来の物理学者、ヨハネスに

ヘーゲル――生涯と著作

はしがき

ヘーゲルは、最も重要な、最も影響力のある、近代の哲学者の一人である。しかしまた、彼はその中心思想を把握することの最も困難な人物であり、その考えに関しては最も意見の別れる人物でもある。その点について、彼自身、かつて次のように言っていた。私を理解した弟子は一人しかいない、しかしその一人も私を誤解している、と。彼の思索へ導こうとする著者としては、読者たちをこの同じ運命に陥らせないために、何をすればよいのだろうか。この問いを私はもう二十年以上前からいだいていた。この書物はその問いから誕生したのであり、次の前置きでその答えを最小限与えようとつとめた。ここではそれを先取りすることはよそう。

初めにまずこの仕事を助けてくれた方々に感謝したい。幸運なことにたくさんの方々がいた――ただ残念ながら、すべての方の名前を挙げて感謝の意を表明するには数が多すぎる。四人の学問の恩師、私がヘーゲルに関心をもつようになり初めて理解したのは、その先生方、その授業、刺激、激励のおかげである。多数の同僚たち、彼らは著書や議論を通して私を鼓舞してくれた、あるいは反論を呼び覚まさせてくれた。数え切れないほどの学生たち、ゼミや講義での彼らの執拗な質問は面倒な問題を繰り返し新たに考え抜くように強いてくれた。頼りがいのある完璧な秘書。しかしそれだけではない、激励の言葉を惜しまなかった友人たち、決して弱まることのない連帯のなかにあった私の家族たち、彼らにもまた感謝したい。私の望むことはただ、このように曖昧に一括りにした感謝を彼らに対する個人的な感謝として見ていただくことであり、そしてこの本と関わりのある方々が――ここは簡潔を旨とするためふれることができないが――、私が彼らから学んだと思っているすべてにおいて、彼らの見解を再び認めていただけるであろうことである。私が彼らの見解に与しないところでは、私の批判をできうればフェアなものとして感じとっていただきたい。

私はC. H. ベック社と編集者には二重に感謝する理由を持っている。彼らはこの本を〈思想家〉シリーズに入れてくれたのみならず、一九八一年四月以来私を忍耐強く待ってくれたのである。そしてミリアム・ヴィルデナウアー、彼女は私のゼミナールに通い続けてくれた一人であるのみならず、原稿の最終部分をタイプで清書してくれたのである。

ブレヒトは『亡命者の対話』のなかで「ティフェル」に次のように語らせている。昔ぼくはリウマチで動けなかったとき、ヘーゲルの〈論理学〉を読んだ。概念というものを、捉えようとしても捉えられない、しばしば最高に喜劇的《コーミッシュ》な運動のなかで、描いているこの本の著者は、哲学者のなかで最も偉大なユーモア作家の一人になりうる素質がある、と気づいた。座骨神経痛の痛みでほとんど動けなかった私は、ヘーゲルの生涯と死後の生を回顧し終えて、それ以来、この判断が正しいことを確認できるようになった。そこで私は、ヘーゲルを読むことは難しいかも知れないが、その難しさをユーモアを持って、受けとめていただけるようにお願いしたい。

一　前置き

読者にヘーゲルを理解してもらうのは容易なことではない。しかしその逆も正しい。

ヘーゲル哲学にはそもそも悲しむべき真実がある。もしも過去が人間たちを脅してあんなに慌ててあの哲学に追い込まずに、反対にそれを学ぶのにもう少し落ち着いた平静心を保っていたならば、また、現在が人間たちをあんなに懸命に駆り立てて、あの哲学を乗り越えようとしなかったならば、あの哲学が獲得したであろう意味を、あの哲学は過去にとっても現在にとっても獲得することはなかったであろう、という真実である。

キェルケゴールの『あれか—これか』のなかで、この書物の架空の編集者ヴィクトル・エレミタが簡単に「A」と呼んでいる美学者はこのように判断している。Aの言う過去とはヘーゲルの生きた時代であった。キェルケゴールにとっては、わずか十五年前のことではあるが、それは過去完了で語るべきものである。その間に十回以上も年がかわっている。その歳月は「悲しむべき真実」を終わりにしたと考えることができるであろうか。大間違いである。この哲学を急いで乗り越えようとする疲れを知らぬ努力の代わりに、忘却が訪れただけである。それでも、ヘーゲルの思想を理解しようと望むならば、自分が関わりを持とうとするものは何であるか、よく考えてみなければならないであろう。

理解を妨げるもの

ヘーゲル哲学の理解を妨げるものはその多くの命題のもつ晦渋さによるだけではない。ヘーゲル哲学ほど世界観の争いに巻き込まれたものは稀である。影響を残したものはなによりもステレオタイプ化されたものである。ヘーゲルは、彼が生活した国家を神格化したプロイセン主義の哲学者ではなかったか。彼は、人間の認識に制限を設けようとするカントの賢明な試みを修正して、世界-全体が認識可能である、あるいはむしろ、彼自身が築き上げた哲学の包括的な「体系」によってすでに認識されていると、われわれを信じ込ませようとしたのではないか。彼は、すべてが理性的である、と説明したのではないか。そして同時に、彼は、矛盾を存在論化してしまい、したがって矛盾を事物についてのわれわれの誤った言説に認めるだけではなく、事物それ自体にも認めるという、身の毛のよだつような試みをしなかったであろうか。彼は、精神と対立する自然に、どう見ても明らかなことなのに、発展を認めなかったのではないか。いずれにしろ、彼は、多くの人びとの見解によれば、精神的発展の終わりが来たと考え、未来を否定したのである。

このような常套文句のコンクリートで流し込まれたステレオタイプのイメージが、ヘーゲルへ入ってゆく入口を塞ぐいくつかの障壁を作っている。しかしそれだけではない。ほかに障害を作ったのは哲学史であった。その一つが、カントからフィヒテとシェリングを通って直線的にヘーゲルへと、思想は発展したとする解釈である。カント以後の哲学をこのように単純化してとらえる者は、ヘーゲルがヘーゲルその人になるまでに印した思想の痕跡を見失ってしまう。とはいっても、その痕跡を拾い集める者はそれはそれで、ヘーゲルの思索についての古物商のような意識にしか到達しないという危険に陥る。同じく危険なのは、歴史を知らずに解釈しようとする者たちである。ヘーゲルの概念構造は徹頭徹尾、思惟の歴史を素材としている。その構造は、ある哲学的思索――その未だかつて凌駕されていない模範はアリストテレスが与えた――にふさわしい仕方でそれに関わるだけでは、明らかにならない。その思索とは「現象」をテーマとするものであり、現象は簡単に同一化しうるさまざまの意見によってつかまれうるとするものである。つまり現象とは、できるだけ直截に、ただ事実の直観とコモンセンスに導かれてのみ記述されるべきものであり、その記述に潜んでいる問題を発見すべきものであるが、しかしまた、現象は直截に使える専門的知識によって手を加えられることもありうる、というものである。ヘーゲルはこんなふうにあっさりと哲学的思索に到達したのではない。「現象を救う」という彼の試みは、何十年もの努力を重ねて、哲学と個別科学の「諸理論」に従って、実体的な内容を作り上げたものであり、そしてそれをある新たな哲学-構想に、時代にとって理性的であるものを概念にもたらすという構想と、結びつけようとしたものである。したがって、最低限必要とされることは、生き生きした歴史感覚を持ちその構想の生成を視野に入れつつ、その構想と出会うことである。それを回避して、「批判的再生」とか「遺産相続」を旗印にしてヘーゲル哲学をアクチュアルなものとしようとするさまざまの試みは、それらが生い立った浅い水たまりを立ち去ることは決してなかったのである。

ヘーゲル哲学をアクチュアルなものとすることを目指さない者にも困難は立ちはだかっている。われわれは最近数十年の哲学を研究する必要はないが、しかしわれわれが哲学に取り組もうとする期待をいだかせてくれたのがその哲学であることも事実である。このことは、ヘーゲル哲学がかつて共同の生活と個人の生活にとって持っていたであろう役割を顧みるときに、特に当てはまる。当時と比べると、今日では哲学は大学を居場所とする、より専門的な仕事となっている。しかし、哲学はただ現代の諸学問の錯綜した叢林のなかにある一本の細枝としてのみ存在しているのではない。そのような現象形態と対照をなすのは、哲学を知恵の探求という個人的色彩のものと考えるものだが、それがセクト性に堕落していない場合は、「理論」であることを自ら拒否するのである。この対照が自明のものと受け取られるところでは、ヘーゲル哲学のような哲学はさらに歪んだ形で理解されることを強いられる。ヘーゲルの思索は相変わらずこの二つの外観のどちらかとして見られており、親近感をいだくか、疎ましく感じるか、どちらかなのである。——そのときは、ヘーゲルが哲学と学問との間に、また哲学と生活との間に、確立しようとした連続性が理解されることはないであろう。

予防措置

どのようにしたら、教養を持った普通の人が理解してくれるような書物が、キェルケゴール／エレミタのAが言った悲しむべき真理を、過去のものとするべく力を尽くすことできるであろうか。どのようにしたらそれは、普通人が、まるで解き放たれた野獣を撃ち倒すかのようにヘーゲル哲学に向かっていくのを、あるいは家禽のようにヘーゲル哲学を追い払ったりするのを、回避することができるであろうか。この書物はヘーゲルについてのステレオタイプな見解の成立場所をかぎつけそれを報告することはできないであろう。しかし、少なくとも「遺産」としては、ヘーゲルに発して提起された問題を無視すべきではないし、ヘーゲルが、彼の哲学を持続的に歪めて知らせるきっかけを生んだ人びとに、どのような影響を与えたのかは、顧慮すべきことであろう。ヘーゲルの後半生はまたその解釈における誤解の連続でもあって、その解釈に対して、ヘーゲルは、優れた人がそうしたように、抗議したのである。最善のことは、真実のものに対してとらわれずに好奇心をいだく辛抱強い態度と懐疑的な探求をもって、彼に接することであり、それこそ歴史的に生成してきた思想を迎え入れることなのである。

彼の思索の道はこのような態度を取るのにまさにふさわしいものである。そこで私はヘーゲルの教養の歴史についての章から始めることにする。ところでこの章はまた、歴史的な啓蒙と現実の哲学的な専門的関心とを相互に結びつけることをテーマとしている。それは、現代において再び、カント哲学が方向づけられるようになったことによって、あるいは少なくとも、新たな論争の対象が生まれていることによって、軽減される。つまり、ヘーゲル哲学のある重要な部分は、カントの問題を克服して、その問題に隠されている新しい思索の芽を育てる試みとして、理解されるのである。少なくとも、ヘーゲルが――カントとは異なり――懐疑主義の術中に陥らずにそれに活動の余地を与えている、その仕方によって、彼の思索は、われわれの時代の遠慮がちな哲学の視点からしてもまた、生きた専門的関心を受けるにふさわしいものである。

生涯と著作？

まず哲学者の伝記を綴り、次に著作と意見と教説を叙述するというやり方は、古代以来の慣例になっている。けれども、次の点は見落してはならないであろう。古代には十八世紀末に比べて、一生を完全にものを考えることに捧げて終わるのに、本質的により有利な条件が存在していた点である。現代に生きる個人は、以前よりは高い程度で、自分自身との一致の可能性を、正しい生活という、努力して獲得すべき理念のもとで見出すことを必要としている。そこで、哲学から理解される生涯について全般的に明らかにするためには、今やますます哲学と生活との関連の意味づけが必要となったのであり、その場合、哲学的思惟の内容を理解することが求められているのである。外面的生活の歴史を、それが非哲学的なものであろうとも、それを生きた人の知的発展と可能な限り緊密に結びつけて考察されねばならないのである。その叙述は、生成してゆくなかで把握される哲学に即しつつ、課題を見出していかねばならない。結局、そのような哲学はその課題を克服することを目指すものであるのだから。

「生涯と著作」という図式は次のことも示唆している。壮大な全集を作り上げた哲学の場合ですら、その創造者の生涯には、彼の上に聳え立ち万人の注目を引く記念碑を（それが著作であるとは限らないが）支える台座であるという役割が与えられる。ヘーゲルの生涯もそのように――市民の成功物語というスタイルで――描くこともできよう。けれどもそれは難しい。なぜなら、記念碑はいずれ崩落するものだからだが、それだけではない。それは、必要と認められた著作がその人の生涯に負わせ、その人が太刀打ちできなかった重荷を無視することになるからである。描かれた生涯は、英雄的な緊張を、またそれを秘めることをも見えなくしてしまい、英雄の陰の側面を、彼の内に働いていた破壊的な力とともに、隠蔽してしまうのである。そして、これらのことはすべて哲学と生活の関係にとって些細なことではない。のぞき見趣味を満足させないために、この点が問題になる。しかし何よりも、哲学の壮大な著作を、記念碑をその台座の上に載せるように、その生活の上に容易に載せうると考えることこそ、間違っている。いずれにしろヘーゲルとその著作にとってよりふさわしいものは、短い間地球儀を担いでいたあのヘラクレスの影像である。――ただし、半神でない人間は、その重荷を狡智によってすぐにまたアトラスに渡すだけの如才なさを備えてはいないのだが。

そこで私は叙述の全体にわたって生涯の段階を追おうと思う。それは、ヘーゲルの生涯がはっきりと二つの半生に、つまり哲学について独自の理念を形成するまでの時期（一七七〇年から一八〇〇年）と大学での教授活動の時期（一八〇一年から一八三一年）とに、分けられることによって、軽減される。後者の時期は戦争によって中断されたが、彼は教授職に戻ることを追求するであろう。二つの半生においては、生活と思惟との相互浸透がさまざまの性格を持っており、それはもちろん考慮されるべきことである。まず最初に知的発展が考察の中心をしめなければならない。それに対して、哲学を形成する理念が見出されると、ただちにその理念の下にいかなる新しい諸概念が展開されるべきであるかが問題となる。それに応じてまず何よりも、これらの諸概念にたずさわる仕事がいかにして著作の内に形を取っていったか、また大学の授業において表明されたか、を確認することが重要になる。そうして初めて、それが実際に生きられた生活とどのように関わっていたか、と問うことが意味を持ってくる。

それゆえ、ここに提出する著作は二回にわたってそして異なった仕方において「伝記的」であることになろう。最初には、ようやくにして見出された思惟の発展史のコンテクストにそってまとめられ、そして次に、ヘーゲルの最も重要ないくつかの著作を説明した後で、それらの著作に代表される仕事がそれを生み出した生活のコンテクストをどの程度前提しているか、さらにまたどの程度明らかにできるか、という問いに特に関心を持って、まとめられることになるであろう。

主要なことと副次的なこと

ご覧のように、本書の中央を占める最も分量の多い部分は伝記的であることを目指してはいない。この部分は、特に哲学史的な視点から、そしてまた体系的-哲学的な問いを持って、まずヘーゲルの哲学構想に読者を導き、次にヘーゲルの四つの主著をその根本動向において理解することを目指している。この箇所がこれらの主著のより深い研究の助けとなることを望む。

説明しなければならないことはさまざまにあり、それに対応する可能性も多様であるから、少なくともそのことを例証的に明確にするために、私は、主著のそれぞれに異なったアスペクトを取ろう。『精神現象学』では、その著作-

理念と特に見透しがたい全体構造（六・二）に的を絞る。それに対して、そこで豊富に扱われている経験内容はわずかにふれるだけにする。『大論理学』の場合は、私が興味を持つのは、まず発展史的に見て、その学の理念へ導かれていったいくつかの考えであり（六・一）、次にとりわけそこに含まれている特に哲学的認識のエピステモロジーについての根本思想である（六・三）。『哲学的諸学のエンチュクロペディー』では（七）、著作全体の理念（七・一）、そしてその理念の内で構想された自然哲学（七・二）と精神哲学（七・三）がテーマとなる。ここではその深層構造を明らかにすることを主に意図している。付け加えると、このエンチュクロペディーの各部門についての私の説明はその導入部の文章の非常に圧縮されたテクストを明らかにするものである。ヘーゲルはその文章によって自然と精神についての彼の体系的理論をそのつど開始したのであり、そうして自然（七・二・一―二・三）と精神（七・三・二―三・三）に関して総括的に知識を与えようと試みているのである。精神の概念についてのヘーゲルの叙述はおそらく最も手に負えない思想群に属するものであり、『エンチュクロペディー』は実在哲学の諸部分においてそれに慣れるように読者に期待しているのである。『法哲学綱要』がいかなる立場に立って扱われているか、それは内容目次が教えてくれる（七・三・五）。『法哲学』へ導くことは、他の著作に関する叙述よりも詳細に、理念史のコンテクストに取り組むことになる。ヘーゲルは『法哲学』において、多くの場合明確に述べてはいないのだが、理念史と関わっているのである。絶対精神に関するヘーゲルの普遍的理論（七・三・六）、これはかなり未知の国ではあるが、ふれずに済ますことはできない。これに対して、ヘーゲルの『講義』に関しては、ただまったく外面的アスペクトのもとで述べられるだけである（八）。最後の部分（死後《しご》）は本来別の一書が書かれねばならないものであろう。この部分は断片的なものにすぎない。

I　前半生

私こと、ゲオルク・ヴィルヘルム・フリードリヒ・ヘーゲルは、一七七〇年八月二十七日、シュトゥットガルトで生まれました。私の両親、ゲオルク・ルートヴィヒ・ヘーゲル、財務局収税顧問官と、クリスティーネ・ルイーゼ、旧姓フロムは、個人教授とシュトゥットガルトのギムナジウムの公教育によって、諸学問の教養を身につけさせようと、心を砕いてくれました。ギムナジウムでは、古典語と近代語、それから諸学問の基礎が教えられました。私は十八歳でテュービンゲンの神学院に入学を許可されました。シュヌラーの下で文献学、フラットとブークの下で哲学、プファイダァラーの下で数学、それらの勉強に二年間費やした後、哲学の修士となり、引き続き三年間、ルブレト、ウーラント、シュトル［あるいはストー］、フラットの下で、神学の諸学問を学び、その後シュトゥットガルトの教会役員会の神学試験に合格し、神学の牧師候補者の一人として受け入れられました。私が説教職の身分に就きましたのは両親の希望に従ったものでありますし、神学の勉強に心から忠実であり続けましたのはその勉強を古典文学や哲学と結びつけるためでした。候補者に受け入れられた後、私は神学の身分の職種のなかで、説教職の仕事から独立しており、古典文学と哲学に専念できる閑暇が保証され、また外国の未知の境遇で生活する機会を与えてくれる職業を選びました。私はそれを、ベルンとフランクフルトで就任した二回の家庭教師に見出しました。これらの仕事は、私が生涯の使命と決めた学問の道に専念する時間を十分に与えてくれました。二つの街で六年間を過ごし、そして父が亡くなった後、私は全身全霊を哲学の学問に捧げる決心をしました。そして、イェーナの名声は、私がこれまで自分のために考えてきたことを快適に考え抜く機会と、教育職を試みる機会を見つける場所という点で、選択の余地を与えませんでした（書簡集 IV/1, 88f.）。

このように一八〇四年、ヘーゲルは履歴書草稿に経歴を記している。この履歴書によって、彼はイェーナ大学での三年間の私講師活動の後に、自らを枢密顧問官ゲーテ閣下の「好意と配慮」に委ねようとしたのである（書簡集Ⅰ, 84）。彼は事実通りに、彼が神学の研究に勤んだことと家庭教師の任務を引き受けたこと、その内面的関わりを理解してもらおうとしている。ところが、彼は自分を育てた社会的・時代的・知性的・個人心理的な前提についてはほとんど何も語っていないのである。彼は自分の生涯が既に早い頃から一直線に大学でのキャリアに向かっていたのだと暗示しているのである――彼が「哲学を学問的に教えることに自分のすべてを捧げる」決断をするはるか以前から、哲学を大学で教えるための彼の能力は恵まれた環境の下で順調に育ったように思われるであろう。

このように書かれると、彼の生涯は実際よりも緊張の乏しいものとなる。もし彼の教養が、ここでゲーテやイェーナ大学の「責任者たち」に向かってその大要が書かれているように、破局なしに過ぎてきたものであったとすれば、である。また、彼の知性と暮らしぶりの内におそらく三十五歳にしてその才能を輝かしく立証しうるような学者の面影が彼から現れていれば、の話である。実際は彼は典型的な学者であるのではないし、自分をそのように有利に売り込むこともできない男である。彼は――この点は今日までほとんど正しく理解されていないのだが――既に重要な哲学者ではあった。しかしともかくイェーナの哲学的情景を外部から考察する者にとっては、ヘーゲルは長いあいだ、五歳年下であるにもかかわらず既に数年前から有名であった天才シェリングの、徹底した性格だが幾分鈍重で修辞の下手な協働者にして攻撃的な共闘者として目にとまっていたにすぎないのである。ヘーゲルの発展の姿と面と向かおうとするならば、どのような状況下でヘーゲルが神学の研究に向かいそしてその研究に「忠実であり続けた」のか、このことを正確に把握しなければならない。いかなる要因が合わさって子供の彼を知性化の道へと導いたのか。それらの要因は――どのような力とともに――彼をどのような方向へ向かわせたのか。多数の要因が存在したことは疑いない。したがってそれらの要因を一つずつ確定しなければならず、それらは互いに消し合うものだったのか、それとも助け合うものであったのかを明確にしなければならないだろう。それらの要因は、神学を研究するあいだに、初めには彼にあまりにもふさわしかった期待との決別へと、ヘーゲルを導いてゆくことが、明らかになるであろう。

二　いかにしてひとりの神学者がつくられたか

二・一　シュトゥットガルト

ヴィルヘルム（彼はそう呼ばれ、後に家族にもそう呼ばせていた）に、「僧職」に就く教育を与えようとした両親の意図の背後には、社会的地位からくる信望を獲得しようとする小市民的願望が控えていた。ヘーゲルの父親はオーバー・ヴュルテンベルクの財務省の役人であった。とは言え、彼は死の三年前にやっと「広告顧問官」、つまりこの部局に十二ある地位の一つに抜擢されたにすぎず、その上には一人の政府顧問官と一人の副長官、そして当然長官がいた。彼の子供が世間に出て一人前になったとき、彼は恩給局秘書官であったにすぎず、そのような地位は役人の位階としては、彼の夫人の親族のなかでも輝かしいものではなかった。彼の長子には早くから偉大な素質と抑えがたい学習意欲が現れていた。そこで彼の向上を準備するために、ギムナジウムの教育を通して大学進学を可能にさせようとしたのは当然であった。けれども家族が息子を大学に送ることができたのは、彼が神学を研究することによってだけであった。神学の課程に対してのみ大公がかなり以前から、国の最も能力ある子供たちに奨学金を与えて援助して

ヘーゲルの生家
エーバーハルト街53
（訳者撮影、2011年夏）

いたからである。この――テュービンゲン「神学院」での勉強のための――奨学金を得るには、予め十年の間に全国規模のコンクールで資格をとっていなければならなかった。ヘーゲルは一七八〇年にこのハードル（「国家試験」と呼ばれていた）を首尾よく越えていたから、一七八一年以後シュトゥットガルトの「ホーエン・カールスシューレ」で提供された教育は、彼にとっては意味の少ないものとなっており、それを尊重する動機はもはやなかった。

　この奨学金を左右した学校の科目は人文諸学科のうちの古典科目であった。特にラテン語、二番目にギリシャ語、最後にヘブライ語である。したがってヘーゲルが履歴書で早くから既に古代の諸言語と古典文学を自分のものとしたと、その重要性を強調しているのは、彼が個人的好みを表現しているだけなのではない。特徴的なことは、彼は、これらの学科をいかなる考え方で自分のものとしたかについて、結局は沈黙している点である。もちろんそれはドイツの文学的古典を基礎に置く新人文主義が初めて生んだ考え方ではない。それは愚直で大衆哲学的なドイツ啓蒙の考え方であった。ヘーゲルがその方向付けから解放されたのはやっとテュービンゲンにおいてである。このことは、この啓蒙が前述の社会的上昇という役割に添ったイデオロギーをヘーゲルに提供したのだから、興味を惹く点である。つまり、六〇年代と七〇年代のフランス啓蒙とは反対に、七〇年代と八〇年代のドイツ啓蒙は、ラジカルに反教会的あるいは完全に無神論的であったのではない。社会批判的あるいは完全に唯物論的であるのではなかった。市民世界にも宮廷世界にも属していないと感じた文学者軍団の挑発的な出版活動ではなかったのである。むしろドイツ啓蒙は圧倒的に国家官吏と教会奉仕者によって追求された国民教育のプログラムであり、熱狂主義と夢想を、偏見と迷信を適度に批判するものであった。それは悟性と理性を発展させて人間性の幸福に向かって連続的に進歩していくように導くものであり、その際に繊細な趣味とそれがすべての階層へ普及することも意図されたのである。けれども具体的な問題において深刻な葛藤にあるいは鋭い分析にすら向かうことはなく、それらの問題を徐々に改善するために、教会と国家の機関によって最善が考えられるとされたのである。この啓蒙の哲学は、教育を受けた読者大衆の常識に媚びて、合理的形而上学の残滓に経験主義的表象と古典的教養とを結びつけ、すべての人のための学術的な世界知とするというような折衷主義であった。この世界知を身につけた者は、卑しい素性であっても無教養な広範な集団とは明らかに区別され、それにふさわしい収入によって上の階層に属する者たちと、もしその階層が高慢な身分意識から十分に解放されていたならば、肩を並べることができたのである。少年ヘーゲルは両親が彼に与えた役割を知っていたから、学校や個人教授の教科内容を拒否する理由はなかったに違いない。彼は進んでそれを受け入れた。

後にいくつかの事件が生み出した食い違いから、ドイツ啓蒙の大衆哲学は結局その頭でっかちの教育のゆえに嘲笑を買うことになる。ヘーゲルも後にそれを低く評価することになる。しかし次のことを見落としてはならない。この大衆哲学は特に当時のヴュルテンベルク大公カール・オイゲンのように教育に対する情熱を持った君主のいた宮廷都市に適合していたのである。そしてまた次のことも考慮しなければならない。この哲学はその時代においては啓蒙に対して世界的に割り当てられたおそらく最も広範な成功という外見を持っていたことである。ただ次の出来事を思い出せば足りるであろう。人権宣言と北アメリカの合衆国の建国（一七七六年）、ヨーゼフ二世治下のオーストリアの改革（一七八一年）、あるいはしばらくのあいだ南ドイツで光明結社《イルミナート》が獲得した影響。——かつてのヴュルテンベルクの地域関係を概観するひとはさらに、七〇年代と八〇年代の間に西ヨーロッパの啓蒙が知的な力を喪失したことにも気づくであろう。今やその理念体系を突き破る裂け目が次第に力を得て姿を現してきたのである。その指導者たちの多くはこの頃に死んだ。例えば、エルヴェシウス（一七七一年）、ヒューム（一七七六年）、ヴォルテール（一七七八年）、コンディヤック（一七八〇年）、レッシング（一七八一年）、ディドロー（一七八四年）。ルソーは既に数年前から啓蒙グループのかつての友人たちと決裂していた。そして彼は彼らに迫害されていると信じていた。一七七六年二月、彼は対話『ルソー、ジャン・ジャックを裁く』の草稿を、後世の人びとのために迫害者から守るために、ノートルダムの祭壇に捧げようとした。そしてその彼もその一年半後に死んだ。彼の文化批判の書物が世界に与えた影響にドイツで対応するものは文学の覚醒運動であった。この運動はそれまでドイツ啓蒙を支配していた傾向と際だった対照を示していた。つまり、シェークスピア・ルネサンス、シュトゥルム・ウント・ドラングの詩、ゲッティンゲンの「森の詩社《ハイン》」[1772–1774, クロプシュトクを崇拝し、フォス、ヘルティらによって結成された詩人団体]の詩であり、クロプシュトクの前古典期の文学である。しかし何よりも、その後カントが八〇年代に、理性は人類の福祉に向けられた啓蒙の仕事を正しくおこなう前に、まず自分自身を啓蒙しなければならないと、理解したのである。そして彼の理性批判はその際に合理的形而上学の認識要求のみならず、「大衆的な人倫的世界知」の要求すなわち大衆哲学的な倫理学の信用をも失墜させたのである。これとは独立にフリードリヒ・ハインリヒ・ヤコービはロマーンや書簡やエッセイによって、大衆哲学の穏和なオプチミズムが糊塗していた厳しい対立を目の前に描き出した。それは、人類あるいは個人の福祉に有益なものについての悟性啓蒙と人倫的あるいは宗教的洞察のより深い要求との間の対立であり、伝統的規範のモラルと最も内面的な良心的要求の無制約性との間の対立であり、——啓蒙絶対主義の内に存続している——恣意的支配と公の機会に自由に自主的に参画することを願う市民たちの正当な期待との間の対立であり、ラジカルな啓蒙家たちが快楽主義的で自然主義的な倫理のプロパガンダによって宗教的蒙昧と戦ったその良き意図と、それが期せずして絶対的専制主義を利することになってしまった事実との間の対立である。ヤコービは、後期のレッシングがスピノザ主義者でありしたがってその中心的考えからすれば無神論者であったことをセンセーショナルに暴露して（一七八五年）、キリスト教の啓示信仰を近代の自然科学や合理的な自然哲学と媒介できると信じ込んでいたドイツの啓蒙神学者たちをショックに陥れたのである。今やレッシングの友人のままでいようとした人びとは、創造神に対する彼らの信仰をスピノザの首尾一貫した哲学的自然崇拝のために放棄して、人間の姿をした神の表象をすべて投げ捨てるか、それともヤコービに与して一切の哲学的議論は消滅させて、既に信仰と義務感情の内に成立している直接的確信という「非哲学」によって、いかなる哲学をも超えてゆくか、この二者択一に立たされたのである。

これらの文芸上の出来事の多くについて、ヘーゲルは既にギムナジウム時代に、その知識を獲得していた。それらは、啓蒙の「悟性文化」に自分を同一化していた彼をさしあたっては迷わすことはなかった。卒業まで彼は功名心に富む首席であったようだ。十五歳から十六歳の日記に彼は自分が首席であると正体を明かしている（大全集 I, 33ff.）。聡明であるが順応的であり、何にでも関心を示すが若者に特有の熱狂には陥らず、良き仲間であるが真の友人ではない。思春期にあって真面目で勉強熱心、驚くほど大人びて、偏狭なほど道徳的に、彼はその最後の生徒時代には、巨大な貯蔵能力を持つ干上がった知的渇望が、他のすべての要求を彼の内で窒息させるまでに至っていたのである。この期間に彼が教師たちの権威から離れ始めていたと証言するものは何もない。なぜだろうか。彼は、文明批判の新しい感傷主義の知らせを知らず、ヤコービとカントによって大衆哲学の世界知が蒙った震撼に全く気づかなかったのか。彼の聡明で包括的なメモ、読書、書物についての行き届いた概要、これらから見るとその可能性はごくわずかである。けれどもここで答えを出さずに立ち去るのを欲しなければ、外面的生活の資料にすぎぬもの以上のことをあえて問わねばならない。彼の子供時代の闇に隠された体験が明らかにすることについて推測せざるを得ず、「内なるヘーゲル」を解明しなければならない。

十五歳の少年はその日記のなかで二つの出来事にのみ個人的感情をうち明けている。その二つの出来事において彼を突き動かしたのは、人間の死であった。一つは彼が、三十五歳になる一月前に亡くなった教師を偲んでいるものである。彼はこの教師を尊敬していたのであり、教師もまた彼に多くの期待をかけていたに違いない。八歳のとき彼はその教師から、なんと新しいドイツ語版シェークスピア全集十八巻を贈られたのだ！　そして彼は教師への追憶を一生涯心にとめると讃え、下級クラスの指導者であるこの教師を、「自分の領域のすべてにわたって影響をもたらしたに違いなかった」（大全集Ⅰ,8）と嘆いている。この言い回しは、大人から学んだものであろう、保守的なものではある。しかしそこに率直な共感が表現されていることは疑いない。もう一つの出来事には、おそらく今度は文学的であるようなお手本なしには不可能な表現であろうが、より個人に特徴的な仕方で感情が表現されている。そこではヘーゲルは崇高な感情を心にとめおこうとしている。それは、宗派教会の大鐘の鈍い音と上級政府顧問官の葬儀（彼は遠くからその葬列を見守っていた）にあたって塔から吹き鳴らされたトロンボーンの「悲しい響き」（大全集Ⅰ,10f.）が彼を満たした感情である。彼が感情の文学的表現を自由になし得たのはこの種の悲しみの機会に限られている。その背後に何も隠されていないのだろうか。

その二年足らず前（一七八三年秋）、彼が母を失ったことを心にとめよう。母は彼自身もその犠牲になりかけた病気で亡くなったのだが、その間、彼女はたぶんその能力を越えて彼を看護したのであろう。彼は彼女のお気に入りだった――しかしそれは彼が彼女の最初の子だったからだけではない。生涯にわたって兄を敬慕していた妹が後に証言したところによれば、それは「［彼が］よくできたから」（同時代人の報告 3f.）である。母は官房顧問官兼宮廷法理顧問官（彼女の結婚の時にはもはや生きていなかった）の娘であった。同じく妹の証言によれば、彼女はその時代にしては「教養を持った女性」であり、息子にとっては「最初の学習に多くの影響を与えた」母親であった。おそらく何よりも彼女の勧めで、彼は三歳の幼児でドイツ語学校へ、そして五歳でラテン語学校へ送られた。彼は彼女から初級ラテン語の語彙を教わったのである。彼女が結婚を下降あるいは不満なものとさえ感じ、勉強のできる息子に共鳴して、彼女自身の価値を確認することに、あるいはその代わりになるもの、彼女に欠けていたものを作りあげることに夢中になっていた、ということも十分あり得ることである。そして彼女のその反響は明瞭に聞き取られたのである。

すべてのクラスで兄は毎年賞を獲得しました。いつも彼は五番以内にいたからです。そして十歳の時彼はギムナジウムの級で首席になりました（同時代人の報告 3）。

さてしかし母は死んだ。彼女は彼女の望みに彼の感情を縛り付けたまま、彼を一人残して逝った。おそらく彼は、彼そのひとのために愛されることがあまりに少なかったし、彼女は感情のこもった思いやりに関わるものを彼に与えずに去っていったのであり、このことが、彼には隠されたまま残された。これは「才能に恵まれた子供のドラマ」と緊密に結びついて結び目を作っている。孤独からそして本来の自己の内にある途方もない空虚さの意識とともに抑鬱状態に陥る危険に対抗して、成功体験が到来するまで大きな信頼の保護を提供したものは、彼が母に感謝する知性的教育である。この保護は、母による確証の代わりが、部分的に少なくとも妹が彼に注いだ賛嘆によって埋められたのだから、それだけにいっそう現実的であっただろう。ところで妹は――何と十歳で――父親と兄と弟の主婦役を引き受けたのであり、したがって母親代わりの役をもしていたのである。しかし知性的教育は、思春期に入る少年の感情を、自分の運命に対して悲しみから生まれた煙るような感情移入に縛り付けるものでもある。彼はもしかしたら母の死に対して共犯の意識を持ったのではないか――そしてどのようにしてその疑いを、母の愛に応えること（その後、彼は母の期待を百パーセント満たしたのだから）によるよりも、上手に抑えることができたであろうか。したがって、彼はこの期待の成就を邪魔するようなかすかな心の動きも起こさぬようにする術を磨かなければならない。これは彼の知性化を強固なものにし、彼の学習成果を期待するすべての人びとにますます承認されることになり、それゆえ押し寄せる抑鬱から我が身を守る彼の防御姿勢が、彼が他人の間に呼び起こした荘厳な印象によって、揺るぎないものとなったのである。けれどもまたそれは彼がそのような印象に依存する者になることでもある。しかし、そのことは特に感情の自然の発露や表現を期待しているすべての人びとの間では、彼を打ち解けることのできない秘密に満ちた者としたのである。彼は若い頃から人なつっこく社交界では人びとに好かれていたのだが、後にクレメンス・ブレンターノが描写するには、例の「立派で堅苦しいヘーゲル」となるのである（同時代人の報告 103）。「いつも明朗な心」（ヘルダリーン、書簡集 I45 参照）を持ち外面的に「落ち着いた悟性的人間」（同時代人の報告 33）、この男はそれにもかかわらずその気のきいた文章を雄弁に語れず、それどころか一度として明瞭な声で講義したこともなく（ヘーゲル伝18参照）、「踊りの教師のもとではまったく不器用」（同時代人の報告 4）な男だったのである。

もちろん、後にヘーゲルの内に見られる行動の特徴がここで推測された子供時代の運命に由来するものである、と確信を持って主張することはできない。子供時代の乏しい記録のなかにそのような運命を肯うほかの状況証拠を求めるべきでもないであろう。その前に、ヘーゲルの後半生がここで立てられた推測に合致するものであるかどうか、を問うべきであろう。しかし、十八歳のヘーゲルがここに推測された内面の歴史によって刻印されていたとする場合は、おそらく彼について次のように言うことができるであろう。このような人物は、その間に啓蒙の自己意識を変化させる事件にふれ、それらによって自分を形成する前に、まずもって新たな衝撃を受けることが避けられない、と。

二・二　テュービンゲン

彼の神学研究は、もしそれが彼にふさわしいものであったなら、何に守られていたのだろうか。もし弁論のハンディキャップを無視できるならば、彼は新たな人生の一時期に対して十分な用意はできたであろう。けれども一七八八年秋テュービンゲン大学に進学すると、間もなく衝撃が襲ったのである。そして今や彼に働くさまざまの要因がヴュルテンベルクの僧侶職とは異なった方向へとただちに彼を追いやることになる。はるか以前に彼のために設えられ、しかしこれまでは適度の距離を置いて彼を待ちかまえていた事柄が、いま彼の背後でぱたっと閉じられたのである。自分自身のみならず父親をも拘束するものとして、彼は書面で「神学以外のいかなる職業にも就かぬ」義務を結ばなければならない。他のいかなる職業にも就くことは許されず、したがって彼には、「大公閣下が下賜するか派遣するように命じるであろう」、「教会か学校で雇用される」（書簡集 IV/1, 19）以外の道はなかった。その前触れとなったのは、両親の家での気楽な生活からテュービンゲン神学院の脅迫的に規則づくめの窮屈な生活への転換である。しかしさら

テュービンゲン神学院
（訳者撮影、2011年夏）

に彼の心の均衡を乱したのは、彼が初めて強敵との競争にさらされ優越感の誇りが奪われたと感じ、その上ただちに――おそらく正しくはないであろうが――以前のシュトゥットガルト時代の同級生から後れをとらざるをえなかった（書簡集 IV/1, 279：同時代人の報告 9, 11f.）ことである。そのことが先に述べたハンディキャップとともに彼の内に神学の仕事に就くことについての疑念を生んだのかも知れない。いずれにしろヘーゲルは二年間の哲学の基礎的勉強を終えると法学に転科しようとした（同時代人の報告 17）。しかし、そのために父親の同意を期待することはできなかった（同時代人の報告 12）。

これらの要因の外に、緊張状態を生む教養史的な要因が働いたことも確かである。テュービンゲンはわずか二百人ほどの学生を持つ小さな領邦大学であった。――ホーエン・カールスシューレのために、大学は大公から見放され、さらなる疲弊によって存立を脅かされていたのである。神学部には四人の教授がいたが、他方、将来の神学者たちがマギスターになるまでに学ぶ哲学部にはたった二人の教授しかいなかった。その一人（A. F. ブーク）は大衆哲学の書物に従って実践哲学と美学を講義しており、もう一人（J. F. フラット）は何よりも神学に興味を持っていた。フラットは、神学部を牛耳っていた彼の先生（G. Ch. シュトル）の正統主義を大衆哲学と結合させて、古啓蒙主義のリベラルな理性神学から、カントの理性批判を助けにして、正統主義を防衛しようとしていた。彼の意図に反して、このことによって彼は優秀な学生の間にカント的理念への熱狂を呼び醒ましたのである。そして彼は一七八八年以後カント哲学にも反対することになるのだが、それは、テュービンゲンの「超自然主義」神学に反対してカントを学ぶという学生たちのラジカルな活動を強めただけであった。こうして今やヘーゲルは、最も重要な学問上の彼の教師たちと、最も才能に恵まれた同級生たち、同い年のヘルダリーン、（一七九〇年以後は）五歳年下の天才シェリングとの間で、いずれの方向を取るべきか、葛藤に陥っていることを理解した。大衆哲学は、これまで彼の心の平衡を維持してきた意義を失ったのである。

　新たな方向を探るにあたって、彼がテュービンゲンの教師たちの古い確信よりは同級生たちの新しい理念に信頼を寄せていたことは確かである。けれども何がいま彼に起こったかを理解しようとするならば、彼がその理念にいかに没頭したかを正確に観察する必要がある。そのためには彼が生涯の世界史的な出来事をいかに受け取ったのかを正しく評価しなければならない。それは彼の大学一年生のときに起こった。フランス革命の勃発である。他の人びとと同様、彼は革命に関して例の漠然とした自由の熱狂主義の立場を取った。この熱狂主義は短期間、文学によって教養されたドイツ全体をほとんど席捲したものである。けれどもおそらくそれがすべてではない。革命は故郷シュヴァーベンに波及するかも知れない——そしてその期待が、神学の勉強を法律学の勉強に替えたいという彼の希望の根拠を作ったのである。しかしその希望は満たされたか。時代の出来事の動きに翻弄されながら、彼はともかく教育の機会を利用して個人的な危機を克服せざるを得なかった。そうして彼は時代の要請にも最も上手に適合したのである。それゆえ彼の発展を促した心理学的要因と教養史的要因と世界史的要因が互いに結びついて最も固有の形態と強さの原動力の模範となったのである。

その成果は、ヘーゲルの学生時代の文書、同時代人の報告、それから信頼に足るいくつかの記録から混乱なく取り出すことができる。テュービンゲン正統主義を神学的に克服するためにカントを可能な限り精密に研究した上述の友人たちとは異なって、ヘーゲルは根本からこの正統主義を軽蔑していたのであって、正統主義は彼にとってはさしあたってそもそも哲学が批判するに値しないと思えたのである。彼の説教演習はただ義務を遂行するだけのものとなった――それは合格不合格とは無関係なもので「驚くほど月並みなもの」（発展の記録 446）であった。大衆哲学はカントによって指導的役割を失っただけではない。ヘーゲルは今や悟性的啓蒙主義に売り渡されたそれの振る舞いにアレルギーを起こし、それとの訣別をカントよりはるかに唐突におこなった。カントの批判とその形而上学を習い覚えて概念を明確にすることはヘーゲルの問題ではなかった。彼はもっと多くの効用が第一に古典-古代の哲学と詩に集中的に取り組むことによって得られると期待したのである。それらへの嗜好から彼は神学の研究に――外面的には少なくとも――忠実であり続けた。しかし現代の英雄はヘーゲルにとって今や――例えばヤコービの『ヴォルデマル』や『アルヴィル』に登場するような「類似の感傷が支配している」ほかの人びとと並んで――ルソーであった（同時代人の報告 10f. 参照）。ルソーの『社会契約論』は古典的教養を政治的に実現する光を彼に見えさせた。『エミール』は彼に新たに宗教を考えさせた。『告白』は、最も内面的で真実の自己を探求し、これまでの生活と求めていた教養を情け容赦なく自己弁明せよ、という衝撃を彼に与えた。それと並行して現れた感情の動揺を、彼は陽気さと居酒屋の気晴らしで押し隠した。哲学の原理的問題に対して未だ明確でなかった立場を、彼はとりあえず彼の関心をひいていたテーマを広範に切り子細工することによって、埋め合わせせするしかなかった。それは彼の近くにいた人びとの間に、彼は折衷家であって「知の国を尊大に」（同時代人の報告12）彷徨っているという印象を呼び起こすものであったであろう。事実、彼はある新しい生命概念を探していたのである――神学的立場あるいは僧職として可能な適性の外部で、そして革命の及ぼす出来事とそれが南西ドイツへ波及することを願いつつ。こうして給費生のなかから神学者を作るという信頼に足る処方箋が、彼の場合には不適格であることがはっきりした。哲学的経歴のためには、今彼の発展が取っている経過は大きな回り道であった。けれどもそれは生産的であった。それはヘーゲルの今後の哲学的教養を最も緊密に生活に結合させたのである。

三　その境遇からいかなる人物がつくられたか

長年にわたって途絶えていたシェリングとの文通を再開した有名な手紙のなかで、ヘーゲルは一八〇〇年に、彼の「哲学的教養」を振り返って、それが「人間のより低次な要求」から生まれたものであり、その後「青年時代の理想」は転換を余儀なくされた、と語ることになるであろう（書簡集 I, 59）。それゆえ、ヘーゲルを彼自身の視野から理解しようと考えるならば、次のように問わねばならない。彼が自分の教養を切り開こうとし始めたとき、いかなる低次な要求のために活動しようと欲したのか。その要求を満足させる論文はいかなる理想に仕えるべきものであったのか。そしてその論文として彼はいかなる種類の論文を書こうと考えていたのか。これに答えることが、ヘーゲルの根本にある生涯計画を最も容易に明らかにするであろう。その計画は実行されぬままに終わった出版計画を含むのであるから、次のようにも問える。なぜその出版計画の仕事はそれに代わる何のために頓挫することになったのか。そして――出版計画は多数あったのだから――いかなる理由でそれらは一つにまとまらなかったのか。それゆえヘーゲルが一八〇〇年に至るまでに書き始めてはいたが公表しなかったいくつかの仕事のテーマに、われわれは系統的に取り組まねばならない。本来の関心がヘーゲルの後期哲学に向うとき、われわれはさらに、いかなる方針転換とこのテーマの改訂とが結びついたのかを、知ろうとするであろう。つまり、「低次な要求」は意識下でヘーゲルの哲学的発展を押し進めていたのであり、それがその発展をある出来事へ、成熟したヘーゲルの思考に見られる多くの特殊なものをも理解させるある出来事へと導いたのである。

三・一　ベルン、「青年時代の理想」から見る人生設計

テュービンゲン神学によって修士ヘーゲルは根本からずたずたにされ、最後の学生時代の夏（一七九三年）のほとんどを治療にかこつけて家で過ごし、できるだけ早い内に「自由になる」（書簡集 IV/1, 52：同時代人の報告 22）ために（たとえそれがベルンの家庭教師としての自由であっても）、予定より早く教会の最終試験を受けた。しかし宗教は「われわれの生活の最も重要な関心事の一つ」（大全集 I, 83）として彼のテーマであり続けた。彼が取り組んだ人間の要求とは、革命国フランスの特にロベスピエールの下でなされた「非キリスト教化」とともに知られる要求――それゆえルソーを模範として共和国を創設する試みから生じる要求――であった。ルソーは『社会契約論』の最後で（第四編第八章 8）、政治的立場の異なる宗教の類型を、共和的に形成された共同体の内部において、正当化しようと試みている。その探求は解決困難な仕方で始められている。国家に一致する「国家宗教」は必ず衰退する。他方、福音派において保たれてきた真実の「人間の宗教」は政治的団体とは全く何の関係も持たない――その通り、市民の心は国家から離反しているのである。彼はこの確信に頑固にしがみつくことはなかった。それゆえにこそ、ルソーは結局さらに、予め構想されていた国家において政治的に要求される生活にふさわしい信仰告白が可能であるとすれば、その信仰告白を満たすものはいかなる条件でなければならないか、を突き止めようとすることができたのである。最も重要で望むべきことは、宗教が心理的あるいは物理的な抑圧の道具であることをやめることであるが、しかしまた宗教が

もはや世俗からの避難所や非政治的なものになるのではなく、その代わりに市民の宗教の姿をとることである。これはおそらく共和主義的国制原理に対する無制約的な公共的信頼を意味しており、人間を越えたその権力に対する寛容な尊敬というようなものを意味しているのであろう。人間が公民的義務を受け入れて自由な共同生活を目的とする「政治的団体」を持続的に形成するならば、そのような権力の福祉活動に人間は感謝の念を抱くのである。ヘーゲルが我が身を捧げようとした理想は一般的に言ってこのような生活の理想であったであろう。おそらく「青年時代の理想」は詳しくはそのような生活に導く教育のことであったであろう。なぜなら――たとえそれにふさわしい施設によってではなくとも、少なくとも文書において――教育は可能にされることができるのであるから。その文書は、いかなる自由な教育機関が、「青年時代」に彼が体験した教育機会に取って代わるべきかを、明らかにするものに違いなかった。別の言葉で言えば、それは『社会契約論』の原則に対応する民衆教育の理想であった。そのような根本的で宗教的な視点をヘーゲルの時事論文は目指しているはずであった。ともかくヘルダリーンはそのように彼の友人を理解していた（書簡集 I, 20）。

　ところが、ヘーゲルは彼のルソーを初めからカントの視点から読んでいたのである。カントは、ルソーの文明批判・社会批判・教育批判の主張（二つの『論文《ディスクール》』〔『学問芸術論』と『人間不平等起源論』か〕と『エミール』にある）を、『社会契約論』の政治理論と、そしてまた、その批判を「いかにして文化が、……完全な芸術になり再び自然となるに至るまで進展していかねばならないかという困難な問題を解決する」（カント全集Ⅷ、373ff.：26 参照）試みのための論考と理解することを通して、理性と、一致させ得ると信じていたのである。こうしてルソーの著作はもはや絶望的なペシミズムの言葉とは見なされなくなった。――そうしてのみヘーゲルは、ルソーの感傷を通して自分を押しつぶしていた「足かせ」から自由になろうとすることができたのである。これに対応してルソーを孤独に、まさしく狂気の淵に追いやった問題は顧みられることがなくなってしまった。このような性癖はまた生涯ヘーゲルにつきまとうことになろう。文明化がおそらく（われわれの内なる）自然にあまりにも多くのことを要求しすぎているかも知れないということは、決して彼の問題になることはなかった。彼の子供時代についてこれまで述べてきた推測からしてそれ以外のことは期待できない。

カントとルソーを結びつけることがヘーゲルの最初の仕事の計画であった。それはまた「市民の宗教」という構想に含まれる問題をカント的手段によって解決しようとするものでもあった。ルソーはすべての人が互いに兄弟として認めあうというキリスト教の「人間の宗教」の内容から「純粋に市民的な信仰告白」（ルソー全集 III, 468）〔『社会契約論』の上述箇所〕を抜き出そうとしたのである。その条文を政治の主権者は——それゆえ一つにまとまった民衆は——固定すべきであったのであり、その内容は、すべての人が感傷を通して、あれこれの実定宗教の教説や慣習として彼らの悟性や感覚を捕えている「統制物」から解放されるならば、自分の心の奥底に発見できると言われるものである。しかし、可能な限り単純な教義の可能な限り少数の真理と見なされたもののなかでわずかに生きながらえて残されている宗教は、近代諸国家の互いに敵対しあっている宗教団体間の過酷な争いに伍して、実際にいかにして優越することができるのだろうか。この問いに答えることの難しさがヘーゲルの出発点にあった問題であった。ルソーが共和主義的な徳操を形成し維持するために宗教に期待した重要事は、彼が理性的国家の理想のために救い出そうとした信仰内容に関して、ただ真理と見なされるだけでその残滓の容易に分かる発育不全なものとは適合していないのである。それゆえヘーゲルは次のように問う。

> どのような宗教の教えが最も魂に関わりをもつか、魂に最も慰安と昂揚を与えうるのか——民衆をもっと善良にもっと幸福

にすべき宗教、その宗教の教えがどんな性質のものでなければならないかではなく、――その宗教の教えと、その宗教の力が、人間の気持ちの織りなす網の目のなかに首を突っ込んで、その行為への動機の仲間入りをして、そのなかで生気あり効果のあることを実地に示すためには――それが完全に主体的になるためには――どんな措置が必要か、それを探究しようというのが私の考えていることである（大全集 I, 90）。

この問いは別の言葉で言えば、内容の面から見て理性的な宗教が「主体的」となるためには、つまり意志を人倫的行為と規定するためには、どのような組織的条件が満たされねばならないか、ということである。そしてこの問いに回答しようとすることによって今や、カントの宗教論の計画がそのための枠組みとなることを理解させることとなる。

カントの宗教論は次のことを明らかにした。イエスが教えたのは普遍的な理性宗教であり、そしてカントはそれを「いずれの宗教的信仰も気にとめなければならない至上の規定であるとした」（カント全集 VI, 158A）のである。これによってカントはイエスの宗教に、人間の宗教的義務と道徳的義務との間にある葛藤を終わりにする解釈を与えたのであった。ところがカントによる倫理学の新たな基礎付けは道徳的義務と政治的義務との間にある葛藤をも避け得るものとすることを約束していた。その上さらに宗教論におけるそれらの諸義務は「聖なる歴史」を「いかなるときも道徳的な事柄を意図しているもの」（同 132）として解釈するという根本原則を義務づけるものでもあった。これは「純粋実践理性の方法論」を宗教の領域に適用するものにほかならなかった。なぜなら、この「方法論」に対して、カントは『実践理性批判』の最後で、「いかにして純粋実践理性の原則に対して人間の心情への入り口を与えてやるか、つまり客観的に実践な理性を主観的にも実践的なものとなし得るか」（カント実践理性批判 269）、その仕方を挙げるという課題を与えているからである。いかにしてこのことを宗教を通して可能にするか、それを示すことが、今や計画となったのである。ただ次の一点においてのみヘーゲルは独創的であったに違いない。彼が問うたのは私的宗教ではなく公共的な宗教の性格であり、彼が探求したのは、宗教教義ではなく、いかなる制度が、いかなる祭祀や生活様式が、人倫を促進するものであるのか、ということにほかならなかった。

このように計画を立てることによって、特に悟性に働きかけようとする教育の大衆哲学的構想は見事に批判されることになる。またそれによって、「民族宗教」という政治的課題にとって、ギリシャの「想像宗教」が卓越的に適合していたのに対して、西洋のキリスト教という宗教は十分にその適性を持っていないことも示されるのである。しかしこの想像宗教はわれわれにとってはまだ一つの「像」であるにすぎない。つまり、「魂に、人間的美に対する感情が、偉大なるものの内に偉大なるものが持っている」（大全集 I, 114）はるかな昔から投射される、像にすぎない。それゆえに、ヘーゲルがそのために働こうと心に決めた理想はまたカントの言葉をも使って「見えざる教会」ないしは「神の国」（カント全集 VI, 101f.）と呼ばれ得たのである。――つまり、「神の直接的ではあるが道徳的な世界支配の下で、ひとりひとりの人間にそれが原像として植え付けられているようにして、すべての誠実な人びとが一つになる」という理想として示され得たのである。この場合決して忘れてならないことは、人間によって作られるこの合一が市民の自由を立法の目的とする政治的体制にも向けられていたことである。

目的は哲学的な-カント的な思想を忠実に再現することではなく、それを民衆教育に適用することにあったのであるから、ヘーゲルはそのテーマを広範な大衆のためのスタイルで書かねばならず、「論考」は世論を喚起するように論じられなければならなかった。比喩を用いて琴線に触れるように、鋭さよりは広く丁寧に物語るように。著者の哲学的立場を前面に押し出すことなく――さまざまの教養の所産に訴えて自分自身の原理を覆い隠す可能性すらをも利用して。このことが今日に至るまでヘーゲルの出発点にあった確信に関してははなはだしく対立する解釈を生んできたのである。彼はさまざまの立場をまだ正確に区別できていなかったのであり、それゆえ彼は自分がどこに位置しているのかをも全く知らなかった、と憶測するよりも、私が思うには、彼は広い意味での政治的目的をその最初の時期すなわちテュービンゲンで獲得したのであり、ベルンではそれを継続させて出版に持ち込もうと追求していたのである。彼は宗教的事柄に関する民衆教育家という権限を持って、シュヴァーベンの郷土における革命が決定的な教会改革を可能にするであろう、そしてその事件に立ち会おうとしていたのである。これが彼の最初の人生計画であった。

三・二　ひとりだちするまでの険しい道における「無気力にまでいたる」ヒポコンデリー

九〇年代の終わりには、ヘーゲルは宗教的な民衆教育という理想を決定的に修正していた。しかし一七九四年に既に、彼はこの理想とともに書き始めた論文を初めて公刊する計画を破棄した。その理由の一つは彼の問いが非常に実りあるものとはいえないという点にあったのだろう。当時の共和国において宗教を人倫的活動たらしめ、その意志を一致にもたらしめるような組織・風習・儀式は、そもそもどのようなものであるべきか。これについてはルソーですら回答できなかったのである。ヘーゲルもまたこれについて語り得ることはごくわずかしか知らなかったのであり、――国家と宗教について多くのことが述べられている彼の後期の哲学ですら、この点については決着をつけてはいないのである。

さらに少なくとも別の二つの理由が付け加わる。ロベスピエールの失脚によってフランスでは宗教の文化革命的な変革を求める努力は終わりを告げたのであり、ヘーゲルの郷土に同様な変革を求める希望も終わったのである。もう一つは、ヘーゲルが属していると感じていた知的環境においてもまた風向きが変わったことである。テュービンゲンのシェリングから彼のもとに一七九五年初め、ここでは神学の教師たちが共通して抱いているあの憎むべき超自然主義に対して、カント哲学によって死の一撃を加えるという期待は無惨にも失われてしまった、と知らせがあった。その半年後、少なくとも「全ドイツの理念体系における」喫緊の革命に参加すると思われていた友人が、そのような希望を抱いてすらいないことを、彼に確信させたのである。

たしかに友人にとって、革命、哲学によって実現されるべき革命は、はるか先の話だ。共に活動しようとしていると見えた大部分の友人は今や脅えて後ずさりしている始末だ。このことを彼らは予想していなかったのだろうか！（書簡集 I, 28）

このような情況下で、一七九三年の草稿に従って、一般の人びとを前にして、次のように問うことは浮世離れしてはいないであろうか。

（1）民衆［民族］宗教を「主体的」なものとなし得るためには、それはいかなるものでなければならないか。

ヘーゲルはこのように興奮を冷まして確認するのだが、さしあたってはそれに対して宗教批判家、著述者として活動するという計画を修正することによって対処することはせずに、おそらくは自分のテーマと問題設定を変更することによって応えたのであろう。最初の計画に代わって、現代のものと過去のものとを対比することが現れた。組織の権威と伝承された信仰証言を盾に取る既存の「実定的な」（つまり単に「教義」にのみ立脚している）宗教は、キリスト教をカントに従ってイエスの「徳の宗教」において意味づけた、初めに考えていたものと対立するに違いない。

革命の期待に育まれて、いかにして未来の民衆宗教を打ち立てるべきか、と熟考することは、歴史的な、それが現実の切迫したものであるとしても、歴史的な診断に取って代わられたのである。

（2）実定的信仰は、またそれと専制主義との結合は、どこから生まれたのか――つまり、既存の宗教において、革命に対してイデオロギー的及び組織的に立ちはだかっているもの、それはどこから生まれたのか（一七九五、六年）。

以下のように、ヘーゲルの批判的関心はさらに宗教へ、政治へ、そして両者の連関へと拡がっていく。この関心は他のいくつかの問題を設定することにもなる。九〇年代後半はそれを公刊することに費やされた。

（3）一七九八年春までヴァート州の諸国はベルン市に抑圧されていたが、その抑圧が突然フランスによって終結した。このことからいかなる教訓を引き出さねばならないか（一七九八年）。

（4）ヴュルテンベルクの民衆は市参事会制度にいかなる変革をおこなうべきだったのか（一七九八年）。

（5）イエスの宗教は、弟子たちの間でのユダヤ民族の運命との葛藤に際して、またキリスト教の集団が形成される際に、いかなる運命に見舞われたのか（一七九八、九年）。

（6）ドイツは民族の権利としてなおドイツ人の国であるにもかかわらずもはや国家ではない。これは何に由来するのか、またいかにしてこれに対処すべきであったか（一七九九年以降）。

以上の問題に対しヘーゲルは依然として結局「民衆教育家」として物を書こうと望んでいる。形而上学やいかなる分野であろうと講壇哲学は、相変わらず彼の関心事ではなかった。厳密な意味で唯一体系的–宗教哲学的な計画――神に近づくとは何を意味し得るのか、という問いについての論考（書簡集 I, 29参照）――は最初に手を付けただけで、その後は書かれなかったように見える（大全集 I, 195f. 参照）。

しかも（2）から（6）の論考のなかで実際に公刊されたのは（3）だけである――「はしがき」と注が付けられた、かつてのローザンヌの弁護士 J. J. カルのベルン市の貴族政に対する政治的な闘争文書の翻訳、『ヴァート州（ボー州）とベルン市とのかつての国法的関係に関する信書』である。これはヘーゲルの最初の著作であり、一七九八年フランクフルト・アム・マインで無署名で出版され、早くも一八〇五年にはヘーゲルの出版物であることは知られていたが（発展の記録 457 参照）、その後再び忘れ去られた。――（4）に関わることによって、ヴュルテンベルク諸州の法と組織に葛藤をもたらすはずであった政治パンフレットが生まれた（ヘーゲル伝 91ff. 参照）。それが公刊されなかったのは政治的日和見主義がその理由であったかも知れない。（6）の論考は一八〇二／三年の冬まで書き継がれたものであり、国家体制についての包括的な論文としての価値を持っていたが、これも類似の情況においておそらく時代の出来事に追い抜かれて古くさくなってしまったのであろう。しかしなぜ（2）と（5）は公刊に至らなかったのか。何よりもまずヘーゲルは（2）の論考を一七九六年の春か初夏になぜ中断してしまったのか。そしてなぜ彼は2年後、（2）のテーマに取り組んでもう一度全く異なった問いを提出したのであるか。

（2）の問いに対する論考を中断したことには二つの理由を推測できるであろう。第一の理由。その問いに対する答えは、読者に、テュービンゲンの正統主義の神学においては単にカントの道徳哲学のみならず、イエスの宗教もまたその反対のものに転倒してしまっていることを、意識させるはずのものであった。ところが、キリスト教の実定性に関する論文（大全集 I, 281ff.）に表されているその計画は、基本的にはまた人間の間の不平等の起原についてのルソーの『契約論』の方法的構想に厳密に沿うものであり、そのことによって著しい弱点を招いたのである。ヘーゲルはこの弱点をルソーとの結びつきを緩めながら認めざるを得なかったが、ところがその同じ時期に彼はフィヒテとシェリングが今やカント以後の議論にもたらした転回を知らされたのである。

もう一つの理由について言えば、この転回は、彼を彼自身に固有の哲学的考察へと促したものであり、それらの考察は実定性の草稿へと彼の仕事を導き、そしてただちに彼がそのテーマの出発点としていた諸前提を破棄するものであった。カントが理性的で宗教的な確信の内容を正当化する際に採った方法は実践理性の「要請」を指摘することであった。意志を自由に自ら規定できるという可能性、それからとりわけ人倫的な行為と幸運とが一致するという可能性、これを理解するために、人びとに信じてもらわねばならないような実存的な主張に最終的に向かうものは、カントの理解によれば人間における人倫的意志である。そのような要請のいわゆる理性的性格をよりどころにしてカントは哲学的神学を打ち立てたのであり、また道徳的に行動する人格の自己理解と世界理解について回答を与えたのである。ところがテュービンゲンの神学者たちはこのやり方を誤用して、「可能なドグマのすべて」に実践理性の要請という烙印を押し（書簡集 I, 14）、そしてカントの根本主張である理性的人間の意志の自律的な自由という主張に代えて、再び人間の意志が他律的に束縛されているものであるという主張を受け容れたのである。この誤用を阻止するために、いかにしてカントの方法の適用を批判的に制限すべきか（書簡集 I, 16 参照）、を確認する必要があったのである。その場合の問題の核心は、実践理性が純粋にそれ自身から、またそれ自身だけで要求するものは何かということであった。それは実践理性が他のものと混ざり合って活動するとき、それが要求するであろうものとの対比において考えられた。

ヘーゲルは、実践理性はそれ自身だけで道徳性に釣り合った幸福を促進することはできないという見解に到達している。共和主義的な徳を持っている者は、その徳は祖国のために死ぬことの内で保存されるように、その者の意志はそれだけで十分である。彼は慰めを必要とせず、この世の生においてその償いを受けるであろう。したがって彼はまた、そのような償いを請け合う彼とは異なった全能の存在を要請する必要はないのである（大全集I, 356ff.）。既にカントに刃を向けているこの論文はヘーゲルを「人倫論のストア主義」へと向かわせるものであるが、彼固有の宗教批判の力学を持っている。彼は――実定的信仰を批判する際の尺度としての――イエスの宗教が厳密にカントに従って書かれることを断念した。しかしそれだけではない。彼はただちにさらに前に進む。カントの神存在の要請とその基礎をなす徳と幸福との一致という理念は、実践理性は絶対的であることの意識の欠如を証明しているというのである（大全集I, 358）。純粋に実践的な信仰というものは、実践理性は絶対でありそれ自身の内で完結している――「実践理性の無限の理念は見知らぬものと混じり合わず純粋にそれ自身から形成されねばならない」（同）――、このことを意識することによって成立するのである。信仰を持つ者は、理性が自らを実現することによって自由を調和ある生活へと展開するという喜びに満ちた経験をすることができるのである。しかしまた彼は、その条件が満たされず自由が意志の規定の内面に制限されているときは、自らの運命を尊ぶことも知っているのである。

　ルソーは多様な意味を持つ存在であったから、迸り出た彼の表現の二三のものが、徹頭徹尾実践的なものである信仰について、このように新しい理解へと導いたのである。そして『実践理性批判』と関連して、またカントの理性批判の成果を「未だわれわれに当たり前である理念に適用することを学ぶ」（書簡集I, 16）という意図と関連して、ヘーゲルは暴力的な方向修正を遂行した。おそらくそれが避けられないと彼は考えたに違いない。なぜなら、その方向修正は何か抽象的な思想遊戯から発したものではなく、人間生活全体の実践と関わるものであり、そしてまたその実践の経験とテュービンゲン正統主義に対するラジカルな理性的-哲学的な批判の必要性から生まれたものであるからである。ラインホルトと結びついてフィヒテとシェリングによってなされた試み、カント哲学の隠されたままの基礎までを発掘しようとする試み、これもこの同じ方向を示していた。なぜなら、自然やそれから有限な精神に対しても神学的意味づけとは異なった哲学的意味づけを可能にするような道徳的に基礎付けられた宇宙神学を、ヘーゲルが断念したのは、この試みと同時に現れたのであるからである。彼は、理性が哲学的思惟において、疎遠なものや所与のものとの混合から全く解放されて、自由に自らを展開するという哲学を考えついた。そしてそこに存在したのは、カント以後の観念論がカントの哲学構想に対して企てていた原理的な修正であった。こうして今やヘーゲルは彼の後期哲学へと決定的な一歩を踏み出した、とさえ言ってよいであろう。

しかし彼はこれまで長い間持ち続けてきた企てからはるかに離れてしまっている。そのことを確認して、彼はともかく疑問の内に沈潜しようと感じたに違いない。なぜなら、カント‐批判は、彼がそのために活動しようと意欲していた理想をも破壊せよと脅すほどに深刻なものであったからである。そうしてカント‐批判は、彼がこの理想のために活動することによって見出していた自分自身との一致感を危険に晒したのである。この今の現実の条件の下でなお何が——制度化され得る——宗教であり得るのか、これがもはや全く見えなくなってしまった。——内面に制限された純粋に実践的な信仰に何が付け加わるべきか、そしてそのような信仰を欠かないものが何であるか、が見えなくなってしまったのである。どのようにして民衆の宗教である純粋に実践的な宗教は、自らに感覚的な形態と活動を与えるべきなのか。純粋に実践的な信仰を越えた——何が、イエスにとっての宗教であり得たのか、これすらもはや見えなくなってしまったのである。その宗教は実定的信仰の批判者にとって控訴審の役割を果たし、批判される実定的信仰にとっては自己認識の鏡となるべきものであったはずである。こうしてヘーゲルは以前の時代批判と宗教批判の原理を公刊することを断念した。その代案を見つけられないままに。特に重苦しく彼にのしかかってきたのは思惟の解決困難な転換であったに違いない。それは、革命によって育まれた期待の終焉とともに崩壊し、彼に自分自身の運命を尊ぶことを強いた情況によって生まれたのである。けれども彼の運命は、志を同じくし研究を共にする者たちとの交際から断ち切られて貴重な時間を、ベルンの都市‐貴族の家の奉公人として浪費せざるを得ないか、それとも最も嫌っているテュービンゲン神学院の助手になるか、いずれかにあったように見える（書簡集 I, 34）。外部の支えも知的充足も奪われ、彼は今や抑鬱状態に陥った。それは子供時代から彼を脅かしていたものであった（書簡集 I, 37, 45 参照）。おそらく彼の性格は破綻してしまい、外部からの決定的な助けを受け入れなかったのであろう。いずれにしろヘーゲルは、後に一八一〇年に、自分について次のように語るとき、ベルン時代を思い浮かべていたのであろう。

私は自分自身の経験から、心情のあるいはむしろ理性のこの気分を知っています。それはむかし関心とその予感とともに現象のカオスのなかへ入り込んできたものでした。そしてその目標を内面的には意識していても、どうしてもそこを通り抜けることができず、その全体を明確にし描くことができないときに、それを経験しました。私はこのヒポコンデリーによって二年間無気力の状態に陥っていました（書簡集 I, 314）。

特徴的なことは、彼はそのときただ彼の苦悩の知的な理由にしか言及していないのである。彼はその話を（急いで一般化して）先に進めながら、それを人と人との関係に抽象化して、次のように書いている。

人はだれでもそもそも人生のこのような転換点、その実在が収縮する夜の闇に閉ざされた点を持っているのでしょう。人はこの狭き所をくぐり抜けさせられて自分自身を確かにするものにつながれ、そして自分を確認するに至るのです、……（同）。

つまり本当は、彼は自分を救ってくれたことに対して、シェリングとヘルダリーンの友情に感謝していたのである。二人はさまざまの試みの後、ヘルダリーン（彼は一七九六年初め以来フランクフルトの銀行家であるゴンタルト家の家庭教師であった）がヘーゲルのために、近くのやはりリベラルで裕福なフランクフルトの商人の非常に有利な家庭教師の口を見つけることに成功したのであった。一七九六年末スイスから「ふさぎ込んで」帰国して（同時代人の報告27参照）、ヘーゲルはヘルダリーンとの友情のなかで生気を取り戻した。

三・三　フランクフルト

ヘルダリーンとの交際が再開されて、ヘーゲルは内面的均衡のために必要であるものを見出した。それだけではない。彼は彼の思考にとってもまた、これまで自分に欠けていた刺激を受けたのである。ヘルダリーンは一七九四／九五年の冬学期にイェーナでフィヒテの講義を聴講していた。そしてその講義は実践哲学のある問題にとって有効に働いた。その問題は、人間の内にある対立する二つの努力をいかにしたら統一にもたらすことができるかというものであった。その一つは（実践的法則を遵守する）人倫的自己の存在に向けられたものであり、もう一つは他の人びとへの献身ないしは他の人びととの合一へ向かうものであった。それらを生み出すそれらに前提されている根拠として、ヘルダリーンの考えでは（フィヒテの自己–措定の働きのような）根源的な一性《イッヒ》が考えられなければならない――しかしその一性はまだ全く私ではないものである。それはその私の根源的に実践的な自我の努力に対して前提されているものであり、自我は他者と対立することによって初めてその一性から現れ出てくるのである。ヤコービのスピノザ–解釈のある表現を借りて、ヘルダリーンはこの一性を「すべての定在の内にある存在」と呼んだ。彼はヤコービの

「直接知」に対応させて、すべての努力においてわれわれはこの一性に直接に内在している、と仮定したのである。つまり、われわれは対立し合うこれらの努力が制限されたものであることを繰り返し経験し、それらが一面的に実現することを修正できるのであって、そして一性に帰ろうという要求を意識することになるであろう。たとえその要求が無限なものではあっても、われわれはその要求に対応する何ごとかをなし得るのであり、そのうえ要求される一性の出現に与るのである。つまり、自然が形態化された全体としてつかまれるときには、自然の内に、対立する力が調和的に一つの全体に合一されているときには、そのような美しき諸形態の内に、そしてわれわれが我が身の全体をしかも他のものに捧げるならば、その愛の内に、一性が出現するのである。

ヘーゲルはこれらの理念を無条件に自分の考えとすることはできなかったし、キリスト教すなわちその歴史及び国家と融合したキリスト教に向けられた歴史的関心を、体系的思弁のために放棄するように惑わされることもなかった。依然として彼は「人間の低次な要求」に忠実であり続けたのである。思弁哲学に関わったのは、それが彼の論文の公刊を確実に約束してくれる限りにおいてであった。しかし彼はヘルダリーンからカント批判をラジカルに展開するように鼓舞されたのであり、そして何よりも自由を単に意志の自己規定的な因果性として見るだけではなく、全く新しい道において思考するきっかけを得たのである。ヘーゲルがそれまで受け入れていたカントの道徳哲学にとって、自由とは人間的自然に内在している傾向に抗して自らを貫徹する理性的意志の力のことであった。自由はカントの理解では人間においては止揚し得ぬ対立の内に置かれていたのである。ヘーゲルが暴露したことは、この場合に問題にされているのは実際は、人間の自由の特殊事例にすぎない、つまり、われわれが止揚できない分裂という条件の下で達成される自由が論じられているにすぎないということであった。もし自由の概念が、ヘーゲルが今や最も強い明証を付与することになった理念に対応すべきものであるならば、自由の概念はさらに普遍的に理解されて、分裂させられたものの合一に向かうものとして考えられねばならないのである。

ヘルダリーンの示唆はあったが、ヘーゲル自身にも自由を合一として（あるいは後に彼が言うように、他者の内において自己-自身-のもとに-在ることとして）考える根拠があった。ごく簡単に理解できるその根拠は次のものである。意志の単なる自律的な自己規定としての自由は所与の多様なものの内に一性をもたらすことのない実践的活動である。それは一性には違いないが——多様なもの・対立するものに対して自己をただ救い出すだけのものにすぎないのである（選集Ⅰ, 239）。実現できない調和への憧憬は、疎遠なものに依存しないようにするために放棄せざるを得ないのであり、同じように、合一に対する恐れは遠ざけられねばならない。それは同時に次のことを意味する。理性的に規定されたわれわれの意志を自分自身と合一させるだけの道徳的ふるまいよりも、行為する者が自分の感性的な自然と対立することのない態度というものが、高く評価されねばならないのである。そのような態度を取ることによって行為する者はむしろ既に自然と一つであるか、あるいは自分の自然を「高めること」によって、自然と理性との一致に至っているのである。ヘーゲルはそのような態度を志向や心情と呼ぶ。それを補完するものとして他人や他の事物との合一に向かうふるまいが考察されねばならない。それをヘーゲルは愛《リーベ》と呼び、それを合一のなかでも可能な限り大なる全体を作り出そうとするものであると考えるのである（選集Ⅰ, 302）。愛においては単に主観的な力あるいは活動にすぎない自由は終わりを告げるのである。愛が実現されることによって対等の者同士の強制なき合一が生まれるのである。このようにして革命の理念を宗教批判にまた社会教育に応用する計画から、カントの実践哲学に対する厳しい批判が生まれ、そしてその批判から倫理的ないくつかの態度の段階づけられた機能的全体という構想が生まれたのである。

その段梯子の最後は再び自由の市民宗教の理念に空けられている。つまり宗教が、上述の合一の特殊な客観化として、今や新たに解釈され直されるのである。合一は愛の内で主観的活動を通して最終的に実現されるものではなく、すべての合一の超主観的根拠が働いている出来事としても生じるのである。それが特殊であるというのは、客観化に加わるものが行為だけではなく、反省的に対立を固定する意識もまた、さらに感性的素材から統一的な像を作り上げる想像力もまた、加わるからである。宗教は合一されるもの同士の間にある愛である。愛は想像力によって個体的な「実在」にされるからである。ここで問題にしている実在は創造的活動によって描出され、その実在の描出は反省的に考えている意識に現実的なものを、自然が自由である、あるいは――別の表現では――主観と客観とが分離され得ない（選集 I, 242）、そのような現実的なものを、思い描かせるのである。この描出は神性の像を制作させるかも知れず、あるいはまた宗教的な行為の内にのみあるものかも知れない。

このような宗教意識の対象は、「理想」の語によってどれほど自分がそれから隔てられていると考えようとも、疎遠なものではない（選集 I, 83 参照）個人の内にある「超人的な」模範を理解するとき、再び理想という性格を持ってくる。なぜなら、想像力の所産とその描出において表象されるものは、ヘーゲルの考えによれば、人間同士の愛においで事実的に生じる合一のみならず、事実的にはまだ分離しているものも統合される合一の全体だからである（選集 I, 302）。理想は合一を生じさせる目に見えぬ精神を、見えるものとして描出する想像力の所産であるから、もはやそれは満たされえぬ憧憬の手に届かない目標ではあり得ない。したがってまた理想は現実的なものに対立してはいない――実現を人間の可能性の彼岸に置く主観的当為の状態ではもはやあり得ない。むしろ理想は、それのその都度の現実の状態を超えている全体、生じているさまざまの合一が織り絢わされた全体として考えられるべきなのである。このさまざまの合一は前述の段梯子の内で互いに結合しており、事実的にまだ残っている分裂の前提とともにわれわれが認めざるを得ないものである。こうして神の国は「展開の必然的な変容、段階のすべてを持った樹木の全体」（選集I, 308）となる。

これによってカント的な仕方で考えられた神の国は根本から変えられた。しかしいま再び宗教批判を自由におこなえる思想を手にしたことは確実である。その思想はイエスの宗教を歴史的により説得的に描き出す新しい姿を構想し、正統主義の宗教理解に――単にそれだけではないが――対抗することを可能にしたのである。

しかしなぜヘーゲルは、この新たな前提の下で実定的なキリスト教信仰の起源と歴史に関する探求に、その探求を最終的に成果のある結末にもたらそうとして、再び取り組むことに満足しなかったのか。なぜ彼は問い（2）をさしあたって問い（5）に代えたのか。なぜ彼は既存の宗教において革命を妨げているもののすべての由来についての問いを実定性論文の新たな導入文とともに再び取り上げる前に、イエスの宗教を襲った運命を問題にしたのか。この問いに答えるには何よりもまず次の点をはっきりさせておかなければならない。実定性からの解放ということはヘーゲルの目には、今ではもはや人びとが苦労して取り組まなければならない唯一の目標ではなくなっていることが明らかになっている。宗教を実定的なものとして、したがって自由に敵対する時代遅れなものとして、それゆえ非自然的で排除すべきものとして認識するためには、宗教を人間の自然についての抽象的概念によってあるいは人間性についての抽象的理想によってはかることでは十分ではないのであり、そうすることは具体的なすべてのものと比べれば余計なことと見られるのである。むしろ考慮されねばならぬことは次の点にある。宗教の現象はそもそも悟性的ないし理性的であれと要求するものなのだろうか。もしそうでないならば、宗教は人間本性に属する他の機能の要求の内に、例えば感情や想像力の要求の内に、正当性を持つのではないか。そういうものが――少なくともその時代に対して――正当性を持っているとするならば。しかし彼の時代にはそれどころか――例えば自由についての自己感情と一致しない教義学のようなものが――、自然性と必然性を、したがって正当性を、まだ持ち得ていたのである。後にそのような自己感情が強くなってからは、そのようなものは正当性を失っていく（選集 I, 219ff.）のではあるが。それゆえ認識される必要があるものの順序においては、正当化されるべき実定性は明らかに唯一の対象でもなければ優先的な対象でもないのである。

しかし、なぜキリスト教がイエスの宗教においてそしてそれが拡大してゆく条件のなかで身に帯びていった実定性の源泉を暴露することが、イエスの宗教が蒙った運命を認識することに先だってなされねばならなかったのだろうか。ヘーゲルは一八〇〇年秋に（2）の問いの正確で正当な意味を自らに対して釈明したとき、既に彼は次のことを見取っていたのである。その問いに回答するのに有効な探求は、

もしそれが概念を通して根本的になされねばならないものであるならば、最終的には有限者の無限者に対する関係の形而上学的考察へ移行する（選集 I, 225）

であろう――さらに加えて、他の体系的-哲学的な熟考へ移行するであろう。それゆえ自分の関心からして必要であったものに没入するという傾向の内に既に、彼がすぐ後にそのような考察と熟考に、他のいずれにもまして優先権を与えることが存在していたのである。けれどもその能力があると彼が自ら感じる前にも、今作られた前提からして既に彼は歴史的な仕事の文脈において次のように言うことができたのである。イエスの宗教を襲った運命とともに、人間の生活の内に、いかなる時代においても廃棄されなかった分裂と矛盾が侵入してきた。そのような状況の下で生きざるを得ない運命はそのようなことが通用する時代にとっては崇拝すべきものである――そしてたとえイエス自身のように運命を「超越し」ていようとも――、それゆえひとは運命に屈服するのではなく、喜んで運命に従うのである。

運命は和解され得るのである――同じくともに与えられるものではあっても、道徳的な掟の働きと運命とは異なるのである。道徳的掟によれば犯罪を犯した者はその行為のゆえにいかなる場合でも裁かれねばならず、その判決とそれに従うことの内で掟は永続的に自分に戻っており、犯罪者に対しては非和解的である、このように言うことができるのである（選集 I, 305）。和解の実践的可能性がはっきりと現れてはいるが、宗教現象が和解の実現を阻止するところにのみ、実定性批判は依然としてその場所を維持しているのである。

運命の力から解放されようと欲する者はまず何よりも、彼の内で働いている自然に対して敵対的な態度を取ることを乗り越えなければならない。彼が運命を罰として理解することを学ぶときに、その罰を引き受け、しかし同時に喜んで自分自身と自分の毀損された感情から解放されることが起こるのである。イエスの宗教とその宗教の現在の姿に適用されることは、ひとは成功する見通しを持ってキリスト教の内にある非人間的な傾向の克服を目指して努力し得るということを意味している。そのためにひとは、イエスの「すべての運命に優越する崇高さ」（選集 I, 351）から現れたものであるその運命がいかに働いているか、を洞察しなければならない。そうしてルソーの直接的に政治的である「市民宗教」は実現不可能な要求であり、「非人格的な生きた美の内で平安」を約束する「想像宗教」は単に夢にすぎないことが明らかになる。要求と夢、この二つは諦めねばならない。「教会と国家、勤行と生活、敬虔と徳、精神的おこないと世俗的おこない、これらは決して一つに融合することはあり得ない」（選集 I, 418）ことが、われわれの組織化された宗教の運命であるのだから。しかしそこから、国家と教会は互いに関わらず互いに干渉しないようにすべきである（ヘーゲル伝 87）という二元論的な結論を引き出してはならない。国家と教会をただ区別することもまた誤りなのである（ヘーゲル伝 88）。

四　「理想の反省形式」

四・一　反省形式と体系

既に言及した一八〇〇年十一月のシェリング宛手紙で、ヘーゲルは彼の教養の初めにあった理想が変化せざるを得なくなったと書いている。ヘーゲルの青年時代の足跡の内に生活体験の強制とそれが生んだ結果との一致が表現されていると考える者は、この判断が正しいことを確認するであろう。しかしヘーゲルはその変化の結果を同じ文脈において理想の「反省形式」としてまた「体系」として記しているのである。私の見るところでは、彼は「学問へと追い立てられ」ざるを得なかったのであり、そして今や彼はそこから出て「人間の生活へと関わっていくために」どのような戻り道があるかを自らに問うているのである（書簡集 I, 59f.）。長い沈黙の後に友人に再び自分の本質を知ってもらうことは彼の生活と思考を理解してもらうことに役立つはずであるから、したがってまた、理想が変化することから生まれた確信がその理想の反省形式と「同時に体系」として、しかもそのうえに「学」としても考えられるべきであることが、いかなる意味においてであるか、が問われなければならない。さらにひとは、ヘーゲルは今や学と生活

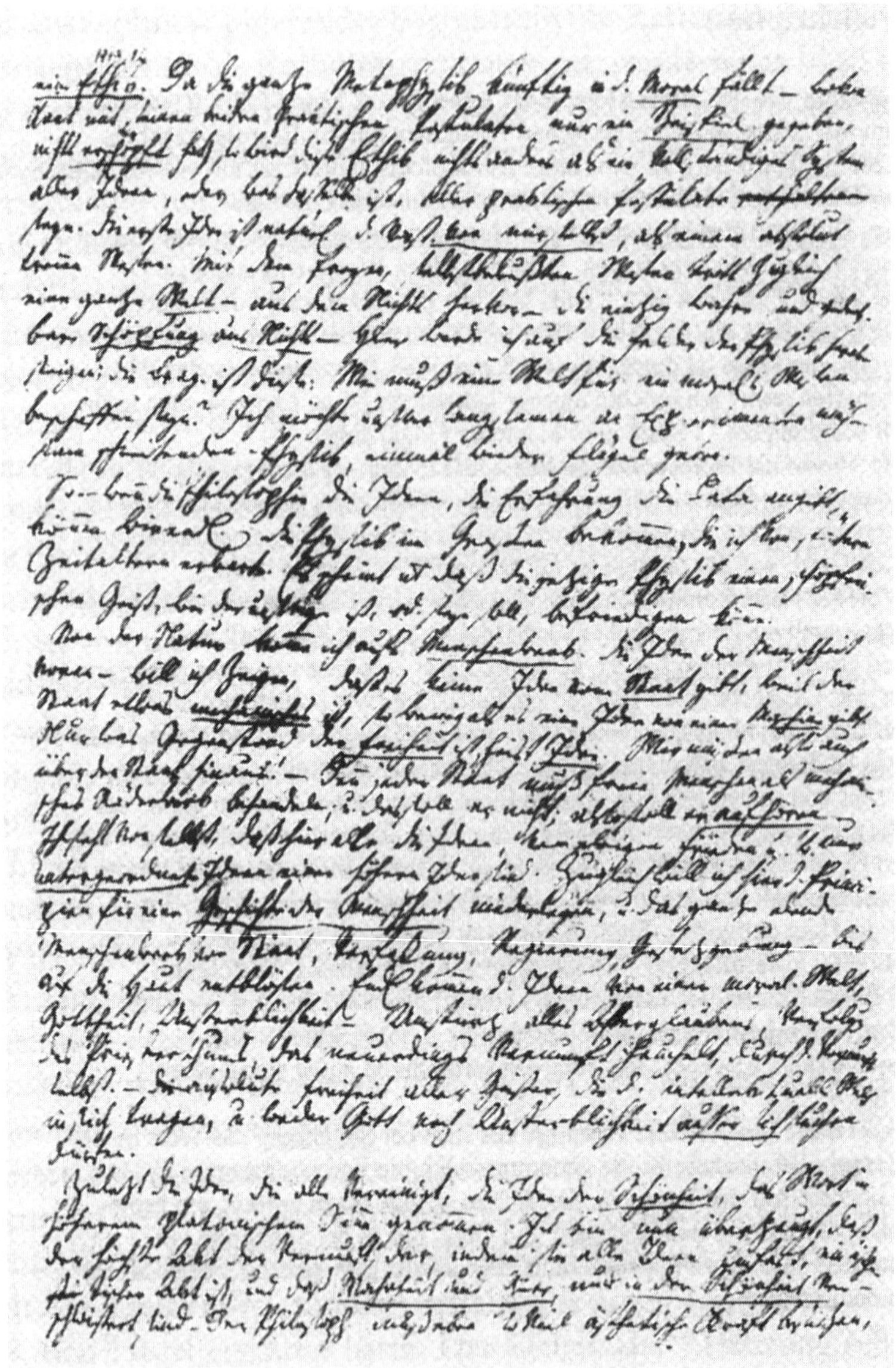
eine Ethik. Da die ganze Metaphysik künftig in die Moral fällt – wovon Kant mit seinen beiden praktischen Postulaten nur ein Beispiel gegeben, nichts erschöpft hat, so wird diese Ethik nichts anders als ein vollständiges System aller Ideen, oder, was dasselbe ist, aller praktischen Postulate (enthalten) sein. Die erste Idee ist natürl. die Vorstellung von mir selbst, als einem absolut freien Wesen. Mit dem freien, selbstbewußten Wesen tritt zugleich eine ganze Welt – aus dem Nichts hervor – die einzig wahre und gedenkbare Schöpfung aus Nichts – Hier werde ich auf die Felder der Physik herabsteigen; die Frage ist diese: Wie muß eine Welt für ein moralisches Wesen beschaffen sein? Ich möchte unsrer langsamen an Experimenten mühsam schreitenden – Physik, einmal wieder Flügel geben.

So – wenn die Philosophie die Ideen, die Erfahrung die Data angibt, können wir endlich die Physik im Großen bekommen, die ich von späteren Zeitaltern erwarte. Es scheint nicht, daß die jetzige Physik einen schöpferischen Geist, wie der unsrige ist, od. sein soll, befriedigen könne.

Von der Natur komme ich aufs Menschenwerk. Die Idee der Menschheit voran – will ich zeigen, daß es keine Idee vom Staat gibt, weil der Staat etwas mechanisches ist, so wenig als es eine Idee von einer Maschine gibt. Nur was Gegenstand der Freiheit ist, heißt Idee. Wir müssen also auch über den Staat hinaus! – Denn jeder Staat muß freie Menschen als mechanisches Räderwerk behandeln; u. das soll er nicht; also soll er aufhören. Ihr seht von selbst, daß hier alle die Ideen, vom ewigen Frieden u. s. w. nur untergeordnete Ideen einer höhern Idee sind. Zugleich will ich hier die Prinzipien für eine Geschichte der Menschheit niederlegen, u. das ganze elende Menschenwerk von Staat, Verfassung, Regierung, Gesetzgebung – bis auf die Haut entblößen. Endlich kommen d. Ideen von einer moral. Welt, Gottheit, Unsterblichkeit – Umsturz alles Afterglaubens, Verfolgung des Priestertums, das neuerdings Vernunft heuchelt, durch die Vernunft selbst. – Die absolute Freiheit aller Geister, die die intellektuelle Welt in sich tragen, u. weder Gott noch Unsterblichkeit außer sich suchen dürfen.

Zuletzt die Idee, die alle vereinigt, die Idee der Schönheit, das Wort in höherem platonischen Sinne genommen. Ich bin nun überzeugt, daß der höchste Akt der Vernunft, der, indem sie alle Ideen umfaßt, ein ästhetischer Akt ist, und daß Wahrheit und Güte nur in der Schönheit verschwistert sind – Der Philosoph muß ebensoviel ästhetische Kraft besitzen,

いわゆる「ドイツ観念論の最古の体系計画」

翻刻［前掲「体系計画」の翻刻文］

倫理学。形而上学の全体は将来道徳に帰するのだから――［(］この道徳について、カントは彼の二つの要請によって例を与えただけであって、余すところなく論じてはいない)、この倫理学は、あらゆる理念の、あるいは同じことだが、あらゆる実践的要請の、完全な体系にほかならないものとなるであろう。第一の理念はもちろん、絶対に自由な存在者である私自身についての表象である。この自由な自己を意識する存在者とともに同時に、世界の全体が――無のなかから――登場する、これが、唯一真であり思惟可能な、無からの創造である。――ここから私は自然学の諸領域に降りてゆくだろう。問題は次のことである。いかにして世界は道徳的存在者のために作られていなければならないのか？　私は、［――］実験にばかり勤しんでいる――現代の自然学にいつか再び翼を与えてやりたいと思う。

そうして――哲学が理念を、経験が資料を差し出すならば、われわれはついに自然学を大規模に手に入れることができる。それこそ私が長い間待ち望んでいたものである。今日の自然学は、われわれがそうである、あるいはそうであるべきである、創造的な精神を、満足させうるものとは、思われないのである。

私は自然からはかない人間の作り物へ向かう。まず人間性の理念とは――国家についてはいかなる理念も存在しないことを、私は明らかにしたい。なぜなら、国家は機械的なものであり、機械に理念は存在しないように、国家にも理念は存在しないからである。自由の対象となるもののみが、理念と呼ばれるのである。それゆえにまた、われわれは国家を超越しなければならない！――なぜなら、いかなる国家も自由な人間を機械仕掛けの歯車として扱わざるをえないものだからである。国家はそのようなものであるべきではない。そうであるならば、国家は廃絶されるべきである。諸君は自ずから分かるであろう。ここでは、永久平和などのような理念はすべてある高次な理念に従属する理念にすぎないことが。同時にここで私は、人類の歴史のための原理を書きとめて、そして国家、憲法、政府、立法というまったく惨めな人間の作り物を――身ぐるみ残らず剥き出しにしよう。遂に、道徳的世界、神性、不死、これらの理念が現れてくる――あらゆる迷信が転覆され、最近は理性を騙っている聖職者の迫害が理性そのものによって転覆される。――すべての精神的存在者の絶対的自由。精神的存在者は叡智的世界を自らの内に持っており、神も不死も自分の外に追い求めるには及ばない。

最後に、すべての理念を合一する理念、美の理念、優れたプラトン的な意味において理解されるこの語が、現れる。私は今や、理性の最高の行為は、理性はすべての理念を包括するものであるから、美的な行為であること、そして、真と善は美の内でのみ姉妹となることを、確信している。哲学者は、［詩人と同じだけの］美の力を持たなければならない。

［テクストでは、この翻刻は原文の行替えに忠実に従って印刷されているが、この訳書ではそれを無視せざるをえない。原文にある下線は、訳書では圏点で示した。［　］は翻刻者がつけたものである。］

とのいかなる結合を打ち立てるか、あるいは今後の仕事のテーマにしようとしているか、を知ろうと欲するであろう。

根本的な理想の反省形式として、その今では変化した形態を、ヘーゲルはまず二つの根拠から考えたのであろう。理想の内で考えられているものはそのために働くものだけではない。宗教という形で反省の形式と合一された理想的実践もまた考えられているのである（選集 I, 308参照）。したがって理想の反省形式は意識的になされる反省を考慮に入れる理想の形式である。しかしそこにはさしあたって予測され得る以上のものが存在する。なぜなら、われわれの哲学的意識だけが理想の概念によって考慮されるべき反省をおこなっているのではなく、理想そのものも今や反省の形式の内にあるからである。したがって反省形式もまた、もはや現実性を欠く彼岸ではなく、単にわれわれの内にある空虚な思想物としてあるのではないが、そのようなものとしてまた、単にわれわれの内にあり単に主観的にすぎないものでもある理想の形式であるのである。理想というものの一切の現実を飛び越えてゆく思想は現実の媒体において破綻するのであり、想像力によってある内容豊かな心像とされるのである。その内容はわれわれの外部に措定されているのでも単にわれわれの内部にのみ措定されるのでもないものである（選集 I, 244）。反省形式のこのような意味においては、理想は合一の一切の活動の最後にあるだけのものではない。それは一なるものとして分離されているすべてのものとそれらの合一に対して端的に前提されてもいるのである。分離されているすべてのものの内で――われわれの一人一人の内でもまた――合一を生み出す現実性として、理想は分離されているものの対立する規定が互いに反省し合うことによって活動しているのである。それは生命あるものである。それは形態化の原理として、形態化の過程として、過程のその都度の結果として、同時に考えられねばならないのである。

けれどもなぜ理想は反省形式に変化しただけではなく、同時に体系に変化したのか。理想が変化していった文脈から明らかになることは、ヘーゲルが一八〇〇年頃に掌中のものにしたと意識していた体系構想は、哲学的な思想構造に専門的に手を加えた結果であるよりは、その副産物だったのである。ヘーゲルがいわば世界全体の理論的な認識可能性という前提の下で考えて他の哲学体系との議論を通して獲得しようと試みるようなものは、いずれにしろ目標ではなかったのである。それは記述者にとって実践的価値を持たない世界の中立的記述に資するものではなく、ヘーゲルが体験した立場の変化を反省的に記述したものであった。体験の内容は時代の要請に対応し、哲学に対して正しい実践を指示する力を約束するように思われた。それゆえ「体系《ジュステーム》」という表現は――今日のほとんどの使用法のように――既に与えられ確固としたもの、外部から強制されるものを象徴しているのではない。それは有機的な全体を代表するものであり、カントの世界哲学や宗教論よりも優れた方向性を持っており、その内でカントの世界よりも充実した生を送れるものである。この有機的全体の構想はその時代における方向性を問う問いから生まれたものであるから、それが体系概念と結びついていても歴史と対立することはなかったのである。理想についての反省形式の記述である「体系」はさらに、一義的に固定された関係の内にある諸命題からなる書物でも、またその時代のヘーゲルのある特定の文書を指すものでもない。そうではなく、それはヘーゲルがそのときに考え抜いたひとつの統一あるテーマの全体なのである。既にカントにおいてそして再び後にヘーゲルが形式化したように、ここでもまた「体系」の対立概念は個別的なるものを単に寄せ集めたものの概念であったということができるであろう。

体系というものの特徴はカントによれば全体の理念が部分に先行していることである（カント純粋理性批判 B673）。ヘーゲルの最初の体系はそれに応じて樹立されたのである。理想は一なるものとして一切のものに前提されているのであるから、それ自体初めにある。諸部分はおそらく初めから自然（自由であるところの生きた自然、選集 I, 242 参照）や人間の自由そのものであったのだろうが、いずれにしろ合一としての自由を現実のものとする人間のさまざまなふるまい、道徳・志操・愛であり、また、国家や宗教のような組織もそうであろう。そのほかに上述のふるまいや組織を歴史的に具体化するものである生命の形式もそれに含まれていたに違いない。最後のものはヘーゲルがイエスの宗教が蒙った運命の条件下で時代における固有の現れであると自ら考えた形態の内にある宗教である。さまざまのふるまいは次のような段階系列に整序された。その都度低い段階は次の高い段階の可能性を含み保証するものであり、他方で高い段階は低い段階において生じているより広範な合一の要求を満たすことによって低い段階を補完するのである。それゆえ体系の内ではさまざまな実践的ふるまいと内容とが互いに結合し関係し合い、相互に要求を制限し合っているのであるが、また引かれた境界の内部では正しいものとされ、一緒になって全体へと合一しているのである。そのような部分は「すべてが……生命の展開から生き生きと現れ出る」（選集 I, 308）関係の内にある。

四・二　認識の課題

体系全体とその部分との認識を象徴するものはさしあたってまず、実践的理性をあえて働かそうとしている各人の意識の内にある実践的な現象が持つ能力に関する明証であった。人間の活動によっては止揚することのできない分離されたものも存在するはずであるが、止揚されない分離も認めざるを得ないという倫理的原理もまたそういうものであった。さらにまた分離されているものの場合、分離されているもの同士の関係が「アンチノミー」や「対立」として「感じられあるいは認識され」うること、そしてさらに付け加えて、分離されているもののそれぞれの組み合わせにはまさにそれらを合一するより高いもの（それは分離されたものに依存せずに内面化され得る）が存在していることと（選集 I, 251）、そのような仮定もそのようなものであった。けれどもこのように認識の基礎を与えただけでは満足できない。そのことは、その体系構想の内で哲学にいかなる立場と課題を与えようと考えているのか、を自問すれば明らかになる。ヘーゲルは人倫的意識が絶対者についての意識であると理解することを学んだのである。絶対者はわれわれによってのみ活動するものではないとしても、われわれの内に存在する。そうして彼は受け入れ得る「宗教的な」行為を、絶対者の活動を通して働かされる一性《アインハイト》の展開として意味づけたのである。さらに彼はそれを越えて、そのような行為は、ひとが不可避の分離を受け入れるにあたって依存していると感じる包括的な一性を展開するものにほかならないこと、をも知ったのである。そのような一性の展開の内ではロマン主義の「神への満足の得られぬ止み難き衝動」（選集 I, 407）はもはやいかなる位置も占めることがない。むしろその展開の内において信仰は無限なるもの・感覚を越えたものが有限なもの・感覚的なものの内に現に存在していることを把握するのである。哲学もまたこの展開の外に立つことはできない。哲学はその展開を特殊な仕方で実現しようと試みるものにほかならない。それゆえ哲学は倫理的ふるまいと宗教的なふるまいをその外部から体系化するものではない。哲学はそれらの関連を反省し、同時に宗教的ふるまいを取るのであるから、包括的な一性を差異化して展開するのである。この一性は絶対者であり、われわれはそれを既に人倫的意識において内的に知っていたのである。哲学の対象とその立場をこのように理解することは、哲学が正しく理解された人倫と宗教に対して獲得したものであり、ヘーゲルは後にそれを精密にすることはあっても、決して放棄することはなかった。

この理解は体系構想をより正確に規定するためにも重要なものである。まず第一にそれは、自然の全体をテーマ的に連関しているものの広がりに新しい仕方で取り入れるために必要である。ヘーゲルは自然に関しては、われわれを通して生じて来るべきものについてのみ語っている。したがって自然は彼にとっては主観的自由の活動の障害あるいはその活動のための道具という機能に制限された形で現象することができたのである。そのことに対応するのが実践理性の優位であった。カントの倫理的宇宙論はそれに立脚したものであり、フィヒテは、世界全体を、われわれ自身の内面的で自由な行為を、把握された理性法則に従って感覚化される光景として、意味づけるために、断固として実践理性の優位を要求したのである。分離は存在すべきものではなく人倫的活動によって止揚されるべきものであるという、深く考えられた実践的原理もまた、この体系モデルにならって、さらにある最終的なもの――先行しているすべての体系部分を配列させるための目標《テルミヌス・アド・クエム》としての絶対者――と考えることができたのである。しかし変化した理想と宗教についての新しい意味はいかにしてこの自然理解と折り合いがつけられたのだろうか。また、人倫的主観性を自然と合一させたり合一させなかったりする最終の根拠は、今やいかなる体系的位置を必要とすることになったのだろうか。自然に対しては、それは主観的に理解された自由を実現するための素材にすぎないあるいは単なるその障害にすぎないという意味を認めたのであろうか。自然は満足される仕方で神学的に解明されまた体系化され得たのだろうか。自然と自由との先に述べた統一根拠は、その両者の最終的な綜合の単なる産物にすぎないと考えられたのだろうか。明らかにそうではない。なぜなら、理想は合一化のすべての活動の最後にのみ位置するにすぎないものではないからである。自然の内には止揚され得ぬ分離されたものの根拠が横たわっている。宗教的行為においてひとはこの分離されたものに従うのに諦念や不満足な憧憬を抱いていてはいけない。ひとは分離されたものの内で自分の持つ有限性を越えて高まり、自分自身を二分するものである全体の一性と合一するのである。このような過程的な一性を思考しようとする哲学は、二分を事とする根拠を、運命のように探求でき得ぬものであると考えることには満足できないのである。哲学はその根拠を明らかにすることに向かわざるを得ない。それゆえ哲学は、現に存在している分離を前提した上で分離されたものを漸次的に合一しようと考えることに、我が身を使い果たしてはならない。分離されたものが現れ出てくることを説明することもまた必要である。主観的な活動と客観的な出来事として理解されるべき全体、「生命《レーベン》」と呼ばれるもの、これが自分を自分自身と二つに分かちそして再び一つになるものと考えられねばならないのである（選集Ⅰ,354）。

課題が、純粋な生命がすべての個別化された生命の源泉であると考えられることになったとき、体系の内容は、既に指摘したものとは異なる他の認識源泉から作り出されなければならなくなった。しかしそれはいかなるものであり得たか。それが今や最も重要な問いとなった。その問いに答える手段をヘーゲルはさしあたってはほとんど持っていなかった。それゆえその手段を作ることが今後焦眉の急となった。理論的認識の限界を強調するカントの考えを修正することは問題にはならなかった。後に見るであろうが、哲学の体系というものにおいて世界の全体性を認識しようとするつもりはなかったし、それだけにいっそうそうしようとする愚かな願望もなかった。この世界の全体性をわれわれはただ理論的立場によって目指しているのだが、それを越えてわれわれは哲学的思惟と認識の内でまさしくわれわれ自身を高めていかねばならないのである。

四・三　イェーナへの移住

ヘーゲルがシェリングに再会を約する手紙を書いたとき、彼は自分の課題の広がりから遠去かってはいないと意識していたのであろう。彼はもちろんまだ具体的目標について心を決めていたわけではなかった。彼はシェリングとの協働を求めた。しかしヘーゲルは、哲学思想の「体系」を作ることは避けられない脇道である、そこから出て「人間の生活」に介入するという昔の目標に再び戻るための脇道である、と考えていたのである。そのうえ、彼は「イェーナの文芸の喧噪」にはまだ太刀打ちできないと感じていた。シェリングとの友情を新たに築き直したいという彼の願いは、シェリングが（バンベルクでの短い幕間劇の後に）再びイェーナにいると聞いたとき、ただちにイェーナに向かうことを促したに違いない。けれども、シェリングは結局自分を楯にしてしばらく過ごすことなく、ただちに教授資格を取るように、ヘーゲルを促した。これは大きな射程を持つ決断であった。

イェーナの教授資格を取るために書かれた諸論文とシェリングとの共同執筆は、ヘーゲルの人生設計を劇的に変えるものだった。「人間の生活へ介入する」ために目指された「帰還」からその間に三十一歳になった男の突然始まった大学教師の経歴が生まれたのである。そのアカデミックなデビューは、かつて一七九三年に三十一歳のフィヒテが、また一七九八年に二十三歳のシェリングがそうであったように、巨大な重圧の下でなされた。教授能力を初めて証明するとともに、カント以後の学的な哲学の課題と形式とを改めて人びとに理解させねばならなかったのである――そしてそれはフィヒテとシェリングのデビュー時に比べるとかなり変化し、非常に複雑になっていた論争状態においてなされたのである。宗教批判を論じる書物の出版はそのような状況下では思い止まるべきであった。一七九九年にフィヒテをイェーナ大学の教職から追放させる結果となった無神論論争以後、その種のものはすべて時宜を得たものではなかったであろうから、なおさらであった。けれども時代に合った身の処し方はまた重大な結果を生んだのである。計画に沿って講義すべしという義務は、ヘーゲルの思索家的なスタイルを決定的に変化させるような専門的技術を要求したのである。それはこれまで展開してきた一連の確信を破るものではなかったが、宗教批判と国家批判の議論とそれへの専心から突然に向きを変え哲学の組織形式を問題にすることになったである。その結果、第一印象では、ヘーゲルは彼自身の青年時代へ戻る橋を撤去してしまって、十分な準備もなしに力ずくでカント以後の体系的哲学に対して鈍重な言葉を語っているという印象が生まれたのである。そこにおいて駆使されている知識は、哲学する者が一切の実践的要請を超越し生活の一切の要求を放棄するような理論の知識であるべきものであるかのように思われたのである。このような外見は、同時代の人びとはヘーゲルの教養史の持つ多彩な背景を知らずに判断を下さざるをえなかったのであるから、彼らには避けられぬものではあった。しかし、初めにヘーゲルの伝記を書いた作者たち（ローゼンクランツ、ハイム、そしてディルタイですら）は、その外見を修正するよりもそれを強化した。そのことによって、ヘーゲルの思弁哲学を誕生させ、そして一貫してそれを規定していた生活の文脈が、二〇世紀になっても広く闇のなかに置かれることになったのである。それと反対に、ヘーゲル自身は哲学と生活との結合を密接なものと見なしていたのであって、彼は哲学の真の必要性が哲学を通していかに生きるかを学ぶことにあると考えている。イェーナの最初の二つの講義の一つは、そのことの必要性とそれを満たすことに対する回答を与えることを目標にすることになろう。

Ⅱ　著作と教説

誰であれ、私がすでにただ一回の吟味によって洞察力の鋭い人だと認めた者が、私にあまりにも辻褄の合わない意見を言うならば、私は彼に信頼をおかない。……告発者の役を務めることは卑しいことである。

（カント、レフレクシオーン 4860）

五　哲学批判としての反省批判

五・一　一八〇〇年ころのイェーナの哲学

一七八〇年代の終わりから九〇年代にかけて、イェーナはドイツの文芸を代表する唯一の大学都市であった。けれどもその間にシラーはヴァイマルに移っていた。フンボルト兄弟は外国を旅していた。ロマン主義者のサークルは崩壊していた。フィヒテは彼に向けられた無神論の告発に憤慨して国を出た。そのほかの大家たちが立ち去ることも予想されていた。このような状況下では、イェーナ大学の星に駆け上った天才シェリングの友人である一人の新米が、最高のアカデミック・サークルに受け入れられることもきっと難しいことではなかったであろう。反対に難しかったのは、減少してゆく学生のなかに持続的に興味を抱いてくれる群れを獲得することであったろう。つまり、大学のおよそ五十人の教員の内、そのほぼ四分の一が哲学の教員で構成され、その大部分が私講師で占められていたのであり、彼らの間では、人びとに認められることが大切であった。――そして、それはフィヒテとシェリングによって高い要求を抱くようになった聴衆を前にして、のことだったのである。

しかし、そもそも挑戦は厄介な関係のなかでなされたのであり、そのなかで、ようやく情報が与えられることになった事柄へと、ヘーゲルの成長の歩みが進められたのである。つまり、ヘーゲルは初めに取り組んでいた仕事のカント的地盤を、公に生産的に議論に加わることもなしに、捨てていたのである。その議論は一七八〇年代のカント主義から発したものである。それは、初めに人間の表象能力に関するカントの理論をより明確に首尾一貫するものにしようとしたラインホルトの試みがあらわれ、次にフィヒテの知識学とシェリングの自然哲学とが卓越した役割を演じ、今やシェリングが「同一哲学」を遂行しようと試みていたものである。ヘーゲルはただ遠くからカント哲学の基礎に関する仕事を追求していたにすぎなかった。彼が一七九五年に自分自身の体系を考え始めたとき、人びとがカントの理論哲学と理性批判を熱狂的に受け継ぎ情熱的に議論していたあの十年はとうに過ぎ去っていたのである。カントの基礎を発掘しようと苦心した最初の人びとは困難な情況にあった。フィヒテの知識学が既にそのような情況の認識の反映として成立していた。次にシェリングがフィヒテと並んで自然哲学についての思想をたずさえて登場したのであり、分別ある人びとはシェリングの独自性を認めるとともに、それがなおフィヒテの知識学の哲学概念の枠内に収まるものであるかどうか、を問わざるをえなかった。しかし、イェーナが理念の変革の中心地であったのは十五年も前のことである。

ヘーゲルがシェリングに対抗して自分の新しい思想を大胆にも「体系」と呼んだとき、彼はもはや自主的判断をせずにおこなったのではない。しかし、独自に積み上げた確信の基礎を持ってシェリングのパートナーとして彼の哲学旅行計画に乗り込むことが今や問題となっているとき、はたしてそれで十分であろうか。シェリングが最新論文のなかでスピノザの「ユークリッド的」叙述の仕方を真似たことによってはまり込んでしまった厄介で危険な情況を考慮するとき、それで十分であったであろうか。この方法の説得力・適合性・シェリング風の操作に対するフィヒテの抗議を理解するとき、そのときにのみこの疑問に対して、それでは十分ではない、と答えることができる。他方で、ヘーゲルは、成功を望むならば、準備不足のままシェリングとの協同事業をおこなうという冒険に飛び込まざるをえなかったのである。この冒険は無鉄砲なものだった。もしフィヒテが哲学の認識様式の根本問題に関して行き着いたシェリングとの意見の相違を公衆に用心深く隠すことなく、シェリング批判をその天性の論争力でおこなっていたのであれば、ヘーゲルは、多くの人びとの目に、何も知らないおめでたい男、乏しい資本をあまりにも大きな志によってめまいのするような企てに投資した男と映っていたことであろう。けれども、その時の彼はイェーナで講壇に登る決心をしていたのであるから、彼の野望は避けられないものであった。なぜなら、カント後の論争においては、体系形式と哲学の方法とが一切を支配するテーマとなっていたのであるから。このテーマを視野に入れて、ヘーゲルは彼の時代の最重要ないくつかの哲学の立場に批判的に関わらざるをえなかったのである。

五・二　思弁的観念論の立場

立場を取る者はその立場を自覚していないものである。しかし、他人の目で見ることを学ぶうちに、彼は自分の立場の座標を主張することができるようになる。そのチャンスをヘーゲルはシェリングと協同作業を始めることによって手に入れた。彼はそのチャンスを、初めて自分の名前を載せて一八〇一年夏に公にした著作『フィヒテとシェリングの哲学体系の差異』において利用している。ラインホルトによって喚起された印象とは反対に、この論文は、シェリング哲学がフィヒテ哲学と根本的問題から見て区別されねばならないことを明らかにしている。二人の哲学者の間で対決が避けられなくなったのであり、その対決においてヘーゲルはシェリングの党派に与する。しかし、彼はフィヒテに対しては認め、シェリングに対しては沈黙するものを通して、同時に、自分自身の立場を後に明確に示し画定するための余地を残している。ヘーゲルが体系批判の書物の著者として自分自身を作り上げてゆく道筋を追跡しようとするとき、まず次の事情を理解しなければならないであろう。――内的に共通している確信（1）においては――ヘーゲルの目には、シェリングはフィヒテと異なっている（2）。この点からその場合にシェリング哲学に対してどのような留保が現れてくるか（3）、が明確にされる。そしてその留保がヘーゲルにとってどのような特徴的な立場を暗示していると考えられるか（4）、が明らかになる。その上で、その立場が明確に描かれるであろう（5）。

（1）　カントの批判主義は十九世紀に入るまでの第一級のすべての哲学との対決を強いられた。しかしその基盤はすでに最初の二十年間に一連の衝撃を経験していた。そこからより広範な哲学探究のために、たとえそれがカントに恩義を受けているとしても、対立し合ういくつかの結果が導き出されえたのである。少なくとも次の四つの衝撃に関しては、シェリングとヘーゲルはフィヒテと意見を同じくしていた。

a．カントの理性批判は新しい思惟の将来を後ろ向きのまなざしによって明らかにしたものである。理性批判は欺瞞や矛盾の暴露という目的設定の尺度に従って組織されたものである。哲学する理性は、もしそれが自分のできることは何かについて啓蒙されていないならば、そのような欺瞞や矛盾に陥るのである。同時にカントは、このような批判の仕事から出発すれば、包括的な哲学体系に困難なしに到達しうるとも考えていた。しかし他方では、カント自身は自分の理性批判によっては「超越論的哲学の本来の方法」に関してまだ何も言うことはできない（カント純粋理性批判 B766）ことを認めていた。カントの最も重要な後継者たちはこの告白にとどまり、カントの批判の仕事は哲学的に思惟することの新しい在り方を宣言したものであると解釈し、その在り方の出発点と方法や適切な建築術は将来発見されるものであると考えた。

b. 彼らの間では、哲学的理性の媒介を経ていない直接知を主張するヤコービが、カント的立場に対して危険な挑戦を展開するものであることは自明であった。しかしそれに対処しようとする際に選択の余地が残されていた。体系的な理性哲学とは対蹠的なヤコービ哲学と戦うのに、絶対者の直接知という主張に対立する根拠を主張するか、あるいは、そのような直接知を理性の体系的な自己認識の過程のなかに取り込んで考えて、その結果、この知は思想を哲学の内で合理的・方法的に展開することを放棄することになると示すこともできた。シェリングとヘーゲルはこの後者を取ったことでも、フィヒテと一致した。

c. カントの理性批判を攻撃の手から防衛しようとする最初のいくつかの試みは、それに新しい体系形式を与えることによってなされたのであるが、それらは理論哲学の理解における困難から出発し、結局はまたその理論哲学の思想に助けを求めたのである。ラインホルトの一七八九年の『人間の表象能力の理論』がその最も重要な例である。ところが、ほかならぬ彼においてその試みが満足できるものではないことが示された。より優れた選択を指示したのはフィヒテの要求であった。彼の要求は理論理性と実践理性とを哲学の体系構成の出発点において一つに融合させるものであり、したがって実践理性を無制約的なものとするものの構成的な動きを、哲学全体の基礎の始原に取り入れるものであった。この要求に続こうとする試みはまたカントの理性批判の内で正当と見なされた期待（カント実践理性批判162）によって育まれたものである。そしてこの試みに関しても、シェリングとヘーゲルは明らかにフィヒテの側に立った。

d. カントは、上述の「能力」とそれらの規則的連関についての認識（ここに理性批判の帰趨がかかっている）がいかなる認識論的地位を持つべきか、という問いについてはほとんど説明しなかった。その問いに対して後に出された一つの回答がフリースの主張であった。それは、そのような認識は感性的経験という性格を持たざるをえない、したがってカントの理性批判は「人間学的」な基礎を通して心理学的内省の道において改良されるべきであるという主張であった。このように最終的に感性的経験の自然主義に立ち戻ってカントを「越えること」に対しては、フィヒテ、シェリング、ヘーゲルは、次の点において一致して、反対した。哲学は「概念からの理性認識」であるというカントの確信をそれにふさわしく展開するには、哲学の認識作用を経験的認識から区別し、そして哲学を基礎づけるには可能な限り心理学的概念を使わずに済ます、というカントのモットーに、カントその人以上に、明確に従わなければならない。

（2）　以上に述べたフィヒテの四つの点に関しては、カント哲学には欠けている説明を補って体系形式を修正すればよいというのが、シェリングとヘーゲルの見解であった。しかし、自由と意志規定を純粋な実践理性から把握するというカントの見解に関しては別であった。ヘーゲルの判断によれば、ここには内容からしてもカント的原理には欠陥があった。この欠陥を取り除くためにヘーゲルは、シェリングとフィヒテとの間で対立していた二つの疑問に対して、シェリングの回答の方に荷担したことは間違いない。第一の疑問はシェリングが一七九七年以来構想していた自然哲学に関わるものである。そのような自然哲学はいかなるものについての概念として展開されるべきものであるか——単に現象の概念としてか（理論的認識において現象は対象化されるものである）、それともさらにその上に感性的なものの内にある叡智的世界をも開示するものについての概念としてか、あるいはその上さらに自然を把握する理論的仕方も実践的仕方も相対化するようなものの概念としてか。最後のものが重要であるというのがシェリングとヘーゲルの確信であった。それは、回答を方法的に確実にする根拠づけが常に見通されていなければならないと考えたからであろう。

もう一つの疑問は哲学体系の出発点に関わるものであった。これについては、フィヒテとシェリングはすでに、シェリングの最初の論文に関する議論のなかでふれていたのだが、今初めてそれが哲学的な体系構造に関する論争の主題となっていたのである。そのような情況のなかでヘーゲルは公衆の面前に登場したのである。理性の体系というものは、フィヒテが考えたように、自らの自由の内で無制約的であると考えられるべき自我の上に基礎づけられ、そしてその自我の開示として理解されるべきものか、それとも、そのような体系の原理として、またその体系の内で開示していくものとして、自我の理念よりも「上位の」理念――「絶対的同一性」の理念、つまり単なる主観でも単なる客観でもなく、人為的ものではない、両者の絶対的な一性――が考えられざるをえないのか。このような理念こそがシェリング体系の原理であると、ヘーゲルは差異論文で指摘した。この体系の最初の叙述をシェリングは公表したばかりであった。この体系形式の原理にフィヒテの原理に勝る優先権を与えることに、ヘーゲルは疑う余地を持たなかった。二つの体系の原理を比較しさえすれば、シェリングに味方して次のように言うことができる。フィヒテの知識学の体系は展開の最初の一歩からしてすでに同一性を踏み外しており、もはや同一性を取り戻すことができない、それに対してシェリングの体系は徹頭徹尾同一性の内にとどまっている、と。これがフィヒテに対して向けられたヘーゲルの最も重要な抗議である。

（3）　シェリングの主張する、すべてのものが方法的に規則づけられた思惟行程の内でどのようにして根拠づけられるべきであるか、という問いに関しては、ヘーゲルは一言もシェリングにふれていない。それとは反対に、フィヒテの態度は傑出した人物のものであると敬意を持って賞賛されている（大全集 IV, 34）。ただしフィヒテが書簡でシェリングに要求した主要な抗議が方法の本性にあったことを付け加えねばならない。――そして、ヘーゲルはシェリング哲学が今の形でこの抗議に耐えうるとは考えてはおらず、またシェリングの傍らで哲学しようと心に決めたときになってこの抗議に気づいたのでもなかったであろうと、推測することが許されるであろう。

（4）　それどころか、ヘーゲルは踏み出した最初の一歩から、シェリングの思想をフィヒテの抗議に対して防衛できるように発展させてみよう、と企てていたのである。したがって、ヘーゲルの哲学的立場を、シェリングが自らの立場のために用いた名称によって呼ばなくてもよいことになる。シェリングは自分の哲学を「反省の立場から完全に隔たっている」「絶対的な同一性体系」（シェリング全集 III, 9）と呼んでいた。彼は絶対的同一性の明証の源泉として「知的直観」を考えていたが、それは「知識論において要請されているような」要請に応えうると考えたのである。この直観はフィヒテの見解によれば「それを通して哲学者に対して自我が生じてくる行為を遂行する際の」哲学者の自己直観であり――「私が行為することについての、そしてまた私が行為するものについての直接的な意識」である。つまり、「私が何かを為す限り、その何かを私に知らしめるもの」のことである（シェリング全集 III, 47）。そうであるならば、この直観において直観する者を捨象すれば、残るものは「純粋に客観的なもの」であると、シェリングは考えたのである。

　即自的にある単なる主観‐客観、これはしかし決して＝《イコール》自我ではない（シェリング全集 II, 722 : III, 10 参照）。

このように単純に捨象を要請することには明らかに問題がつきまとう。ヘーゲルはその要請を直截《ちょくせつ》に掲げたり解明することはしなかった。しかし彼はともかくその要請に関わり、「哲学することの道具としての」反省を、それから、それと「超越論的直観」との関連をテーマにして、次のことを明らかにする努力によって、ある寄与をなしたのである。

> どこまで反省は絶対者を把握することができるか、またどこまで反省は、思弁としてのその仕事においては、絶対的直観と綜合されるところの必然性と可能性を担うのか、またどこまで反省は、その所産すなわち意識の内で構成された絶対者が完全でなければならないように、対自的、主観的に完全であるのか（大全集IV, 16＝選集II, 25f.）。

（5）『差異論文』の立場を特徴づけるならば、それにもっともふさわしい語は、ヘーゲルの成熟した哲学に対しても通用する表現、思弁的観念論《イデアリスムス》である。この言葉によって何が考えられるだろうか。この問いに答える前にまず注意することがある。〈観念論〉の対立概念は〈唯物論《マテリアリスムス》〉――つまり真実に現実的な一切のものは物質的であるという理論――ではない。〈唯物論〉に対立するのは〈唯心論《スピリチュアリスムス》〉であろう。これは現実的な一切のものは霊《ガイスト》であると主張するものである。この唯物論も唯心論もヘーゲルのものではない。観念論と反対対当的に対立するのは実在論《レアリスムス》である。つまり思考から独立して「即自的に」存在する現実的なものがあるという考えである。しかし、ヘーゲルの観念論に特徴的なものが初めて明らかにされるのは、その場合に思惟と思惟されるものがいかなる意味で述べられているかを考慮するときである。次のことは明白である。全‐一《ダスアル‐アイネ》についての、主観的なものと客観的なものとの絶対的無差別についての、哲学理論でもある観念論は、存在する一切は自我によって、あるいはさらに個別化された意識‐主観によって、措定されたものである、とするテーゼによっては定義されることができないということである。観念論一般の特徴が、思惟やその主観から独立して「即自的に」存在する現実的なものがあるという「実在論的な」見解を否定することにあるとするならば、重要なことは、その見解を否定する際にそこで述べられている特殊な観念論にとって思惟とその主観がいかなる非慣用的な意味で用いられているかということである。どちらか一方であるという選択には無縁な思惟が問題にされなければならないのである。例えば、「自我」（ないしは個別的で有限な主観）の主観的な遂行の内にある思惟であるか、それとも客観的な出来事の内にある思惟であるか——世界を支配する理性というものの思惟、例えばアナクサゴラスのようにそれを「ヌース」として構想することもできたであろう（選集 III, 54 : V, 44）——、そのような選択に関わらない思惟が問題なのである。したがってこの観念論の特徴をなすのは実在論との対立であるよりも、一切の有限者は真実に存在するものではなく「観念的《イデエル》」である、それは一者《ダス アイネ》・真なるものの内で止揚されるものである、というテーゼである。そしてこの一者が理念《イデー》である。つまり、一切の有限者・反省によって対立せしめられたものは、その理念《イデー》の内では一つであると考えられ、そのことによって有限者は観念的《イデエル》になる。そしてその内では特に一切の主観的なものと一切の客観的なものとが、有限なものとして互いに止揚しあうのである。そこで次に、この一者の観点からすると、哲学の課題は次の点にあることになる。有限者が普通の意識に対して現れる形式、あるいは哲学によってかつて考えられた形式、さらにまた無限者を考える有限な仕方、それらさまざまな形式が、まとめられねばならず、そうしてそれを叙述することが同時に端的な一者すなわち「絶対者」を叙述することになるのである。

今まで観念論的プログラムを特徴づけてきたメルクマールについて述べた。しかし、ヘーゲルがシェリングと区別されるのは、それによってでは全くない。問題はそこにはない。そうであるならば、二人の間の区別は、絶対者の観念論が「思弁的《シュペクラチーフ》」と呼ばれるときに、そのときに初めて少なくともそのプログラムの術語と形成の仕方において明瞭なものとなるのである。この形容詞によって観念論のために要求される認識様式に目が向けられるのである。ヘーゲルはそのために「思弁」という表現を手に入れたのであり、シェリングの下でそれを押し通したのである。彼を導いた思索はおそらく次のようなものだったと見てよいであろう。絶対者は無差別に唯一のものであるのではなく、対立を自分の内に持っているものであるから、そして対立するものはそのような対立の内では有限者であるのだから、一なるもの《ダス アイネ》を哲学的言明において叙述するチャンスはその内にある。そのチャンスが実現されるならば、その内で有限者が思惟される、あるいは絶対者が思惟において有限化される、その概念的な諸規定を、そのような叙述に使えるに違いない。概念的諸規定の目的にかなった使用はまずはその諸規定が反省の内で有している使用である。なぜなら、それらの規定に特徴的な仕事は、その都度その都度ある規定を別の規定に対立させることであり、その際に両者の同一性と区別に配慮して、区別されているものの内で対立するものを強調することにあるのだからである。二つの区別されたものを包括する統一《アインハイト》、区別されたものがその内では有限者として止揚される統一、これはまだこのような作業においてはもちろん実在化されてはいない。統一によって包括されるものに即して、ほんらいその統一もまた気づかれるのでなければならない。それゆえにこそ、ヘーゲルとシェリングは、絶対者であるところのこの統一を包括されるものであるとともにまた知的直観としても――その場合やはり再びこの直観は主観的なものと客観的なものとの区別に対して無関心であるものと受け取られねばならない――、それを指示しているのである。しかし、いかにしてこの統一的全体に到達するのであるか。この問いとともにさらに思索が加えられる。その思索がヘーゲルをしてシェリングを超えさせ、そしてただちに彼に弁証法についての最初の独自の論文を書かせることになる。

ところでまずその論文が明らかにしたことは、哲学的思弁《シユペキユラチオン》によって何が理解されるべきかということである。鏡のなかの像を見ること（＝ラテン語の「speculatio《スペクラチオ》」）は対面している物の表面から出た光線の反射を知覚全体の直観的把握と結びつけることであるが、そのように意識というものの自我が遂行する哲学的思弁は、思考された反省を絶対的統一の非感覚的な直覚と結合することである。思弁とは反省と知的直観との綜合にほかならない（選集 II, 25f.）。おそらくここには第一コリント書のパウロの言葉「われわれは今鏡に映ったものを見ている」〔十三章十二節〕ことも暗示されているのであろう。思弁が成立するのは、理性的な哲学思惟が反省に対して、それは絶対的直観と綜合的に結合することが可能であり、そしてそのことを避けることはできないのだと、反省のなすべきことを強制するときである（同上）。そのためには哲学的意識の自我が勝手に反省をおこなうことは許されない。そうではなく、その意識をして、互いに対になって対立している有限な諸規定に即して、反省をおこなうようにさせなければならない。しかもそうすることによって、これらの規定が新たな仕方で――それらを統一の結合可能な規定とするような仕方で――意味づけられるように、である。理性は反省の実在に対して優先権を手にしていなければならず、その実在を自分の下に包括せねばならないのであり、そうして最後に反省の特殊な内容のそれぞれに即して知的直観が実現されることになるのである。これに対して、ヘーゲル哲学と生活との関係が「思弁的」であると言うのは、何も言っていないことになる。この観念論が思弁的であるのはそれが観想的な生活態度を好んだからだと考えるならば、それは誤解であろう。

しかし、どうしてヘーゲルは民間の語源学のように「思弁」という表現を鏡にあたるラテン語と関連づけることに思い当たったのだろうか。その問いに答えるには次の点に注目しよう。鏡というものは何かをさもありそうに見えさせる能力を持ちうるとともに、普通には見えていないものを見えさせる能力をも持っている。まさにこの二重の能力において、カントは理性の正しい使用についての理論の末尾に（カント純粋理性批判 B672）、鏡の比喩を入れたのである。われわれは理性理念（例えば神の理念のような）を、カントの考えでは、対象の認識を与えてくれる悟性を極限の目標に向けさせるために、統制的に用いるのであり、「この目標を目指して、悟性のすべての規則の方向線が一点に収斂する」のである。なぜなら、このような理念において考えられた焦点はさまざまの悟性概念に「最大の拡張のほかに最大の統一を与える」のに役立つからである。理念のこの使用においては「方向線」が認識の対象であるものから、たとえそれが可能な経験的認識の領域外にあるものではあっても、そこから発してくるかのように——「対象が鏡面の背後に実在するかのように」——見えるのである。したがって、それは錯覚ではあるが、欺されることのない錯覚である。理性批判によってこの錯覚から守られるからである。しかし、注意しなければならないことは、これは事柄が持っている二つのアスペクトの一つにすぎないことである。もう一つのアスペクトは、欺かれる恐れに陥らせるものから単純に背を向けることができないものの内にある。その錯覚は、

われわれが目の前の対象のほかに、そこから遠く離れてわれわれの背後にある対象を同時に見ようとすると、すなわち、われわれが……悟性をおのおのに与えられた経験を……超えて、したがってまた可能な限り最大でかつ極度の拡張に適応させようとすると、どうしても生じざるをえないものである（カント純粋理性批判 B672）。

しかし、自らの理性を使用するときに、そのことを欲しない者がいるであろうか。それゆえカントはこう確信する。対象の認識を追求している悟性を正しく導くものである理性使用に錯覚が属することは、鏡の操作に結びつく錯覚と同じように、避けられないことである、と。「錯覚」はわれわれの「背後に」——理性のように——控えているものを「見るために」用いられる、というテーゼも、カントのお陰をこうむっているのである。

反省と知的直観とを綜合させる思惟に「思弁」という洗礼名をヘーゲルが与えたとき、このテーゼが代父の役を担

ったことは疑いない。したがってまた十分な確信をもって、ヘーゲルはこの思惟の仕事が対象の認識にあるとは考えていなかった、と仮定してよいであろう。対象を認識しうると信じていたのは批判以前の形而上学であり、カントの批判がそれは錯覚であることを明らかにしたのである。ヘーゲルは、そうではなく、思惟の仕事はひとえに理性に内在している内容の解明にあると考えたのである。つまり、思弁的認識において必要なのはこのような解明であって、――結局、経験的対象の認識のために理性が有している統制的な意味のために、ではない。このことは、以下に述べる「全一」や「絶対者」というスピノザを連想させる言葉を考える際に忘れてはならないことである。

哲学のなすべきことが全体としてもはや対象を認識する仕事として構想できないのであるならば、批判以前の形而上学の認識要求は分を弁えておらず、それをたしなめることだけで満足することはできない。むしろそうであるならば、哲学を、形而上学の諸分科を建築術的に分節した全体であるとして、理解する試みも断念されなければならない。なぜなら、そのような試みは、形而上学を感性的世界にも超感性的世界にも居場所を持たない有限な主観性というものの（基礎的な）理論として構想するか、それとも（単に思い込まれただけのあるいは対象の要求に合わせて制限された）理論的認識の対象ないしは実践的認識の対象についての理論として構想するか、この二者択一に直面するからであるが、しかしいずれの選択も今では排除されている。一方は既に、絶対的に措定された（道徳的）主観性に対する批判によって、またラインホルトの『基礎哲学』の暴露された不十分さによって、ないしは自分自身について啓蒙をおこなう理性の体系の原理は自我の理性よりも「高次の」理念でなければならないという確信によって、断念されているのである。そして他方は、「思弁的な」思惟のみがさらに持ちうる性格が見出されたことによって、断念されているのである。――他方ではまた、そのような思惟の体系においては、より高次な理念に向かって努力するだけでは十分でないことも既に明らかになっている。そしてそれとともに、哲学的分科のこれまでの表象――単に批判以前にとどまらず批判の表象とカント以後の表象、そしてヘーゲル自身がフランクフルトにおいて作り始めた表象をも含めて――の枠内で、いくつかの可能性が作り出されていたのである。哲学の新しいワインはもはや古い革袋には盛れない。哲学の分科は、自らの持つ内容に関して自分自身を明るみに出す絶対的理性の叙述として構想されるべきなのである。

五・三　『哲学批評雑誌』

当初、フィヒテ、シェリング、そしてシュレーゲル‐サークル、この三者は協同して雑誌を発刊する計画を抱いていた。しかしその後、フィヒテ、シェリングとシュレーゲル兄弟は連携を解消し、一八〇一年十二月、J. G. コッタ書店は（初めコッタはフィヒテとシェリングの協同による雑誌も視野に入れていた）、「F. W. J. シェリングと G. W. F. ヘーゲルの編集による」、『哲学批評雑誌』を予告したのである。この雑誌は一八〇二年から出版され、三冊からなる二巻を毎年出す予定であった。けれども発刊後二年の間に出版されたのは合計でたったの六冊にすぎなかった。刊行の目的は公には「真の哲学のために最終的に正しい進路を」示し、それを「非哲学から永久に分離すること」にあった。つまり、次の点にあった。

まず何よりも、非哲学の否定的性格に対抗して哲学の確固たる本質を展開すること、次に、哲学が文化の全体と接しているすべての点に可能な限り考慮をはらいつつ、一般的教養のあらゆる部門を絶対者へと取り入れて、すべての学問を哲学によって真に再生させるための展望を開くこと（大全集 IV, 503）。［「哲学批評雑誌の広告」一八〇一年］

けれども口には出されていないが、この雑誌は、二人の編集者が彼らの哲学的思惟の不完全な点を、特に真の哲学の「絶対的形式」と関連させて、ほかの人びとの試みを批判することを通して、補完するのに役だったのである（大全集 IV, 278 参照）。初めはシェリングとヘーゲルの連帯は緊密かつ排他的であり、二人は同じ家に住み、雑誌には自分たちの論文だけを掲載し、ひとりの人物の寄稿として、どちらの執筆であるかを特定しなかったほどである。にもかかわらずそのうちに執筆者に関する情報はある程度知られるようになる。

執筆の分担に関してはおそらく次のようであった。二人はともに常識が哲学に向ける要求を撥ねつけるという課題に没頭する。その際、シェリングは特に自然哲学の領域から出されたテーマに関わっており、それと哲学一般との関係を明らかにしようとしている。その点では、競争相手を批判するよりは「哲学のカテゴリー的本質の叙述」の方により真剣に携わっており、論争的な論文の分野は控え目である。これに対して、ヘーゲルは初め哲学–批判と時代精神–批判の基礎を構想していた。その後、同一哲学に対する重要な競争者とも対決することになる。つまり、哲学的懐疑論（『懐疑論の哲学に対する関係』）とカント、ヤコービ、フィヒテの主観性哲学（『信仰と知』）との対決である。そのほかに、彼は哲学的自然法を批判的に修正しようとしている。反対に、真の哲学を非哲学から截然と分かつ仕事は彼にとっては付随的なものになってゆく。それゆえ、ヘーゲルの寄稿論文が、シェリングのそれに比べて、時論的なものがはるかに少なく、また彼の分量がほとんど二倍に達することは、驚くに値しない。特にヘーゲルの最後の雑誌–論文『自然法の学問的取り扱い方について』はもはや書物の書評ではなく、哲学的な自然法理論の不満足な立場を体系的に再構成し批判したものである。彼は独自の法哲学的ならびに政治哲学的な体系を構想していたのであるが、これはヘーゲルが書いたもののうち最も難解なテクストに属する。

六　理性認識の古い二学科と新しい三学科

六・一　〈論理学と形而上学〉

ヘーゲルが『批評雑誌』において扱ったテーマのなかには最も重要なものが欠けていた。つまり、哲学的思惟の叙述形式と思弁哲学における主張を根拠づける形式とである。これについては付随的に書かれたもの以外に、シェリングだけが、哲学における「構成」についてのあまり満足できない論文において書いたものがあるだけである。――とはいっても、そこにはそのごく初めに、哲学的な思想展開の方法こそがことを決する「中心点」であることは指摘されてはいた。ヘーゲルも似た仕方で考えていたのかも知れない。彼はこの点についてはまだ確信を持っていなかったのだろうか。反対に、彼はすでに一八〇二年の春には、哲学の方法に関して回答を与えるに違いない本をほとんど完成したと考えている、と言っている。出版はコッタによって一八〇二年秋と広告された。一八〇二年夏学期のためのラテン語による講義紹介には、それは『論理学と形而上学、あるいは、反省と理性との体系（Logica et Metaphysica sive systema reflexionis et rationis）』というタイトルで言及されている。この本及びこのタイトルの講義で、何が問題とされたのだろうか。

「論理学」と「形而上学」、この二つの学科を連結させる企ては、論理学が命題あるいは命題結合の「論理的な」含意の学問としてのみ理解されるようになって以来、つまり、「もし……ならば、そのときは……」の命題において形式化される一般的命題が明らかにする含意として理解されるようになってからは、奇異に見える。命題とは、人びとも言うように、その「論理的形式」のゆえにのみ真なのである。――したがって、それは述語として用いられる概念の諸規定（これらは命題において言明される、あるいは、言述の対象を確定するために使用されるものである）の内容からは独立している。それに対して、形而上学として理解されうるものは最も普遍的な概念の構造の究明であり、その構造の内でわれわれは、われわれがその現実存在を確信しているもの、それゆえ特に経験の対象を、思惟しているのである。したがってそれを論理学と結合することは、論理学と形而上学以外の何か別の学科との間の結合以上にふさわしくないものと思われる。

「形而上学」と「論理学」という表現を十八世紀に用いられていた意味で受け取るならば、問題は異なってくる。そのときは、『論理学と形而上学』というタイトルは奇妙なものではないが、しかしそこに何か独自なものを期待させるものでもない。つまり、論理学は、学問的認識とそれを講義する際の規則を明らかにする、一般的な理性論と理解されていた。あるいは、認識にあたって注意することが必要な、思惟の規則の一般理論と理解されていたのである。形而上学は諸対象についての理性認識を目指す「存在するものそのもの」についての学問――存在論のように、全く普遍的な対象についてであろうと、霊魂、世界、神についての理論のような、特殊な対象についてであろうと――、そのような哲学的な学問と見なされていた。このように理解すると、論理学はすでに、われわれが認識するときに、その内で思惟している、概念的構造についての理論であることになる。そしてこの構造は逆に理性の構造をも意味していることになる。他方、形而上学の対象は十七、八世紀の合理論においては、理性的である対象、あるいは理性的な対象にふさわしい対象として、理解されていた。これに対応して、「論理的原則」に形而上学的な意味を持たせることは、ごく自然なことと受け取られた。例えば、矛盾の命題は論理的原則として、理性的に認識する場合Pであるとともに Pでないものについては思惟してはならないというものであるが、それに対しては、形而上学的に等価のものが存在している。つまり、それに矛盾するような述語Pが付け加わるような事物は存在しない、と。

理性的対象は認識されるものであるか、という疑問を度外視すれば、論理学と形而上学との連関について言えるすべてのことは、カントにとってもまた妥当する。カントは、「学的認識」についての理論として、その教授法や講述に関する論理として、理解されていた論理学を、さまざまの修辞的なまた心理学的な付属物を取り除いて純化し、その核心として「純粋な一般的な論理学」を取り出したのである。この論理学は「思惟の端的に必然的な規則」のみをテーマとするべきものであった。そのとき、思惟が向かいうる対象の相違はすべて無視され、その下で思惟されるすべての経験的条件もまた捨象された。しかしその際、論理学と形而上学との特徴的な構造的連関にふれられることはなかった。もっともカント以前のライプニッツ‐ヴォルフ哲学はさらに一歩を進めていたのである。その哲学は、形而上学の対象に関する原則を論理学の原則から導き出しうることを示そうとした。このような幻想に対してカントは反対した。しかし彼は他方で、この二つの学科の構造的親近性による連関を越えた新しい結合を構想したのである。彼はその批判書において、（純粋な一般論理学を模範にして構成されていた）いわゆる超越論的な哲学を、ある特殊なつまり「超越論的な」論理学として構想したのである。それによって彼は、後にいつかヘーゲルが好意的に言うであろうが、形而上学を論理学に化したのである（選集V, 45）。このことは明らかにカントについて通用していた理解ではなかった。しかし共通ノ見解《コムニス・オピニオ》デハそしてカント哲学にとっては、論理学と形而上学とが緊密に連関することは疑問の余地がなかった。「論理学と形而上学」についての講義は標準的レパートリーに属するものだったからである。ヘーゲルだけがその講義を提供したのではない。彼がイェーナにいた期間に彼以外に少なくとも五人以上の講師がその講義を担当していた。

では、ヘーゲルがその仕事を『論理学と形而上学』というタイトルで告知したとき、彼のオリジナリティはどこにあったのだろうか。要点は『反省と理性との体系』という副題の内に示唆されているだけなのだが、そこから、ヘーゲルが、カントが論理学と一般形而上学との関係を新たに規定することによって踏み出した道を、いかに前に進めていこうとしていたかが明らかになる。

（a）カントは、一般的-形而上学的な原則と一般的-論理学的な原則とを明確に区別し、一方を他方から導き出すことはできないことを示した。しかし彼は、論理的構造が、たとえ認識の要求がなくとも、形而上学的に意味があることに固執した。ヘーゲルはこの分離をさらに押し進める、つまり、悟性使用の論理的構造は、それを理性対象に関する思惟の形而上学というものの構造を意味させるならば、間違って用いられている、というのである。

（b）カントは、すべての学問にとって等しく入門的である基礎的論理学から、彼の超越論的哲学を構造化し、その哲学に固有の論理学に到達するところの、錯綜した道を明らかにしようと試みた。その道における重要な駅の一つが『純粋理性批判』であるはずであった。これに対してヘーゲルは、理性批判によって貫かれた形而上学を構造化するための純粋な一般論理学の価値を、もはやそんなに高く評価することはできなかった。形而上学を構造化するためには理性批判が唯一基準とならねばならない。しかしそれは本来カント哲学の首尾一貫性におけることである。その結果は結局、基礎的で入門的ではあるが一般的な論理学の代わりに、形而上学への入門的な特殊な論理学が現れてくることになるのであり、その論理学の課題は、欺瞞を暴露するという理性批判の否定的な仕事を引き受けることになる。そこである意味では、批判的形而上学のためには二種の特殊な論理学が必要となる。一つは、形而上学に先行する基礎的論理学（反省の体系）、もう一つは、形而上学に入って行きそれを構造化し、（その最後において？）その方法の理論に導いていく論理学（理性の体系）である。こうしてこの考えは「論理学」と「形而上学」という学科のその時代に見られるありふれた結合からははるかに隔たったものとなった。しかし、論理学と形而上学との新たな結合は、概略を与えられている思弁的観念論をいかにして具体化できるであろうか。

第一の問題に答えるには、いかなる形式と仕方を考えることが問題であるかを、熟考する必要がある。そのような形式と仕方の内で何が考えられていようとも、その場合手がかりになりうるのは形式化である。もちろん問題になっているのは、思惟されるすべてのものに対してその思惟の内で規定性を貸し与える概念的規定ではある。しかし、その概念的規定がそれを遂行する際の機能は、――述語に特性を付与するために普通に用いられている――経験概念の機能ではない。そうではなく、経験概念との関係の内にあるいわば中間的な機能である。手を加えられるべき形式は、経験的概念を作ったり適用するために、その使用を、それとして明確になっておらず意識されていなくとも、支配しなければならない諸規定である。つまり、カントの表現によれば、〈知性的な《インテレクチュエル》〉諸概念である。これらの概念は、純粋悟性の内に、あるいは純粋悟性と理性との協働の内に、その源泉を持っており、それを明確にすることがカントにとって、一方では一般形而上学の、他方では一般論理学の仕事である。形而上学からそれに属するものを挙げるならば、伝統的には例えば、「或るもの（etwas）」、「無（nichts）」、「或るものが即自的に持っているもの（was etwas an sich hat）」（「実在（Realität）」）、あるいは、「欠如しているもの（das, dessen es ermangelt）」（「否定（Negation）」）、「一であること（eines sein）」、「変化的（veränderlich）」、「不変化的（unveränderlich）」、「合成されている（zusammengesetzt）」、「単純である（einfach sein）」、である。論理学からは、「概念（Begriff）」、「普遍（Allgemeines）」、「特殊

(Besonderes)」、「個別（Einzelnes）」、「判断（Urteil）」、「主語（Subjekt）」、「述語（Prädikat）」、「帰結（Folge sein von）」、である。したがって、伝統的にはそしてカントにおいてもまだ、論理学や形而上学の内でこのような概念的規定が問題にされることがなかったのである。それに対して、論理学と形而上学を『反省と理性との体系』として新たに規定したヘーゲルの重点に属することは、以前は形而上学が初めて決定権を持っていたそのような諸規定を、論理学の内でもまた扱うべきだという点にある。なぜならもはや今は、具体的思惟に対してかなり一般的に要求されている概念的形式と、特殊な対象についての思惟においてのみ用いられる形式とを区別することは、問題ではないからである。そうではなく、問題は、（どちらの使用であれ）すべてのそのような形式に関して、それらが理性の自己認識にとって役立つものは何か、を探究することにある。

　第二の歩みは、上述の思弁的観念論の課題が哲学する者に対してほんらい二つの要求を突きつけるものであることから、明らかになる。二つの要求とは、破壊的-批判的な措置の要求と構成的-肯定的な措置の要求である。一方では、その内で有限なものが思惟される形式、あるいはただ有限なものにのみ適合する仕方において思惟される形式は、それの伝統的-形而上学的な習慣的使用が理性の自分自身を啓蒙しようとした目的にとって有効ではないこと、それは新たな使用のために退くものであることを、明らかにしなければならない。ここではカントの理性批判の形而上学-破壊の仕事が継続される。他方では、この同じ形式が、自らを絶対者として概念把握した理性の思弁的自己認識においても用いられねばならない。この点についてはカントの理性批判は完全ではなかった。論理学と形而上学がこの二つの要求のそれぞれを満たすべきものであるならば、両者は、思弁的な理性認識へ導くものとそれを遂行するものとして、互いに関係しているのである。そうであるとすると、形而上学の課題はもはや、認識から独立した存在者と見なされる対象を認識することにあるのではなく、誤ってそのようなものを対象と解釈していた理性をして、その内容を展開させ自らを規定させる点にのみある。思弁的思惟というヘーゲルの構想は理性理念の正当な使用についてのカントの理論の内にその源泉を有しているが、その源泉はまた、理性のこの自己解明に際して何よりも重要なことが、理性としての理性の内にある形式及び理性に対してある形式が有する体系的連関を露呈させることにあった、ということも推定させるであろう。すでにカントは、「理性が全く固有な仕方で……意のままに扱い実現させようとするのは、認識の体系的なもの、すなわち一つの原理に基づく認識の連関である」（カント純粋理性批判 B673）ことを理解していたのである。ところでヘーゲルは、この体系的なものが、あらかじめ理性そのものの内容に内在する体系的性格が暴露され、理性が自らを透明にしている限りで、そのときにのみ悟性的認識を越える理性によって「意のままに」しうるものであることを、いくばくかの権利を持って自らに言い聞かせることができたのである。

　理性に固有の体系とはどのようなものであるか、これを言うのはより難しいことである。これについては、ヘーゲルの弁証法理解の源泉を明らかにするのに役立つように、簡単な注意を与えるにとどめる。ヘーゲルはその「論理学」の第三部から「本来の」哲学すなわち「形而上学」へと移行しようとした。おそらく彼はこの第三部を、あるいは少なくともその一部を、「弁証法」とも呼んでいたのである（選集 II, 476 参照）――これは疑いなくカントの『純粋理性批判』の「超越論的弁証論」に触発されたものである。なぜなら、カントはこの弁証論において初めて、純粋理性の原則と概念へと導き、そしてその無批判的使用が誤謬推理を生み出すことになる、そのような推論を探究していたからである（カント純粋理性批判 B362ff.）。今やその探究に代わって、そのような推論に与えられねばならない思弁的意味の探求が現れるのである。理性は、アンチノミーにおいて、制約された認識客観との関係の内にある一連の制約を、無制約のものにまで拡張して思惟する（カント純粋理性批判 B435ff.）ように促されるのであるが、そのアンチノミーの暴露と解消は、「関係一般は即自的に無である」（選集 II, 476）つまり真に理性的なものではないことの証明に取って代わられるのであり、また、したがって「悟性形式」は全体として、悟性的な理性によって到達されうる統一よりもさらに根元的である統一の内へと止揚されるものであることが証明されたのである。これに対して、カントの「純粋理性の理想」（カント純粋理性批判 B595ff.）は、実践理性の場合は「模像の全般的規定の原型として」（カント純粋理性批判 B597）役立つのではあるが、理論的な思弁的理性使用にとっては、認識を修正する統制的な原理を付与するものにすぎず（カント純粋理性批判 B668ff.）、学的-思弁的な認識の「基礎」の総括に姿を変え、それを暴露することは理性の「否定的認識」であるとされるのである。このカントの超越論的弁証論との対決がより詳細にはどのようであったか、それを再構成することは多くの労苦を必要とするであろう。それがなされれば、カント研究者をヘーゲルの後期著作へと導き入れるのに特に適しているであろうが、それはいまだにまったく手が付けられていないのである。

六・二　導入としての意識学、〈精神の現象学〉

六・二・一　なぜ―また何として―それは必要なのか

「論理学と形而上学」の試みはそれほど成果を挙げることはできなかった。その理由を挙げることは容易である。絶対者へと哲学的に導いていくやり方はさらにそれ以上のことを望むからである。知的直観の助けを借りることは避けられても、思弁的観念論の哲学はその初めから自らの正当性の問題に直面していたのであり、その問題は入門的な「論理学」によって解決可能かどうか、と問われたのである。いずれにしろ、その問題は「非哲学」をただ非難するだけでは除去されないものである。全にして一なるものの哲学には常識が多くの意見を持ってその道に立ちはだかっている。特に、存在するものは唯一の「対象」だけではなく、数多くの対象であり、それらの内には少なくとも二三の互いに独立して認識可能な対象があり、それらはいかなる場合でもそれらの間の基本的関係よりも根本的でないわけではない、という確信が、その邪魔をしている。真の哲学においてはこの確信は異論の余地なく却下されるべきものであろう。しかし、傑出した真理の要請が正しいとされるのは、常識の意見が、そしてその常識と手を結んだ非哲学が、哲学的思惟によって震撼せしめられ、常識の立場に立っている人びとに、彼らが誤っていることを納得させたときのみである。したがって、思弁的観念論の哲学者に要求されることは、違う仕方で思惟している者に自分の立場を分からせることである。しかしそのためには、常識の意識が思惟しているその形式を「論理的に」批判するだけでは十分ではない。なぜなら、そのような意識にも分かるように、理性に対して多くの対象が存在しているのはそう見えるだけであって、それらの関係は「即自的に無である」と説明したところで、常識の立場を取る人は、思弁の真理要求を避けて、懐疑的な「不知」の態度に引きこもることもできるであろうからである。さらに付け加えれば、われわれが思惟している際に用いる概念的形式についての哲学的探究（つまり、批判や正当化）が理性‐哲学に対する「ニヒリスティックな」態度によって全面的に問題とされるやいなや、それはF. H. ヤコービによって引き起こされたのであるが、もはやただ「論理学」だけによっては、「自然的な」世界理解と自己理解の存在論を効果的に揺さぶることはできなくなるのである。

　この種の異論がヘーゲルの信念をぐらつかせたのかも知れない。いずれにしろ彼は一八〇三／〇四年冬学期の講義紹介では、三学期の間、近いうちに出版するとしていた本について触れることを止めている。それ以後彼は予定している出版物をもはや古いタイトルで予告することはせずに、「学の体系」として予告している。初めに構想されていた『論理学と形而上学』が、この名称のなかにある二つの古い学科が、十分に考え抜かれた一つの新しい学科と取り替えられたというのではない。しかしそうでないならば、何がそれに代わらねばならなかったのか。ヘーゲルには、彼の学問形成が進むにつれて、とりあえずいかなる新しい学科が、以前は入門的論理学に与えられていた機能を受け持つべきか、が明らかになってきた。しかし目標を知ったこととそれを実現することとの間には長い道のりがあった。一八〇七年になってようやくこの学科の仕事としてヘーゲルの最初の主著が出版された。それは『精神現象学』と呼ばれたが、印刷開始まではなお「意識の経験の学」という名称を持っており、そしてそれはいわゆる体系の第一部として提供された。この著作を理解しようとする者は予め二つのことに注意を払わなければならないだろう。一つは、ヘーゲルの哲学概念が、実践理性の要求をわれわれがその内で満たさざるをえない、世界についての最も内面的な意識と、いかに関係しているか、ということであり、もう一つは、思弁的認識に対して常識の取る立場、正当でないことが証明されるべき立場に関することである。つまり、このような立場に対抗して貫徹される理性の要求から、『現象学』の根本構造は明らかになるのである。

キリスト教の「実定性《ポジティヴィテート》」との対決は、ヘーゲルに、われわれはあの〔世界についての〕最も内面的な意識を人倫的で宗教的な確信として有していること、そしてこの確信がその生命を維持しうるのは、不自由をもたらす「実定的な」諸関係に陥っている恒常的に交替する諸傾向に対抗して、自己を貫き通すときのみであることを、確信させたのである。この対決は繰り返し新たに勝利しなければならない。哲学はまず何よりも、時代の不満足な状態を記録している意識の対立したさまざまの立場の批判を通して、自己発見に貢献すべきものである。それらの立場の根本概念を修正しつつ、それらがまさに理性的に規定されている現実の統一を形成するものであることを認識することによってのみ、哲学は「理性の自己再生産」（選集 II, 22）となるのである。なぜなら、理性は、自分をより良く見通すようになるときにのみ、維持されるからである。けれどもまさにそのことが、哲学をその時代の支配的意見やその総体である常識との避けられない葛藤に追いやるのである。

こうして一方の側には、時代に特徴的な偏見のなかに生きている意識がある。これをヘーゲルは自然意識と名づける——この「自然的」とは、意識が以前からそうであったような、あるいは意識が正当な仕方でそうであるような、そういうものを特徴づけているのではない。そうではなく、素朴で、〈生かされている瞬間の闇〉に捕らわれているもののことを言っている。他方の側には哲学がいる。それは自然意識の内に含まれている転倒を糺すべきものである。そうして、哲学はその意識そのものがひっくり返っているものであることを明らかにする（選集 II, 30）。そこで——プラトンの場合に似て——、われわれが普段そのなかで生きている現象する知と、真の哲学の現実的な知との対立が現れてくる。この対立のなかでは、哲学の認識要求は自然意識にとって疑わしいものとなる。それに対して哲学はいったい何をなしうるのか。外部から哲学に向けられた疑いは、哲学知内部の適合性を証明したところで、取り除かれはしない。なぜなら、その適合性は哲学の内部に閉じこめられているからである。それとともに、哲学はそれ自身自然意識の疑いに身をさらされる。哲学は自分にかけられた疑いに巻き込まれざるをえない。けれども、哲学がそうなったのは、ただ自然意識の意を迎えるためでも自然意識を正当化するためだけでもない。それはまた自分自身の真理のためにである。哲学は——まさに思弁哲学としても——「観想的」なものであるのではない。すべての世俗的なものから切り離された神的なものの考察であるのではない。そして、哲学が特にそのようなものでないのは、哲学がその外部にある意識の在り方に立ち入るときにのみそれ本来の認識様式を持つからだけではない。プラトンにとってと同様にヘーゲルにとってもまた、哲学が真理を獲得するのは、それに疑いを抱いている者が前提しているもの、——その人物にとっても哲学にとっても——虚偽であることが明らかにならざるをえないもの、そういうものとの混淆から、哲学が自らを解放することによってのみである。

六・二・二　現象学概念のその他のモメント

したがって〈現象学〉は、根本的には「反省の体系」としての〈論理学〉がそうあるべきであったように、思弁的な理性の学への導入である。しかしそれは、一面からすると学び易さという点で、他面からすると既成の知識を盛り込む必要があるという点で、入門という意味を持っているだけではない。それはその両面からして、単なる準備課程とは異なることを遂行するものでなければならない。自然意識に対しては、それが成熟してゆく過程を、つまり学問に対する疑いからその疑いの前提をなしているすべての憶測的な知識に対する絶望へと、そうして自然意識が自分自身に対して抱く絶望へと導いてゆく過程を、叙述しなければならない。しかし同時に、『精神現象学』は、真の知識がそのような絶望のなかでいかにして現れてくるかをも示さなければならない。それゆえに、そのテーマは、自然意識を哲学的学問へ導いてゆくという意味において、現象する真の知であるのである。しかし、現象する知が現象学のテーマであるということは、別の意味においてもいわれる。つまり、哲学的学問の側からすれば、現象学は思弁的認識の自己発見を叙述すべきものである。実定的なものの荒廃から抜け出て繰り返し自己を獲得することが人倫と宗教の意識に生命を与えるものであったのと同様に、哲学もまた交替する状態のもとで繰り返し新たに始まりの運動を休みなく続けるときにのみ生きているのである。その運動は哲学を思弁的思惟へと投げ込むものであり、その運動のなかで哲学の体系的展開のエレメントが、すなわち純粋な概念把握する思惟のエレメントが、初めて形成される、あるいは姿を現すのである。

『現象学』のテーマに関しては以上ですべて述べたことになる。けれども、このテーマの取り扱い方についてはさらに詳しく述べる必要がある。まず何よりも、現象知が――それが有する二重の意味において――真の知への運動として叙述されるという課題を処理しようとするならば、自然意識や思弁的認識という抽象的な概念で満足することはできない。さもなければ、自然意識に対して正当ではないであろうし、思弁的認識の自己発見も明確にならないであろう。したがって、哲学とそれに対する敵対者が存在していた具体的な時代情況を考慮に入れるという課題に取りかからねばならない。そのためには時代の根本的対立から出発しなければならない。

　ヘーゲルはとりあえず、この対立は、最終原理にまで高まっている主観性と、主観性が自分のものとはなしえていないがそこにおいて自分の限界を経験するすべてのものとの対立に同一化されるべきものである、と考えている。ところで、哲学にとっても自然意識にとってもテーマであるどちらの対象に即して、この対立は論じられるべきであるのか。この問いに対するヘーゲルの答えはこうである。この対立の哲学以前の原型でありまたそれを哲学的に代弁しているものは意識そのものである。なぜなら、意識にとってはそれの対象は意識に対してあるものだからである。しかし同時にまた、意識それ自身が対象にさしあたっては依存していると思っているにもかかわらず、対象は意識から独立しているとも意識は思っている。対象は、私がそれを意識するしないにかかわらず、存在しているのである。これに対して、対象についての意識が対象に（それの「知」に従って）適合しうるのは、意識が対象に向かうときのみである。それゆえ、現象する知の叙述は、それとともにまた哲学の外部の周知の疑いの叙述も、したがって反哲学的な懐疑とその克服は、古代の懐疑論におけるように確信を単に思い違いされた知識内容として吟味するような形態において追求するだけでは不十分であり、むしろその都度の内容に対応する意識の在り方、例えば、感覚的明証、知覚、悟性的認識、理性的認識もまた吟味される必要があるのである。したがって、ヘーゲルは古代懐疑論と近代懐疑論との違いを念頭に置いているのである。その相違はすでに一八〇二年の懐疑主義-論文に記録されていたものである。さらに付け加えるならば、これらの知の種類の、時代に適応した取り扱いは、意識を思弁的観念論へと導いて来た実際の歴史的な教養の過程を「影絵のように」（選集 III, 32）跡づけているに違いないのである。したがって、現象学は思い違いされている知の種類とともに、自然意識にとって典型的であるところのこれまで伝えられてきた意見［憶見］の蓄積を叙述するものであるにとどまらず、そのような意見の内に積み重なっている意識の教養史をも叙述するものである。現象学はそのようにして、思い違いされている知の種類を、意識が思弁的認識に至る道において上昇してゆく、その意識の諸段階として扱うのである。

以上が自然意識との関連から見たテーマの扱い方である。初めにはまだ生成途上にある思弁的認識との関連から見ると、時代の対立を克服するためには、実践的な主観性が絶対的実体の正しく理解された活動である（選集 III, 587）と確信を持っていても、それだけでは不十分であることに注目しなければならない。この点から、シェリングとヘーゲルは協同して出発したのである。この確信のコンテクストにおいては、絶対者を、対立項を伴う反省はその絶対者の内にある肯定的モメントであるように、叙述すべきだという理解もまた成立しているであろう。そのような理解を越えて、ヘーゲルは今やシェリングに対抗して次のように考える。それが何を意味しているかを知るならば、実体が本質的に主体であるという主張にもまた同意しなければならない。

私の見解によれば、……すべてのことは、真なるものを実体としてではなく、同様に主体としても把握し表現することにかかっている（選集 III, 22）。

実体は本質的に主体である、この主張によって言われるべきことは、ヘーゲルの理解では、以下の表象において表現されている。絶対者を精神として言表し、したがって絶対者を有限な諸主体の内で結局は活動するものとして――つまり、その活動が有限者を観念的に措定するとともに、分離を生み出さしめるものでもある、そのような活動者として、主張することである。要するに、実体を活動主体として考えるのである。さてさらに考慮すべきことは次のことだけである。ヘーゲルの理解によれば、意識は精神の現象として解釈されるべきであるが、そのことは、いかにして意識の内で知が現象してくるか、その様子を意識に即して叙述する書物が、なぜ『現象学』と、つまり『精神の』現象理論と呼ばれうるのか、このことを理解することである。哲学的知は学的に生成するという、シェリングの活動に向けられていたこの時代に特有の要求をも考慮するならば、この現象学は、たしかに思弁哲学への道ではあるけれども、それ自身がすでに学問でなければならないのである（選集 III, 80）。さもなければ、思弁的観念論の立場が哲学的学の立場であることの証明は、この学そのものにとって十分な確信の力を持たないことになろう。それゆえ、『精神現象学』は同時に『精神現象学の学』であるのである（選集 III, 596）。

六・二・三　その遂行

方法的な取り扱い方を持たぬ学はない。しかしもし二人の主人に同等に仕えなければならないとしたら、その取り扱い方はどのようなものであるべきか。一方の側には自然意識が立っている。自然意識にはその時々の段階において、何が自分の尺度であるかを明らかにしその尺度に対する自分の知の要求を吟味する機会が、与えられていなければならない。さもなければ、自然意識は吟味の結果を受け入れることができないであろう。言うならば実験する場が、自然意識が了解する場が、必要なのである。これに対して、他方の側には支配する監督がおり、これは自然意識にその活動空間を授けるものであるが、自然意識がその知の要求を証明しようとする試みに対しては、予めその試みが失敗を余儀なくされることを期待して、それに対抗しうるものでなければならない。監督は、その都度の段階の自然意識に対する吟味の結果が懐疑的な自己認識となり、それはただ自分の無知を知るだけであって単に自分についての否定的な知となるであろうと、仮定するための根拠を持っていなければならない。どのようにすればこの両方の要求が考慮されうるであろうか。ヘーゲルは、その可能性が保証されるのは、意識が精神の現象としてありまたそういうものとして行動することによってであると、考えた。つまりその都度の段階において、現象する知としての自然意識は、その内容全体と、その内容と比較される意識にとっての模範的な真との間にある、区別を適切に表現しているのである。意識とは、何らかの表象について、その或るものは真である、或るものは疑わしい、他のものは誤りである、そしてまた他のものはそのような区別には無関心なものであると、単純に考えることではない。人倫の意志決定の主体としての人間は誰でも、自分の内容がいかにあるべきかということについての理念を所有しているものであるが、それと同じことである。しかし、意識の知の持つ現象的性格は、知の内容が意識の内にある模範的な真に対応することを不可能にし、内容を適切なものとするすべての試みを挫折させてしまうのである。実験の場の行動空間が走破されるあいだに、意識にはその段階に属する真の把握を放棄し真理の要求をあきらめる以外の選択肢はもはや残されていないことになる。

他方の側には、自然意識を監督する哲学的な対話者が立っている。ここまで描いてきたのは、自然意識が自ら尺度を提示し、自分を吟味し、自分の内容を別の形で把握しようとし、そして結局はその要求に挫折してしまった、その行動局面の概略であるが、そこでは生成する思弁的認識の役割は「傍観すること」に限られていた。ともかくこの対話者は自然意識に問いを提示するか、あるいはこの明白な事態に注意を促すかしなければならない。これに対して、自然意識がその懐疑的結果に至るとき、思弁的認識の役割はもはや明らかに対話の相手ではなくなり、それ自身が活動するのである。つまりそのとき対話者は、その結果は別の肯定的な意味においても受け取られねばならず、そこから新たな対象と真理範型とを持つ自然意識の新しい意識段階が生じ、意識がその形態を遍歴してきたその過程の全体は、意識がその先行段階においてなした経験として解釈されうるものであること、を示さなければならない。対話者はこのように一方的に教え込む活動によって成果を獲得したように見える。それと張り合ってきた自然意識の知的要求がさしあたりは沈黙するからである。そしてその活動は、先行段階の経験が作り上げた新たな段階において、自然意識に指示を与えることを目的とするものにほかならない。その場合、対話者は意識段階の順番を学的に規定する機会をも持っている。したがって、意識の段階行程を組織しその内容を体系的に整序するこのような手続きの歩みを考慮するとき、この著作は『意識の経験の学』と呼ぶことができるのである（選集 III, 80）。

六・二・四　その構造

もちろんこの遂行はさらに構造化される必要がある。そのためには多くのことが考えられねばならない。これまでの指摘ではその考察のための準備はほとんどなされていない。――どのようにしてこの遂行はその都度の意識段階を展開することに適するものとなるか、という問いには全く答えていなかったのである。しかし、ここで提起された問いは細部に即して答えるときにのみ意味を持つものとなりうるであろう。けれども、遂行を例示的に見えるものとすることよりも重要なことは、いかにも現象学の構造を一瞥することであろう。なぜなら、読者にとって大きな困難の一つは体系構造が明確に認識されない点にあるからである。その複雑な構造もそうだが、構造プランもまた迷宮《ラビリンス》のように見える。進むべき道を教える助けとなるアリアドネの糸になるものは何であろうか。最も良いのはおそらく、現象する知としての自然意識が最後に真の知に高まるために背後に残さざるをえない諸段階の順番に依拠することであろう。外面的に見れば、その場合重要なのは段階の三つの三つ組みである。ヘーゲルはそれを『現象学』の目次で、ローマ数字（I., II., III.）と大文字（A., B., C.）と二重の大文字（AA., BB., CC.）によって記している。とはいっても、内容目次からすでに分かるように、第一の三つ組み（I., II., III.）は第二の三つ組みの第一段階（＝A. 意識）と同じであり、この第二の三つ組みの第三段階（＝C. 理性）は第三の三つ組み（AA.,BB.,CC.）と同じである。したがって全体としては、自然意識が背後に残さざるをえないものは七つの段階（I.–VII.）であることになる。『現象学』の構造を理解するためにはまず最初に、なぜこのような注目すべき同一化がなされるのか、また自然意識が背後に残さざるをえない段階のすべては、どの点においてそれが最終的に到達する段階（つまりVIII. 絶対知）と区別されるのか、この点を見なければならない。

第一の三つ組み（I.—III.）の諸段階は、そのつどの特徴的構造についての意識内容に即して意識にとってそのつど真であるものと、意識にとって内容であるものとの間の、そのつどの特徴的な関係という観点からして、あらかじめ区別されている。そうして第一段階にある意識（＝I.）にとっては、その内容は、個別化された、空間と時間の内で感覚的に与えられているものの多様性である。しかし、そこにおける真なるものはその真なるものの直接的で純粋な在り方をしているのであり、直接に与えられているものが、「このもの」、「いま」、「ここ」のように、索引的に表現することによって指示されるものであることに対応して、意識は感覚的確信である。第二段階（＝II.）では、内容は、他の諸物の内にもある諸属性をもつ物であるが、それの真は、その物が他の諸物との関係においてしかじかの性質を持っていること（「対-他-存在」）と、さらに自分に対しても規定されていること（「対自存在」）、この二重の事柄において、自己と等しいことであり、それに対応して意識は知覚である。第三段階（＝III.）で内容を形成しているものは、物質に内在する力とそれの外化であり、そこにおける真はその力の本質である。それに対応して、意識は物の「内面」に押し入ろうとする理論的な悟性である。

その他に二番目の三つ組み（A.—C.）がある。その諸段階をあらかじめ区別するものは、意識が自分及び自分の対象を把握する際のそのつどの特徴的な関係の視点である。この三つ組みの第一段階（＝A.）では、意識の対象は即自的に存在するものであり、意識自身はそれに付け加わってゆくものであり、偶然的なものであることを、意識が前提している。そこで、もし常識に従って意識にとっては、それの対象は――意識がそれを意識しようとしまいと関係なく――存在する、と定義することが許されるならば、ここには意識としての意識があることになる。これに対して、三つ組みの第二段階（IV.＝B.）においては、意識はそれの対象を自分との直接的な同一性において措定している。これが自己意識であり、それの理論的行為や実践的行動のすべてにおいて自分自身を直接に確信するものである。第三段階（＝C.）では、意識は自分の対象を即かつ対自的に存在するものとして知るとともに、その内でまた自分自身を確信するものでもある。それゆえこの段階は先行の二段階の統一――理性の統一――を叙述するものである。その内では、意識は無限となった自己確信である。というのは、この確信はもはや意識の内容に制約されないからである。そしてそこでは対象的な意識内容が同時に自己意識自身のものであることが知らされるのである。理性的意識は対象が「自分のもの」であることを知る。

　もちろん、これらの三段階の関係の内には、意識内容とそれを意識する意識にとって真であるものとの間にある、そのつどの特徴的な関係もまた、記入されるのである。その場合に明らかなことは、第二の三つ組みの最初の段階（＝A.）と第一の三つ組みの内の初めの三段階（I.―III.）とが同じであることである。つまり、これらはすべてこのような――段階行程そのものにとって構成的である――視点において共通なのである。つまり、真は意識とは区別される即自的に存在するものであり、それに対して、その真から意識内容に即して区別されるものはすべて単に意識の把握の仕方にすぎない、あるいは意識の対象の与えられ方にすぎない、という視点において共通しているのである。

第三の三つ組み（AA.―CC.〔理性、精神、宗教〕）の段階は、意識が対象を自分のものとして知る、そのつどの特徴的な関係の視点から、互いに区別される。したがって、これらは第二の三つ組みの第三段階（＝C.〔理性〕）を差異化したものにほかならず、そこからしてまたその同一化も理解される。これらの関係の継起において、意識はさしあたって（V.＝AA.〔理性〕）、対象を自分の対象だと知るのは単に抽象的仕方によってであって、その知に適合した形式においてではない。意識はその対象を即自的に理性的なものとしてのみ知るのであり、したがって意識は理性を持っている意識であるにすぎない。意識とその対象との同一性は表面的であるにすぎず、そこでは意識主体は個別的自己としての自分を失っている。次の段階（VI.＝BB.〔精神〕）はこれと異なり、意識は人倫的な精神となる。ここでは意識は理性を持っているだけではない。意識は理性を具体的にそして意識の内容に適合した形式において理性として直観しており、理性は存在しており、意識は直観においてその理性と最も内面的な仕方で一つとなっている。ただし、この段階における展開は――AA.とは反対の意味で――、良心の個別化された自己確信としての意識が「客観的に」真なるもののすべての内容をそれ自身の内で没落させてしまう結果へと導く。再び先行の二つの段階の統一が現れてくるが、それが第三段階（VII.＝CC.〔宗教〕）である。ここでは、意識は、その知に適合した形式においてではないが、対象がより具体的な在り方で自分のものであることを知っている。これが宗教的な意識である。これはもはや人倫的な精神ではなく絶対的な精神であるところの意識である。

この段階の意識の欠陥は最終的にはもはや内容的なものにあるのではなく、意識が絶対的内容をただ表象の形式によって所有している点にあるにすぎない。それゆえに、宗教的意識もまた単なる現象知であり、自然的意識そのものを特徴づけている形式的な対立がその意識には残されているのである。その対立が初めてなくなるのは、それが根本的には、「絶対的な」知、つまり、客観をただ前提されたものと見ることから解放された知におけるものとなることによってである。その知はそれ自体、主観と客観との敵対的な関係を克服しており、同時に、まだ絶対者の未展開の知ではあっても、直接的な知である。それゆえ、このような知が『現象学』の最終段階（＝VIII.［絶対知］）を形成する。この知は、キリスト教の共同体が、意識の持つ対立の内に見られる諸表象のせいで自らを見失うことなく、礼拝をおこなうことによって、絶対精神の証しを与えるとき、その証しとともに初めて定在へと歩み入るものである。けれども、意識の諸段階の体系系列において、――意識として――現象する精神の学の構造が初めて完全に達成されるのは、主観と客観との対立、自然意識が時代を特徴的に即自的に示している対立が、その時代に特徴的な意識の形態においてもまた克服されて、そうして意識の内容がそれの真理基準に合致するときである。『現象学』の最後の数ページ（選集 III, 586ff.）でヘーゲルは、このことが、一方ではフィヒテに、他方ではシェリングに向けられるべき、二つの抗議を考慮に入れるような哲学において初めて妥当するものであることを、示そうとしている。

> 自我は、自らの外化を恐れるかのように、実体性や対象性の形式に対抗して、自己意識の形式にこだわるべきではないし、……またこの二つの区別されたもの［対自存在と即自存在］を絶対者の無底に投げ返し、そこでは二つは等しいのだと言明する第三者であるのでもない。そうではなく、知はむしろ、区別されたものがそれ自身において既に運動し、自らの一性に帰って行くさまを、ただ観察しているだけの、一見不活動の状態にあるのである（選集 III, 588）。

ヘーゲルが、彼の著作の結果を十分に納得させることに成功しているかどうか、疑問を抱かれるかも知れない。もしそういう疑問を抱くならば、『現象学』の「後半部の不形式」（書簡集 I, 161）というヘーゲル自身の批判的な判断についてさえ彼と一致していることになろう。しかし、ヘーゲルが、『現象学』の課題は何であるか、を正しく認識していたことは疑いない。何よりも尊敬に値するのは、哲学的認識とは、もしそれがその「自己」を人倫的世界の「概念的に把握された」歴史の内に見出すことなく、そして人倫的世界の真の形態、宗教を概念的に把握することの内に見出すことがないならば、それ自身に到達することはできない、という彼の洞察である。哲学的探究をそれ自身で基礎づけようとし、哲学の認識要求を正当化しようとする、それ以後の試みには、この点についての意識が欠けていることが残念に思われるであろう。二十世紀のあいだに極限まで解明されている基礎哲学的な仕事のさまざまの「パラディグマ」に関しては語らないことにしよう。『現象学』の複雑さを考えるならば、ヘーゲルが彼の課題を成し遂げたその範囲にもまた驚きを禁じえない。これまで一度として精神現象がこれほど広大な構造的連関において見通しを与えられるものとなったことはなかった。『現象学』がヘーゲル以後の哲学と文学にもたらした成果は多岐にわたり広範なものである。しかし、それらの成果も一つ一つとってみれば、一八〇七年のヘーゲルのこの著作に比べればよほど慎ましやかなものである。

六・三　〈論理の学〉

六・三・一　なぜもはや〈論理学と形而上学〉ではないのか

当時計画されていた『論理学と形而上学』は上に指摘した軋轢のほかに、別の軋轢をもたらすはずのものであった。例えば、そこでは課題が十分に配分されていなかった。有限な認識の形式が二度、論理学と弁証法においてのみならず、それに続く形而上学の内でも、扱われざるをえなかった。さらに拙いことに、入門科目としての論理学、つまり有限な思想形式の思惟――有限なものの下で二元性や関係や対立を措定するもの――は、理性自身がそれであるところの唯一真である統一へ帰還すること、またそれがどのようにしてなされるかを、もしかしたら示すことができたかも知れなかったのである。それはおそらく、理性が自己自身を明るみに出すというのだから、カントの批判の結果よりは優れたものとなったであろう。しかし、有限な思想形式の内で真理を認識するという要求に対する疑問は別としても、それは極端な場合、その思想形式を、シェリングの同一哲学がそこから始めようとしていた例の「絶対的無差別」の内へ止揚することを正当化するものであった。この否定的な成果を補完するものとして「アンチノミー的なものを充足しつつ維持する直観」(選集 II, 44) が要請されざるをえなくなったのである。しかしその直観はいったいどこから来るのか。その要請そのものを正当化するものは何であったのか。有限な形式が止揚されることはそれが有限なものとして措定されることに転ずることである、という主張を、直観に即して正当化するものは何であったのか。しかしまず何よりも、無限なものから有限なものへの移行を概念的に理解させるものは何であるのか。つまりこのようにして、スピノザ主義に傾きつつあった同時代人の道を遮ることになったヤコービの疑問が述べられているわけである。絶対者へと導いてゆく論理学というもともとの計画では、この疑問に答えることはできなかった。しかしそのときになっても、論理学に続く形而上学がいかにしてこの疑問に答え得ているとすべきか、分からなかったのである。形而上学がこれを可能にするためには、ヘーゲルは知的直観をそのまま放置しておき、次のことを示さなければならなかった。概念規定に現れる弁証法的なものはただ単に、差異するもの、有限なものを止揚するだけではなく、有限なものを措定することでもあること、つまり、有限なものを止揚する弁証法から現れて出てくる否定的なものは肯定的なものでもある、あるいは肯定的なものを結果として持っているということである。学科として理解された「弁証法」の内では、理性は単に否定的なものだと端的に考えられていた。今や理性は自分自身をもまた規定するものとして――思弁的な概念として――構想されざるをえなくなったのである。ヘーゲルがこのことを確信したときに初めて、

Wissenschaft
der
Logik.

Von
D. Ge. Wilh. Friedr. Hegel,
Professor und Rector am Königl. Bayerischen Gymnasium
zu Nürnberg.

Erster Band.
Die
objective Logik.

Nürnberg,
bey Johann Leonhard Schrag
1812.

「弁証法」という表現は彼にとって、否定的な理性認識あるいは思惟の止揚の運動の学科のタイトルであることをやめたのである。後になってヘーゲルはこの意味を短い文で述べている。彼は言う。

> 概念の運動原理、普遍者の特殊化されたものを単に解消するのみならず生み出しもする原理、これを私は弁証法と名づける（法哲学 §31 注）。

規定を止揚するとともに生み出しもする思惟の運動という構想にヘーゲルが到達できたのは、彼がもともと計画していた二つの学科「論理学と形而上学」を、ただ一つのものに、理性の形而上学であるよりも論理学であるものに、融合させたときであった。おそらくその内で初めて理性の内にある体系構造に関して、はっきりした情報が与えられたに違いない。このような結果に至るヘーゲルの思惟の歩みは『現象学』を生んだ歩みと並行して進んだのであろう。しかし、彼がその目的に到達したのはずっと後になってのことである。現象学の「学」においても思弁的概念の新しい哲学はまだ計画にすぎなかったのである。それゆえ、シェリングが『現象学』の「序論」を読んでヘーゲルに次のように書いたとき、彼は驚くべき確実さをもって、ある厄介な問題に言及していたのである。

> 僕は、今になっても君が概念を直観に対立させていることの意味が理解できないことを、告白する。君はその概念というものによって、君と僕とが理念と呼んでいたものと違うものを考えることはできないのではないか。理念の本性はやはりそれが概念である面と直観である面を持っているということではないか（書簡集 I, 194）。

ヘーゲルの考えは違う。——しかし、彼はどのように違う考え方をしているか、そのとき確信を持って展開することができたであろうか。いずれにしろ、彼は一八〇八年五月になってもまだ「論理学」について、「それは今やっと手をつけかけたばかりです」と言い、「イェーナではその基礎を据えることも十分に講義することもほとんどなかった」（書簡集 I, 230）と言っているのである。もし彼が、今の論理学はイェーナ講義において大略を講義した論理学とは本質的ないくつかの点で異なっている、と見なしていなかったならば、そのように言うことはできなかったであろう。なぜなら、「論理学と形而上学」について彼が講義したのは五回は超えており、それにまたしばしば彼はそのテーマを哲学の全体系に関する講義の枠内でも表明していたのであるからである。しかも一八〇四／〇五年には彼は各八ページの五十ボーゲンを越える論理学と形而上学の完成原稿の清書に取りかかっており、長い間予告していた出版をもはや引き延ばすつもりはなかったのは明らかである。ところが彼は再度引き延ばした。一八〇八年頃に書き始められた新しい著作もなお数年を要し、最終的には「有」、「本質」、「概念」（一八一二、一三、一六年）の三分冊からなる『論理学』として出版されたのである。

なぜこの書物は「論理学」と呼ばれるのか。その間に『現象学』が導入の学という役割を担うことになり、そうしてもともとの論理学と形而上学の内、特に修正されたのは形而上学の部分であったのに。なぜ、かつての複合学科の二つの部分を融合することが『論理学』というタイトルとなり、「形而上学」というタイトルにならなかったのであろうか。おそらくそこには何よりも次の三つのことが表現されているであろう。第一に、カントの批判的哲学がすでに形而上学を根本的に論理学となしていたことを意識していた（選集 V, 45）。次に何よりも、思惟、概念そして概念把握する思惟に関する新たな解釈が展開されるべきであり、概念把握する思惟が絶対者の肯定的認識にとって最も重要な役割を演じるものであることを確信したことである。理性それ自身であるところの絶対者を、つまり、認識する学の概念のみならず、「概念把握する」哲学的思惟をもまた、論理学と形而上学とを統合する新しい学の対象そのものとして考えねばならなかったのである（選集 V, 35）。第三に、次のことが加わった。こうして概念的思惟に付与された意味とともに、ヘーゲルは巧妙な仕方で、彼と共通な計画の枠内にあったシェリングに向けられたフィヒテの批判を考慮していたのである。『論理の学』というタイトルは、彼が同時にフィヒテをあてこすりつつも、そのための表現として使われたのである。

フィヒテは『現代という時代の基礎』の講義において、シェリング哲学を「狂信的な観念論」であるとしてその資格を剥奪した（フィヒテ全集 I, Bd. 8, 283ff.）。シェリングは――すでに自然哲学のために――「主観的なものを一切交えずにただ客観的にのみ思惟する」（シェリング全集 IV, 77）ことを求めていたからである。彼は、それを達成するためには、「知的直観の主観的なものから解放される」――この直観における直観者を捨象する――ことをも必要だと考えた。シェリングのこのような解釈に対する、したがってまた間接的にはシェリング主義者として登場したヘーゲルに対する、フィヒテの抗議は何よりも、哲学的学というものにおいては知的直観に頼ることは許されず、ある唯一の思想からすべての多様な思惟とその内容に到達すべきである道筋について説明がなされねばならない、という点にあった。ヘーゲルはこの要請を暗黙の内に認めている。彼は、彼が始めた科目の扱う対象として、今ではもはや単純に絶対者の理念のみならず、概念把握する思惟をも考えていたからである（選集V, 35）。そのことによって、彼はフィヒテの要請に応えることができると考える。意識が思惟とその対象との間に作った対立が克服されるならば、主観的思惟の規律ある歩み、あるいは思想に内在する思惟の歩みに、釈明を必要とするか否かということは、もはや問題にならないからである。そしてヘーゲルは同時にそこに、彼の新たな学を論理学として導入することの根拠を見出しているのである。なぜなら、そのような対象とそれの正当な方法を扱う学科を「論理学」と呼ぶことは、論理学という名によって思惟によって思惟についての正当な普遍的理論というものを理解するのが普通であるのだから、それは容易に浮かぶものなのである。別の言い方をするならば、ヘーゲルの『論理学』においてもまた、それは「純粋理念の学」であると受け取られているのであるから、理念は主観–客観となるが、決して＝《イコール》自我であるのではなく、主観的なものは一切交えずに考えられているのである。なぜなら、われわれの「認識能力」、それ特有の活動と前提をもつものは、さしあたって考慮の外に置かれているからである。そして、概念把握する思惟はこの学のわれわれの活動の側にのみ属するものではなく、――たとえ主観的な資格を持つものの活動としてではなくとも――この活動の対象の側にも属するものであるならば、それを統御し正当化するために、何らかの主観的な根拠に、あるいは根拠を主観的な仕方で持つものに、立ち戻ることだけでは十分ではない。対象に即して歴然として明白に思惟であるものの内にすでに、思惟が必要としそれを補うものが存在しているのである。

同時にまた事情に通じた者たちは、ヘーゲルが『論理学と形而上学』を統合しようとした彼の哲学の学科を『論理の学』と名づけたという事実の内に、ある的確なポイントを看取することができたのである。なぜなら、フィヒテは一方では論理学を哲学の内に数え入れることはできないという考えを支持していたからである。それゆえ、フィヒテ自身は思惟の基礎的考察を哲学的学の扉の前に控えているように命じたのである。今やその反対のことが起こるべきだった。他方では、そのようなことがなされたその学科は『論理学』と呼ばれてもあるいは「論理学と形而上学」――このタイトルによってヘーゲルは終生その学科を講義した――と呼ばれてもよいものであった。このタイトルの魅力は、フィヒテにもイェーナのほとんどすべての学期において論理学と形而上学という名称で講義の実施を申し出させたものである。しかし、ヘーゲルの『論理の学』はその学自身とその主張を厳密な釈明に委ねたものであったのに対して、フィヒテのそれは単に哲学への「序論」とされたにすぎない――もっともフィヒテの申し出はそもそも遂行されなかったのだが――。

フィヒテに対するこの異議申し立ては、ヘーゲルが上述の『論理の学』のためにおこなった議論によってもフィヒテの異論に対して完全に釈明しえてはいないと言わざるをえないが、それでもそれは力を持ち続ける。というのは、「論理学」の対象についてのヘーゲルの規定は、フィヒテに対する防衛によって解消されずに続く疑問を引き寄せるものだからである。フィヒテ的異論の続きとして、有限な思惟からそれの間主観的な理解や間主観的な自己理解に移ることの釈明が求められるであろう。「論理学」の対象に内在する思惟というものを考慮しても、この要求が十分に果たされているとは決して言えない。なぜなら、この内在的思惟は必ずしも有限な思惟ではなく、理性を有している有限な主体としての哲学する「われわれ」がおこなう思惟ではないからである――あるいはむしろ、われわれの一人ひとりが自分の独自の視点からおこなう思惟ではないからである。そうではなく、この内在的思惟は、せいぜいのところわれわれの主観的活動に内在しその内で働いているような無限な思惟である。しかし、それはどのようにして、どのような形式の内で、その活動に内在しその内で働いているのであろうか。この点について、ヘーゲルが構想しているような論理の学はまだそれ自身で決定的な情報を与えるにはいたっていないと言えるであろう。それゆえ、この学によってフィヒテの異論に対抗して思弁的観念論を防衛することは緒についたばかりである。主観的思惟と精神の哲学を継続しなければ、その防衛は多くの価値を持たない。論理の学が精神の哲学に対して持っている内的な連関が解明されるべきなのである。しかしそれはこの『論理学』の内においてではなく、論理学を組み込んでいるより広範な体系構造の内で初めてなされることである。

類似した別の疑問がある。「論理学」の一にして唯一の対象は「絶対的理念」であり、それは自分を絶対者として認識する理性にほかならない。しかし、一にして唯一の対象は概念把握する思惟でもある。このことはおのずから次のように問う機会を与える。理念と概念把握する思惟とは、そのような思惟が論理的学において単に主観的に活動するものであるにとどまらず、さしあたって一度は論理的学の対象となるものであるならば、この二者はたがいにどのように関係しているのであるか。そのような思惟は、一方では『論理学』の内でテーマとされている思想の諸形式といかに関わるのか、そして他方では、われわれ思惟する者と、またわれわれがその内で思惟している精神と、いかに関わっているのか。この点に関してもまた、ヘーゲルは『論理学』のなかではせいぜい暗示的に見解を述べているだけである。この点についての体系的な情報は『エンチュクロペディー』が持っているが、その手がかりに関しては、後に問うべきであろう。そこで今は、ある別の疑問、次の問いに答えが与えられるべきである（選集V, 16）。

六・三・二　なぜ「同時に本来の形而上学」なのか

その最も短い答えはこうである。ヘーゲルは、『論理学』によって、理性的な取り扱いを、単に伝統的仕方によって論理学で扱われている諸規定のみならず、何よりもカント以前の一般形而上学が扱っていた諸規定にも関与させるべきである、という要求を掲げたからである、と。この点は、「論理学と形而上学」が一つの学科に変わってもまったく変わらなかった。――より立ち入った答えは、カントの形而上学‐批判によって哲学的思惟が蒙った歩みを考慮するものである。一般に、思惟が規則に従って関与している認識は、客観によって産出される構成要素と主観的源泉の構成要素とから「化学的な仕方で」合成されるものである、と考えられている（選集 V, 37）。その場合、それだけで存在している主観――それに属するすべてのものも含めて――と、思惟に先行してある自立的な客観（その徴表を含めて）とは、概念的に対立していると仮定されている。形而上学は、この対立が形而上学的認識の内では無効になると見なしたのである。形而上学は、後にヘーゲルが定式化するように、「事物の諸本質を表現するものと見なされた諸思想の内における事物についての学」（エンチュクロペディー §24）と理解されるからである。『現象学』は結果において意識の対立を克服するのであり、『論理学』はそのことを前提しているのだから、「論理学」の展開する思想や論理学の扱う対象が、それよりも劣っていると考える必要はない。それゆえ「論理学」は、批判以前の形而上学が要求していたものや、批判哲学にとって形而上学を定義する要請と見なされていたものと、一致するのである。

もちろん、『論理学』が本来の形而上学と呼ばれること、これが何を意味しているかを理解するためには、「論理学」は形而上学と一致するというヘーゲルのテーゼに即して、重要な二つの性格が考えられねばならない。カント以前の形而上学は即自的に存在する事物についての学問とされていた。すでにフィヒテは、カントの批判的観念論が、もはや物自体の属性を即自的に記述する形而上学ではないが、理性の連関に関わる形而上学というものを要求している、と確信していた。この点は、ヘーゲルにとって以前から異なってはいない。思弁とは一にして普遍である理性が自己自身に向かっておこなう活動である（選集 V, 19）。したがって、「論理学」はヘーゲルにとって「昔の」形而上学へ後戻りするものではなく、以前に形而上学と呼ばれていたものに取って代わるものである（エンチュクロペディー初版§18)。さらに次のことが加わる。昔の形而上学の素材から取ってこられた思惟規定が「論理学」の内で扱われうるためには、かつて形而上学がそう理解していたように、それらの諸規定が即自的に何かを持っているように考えてはならない。そのことは、あえてその諸規定に手を加えねばならないということであり、ヘーゲルは彼の『論理学』にはそれができると理解したのである。論理学は同時に「思惟形式の活動と思惟形式の批判とを……合一している」(エンチュクロペディー §41 補遺)ところの形而上学の叙述であり、そのようなものとしてカントの理性に対する形而上学的批判の試みを継承しているのである。

六・三・三　思惟の諸課題

「論理学」が元来持っていた入門的機能を別にすれば、おそらく『論理学と形而上学』の課題は公刊された『論理学』にもまた妥当するであろう。ヘーゲルが取りかからねばならなかった修正は何よりも思惟とそれの弁証法的性格に関わるものである。思惟はいったいどこにあるのか。特に『論理学』の対象に内在している思惟、――諸部分の説明のなかで明確に述べられている――唯一の思惟としての思惟の場合、それはどこに存在しているのだろうか。その唯一の思惟はどのようにして自分を分節するのか。一般には次のように答えられている。その思惟が自らを分節するのは、『論理学』の内で扱われる思想諸規定の過程性としてであり、それはその諸規定の運動の形式の内に存しており、その運動形式のために、『論理学』はヘーゲル独特の特徴的な概念を導き入れて、それを主観的思惟の内で妥当させている、と。これらの概念の内容と機能はヘーゲルが「方法」と呼ぶものの概念の内で最終的につかまれるものだ、とされる。しかしながら、その方法も個々の運動形式も先述の過程性も、「方法」以外の思想諸規定からは簡単に読みとることはできないのである。『論理学』の個々の「結論部分」の報告やそれらの構造に関する概観も、外部からなされる理解の要求であるから、正しくないであろう。もしそのような要求を考慮するならば、こう問うべきであろう。そのような「論理学」の内でわれわれがなすべき思惟とはいったいどのような性格を持っているのか。その思惟にはどのような目標が設定されているのか。われわれの思惟がなすことについてどのような分かりやすい予めの了解が、またこの思惟のどのような目標設定が、ヘーゲルの『論理の学』によって――暗黙の内にそれを頼りにしているだけだとしても――用いられているのだろうか。その予めの了解から、思想規定がその過程性を認識させるためには、何が必要なのか。その場合、何が「われわれの」思惟にとっての課題となるのであろうか。このように問いながらわれわれがヘーゲルの『論理学』に向かうときにのみ、われわれは、思想規定の過程性を単なる主張として付け加えたり放棄したりすることなしに、思想規定に即して考えているわれわれの思惟にとって過程性が証明されるものであるかどうか、このことをじっくり考えることができる。そうして、われわれの思惟が要求する仕方が『論理学』の最後において「絶対理念の章」「方法」のタイトルのもとでヘーゲルが扱っているものと、いかに関連しているかも、見出されるのである。

『論理の学』をこのように「主観的な」視点から考えるならば（ヘーゲルは論理学をこの視点から論じることはほとんどないのであるが）、課題の一つとして、次のように言うことができよう。（1）われわれの哲学的思惟の活動の仕方とは、その思惟の内で自分自身を規定する理性が「純粋な」知であることである。あるいは、思想諸規定の内にある論理的なものがもはや意識の対立によって曇らされることのない知である。そして逆に、端的に真であるもの（われわれはそれと――例えば善の知や宗教的確信において――関わっている）、それが直接にわれわれの内に内在していること、そのことが概念において、われわれの哲学的思惟に対して不可避的なものとして迫ってくるように、分節されることもまた、課題の一つであろう。このように課題を記述するならば、知とそれによって知られるもの、われわれによって働かされる思惟と上述の知る思惟（これが『論理学』の対象にほかならない）、これらは区別を持たずに同一であるものではないことになる。しかしまた両側面は単にばらばらであるのでもない。いずれの側面においても、知ないしは思惟は、自分の対象を知るないしは思惟することにおいて、それが知るないしは思惟するものは自分自身であるからである。この思惟で問題になっているのは単純に二つの思惟であるのではない。むしろ、両者はいわば一つの理性の根から生え出たものであり、そして展開の最後に再び一つになるのである。

この容易につかむことのできない連関を考え抜いてゆくとき、人びとは『論理の学』にとってより広範な二つの課題に逢着する。対象に内在しているものである思惟は、思想形式を動かす（そしてその内で、自分を、あるいは思惟であるところの思弁的概念を、動かす）ことによって、思惟は、われわれの哲学的思惟に固有のものである諸形式の内で、自ら動くことにもなるのである。ただし、それらの諸形式を体系的‐哲学的に明らかにすることは、初めは、思弁的論理学の内だけでは、達成できることではない。それは広範な哲学的認識を通って初めて達成されるのであり、しかも最後になって初めて最終審判に到達するのである。とは言っても、もし『論理学』がそのための基礎を提供しなかったならば、それは明らかにならないであろう。それゆえ次のこともまた『論理学』の課題に属する。（2）論理学は、「論理的なるもの」の純粋知ではなく――包括的に言うならば――自然と精神の認識であるところの哲学的認識のために組織化されるべきものである。その時代がいかに成立しているかというコンテクストにおいて、また人びとがそれぞれ関心を抱いていた問いにとって、この課題こそが最も重要なものであった。思弁的な自然哲学と精神哲学のための道を開拓する必要を感じていなかったならば、シェリングの自然哲学と精神哲学の叙述が正当にも蒙昧主義の嫌疑を受けた後になっても、それでもヘーゲルが『論理学と形而上学』を構想しようとすることはなかったであろうからである。もし、彼が出発したその問いに見合うだけの利益を論理学に期待できなかったならば、彼が『論理学』のような無鉄砲な試みをすることははるかに少なかったであろう。『論理学』はこの問いの解明に何を寄与しうるか、これはもちろん論理学そのものの内で結着のつくことではない。ヘーゲルのその後の著作の内で論理学が演じている役割に即して初めて決着のつくことである。

論理学がある別の課題を片づけるためにおこなおうとした寄与を、その課題に即して認識しなければならない。『論理学』は次のように構想されているのではないだろうか。つまり、われわれがわれわれの対象に内在する無限な思惟の過程とは異なる思惟活動をしているときは、われわれはその思惟のなかで自分を修正すべきである。そして、われわれがわれわれの思惟をある一定の点でもはや修正する必要がなくなったとき、われわれはわれわれのやり方をこの思惟の「方法」と同一化しうるようになる。『論理学』の学的歩みの内では、理性批判によって明らかにされた主観性理論の諸概念はさしあたってわれわれの自由にならないのであり、だからこそわれわれは哲学するためには、われわれの思惟が『論理学』の内で働かされるような仕方をあらかじめ了解することを必要としているのである。それゆえわれわれの思惟に対して次のことが妥当する。われわれはこのあらかじめの了解をまずわれわれの思惟が生む諸結果と対決させねばならない。それは後になってその了解を必要とあらば修正するためにである。したがって『論理学』は次の課題も持っている。（3）それは、思想規定を扱い、それの運動形式を出現させる一方で、われわれにはわれわれの思惟活動の自己了解と出会うことを可能にするという課題である。ある意味ではこれは、論理学のなかで課題として言及されることはなく、見たところ直截に着手されているものではないが、『論理学』のいちばん分かりやすい課題ですらある。つまり少なくともこの課題の解決のための初歩的要求が満たされるまでは、『論理学』はわれわれの思惟を、その内で理性が純粋知となるように、活動させることはまったく不可能なのである。しかしまた、あらかじめの了解を前もって排除せずに、『論理学』の歩みのなかでそれを修正すればよいのであって、その歩みのなかで扱われるものはあらかじめの了解を修正するのに役立つ、こう想定することも自然である。

この課題は、『論理学』の空間のなかでいかに動けばよいのか、という問いにも関連する。われわれの思惟はそれが所有している概念を次から次へと通り抜けてゆくのであり――その際に、『論理学』において扱われるべき思想諸規定の概念もまた問題になってくる。しかしこう言っただけでは不十分である。このような「論証的な」活動に加えて、われわれは判断する態度も取らねばならないであろう。つまり、判断に関わるものを――論証する前にいつもそれが確定されうるように――前提しなければならないのである。それは、われわれは、所有している概念をあれこれの仕方で論証と結合させ、前提されているものの概念をその真理を要求しながら主張しているのだが、それと同じことである。しかし、理性そのものにほかならない絶対者を思惟することが問題であるとき、そのような判断はどのようにして生まれ、その判断と結びつく要求はどのようにして正当化されうるのか。この場合、判断をおこなうのに必要な前提がその判断に関する何らかの表象を基礎にするものであってはならないことは理解できる。前提されるものは単に表象されたものでは駄目であり、何らかの仕方でそれ自身概念的な性格を持っているものでなければならない。また次のことも分かる。前提されているものとそれについて述べる概念との結合の仕方は、おそらく普通の状況（そこでは、われわれは与えられた対象に関して、事態はこうである、あるいはこうあるべきである、あるいは誰かによって故意に起こされたものである、と判断している）と同じではないであろう。なぜなら、理性は決してそのように判断する思惟に与えられている対象ではないからである。そこで理性と特徴的に関わる結合の仕方を問題にしなければならない、あるいは少なくとも理性と関わりを持つ思惟を持ち出さねばならない。

要するに、前提されたものについて、何らかのことを真理にかなう仕方で主張することも十分ではないであろう。そう主張するなら少なくとも、前提されたものはその「本質」あるいは「概念」からすると何であるか、という問いに答えることが要求される。この「何‐であるか？」という問いを満足させる答えは、定義《デフィニチオン》という性格を持っている。われわれの思惟は『論理の学』のなかで判断を下さざるをえないのであり、そうであるならば、それにまず接近するにあたって、課題は、(3a)絶対者の概念を定義することの内にあると言えよう。けれどもわれわれの思惟が一つの判断でこの課題を解決できない場合は、この課題を規定する代わりに、とりあえずは――有意味的に相互に結合されている――いくつかの定義の系列という普通にはない要求が現れてくる。それゆえ、『論理学』の遂行［Verfahren、われわれの思惟の活動のこと。著者は、理念の活動である「方法 Methode」と対立させて、重要な意味を与えている］に関する情報は、何はさておき求めている定義ないしはいくつかの定義の系列がどのような種類のものであるか、まず第一にこのことについて、われわれを導いてゆくもののようである。なぜなら、定義にはさまざまの種類があるからである。

とは言え、――「定義」というものがここでどのように理解されていようとも――課題について記述することが以上述べたことで尽くされるものではない。理性である絶対者の概念が定義されるべきとき、われわれは――経験的理論を作る場合のコンテクストにおけるように――理論や概念形成の支えとして経験に頼ることはできない。同様にわれわれは、定義されるべき概念を恣意的あるいは偶然に何か特定の内容に固定することに満足することもないであろう。絶対者を定義するために提案されるさまざまの独断論的主張はわれわれの役に立たないであろう。何らかの仕方でわれわれは、(3b)定義されるべき概念を導出しなければならず、また、定義されるものについて定義が述べることは証明されなければならないであろう。その場合、定義の系列が堂々巡りにならないように、その系列が完結しうるものであることもまた証明されねばならないだろう。そこで、『論理学』の遂行を概念的であるものにしようとする者は、そのような証明がいかなるものでありうるか、説明しなければならないのである。

ただしこれでもまだ「われわれの」思惟にとっての課題が完全に述べられたわけではない。われわれはそのような思惟の内で判断することが避けられず、そして『論理学』は諸段階の有限な系列によって絶対者の概念を完結的に定義するものであることをわれわれが納得したとしても、それでもやはり、侵すことのできない確固たる前提として、「論理学」の課題がわれわれにとって事実として存在している、と考えることは許されていない。そこで問題になっているのはやはりあらかじめの了解《フォアフェアシュテントニス》というものにほかならないのである。そこで課題はまた以下のことを吟味することにもある。（3c）このようなあらかじめの了解は正しいものであるかどうか。正しいとしても、さらに修正を必要とするものなのか。修正が必要だとして、その修正はあらかじめの了解によってなされる仕方を無効にするものなのか。別の言い方をすれば、その修正は課題とその遂行の仕方に新しい意味を与えるためにのみなされるのか、それとも、修正はそれに代わるものの形成を要求するものであるか。

これでもすべてを尽くしてはいない。なぜなら、われわれの思惟は証明をおこなうという性格を持っていることによって独断的主張を回避しうるはずであり、そうであれば――最後に『論理学』の結末で――、われわれの思惟とその活動からは独立に存在している対象に関する主張と理解されざるをえないような主張が、立てられることはありえない、ということがあるからである。たとえ結末で何が主張されようとも（どうしてそれを避けることができようか）、それは、われわれの思惟によって働かされる仕方とわれわれの思惟とが――十二分に明らかにされているあらかじめの了解のおかげで――同一化できるような対象に関するものにすぎない。なぜなら、そのときにこそこの思惟は、その主張はそれが前提する存在に関して独断的ではないかという批判から、身を守ることができるからである。それゆえ、この課題は次のこと（3d）をわれわれに示すものでもあろう。少なくとも絶対者の最終定義――あるいは、あらかじめの了解が修正されて、その代わりに現れるもの――は、遂行そのものの活動のなかで開示されている思想諸規定であり、それゆえ存在を前提すること、そのことが、それについて判断がなされる対象に関して、疑問の余地なく可能となるのである。

この課題を述べることによって次のことが期待できる。われわれの思惟はその活動をあらかじめ了解されているのだから、それは『論理学』の歩みの内で自らを修正してゆくであろうし、この思惟の内で働く遂行は理性であるところの絶対者の認識形式として最後に主題となる方法と同一化されるに違いない、と。そこで、ヘーゲル『論理学』の遂行に関連して、このことが正当な証明要求によっていかにして生じうるのか、また、『論理学』の、それとともにヘーゲル哲学全体の、対象と内容を、最後に至って単に主観的にすぎないものとすることなしに、いかにしてそれが可能なのか、という決定的な問いが出されるであろう。この問いに専念することにして、私は以下では『論理学』の構造について遺漏なく報告することは断念した。そこでヘーゲルが、批判以前の形而上学及びカント形而上学の、そして伝統的論理学の諸概念に対して下した審判の経緯についてはここではふれないことにする。

六・三・四　諸課題を達成するための遂行

これまで述べてきた課題に基づき、以下の五つの問いに取り組むことによって、『論理学』の遂行の性格が明らかにされる。

1. 絶対者について求められている定義、あるいは絶対者についての諸定義の系列は、どのような種類のものであるのか。
2. 定義されるべき概念はどのようにして導き出されるのか、またその定義はどのようにして証明されるのか。

3．われわれの思惟は、その活動の仕方と自己理解の点からして、『論理学』の歩みのなかでどのようにして吟味されるのか、また必要な場合はそれはどのようにして修正されるべきなのか。

4．どのような仕方でわれわれの思惟は、その遂行の活動と最後に主題とされる方法《メトーデ》（方法は『論理学』の対象に内在する思惟の形式である）との同一化に到達するのか。そして、なぜ『論理学』を証明する遂行がではなく、ほかならぬ論理学がそこで終わるのか。

5．それに従えば、『論理学』の内部にあるわれわれの哲学的思惟はどのようにして、その内で純粋知の自己自身を規定する理性として活動するのか。

最も有益な問いは2である。3と4の問いに回答することは5の問いに回答することを準備するものであるが、この5の問いの回答と結びついて、2の問いは次のことを示すことを可能にする。思惟についてのヘーゲルの新しい概念が要求するような弁証法的なものは、ただ有限者が止揚され、普遍者の特殊化が解消されることにおいてのみ成り立つのではなく、有限者が措定され、特殊化が現れることにおいてもまた成り立つのである。そのようにして、無限者の有限者への移行と普遍者から特殊者への前進が概念把握されるようになる。けれども、すでに1の問いにたずさわるコンテクストにおいて、いかにして概念が（一般には概念の内で有限者や、無限者の有限化が考えられているのであるが）、求められている絶対者の認識に接近してゆくべきかが、明らかになるのであろう。それゆえまず1の問いから始めよう。

1．［絶対者について求められている定義、あるいは絶対者についての諸定義の系列は、どのような種類のものであるのか。」

絶対者の概念を定義せよという要求は、既に述べたように、課題をただ前もって規定しているものにすぎない。この要求の下では、まず初めに定義によって次にそれに加えて任意に絶対者の概念を形成するという課題も、また与えられた概念をただ明確にするという課題も、いずれも決して理解されることはない。求められている定義は、理論を作ろうとする認識のコンテクストの内に現れてくるような定義と親しいものでなければならないのである――例えば、水は化学のエレメントの理論の枠内で H_2O と定義されるようにである。他面では、絶対者に対しては、諸定義を作り出す理論形成に特徴的な諸手段（それらは経験の対象や形式的学問の内容についてのわれわれの認識に属しているものである）をわれわれは用いることができない。この種の認識の手段の兵器廠からここで考えうるものはせいぜい悟性を用いる純粋に一般的な論理学の不十分な手段だけである。そこで、ここで問題になっている理性認識にとっては、個別科学の認識の前進（その歩みのなかで定義は現れそして交替してゆく）に代わって、最もうまくいっても、定義の探究が現れてくる、と期待されるべきであろう。その探求はあれこれの視点において受け入れ可能なものであり、――単に当てずっぽうに受け入れられるのでなければ――少なくとも改善を促進する観点から整理されるものである。そのような改善に必要な最小条件は定義の探究に関与する諸概念の規定性と論理的明晰さの程度を高めることであろう。その最小条件は、伝統的解釈に従えば、その諸概念の同位的あるいは従属的なメルクマールを区別して提示すること――したがって諸概念を区分することに導くものを視野に入れること――によって獲得されるのである。ところで、ここで区分の助けになるものはどのような種類のものであるか。カントの考えはこうであった。形而上学が関わるべき「叡智的な」概念にとっては、区分されるべき概念にはあるメルクマールとそれの欠如したものとの同位的な諸概念が従属するのであるから、区分は二分法ではなく、また単に矛盾律に従うことによって生まれるものでもない。むしろ区分は常に三分法でなければならず、したがって三つの項を含んでいるのであり、それらは、制約するもの、制約されるもの、そして両者を結合するもののように相互に関係するものでなければならないであろう。例えば、「質」の概念の区分には次の三つの項が含まれる。（Ⅰ）「実在性」、すなわち、或るものに即する質的規定となることができ、また或るものが質的規定を欠如することもありうることの制約であるものの概念であり、そこで実在性の概念はそのような欠如を考えるための制約である。（Ⅱ）「否定性」、これはそのような規定性に即する欠如の概念であり、したがって上述の制約に対しては制約されるものである。（Ⅲ）実在性と否定性との結合であるところの限界づけられた規定性という意味での「制限」。絶対者の概念（カントの術語によれば、これは悟性概念ではなく理性概念である）という特殊な場合にはさらに次のことが付け加わる。この概念は、上述の区分における制約を無制約なものに至るまで制約を取り払えば、与えられた叡智的諸概念から作り出される。この場合、無制約なものは実在性において最大のものを所有しているものの概念——したがって最も実在的な存在——であることが分かる。

ヘーゲルの区分も原則として三分法である。しかし彼の区分は、問題にされている概念を規定せよという要求と、われわれの実例では徹底した修正に導くことになる要求とが結びついている。これについては『論理学』で扱われている思想規定の最初のトリアーデを検討するのがよいであろう。最も実在的な存在という概念において、概念的に規定されたものの最も豊かなものが考えられていると思いこまれるかも知れないが、実際は、他の実在と区別される何らかの規定的な実在すら思惟されてはいないのである。それは、太古にある最初のものであって、それ以上の諸規定を思惟するとするならば、それらの無制約的な制約となるであろうが、しかし「それ以上のいかなる規定も持たない」（選集 V, 82）ものにすぎない。ヘーゲルはそれを「純有」と名づけ、それを批判以前及び批判によって制限された存在神学の叙事詩の終わりと見なしているのである。つまり、たしかに純有を絶対者についての最初の定義と理解することもできるが（エンチュクロペディー§86注）、しかし単なる純有を思惟しているときは、まだまったく真の理性概念を持っていることにはならず、悟性が理性概念と見なすもの、絶対者が有限化された仕方で考えられているものを持っているにすぎないのである。けれども、「純有」の規定は古い存在神学の叙事詩の終わりであるにとどまらず、思想諸規定についての「概念的歴史」の始まりでもある。先に述べたように、純有は論理的抽象を通して生まれたもの、「抽象的に」普遍的なものと理解されているのであり、その概念は、それにふさわしい真の理性概念に到達するために、まず最初に区分されねばならないものである。

この区分がどのようになされようとも――その成果はカントの挙げた制約を満たしている。なぜなら、区分がわれわれの実例では項として次の三つを含んでいるからである。（1）「純有」の規定。この規定は陳腐な在り方でそれ自身の内に含まれており、またすべての実在を、止揚されたものとして、それゆえカントの「欠如的無」（純粋理性批判B347f.）として、想定するための制約でもある。（2）この止揚されていることの規定。その内容をヘーゲルは「無」と名づけるのであり、その規定はすべての制約されていない実在が止揚されていることをも含んでいる。そして、（3）両者の結合という規定。これをヘーゲルは「成」と名づける。この第三の規定の内に真の理性概念があり――これは、ヘーゲルが一八〇一年の就職テーゼ六で主張していた意味における「理念」、無限者と有限者との綜合の理念である。というのは、「成」の概念は二つの悟性規定の――無限者の規定と有限者（正確には、悟性概念的にとらえられた、無限者の非-無限的な基盤）の規定との――結合によって形成されるものだからである。「成」の概念は「有」の規定と「無」の規定を通過することにおいてのみ規定的な仕方で思惟されうるのであり、また成の内で有と無に相関的に妥当する絶対者の定義が思惟されるのであるから、この異なった二つの規定が絶対者を探求する認識に必要であることは明らかである。この二つの規定は無限者の有限化された思惟と、有限者の思惟に属するものであり、そしてまた二つの規定はそれらに課せられた役割を演じることができるのである。

もちろん「成」の概念はまだ非常に内容の乏しいものである。しかしそれでもそれは絶対者の概念であり、その最も貧弱な理性概念であることに変わりない。この概念は、その形成に与ったわずかな悟性規定に対して、ただ相対的にふさわしいものであるにすぎない。この概念の形成をスケッチしたこの素描的仕方、それを思弁的思惟の内で導き出すことに替えることは許されない。思弁的思惟に関しては第二の問いに回答するときに初めて言及しうるのである。しかし、すでに今明らかなことは次のことである。絶対者の諸概念を定義するわれわれの活動空間が作り出され、そうして絶対者の諸定義を作る諸概念にとって最善の規定性が獲得されたならば、その他の純粋な悟性概念は――それどころか基本的にはすべての悟性概念は――最高のものについての他の内容豊かな諸概念のための出発点とされ、理性概念にふさわしいものとされなければならない。――したがって例えば、「質」、「関係」、「様相」がそうであり、さらにまた「比較」、「概念」、「判断」、「三段論法的推論」、そしてそれらの下位概念もそうである。したがって、これらのものが絶対者についての多数の「定義」を可能にし要求するのであり、しかもその都度少なくとも不適合であったりまたそれ相応に適合している理性概念によって可能にされるのである。それらの中間にはその都度、普通に有限者を思惟するさまざまの悟性概念が位置している。したがってそれらの悟性概念は、絶対者が出発の規定においてただ有限化された仕方で思惟されうるとしても、絶対者の定義として用いられることはない。

これらのすべての規定を直線的に配置することが可能であるならば、定義の試みを体系的なものにすることができるであろうか。しかしどうすればそうすることができるであろうか。そのことは第二の問いから第四の問いを回答するなかで明らかになる。けれどもその際に考慮しなければならないのは、ヘーゲルは、絶対者を定義する諸命題を形式化するのではなく、彼が認めているのは、思想規定の三つ組みの内、第一命題と第三命題のみを絶対者の定義として見なしているだけだということである（エンチュクロペディー§85）。すると、そのことをどのように理解したらよいのか、この点も知りたくなるであろう。それは、独断的主張を、無媒介的に——単に実験的にであろうと——立てられた絶対者の定義が結果としてそうなるような独断的主張を、避けるという戦略に根拠を持つものなのであろうか。

2.［定義されるべき概念はどのようにして導き出されるのか、またその定義はどのようにして証明されるのか。］

この問いに答えるには次の文が役に立つ。そのなかでヘーゲルはわれわれが遂行する仕方としての哲学的方法について述べているのである。

——「認識のすべての形式を通過する否定的な学としての」懐疑主義は、肯定的な哲学的学への不必要な道程となるであろう。なぜなら、弁証法的なものそのものがこの肯定的学の本質的モメントであるからである（エンチュクロペディー§78注）。

——肯定的学における論理的なものは形式に従って次の三つの側面を持つ。「（a）抽象的なあるいは悟性的な側面、（b）弁証法的なあるいは否定的-理性的な側面、（c）思弁的なあるいは肯定的-理性的な側面」（エンチュクロペディー§79）。

「論理的なものの形式」についてのこの注が「思惟の働きの道具及び手段」（選集VI, 552）の意味での方法を指示するものと理解できるならば、これは次のヘーゲルの言葉と結びつけてもよいであろう。

——『精神現象学』において私はこの方法の一例を、『論理学』よりも具体的な対象に即して提示した（選集V, 49）。

第一の発言から読みとりうることは、弁証法的なものが懐疑というものを問題にするのは、懐疑主義がそのある活動の仕方で関わっているものに対抗するためであるということである。第二の発言からは、弁証法的なものは、そしてそれに対応しておそらく懐疑的な活動もまた、思惟の抽象的あるいは悟性的な形式との中間に位置するものであることが明らかになる。この二つの発言をわれわれのコンテクストに関連づければ、懐疑主義とは、悟性が絶対者の定義として樹立しようと望んでいる独断的な主張に関わるものである、と言うことができる。その場合に、懐疑主義の活動の内で力を発揮する「弁証法的なもの」は、思惟をその活動のなかで「思弁的なもの」へと追いやる「推進力《モメントゥム》」である。それは懐疑的な活動から現れるのであり、したがって最も厳密な認識批判から勝ち取られ、どんな疑いをも超越している成果と考えてよいであろう。そして、それは可能な定義のための新たな概念的手段を提供するものであり、したがってこの遂行のある一定の局面を印づける諸概念は追加の前提の下で、絶対者を定義するものと考えることが許されるであろう。しかしそれでもなお、この前提をも考慮に入れながら続けられる懐疑は、そのような定義が遂行するなかでその成立を妨害することができるであろうし、まさにそのことによって思惟が独断的主張に移るのを防ぐことができるであろう。懐疑がそのことをなしうるのは、定義が首尾よくいっても最小条件が満たされておらず、定義をさらに進めてゆくにはとにかく他の規定の助けを求めざるをえないこと、その点を懐疑が示すことによってである。

しかしこのような仕方でもって、定義されるべきものの概念はどのようにして導き出されるのか。また、ある種の規定がその概念の可能的定義であることはどのようにして証明されるのだろうか。これについては、先の第三の発言をも考慮するならば、重要なことが言われうるであろう。その際、『現象学』が意識に即して、意識が思い込んでいる知とそれの対象とを区別していたことは、無視しなければならない。それは『現象学』の特殊性に属することである。しかし、哲学的認識の方法に一般に属するものとして、遂行してゆく歩みが自らを実現する水準と、その歩みを思惟している思惟の審級と、この二つの水準を区別することが許されるであろう。つまり、独断的主張に傾きがちな悟性とそれに対して懐疑的な敵対者、これら二つの審級を持つ水準と、思弁的ないしは肯定‐理性的な思惟の水準あるいは審級とである。これらの審級は遂行において同等の資格を持つものではない。両者に割り当てられた資格からすれば、さしあたってはただ悟性とその懐疑的敵対者が活動するのであり、それに対して思弁的思惟は観察者の役割に徹している。それゆえ、懐疑主義者の議論は、いつも助言的にふるまっている思弁的思惟に打ち負かされるものではなく、真面目に受け止められるものである。独断論的に設定された悟性と懐疑的に議論する吟味的悟性とが途方に暮れたときになって初めて、思弁的思惟のなすべきことが明らかになる。懐疑的議論の結果は、それに対して懐疑的反論を招来することなく、懐疑主義者が見ていた意味と異なった意味をもさらに取り得るものであり、そうして悟性には新しい可能性が与えられるのであり、その可能性に関して再び懐疑がなされねばならない。独断論的に設定された悟性と懐疑とは、それらの自己理解に従って絶対者の概念を定義しなければならないのである。懐疑は単純に誤解に固執しつづけるものではないのであり、それゆえ懐疑が証明することは、それが自己理解に従って、要求されていたよりも広範な定義の試みをなしていたことである。ただし、それは定義されるものとそしてさらにまた定義するものに関連するものであることを示すにとどまっている。

このことはまた三つの審級の協力においても明らかにされる。まずいつの場合でも悟性には定義‐候補者の役が任される。この者は、定義はその最も基本的な要求にとどまっていてはならないのだから、規定性を必要とする。彼は悟性のための規定性をただ他の概念との限界を通してのみ持っている。それゆえ、遂行は、可能的定義として提示された規定――それを〈D〉と呼ぼう――が言明されているような定義を提案することから始まるのではない。むしろ、「そのDは……」という言明の形式によって始まるのである。その言明において〈D〉の内で思惟されているものは最善の仕方で限界を与えられ、概念の規定性が展開されることになる。次の懐疑的遂行は、独断論的にセットされている悟性の作った前提が定義にとって十分な規定性として認められるものであるかどうか、あるいは〈D〉は最小限の性質しか有しておらず、それゆえ一度もそれの対立概念によって明確に限界づけられていないのではないか、この点を吟味するものである。限界づけられていないことが明確になれば、〈D〉を手段として定義しようとする悟性の試みは、それが正しい道を歩む前に、挫折してしまう。そのような結果を狙っているのが、悟性の第二の「弁証法的なあるいは否定-理性的な」局面における遂行である。同様のことは、対立概念を修正して〈D〉の定義に役立たせようとしたり――あるいはそのような修正を通して間接的にまたしても〈D〉そのものを立てたりする試みにも当てはまる。

この遂行は、〈D〉あるいはその対立概念の修正を定義者と考えてよいことを証明する代わりに、〈D〉及びそれに続いて提案されるすべての規定が定義-適格性の吟味に耐えられないことを立証しようとしているように思われる。もし独断的に哲学することが避けられるべきならば、それは常に懐疑的議論に陥る、と主張する必要があるであろう。しかし実際は、そうすることなしに、さしあたっては上のように進んでいるのである。それにもかかわらず、個々の事例に即してその都度なされる立証が、懐疑に攻撃の隙を一切与えない思弁的思惟によって補完されうるならば、可能な定義-提案が体系化されることができるのである。その提案の不適格性を一つひとつ立証するために、議論を通して明らかにされる遂行が現れて来るのであり、その議論のなかで概念の系列はその定義-適格性に関して吟味されなければならないのである。思弁的思惟は吟味される概念を内容的に修正し、それに続く遂行はその概念を区分にもたらすのであり、その背後には一貫して懐疑的な議論がなされている。このようにして――遅くとも、この区分が完全なものであることが証明されるときには――、懐疑論者はもはや、その区分の内で修正され安定してはいるが定義-機能のために必要な規定性を欠いている概念を妥当させることはできない。いずれにしろ最後に、遂行の歩みの全体を概観するときに、不足する規定性がある、と咎め立てる懐疑論者の抗議に逢着するかも知れないが——これこそまさに懐疑的議論が果たした仕事のおかげなのである。しかし最終的に、ある主張に対する賛成と反対の議論を等しく厳密に証明し、そのことによってその主張の真理要求を未決定のままに置こうとする、連戦錬磨の懐疑的攻撃に対して、もしも修正された概念の一つによって定義を試みようとしても、その定義の場合に、必然的条件が満たされないことが、証明されることもあるかも知れない。その場合、そのような定義の述語を絶対者の概念を定義するものとして考えることができる、と言ってかまわないであろう。——それもまた、自らを主張してきた懐疑的議論のおかげであり、懐疑主義者が可能な懐疑的議論の限界を認めたその限界のおかげなのである。ある意味で、そのときそのような定義を定義する者が導き出されているわけである。同じように最後に、まず表象から受け入れられたただ曖昧に思惟されていただけの定義されたものもまた、もし懐疑的議論とその議論に攻撃の隙をまったく与えることなく思弁的思惟がその議論を補完する働きがその概念を明確にすることへと導くならば、それも修正されるであろう。以上スケッチした遂行は実際に、その遂行の概念を懐疑的議論を通して獲得し、最も鋭い認識批判にさらされているこのような定義の適格性を証明する、その機会を提供するのである。この点が、哲学的認識の方法についてのヘーゲルの理念を今日まで、それと競合するさまざまの意見よりも優れたものとなしてきたものである。

3．［われわれの思惟は、その活動の仕方と自己理解の点からして、『論理学』の歩みのなかでどのように吟味されるのか、また必要な場合はそれはいかにして修正されるべきなのか。］

『論理学』は、われわれの思惟とその活動の仕方についてではなく、その都度扱われる思想規定について言表する諸命題を形式化するものである。場合によってはそれを超えて、そのような諸規定がわれわれのそれまでの理解からして定義可能とするものを、前提的あるいは予料的に問題にすることもあろう。けれどもそのことは、『論理学』がわれわれの哲学的省察の内で言表されていない副次的思想を企てとして含み持っていることを妨げるものではない。われわれはその企てのなかにその思想とともに含まれているのである。すでにふれたように、この（絶対者の一連の定義としての）企てについてのわれわれのこれまでの理解がさらに修正を要するものであることが、期待されることすらあるのである。そして、われわれのおこなう遂行は、悟性が自由に処理している遂行の概念に即して、理性にふさわしいものを、それに対して外面的補足として関わっているものから、切り離すのに完全に役立ちうるのである。したがって、『論理学』の歩みのなかで、われわれの思惟の活動の仕方を、それをあるいは思惟の自己理解を必要な場合は修正するために、吟味にかけることがおそらく原理的に可能であろう。その吟味が『論理学』の内で扱われるべき思想規定に基づいて、それゆえまず何よりも「絶対者」と「定義」の思想規定に基づいて、おこなわれなければならないこともまた明らかである。しかし次のことは確認すべきである。どのようにしてその思想規定に即して、完全に規定された修正の要件が明らかになりうるのか。この修正は、これまで活動してきた遂行の仕方を変更せずに、あるいはその遂行の要請が無効にされずに、なしうるものなのだろうか。最後の修正の成果はどこに存在するのか。『論理学』の歩みを第三部［概念論］まで注意深く追っていけば、これらの問いに対するヘーゲルの立場が理解されるであろう。

つまり、第二部［本質論］の最後において、「絶対者」（そしてそれによってわれわれの推定している定義する者！）という思想規定には、定義が要求するところの規定性が欠けていること、が示される。そこで、われわれが引き続いて定義を目指しているものと理解しているような遂行は少なくとも、その定義は絶対者の概念の定義ではなく、絶対者を継承する概念の定義と考えよ、とわれわれを強要するのである。そのような概念はさしあたっては思弁的な概念についての概念であり、『論理学』第三部はそれをテーマとして始まるのである。しかしまた、この企てはそこで思惟されるものにとどまることもできない。それに続く規定、自分自身を思惟する「絶対的」理念において、企てはようやく終わるのである。ヘーゲルはこの理念の章においてアリストテレスの思惟の思惟《ノエーシス・ノエセオース》を「概念へ」もたらそうとしたのであろう。この理念によって初めてわれわれの思惟はもはや新たな内容と対象へと進む必要がなくなる。悟性が定義しようと欲したもの、そのために絶対者として表象されたもの、これは理念によって概念へともたらされるのである。

その前に、『論理学』という企ての全体をひとつの定義にあるいは定義の系列に導こうとするわれわれの解釈もまた修正されているのである。定義の場は有限で理論的な認識である。ところが、その理念あるいは理性性は何よりもまた決して終わりに到達しないという点にあるにほかならないのである。定義は概念の区分の枠内で追究されざるをえないが、概念区分の体系は認識の無際限な進行に属するものであるから、その体系を完全にすることは不可能である。したがって、これまでの理解からわれわれが『論理学』として考えてきたような定義の企てもまた、理性的仕方によっては、先に可能なものとして仮定していた終わりに到達することは決してないのである。それが仮定されたものにとどまるべきであるならば、『論理学』のテーマは厳密に言えば定義の企てと何か異なったものであることにならざるをえない。付け加えるに、定義とは有限な理論的認識に属するものであるから、いつでも、存在している対象についての言明であって、その対象が何であるかということは、それについて（そして何が）言明されているのかという問いに依存していない。ところがこの種の言明は、懐疑主義者が常に「それと等値の言明による襲撃」によって攻撃しうるものであり、懐疑主義者はそうして、その言明の利益になるように表明された議論が、それと同じ強さを持つ対立的議論によって相殺されてしまうものであることを、認めさせるのである。したがって、遂行が「認識の理念」の概念にまで至ったとき、それは、『論理学』の課題が概念を定義することの内にはありえないことを——概念がたとえ自己自身を思惟する「絶対的な」理念であろうとも——、われわれに示すのである。むしろ、その課題は、自己自身を思惟する理念についての概念のために、定義されるものという概念の後継者を（定義の概念につづく後継者の内に）見出すことにあるに違いない。

それに応じて、遂行に関するわれわれの理解は『論理学』の終わる直前で点検されるべきである。しかしこの点検は、これまで活動してきた遂行の仕方を修正せずにも、あるいはラジカルな懐疑による独断論–批判に太刀打ちできる成果を出せという要求に立ち戻らなくても、なしうるものである。なぜなら、遂行は、最高の思想規定の概念を獲得する以前は、まだ定義を実現する状態にまったく至っていなかったからである。遂行の目標がわれわれの思惟にとって最終的に初めて明らかになるのはその活動からしてであり、これは、カントが、純粋実践理性の目的の規定は実践理性が成立するその活動によって初めて実現される、と考えたのに似ている。このことによって、遂行が、絶え間なく活動することにとっても、それと結びつけられる証明の要求にとっても、終結することの可能性にとっても、いずれの邪魔にもならないこと——そしてそのことがその都度、独断的な主張に傾きがちな悟性や、それに対抗する懐疑のためにあるとともに、思弁的思惟のためにもあるものであること、このことを指摘することができる。

以上のすべてを考慮することを通して、われわれの思惟が『論理学』の歩みのなかでどのようにしてその活動の仕方とその自己理解の点に関して自らを吟味しているか、さらにまた正当化もされるか、という問いに対する内容ある回答が与えられるであろう。定義についての概念と同様に、それに続く後継者もまた遂行についての概念でなければならない。その遂行に応じて、（1）規定されるものが、それに適合する概念において思惟されるべきものが、思惟される。しかし、定義の場合には定義するものは予め決定しており、それゆえそれは遂行の外に確保されていなければばならないが、思惟されるべきものは規定性を、思惟にとってまさにこれであって他のものではないという規定性を、遂行そのものを通して獲得せざるをえないのである。（2）定義のために立てられた適格性の要請に関してもこれと同じような状態にある。定義者は定義されるものについての概念であり他のものの概念であってはならないという要請、また定義者は定義されるものを適格に——したがって例えば広すぎることも狭すぎることもなく——規定せよという要請、この要請は定義に対して妥当するものであるが、それと同じように、思惟されるべきものもただそれについての概念である概念によって適格に規定されねばならない。しかし、この妥当性の要請を満たすことあるいは侵害することの基準が、定義の場合は、定義の外部に、定義に付け加わってこざるをえないすべてのもののもとで、探求されるのであり、そうして理論的認識が理性的活動になるのであるが、ところが［思惟の］妥当性の基準は遂行そのものを通して確保されねばならないのである。（3）上述の（1）でふれた区別と密接に関連して、より広範な区別がある。それは、何をもって終わるのかという完結についての問いにとって基本的意味を持つことになるだろう。成功した定義には定義されるものが確定していることが前提されるべきであるが、それと同様にその定義にはまた次のことが前提されている。つまり、定義をなす概念は、その概念に属するか属さないものがあるかどうかということ、それゆえ「審級的な」概念がテーマになるか否かということ、このことからは独立していることである。それに対して、このような前提は、定義概念の次に来る、哲学的遂行の内で突き止められるべき後継者が思惟する必要のあるものにとっては、十分なものではないのである。定義の遂行について指摘した以上三つの視点においてそれとは区別される遂行を、ヘーゲルは概念の開示《エクスポジション》と呼ぶのである。この開示の概念が、暫定的にこれまで求めるべきものと見なされてきたあの定義の概念に続くその後継者にほかならない。

4.［どのような仕方でわれわれの思惟は、その遂行の活動と最後に主題とされる方法（方法は『論理学』の対象に内在する思惟の形式である）との同一化に到達するのか。そして、なぜ『論理学』を証明する遂行ではなく、ほかならぬ論理学がそこで終わるのか。］

上位概念や、この上位概念に含まれ、その間に樹立された概念体系のなかで一つにされたすべての概念（それら概念の体系化の方法についての概念を含む）が、同一化されたものによって言表されるあいだに、絶対理念の概念の開示は、次の言明を認めているのである。すなわち、絶対者の概念の後継者としての絶対理念の概念は思惟されるべきものを一義的に同一化する、というものである。この言明がこれまでスケッチしてきた遂行の歩みにおいて獲得されるとき、懐疑的悟性はそれに反論しようとしてももはや勝ち目はない。なぜなら、この言明は、概念の開示の遂行に内在的に置かれるべきいくつかの要請を満たしているからである。すなわち、（1）思惟されるべきものは今や自分の規定性に到達している。しかも遂行そのものを介して。（2）遂行についての複合的な概念が言明されている。つまり、区別されるべき二つの視点の一つにおいて遂行に内在的な尺度に従って概念の開示の適格性の条件を満たしている概念が言明されている。上位概念は、自分がそれの概念であるものに関して、その下で考えられるすべてのものを考慮する懐疑的吟味を、もはや自分を出て自分に対立するものとする必要はないのであるから、それはそれがおこなった区分も含めて、要求されていた規定性にふさわしいものとなっている。つまり、上位概念とその区分とともに悟性に適合した仕方で言明されているものは、すでに後継概念の内で思惟されていたものにほかならないのであり、しかもこの言明は、これまでの遂行の内で現れていた懐疑的議論の蓄積の全体によって裏づけられているのである。（3）上述の複合的概念は、それを実現させる審級が存在するか否かという問いから独立しているのではない。なぜなら、働いてきた遂行そのものが、それに属するすべてのものとともに、その審級にほかならないからであり、しかもしそれがなかったら、遂行から現れ出てきた概念は存在しない、そのようなものだからである。したがって、以上の条件の下では、懐疑的思惟は遂行に内在している要請に違反したと苦情を申し立てることはできないのである。

　しかしなぜ懐疑は、最終的にすべてを未決定のままにすることができたであろうに、そうしなかったのか。たしかに懐疑はそう論ずることもできたであろう。問題となるのはつねに遂行に内在している要請であろうから、——絶対理念の概念というものを最終的に開示する言明も、やはりとにかく言明ではあろう。そのようなものにおいては概念というものは、それとは異なり、何らかの仕方で真理要求と一致したものに、付与されるものであろう。しかし、この要求に対しては、それに有利なようなものはいくらでも現れるであろう。それゆえこういう類のそれに等値のもの《エキボレン》による攻撃《ツアタッケ》の道は閉ざされることはないであろう。そうであれば、これに答えるためには次のことを指摘することしか残っていない。ある概念へ到達する（あるいは到達しない）ことの主張に関わる等値のものによる攻撃は、その概念が、それを満たすものがなくても存在しうることを前提しており、また概念を満たすものは概念なしにも——たとえ概念を満たすものとしてでないとしても——同一化されうることを前提しているのである、と。しかしこの二つの前提はこの事例では表明されていない。単に世界の内にある対象についてのみならず、理性とそれの内容についてもまた、理性的な仕方で言明することはできない。しかし、これらの言明がすでに述べてきた遂行に従って獲得され、その言明の内で述べられている概念がその言明の内でのみ獲得されるべきものであるときには、それらが懐疑の争いに巻き込まれることはもはやない。世界の内にある対象や世界そのものについての主張、それから世界の外の推測された対象についての主張、これらとは理性的な仕方で懐疑的に争うことができるであろうが、ここはそれとは違うのである。そうであるから、思弁的論理学の内部における哲学的遂行は、自分を懐疑的悟性から引き離すことも無く、独断的思惟に与する必要もなしに、事実上終結に到達したように思われる。その終結の可能性は、世界の全体は認識可能であるという無鉄砲な理論の衣裳――それゆえ批判以前の全一理論の織り柄からなる布地で作られた礼服――を纏わせて、ヘーゲル哲学を登場させたとしても、見えなくさせられるものではないのである。ヘーゲルはこのような無鉄砲に陥らぬように用心しているのだから、彼は「全体」を理性的なものとして説明し、矛盾を「存在論化する」という、身の毛もよだつことをしようとしているという抗議は、的はずれである。カントの著作を発展させることに努力した誰よりも、ヘーゲルは、懐疑の只中で仕事する力を、超越論的哲学の理念の前で立ち止まることのない力を、尊重していたのである。彼が近代の懐疑と戦わなかったのは、それが彼にとっては破壊的すぎたからではない。それが中途半端に思われたからであり、彼の議論の能力全体を形成している懐疑主義を真の哲学的在り方に組み込むことが不可欠だと考えたからである。

『論理学』の最後で言明されうる概念の内には、それまで活動していた遂行の概念も含まれている。自分を修正するというわれわれの遂行の理解にとっては、この遂行はただ単に偶然的仕方で活動させられていたものではない。そうではなく、概念の内で思惟される遂行と活動させられていた遂行とは、遂行の際に動員されていた懐疑的議論に基づいて、同じものでなければならない。したがって次のように主張することができる。『論理学』が最後に悟性のために述べることのできる言明は、活動させられてきた遂行（言明はそれについて述べることができる）を、正当な仕方で確認するものであり、またそうするために思惟活動以外のものを必要とすることはまったくないのである。この意味において今や直観の概念に反論することができるようになる。そしてまさにこのことによって、ただこのことによってのみ、懐疑的反論を、概念の独立性を前提しその概念の下に属する審級によって主張を展開するところの懐疑的反論を、退けることができるのである。

この結論はたしかに、『論理学』がその最後において明確に主題として扱っている方法の概念が決して主観的な思惟活動の遂行やそのための道具の概念ではなく絶対理念そのものの認識形式の概念である、ということと対照的である。この遂行は、見るところ、概念をそれ自身で導入するのを認める、そのようなものと思われるであろうが、しかし最後にテーマになっているものはその概念ではなく、別の意味における方法の概念である。けれどももっと詳しく見ると、次のことが明らかになる。ヘーゲルは方法についての別の概念を、何か他のもの（活動させられていた遂行とは異なる何か）の概念としてではなく、この遂行のなかで即かつ対自的に理性的であるものの概念として、概念的に知ろうとしているのであり、そしてその概念から哲学の後続の部分の内でもまた、歩みは主観的な思惟活動の遂行という意味での方法についての——より純化されている——概念へと戻っていくべきなのである。つまり、絶対理念そのものの認識形式としての方法の概念を通過することによってのみ、これまでは遂行の記述に役立っていた諸概念が、それら自身に即して吟味されるものとなり、それらは——遂行の前提であるものとして——懐疑を免れたままではないかという嫌疑から逃れることができるのである。したがって二つの一致しない結論が問題なのではない。その反対であって、ここで明確になった結果が要求しているのは、ヘーゲルはさしあたって彼自身が描き出したものに到達したということである。

方法に関する論理内在的な概念に、また方法とその活動する遂行との同一化に、ヘーゲルが到達した歩みは、ここでは追うべきではない。しかしそれでもなお、執拗につきまとう次のような抗議は避けられないかも知れない。つまり、主張されているその同一化が最終的に実現されるものだとして、そのときそこにあるのは『論理学』がそれで終わる絶対理念の概念ではなく、哲学している主観性（その「絶対-定立」は蓋然的に現れざるをえない）の概念にすぎないのではないか。この問いを肯定せざるをえないというなら、それは誤解というべきであろう。その事情をよく理解してもらうには、もう一度次のことを思い浮かべてもらわなければならない。『論理学』は理念の概念（もちろんそこには絶対理念の概念も属する）を、客観性の内で自分と合致する思弁的概念として規定したのであり、また、理念のすべての概念において――もちろん思弁的概念の概念においても――問題にされたのは絶対者の概念の後継者であったのである。もちろんこれら後継概念のすべての内で包括的な一者が思惟されているのであり、この一者はまたすでに絶対者の概念の内で概念に即する規定性の要求を満足させる仕方で思惟することが試みられていたものでもある。このような「後継概念」の内で、ひとはただその先行者に関わっているのである――それは、「H_2O」の概念の内で、水を思惟することをやめないのに似ている。したがって絶対理念の概念の内に哲学的主観性を「絶対的に定立する」必要はない。いやむしろ、そうすることは全く不可能であり、本当はひとはその概念によって、これまでは思惟せよと強制されてきた絶対者を――今では概念的規定性の要求を満足させる在り方の内で――思惟しているのである。それゆえ、絶対理念の概念は決してある――卓越した――認識やその形式の概念にすぎないものではない。その概念はその認識の内で認識される現実性の概念であるとともに、その認識の主観の概念でもある。つまり、この概念が以上のすべての点において思弁的概念の概念である限りにおいてのみ、それは絶対理念について正当に語る条件を満たしているのである。この概念を持って、何らかの仕方で性格を付与された「客観的なもの」と関わる「単なる」――「絶対的に定立された」と言ってもよいが――主観的なものに拘束されないでいること、このことを確認すればまた、絶対理念の概念によって『論理学』が終わる条件（哲学の遂行はそれではまだ終わらないとしても）は満たされる、という主張にとって、納得のゆく根拠を提示することも認められるのである。反対に、もし絶対理念は「単に論理的なもの」であり、何らかの仕方で考えられた客観的なものあるいは現実的なものと対立している主観的なものである、と仮定したならば、懐疑主義者に対抗して、この概念において論理学は終わるという主張を防衛することはできないし、したがって、ヘーゲルの考えに従えば『論理学』のテーマは自然哲学と精神哲学のテーマと連関しているのだが、それらとの事実的連関を概念把握することもできないのである。

5.「『論理学』の内部にあるわれわれの哲学的思惟はどのようにして、その内で純粋知の自分自身を規定する理性として活動するのか。」

たしかに「われわれの」思惟とその遂行は一面的に主観的なものである。しかし、この遂行が絶対理念に内在する思惟の形式である「方法」と同一化されるとき、われわれはどのようにして、絶対理念もやはりもっぱら主観的なものであると見なすことを、避けることができるのであろうか。この誘惑に抵抗するには、今言われた同一化をもっといわば精密にとらえる必要がある。同一化は、遂行としてのわれわれの思惟が、絶対理念の概念の内で考えられた方法と同一化されることの内にあるだけではない。むしろこの自己-同一化とともに、同一化する者の自己理解に変化もまた起こっている。その同一化は、お尋ね者の犯罪者を同定するというよく知られた事例で登場するものではないし、また似た例でいうと、例えば記憶を喪失した者が自分を再発見するような自己-同一化でもない。思惟の――したがってまた同一化の――活動主体はこれまでの自己理解に従えば一般化された自己であった。別の言い方をすれば、それは私、この思惟する人、いつもわれわれの間にいるこの人である。それゆえその人は、私が「われわれは」と言うとき、あるいは私が「われわれの」思惟について話しているとき、私が関わっている人物である。そこで、言ってみればわれわれがわれわれの思惟の遂行の仕方を絶対理念の形式である方法と同一化するとき、あるいはわれわれの思惟が、その遂行に関して、この方法と同一化されるとき、われわれである有限な主体は、無限な主体――絶対理念そのもの――の内で根拠づけられて止揚されているものとして、考えられるのである。この理念が活動していることにおいて、それは有限な主体をそれ自身で活動させているのである。しかし、その有限な主体は、理念がただ雇いいれただけで理念とは別個の下働きとして活動しているのではなく、それは理念自身の定在であり、その定在の内で理念は自らを現すようなものとして活動しているのである。したがって、ここに現れる同一化はもっと精密に規定されなければならない。精確に考えれば、われわれの思惟だけがその遂行の点で方法と同一化されるのではないし、またこの思惟の主体であるわれわれがわれわれを絶対理念そのものと同一化するのでは全くない。この理念を、その概念が望むように、それの定在とそれの現れとから、区別されるものを分離せずに、区別するとき、おそらく次のように言うことができよう。われわれが自分を絶対理念の定在と同一化し、そして、同時に絶対理念の現れである定在として自分を同一化することによって、われわれは自分を絶対理念へと高めるのであり、その際に、われわれはわれわれを、われわれの主観的思惟において、その思惟の遂行に関連して、絶対理念に内在している思惟の形式と同一化しているのである。その形式はわれわれの遂行とそれの基準の魂であるからである。

六・三・五　遂行が行き着く、方法の概念

われわれの遂行に属するその他一切のものは、即かつ対自的に理性的なものの形式にとっては非本質的なものであるから、われわれはは自信を持って、それを切り離すことにしよう。そうしてもわれわれは理念を、絶対的に定立されている排斥的な主体とすることにはならないに違いない。ところで今や、われわれの思惟をして、その内で自己自身を規定する理性が論理的なものの純粋知になるように活動させるという課題を、『論理学』が成し遂げた、そのことを正当化するものは何であるかと、問えるのか。そのことを理解することが始まるであろう。絶対理念の概念の内で考えられる方法は、同一化が達成されることによって、哲学的思惟の内で活動する遂行の最も内面的で規制的なものとして認識されるのである。こうして『論理学』はその課題を達成し、その内で思惟されその対象に内在する思惟が

最後にいたって、初めからわれわれを通して活動していた遂行を内部から規制する知であったことが、正しく認識されるのである。

今や『論理学』の内で活動していた遂行《フェアファーレン》と最後に到達した方法《メトーデ》の概念とのあいだに差異を含んだ一致が実現されている。この一致によってヘーゲルは、『精神現象学』が哲学知のために主張していた要求を充足し、思弁的なものに関する彼の根源的理解を著しく改善したのである。その要求の一つは、自我は哲学することの内で実体性や対象性の形式に対立する自己意識として固定されるもの［フィヒテ］ではないが、そうかと言って「区別されたものを絶対者の無底に投げ返す……」第三のものとして現れるもの［シェリング］でもない、このことを確実にすることであった。今やこの要求は満たされていると言える。この点については説明は不要であろう。さらに、知は「区別あるものがそれ自身に即して運動しその統一に戻るさまを単に観察しているだけの」見たところ不活動なものであるということも達成されている。今やこの要求も顧慮されている。なぜなら、ここで問題にされる知は、独断的主張に傾きがちな悟性や概念を規定性の点から吟味しつつ懐疑をおこなうような悟性の活動の内にあるのではなく、思弁的思惟の内にあるものだからである。この思弁的思惟は悟性とその活動性との関係においては初めから傍観者として性格づけられていた。ところが今や『論理学』の最後において次のことが明らかになっている。悟性から取り去られるものではなく、命題の内で実行されるのでもない、思弁的思惟に固有の「操作《オペラチオーン》」は実際には、『論理学』の対象に内在している思惟の、自己自身を規定する形式によってなされる自己を導いてゆく活動であり、またわれわれの思弁的思惟の内で区別されている内容は、われわれによって変化させられるのではなく、内容そのものに属している形式によって形式化され、統一されるものであるということである。

思弁、そして一方ではそれと反省との関係、他方ではそれと知的直観との関係、これらに関するヘーゲルの根源的理解は、少なくとも四つの欠陥に悩まされていた。この欠陥を取り除かなければ、思惟についての実際に基本となる概念を形成することも、思惟を普遍から特殊の現れ出ることとして概念把握することもできず、思惟のみによって理性の内容の体系的性格を明らかにすることも、真なるものを実体としてのみならず「同様に主体として把握し表現する」こともできなかったのである。今やこれらの欠陥に対して多くのことがなされたのである。

方法の概念によって『論理学』は終わる。この方法概念は論理学の内で活動させられていた遂行とは別のものについての概念であるのではなく、論理学の内で即かつ対自的に理性的であるものの概念なのである。しかしまさにそれゆえにこそ、この概念は、われわれの思惟が実際に遂行されているときにそれを記述するために、単純に使用されることはできないのである。方法概念は遂行を、ヘーゲルないしはわれわれの思惟がそれに従うようなものとして、理解するのではなく、われわれの思惟の内にある自己を思惟する理念が有する形式として、理解しているのである。それゆえにまた今や、弁証法的であるとは、そのように遂行されるように見えようとも、単にわれわれの思惟に固有のものにすぎないものではない、また弁証法は決して哲学の分科ではない、この点を指摘しなければならない。そうではなく、弁証法的なものとは根源的には、われわれの思弁的思惟が有している内容がおこなうそれぞれの運動の一つのモメントである。そして、この思惟は自らについての理解が変遷してゆくうちに、これを完全に理解することができるようになる。なぜなら、思惟の考えるものは立証されるものであるという要求にとって、思弁的思惟をその内容との関係において活動的なものと考えていながら、その内容を思惟との関係において不動のものとして考えることは、本質的なこととは言えないからである。おそらく懐疑的な評価からすればたしかに、内容から内容へと駆り立ててゆくものはほんらい、思惟されたものの把握された内容の内にあるのであって、懐疑的思惟の頑迷な遂行の内にあるのではない、と言えるかも知れない。しかしいずれにしろ、思弁的思惟は初めは傍観者の役を演じ、次に次第に――自分を忘れて内容に集中しつつ——最終的には絶対理念が操作の主体であることが認識されるような操作を遂行するのであり、そして最後に、自分がではなく、内容に内在している形式だけが、このように運動するものであると考えることができるようになるのである。今やヘーゲルによって、弁証法的なものはこのようなものとして理解されている。あるいはまたそれは——単純化すると——そのように考えられた運動原理から現れ出てくる、思想諸規定の過程性として理解されているのであり、この思想諸規定が思弁的思惟の内容を形成しているのである。

この過程的性格は、悟性が固定しようとする分離されたものが自ら-解消するものであるという性格と、さらにまた普遍者から特殊なものが現れ出てくるという性格を持っており、そしてそのことはまた思弁的概念の運動性格を形作っているのである。このことはすべて既に述べたことであるからさらに説明するには及ばないであろう。たしかに、思想諸規定の過程的性格は、われわれがわれわれの思弁的思惟をその初めにあったようにただ悟性との関係において、したがってなお悟性的仕方で考察しているあいだは、明らかにされなかったことが理解されるであろう。その過程的性格は、思弁的思惟がながいあいだ自らの内容に集中して、言うなればその内容に消耗し尽くされたとき、初めて現れるチャンスを持つのであり、そのあいだは最後にいたるまで、内容にとって生じているものも、思弁的思惟がわれわれの最初の理解からしておこなったものも、絶対理念の概念の内で、その理念の形式の定在と叙述として概念把握されているのである。

ヘーゲルは、われわれの思弁的思惟の遂行が自己自身を思惟する理念の形式と区別なしに同一であるのではないこと、この点をはっきりさせることはほとんどない。遂行が理念の形式の叙述《ダールシュテルング》として考えられなければならないことを認識するためには、理念についてのヘーゲルの概念を精密に調査しなければならない。しかしいったいどのようにしてこの叙述の性格をさらに規定すべきであろうか。これについてはわれわれに対してはもはや何も語られていないのだから、おそらくヘーゲルは、この彼の思惟の最高点のためには現実に認識できる以上の統一性格を暗示しているだけではないかという嫌疑を、免れることはできないであろう。少なくともヘーゲルはわれわれに対して、絶対理念として思惟されている、自己を規定する理性そのものと、われわれの思弁的な思惟の規定過程との間に、ぱっくりと口を開けている――かなり漠然とした叙述概念を使って乗り切ろうとした――この深淵の存在に、注意を促すことはしていないのである。慎重にこの深淵へ降りていくという課題もあったであろう。ヘーゲル以後の哲学はこの深淵の存在を認めなかった、あるいは見逃してしまった。これこそ、この深淵に墜落する最短の道だったのである。

七　〈エンチュクロペディー〉における自然の哲学と精神の哲学

七・一　『学の体系』ではなく『エンチュクロペディー』であること

『哲学的諸学のエンチュクロペディー』は生存中に三つの版が出版されたヘーゲルの唯一の著作である。まず最初に一八一七年版、次に大幅に修正され分量がほぼ二倍になった一八二七年版、さらに改良が加えられた一八三〇年版である。『現象学』や『論理学』と比べて、『エンチュクロペディー』の初版は異常な速さで書き上げられた。もしそれが、イェーナでヘーゲルが出版を予告していた「学の体系」（最初の導入部門として『精神現象学』が出版され、その続きとして一八一二年の『論理学』が挙げられていたもの（選集 V, 18））であったならば、このような速さで執筆することは不可能であったであろう。初めヘーゲル学派と二十世紀の新ヘーゲル主義は『エンチュクロペディー』を「哲学の体系」と呼んでいた。それが間違いであることは、その時に構想していた体系もその他の体系もヘーゲルが完全に仕上げることがなかったことから分かる。カントを継承した重要な哲学者たちと同様に、ヘーゲルもまた、カントによって始められた試み、古い理念の構築物を新たな知性的認識によってその時代にあった仕方で手を加えることによって変革するという試みが、たちどころに終わるものではない、という見通しを堅く持っていた。哲学の全体を確かな仕方で思惟しうるものとすることは、専門の哲学的学科をふたたび転換させるような著作においてのみ可能であるように思われる。したがって、ヘーゲルの体系構造の主要部分に入る前に、ヘーゲルが哲学的なエンチュクロペディーの「学科」に対して抱いていた見解を見なければならない。

（1）すでにその表題からして、この著作が哲学を百科にわたって‐教育的《エンチュクロペディッシュ》に仕上げる綱要《グルントリッセ》にすぎないものであることを教えてくれる。綱要は著者が講義において使うために書かれるものであって、何はさておきそれは大学の「教科書」である。つまり、講義を構造的なものとし、聴講者には追思惟のための素材を配慮し、それに対して講師には、その人に合わない使いづらい本に従って授業するか、それとも禁じられていた「口述による」講義に逃げ道を求めるか、という厄介な選択を免せてあげるものである。したがって、テクストは番号を打たれたパラグラフの形で書かれており、非常に圧縮されている。とは言っても、ヘーゲルは、その時代の類似の性格をした授業用‐エンチュクロペディーとは異なって、聴講者だけにではなく、講師と聴講者の双方に、自分の本をそれぞれ異なった仕方で使用するように指示している。勝手に間違って使用して、そうして自分自身が講師の役目も引き受けさせられることのないように、複雑に入り組んだ一連のテーゼを提供しているのである（書簡集 III, 169 参照）。

（2）注はそれとは違って、多くのパラグラフからなる本文に「挿入的に」付け加えられたものであり、またそのほとんどものには、ヘーゲルの弟子たちが彼の死後に選集を編集した際に入れられた「補遺」も付け加えられている。これらの文章はより広い読者を想定しており、本文で述べられていることが、容易に思いつかれるテーマに関していくつかの意見と対決させられるときに持っているその射程距離を分かりやすくすることを意図している。注の主張はそれだけで――ほとんどの場合はやはり苦労して再構成しなければならないが――根拠なしにも、概念構造の内に深く埋め込まれている本文の命題よりも簡単に理解されるべきものであるから、読者はそこに、その都度興味を惹く論点についてのヘーゲルの判断を、著作全体に渡って研究せずとも、知ることができるであろう。しかし、著作全体の研究なしには、その判断に関して何が問題にされているのか、その意図を十分に読みとることはできないものだが。

（3）内容からすると、「エンチュクロペディー」という学科のプログラムは何を意図しているのだろうか。それは、そのプログラムが、カントとカント主義者たちが、さらに二三の後のカント主義者たちが、哲学的エンチュクロペディーというものに対して掲げていた要求に対する回答であったことが理解されるときに、明らかになる。カントはライプニッツ‐ヴォルフ流の学校哲学を起原とするエンチュクロペディー‐理解に対してある新しい意味を与えた。それによると、哲学的なエンチュクロペディーは何らかの事項連関的な分節に従って諸学問の全体へと導入すること以上のことをなさなければならない。その分節は理性に適合していなければならないのである。分節は関連する全体の地平をあらかじめ確定していなければならず、外面的秩序へ持ち込まれた教材をただ集めただけのものであってはならないのである。そうではなく教材は、すべての部分の一つ一つに先立ってある全体の理念の内で、それぞれの部分にこの部分や他の部分との関係を規定するものである体系が、作り出すものでなければならない。この要求にヘーゲルは同意している（エンチュクロペディー初版§6参照）。しかし彼はその要求を徹底させた。そうして初めてその要求を実現させたのである。つまり一方では、学問の内にあるすべてが、あるいは学問に関わる数え切れない多くのものが、哲学によって認識されうるような「体系的な」統一を持っているものであるとは言えない。哲学的に認識される学問

—体系構造の内に入れられるものはすべての学問ではなく、「合理的な根拠と始原」（同§20）を有しているもの、したがって単なる「実定的な《ポジチーフ》」学問ではないものに限られる。他方では、専門学問の内容に考慮をはらわない単に形式的な学問—体系構造を問題にすることでは不十分である。カント主義者のエンチュクロペディーの初期段階はそのようなものであった。全体の統一を体系的なものとなすような理念はまた、内容が単に実定的なものではないのだから、専門学問の内容の理性にふさわしい新たな意味に到達するものでなければならない。

　第一部を形成している〈論理学〉がいかなる意味で「昔の形而上学」の「代わり」をつとめているか、これについては既に述べた。エンチュクロペディーで扱われる学科の全体ではなく、論理学のみがヘーゲルにとっては形而上学であり、そして論理学が形而上学であるのは、それが最初の学であるにとどまらず、最後の学でもあるからである。ところでそのようなものとして、形而上学《メタフィジーク》としての論理学は自然の哲学（したがって哲学的な「自然学《フィジーク》」）の後《メタ》に位置しているだけではない。それは、アリストテレスにおけるのと同様に、探究すべき自然連関の第一の根拠を明らかにするという課題も持っている。そしてそれは最後には——絶対精神であるところの自己を思惟する思惟についての教説として——思弁的神学となる。もちろんそれは——アリストテレスの〈形而上学〉とは異なり——、その内部では「神」という表現を体系的に避けるものでなければならず、それに代わる諸表現はもはや存在者を——たとえそれが一者についてのみ語る「一神論的」な形而上学—伝統の意味における「存在者の仕方で存在するもの」であったとしても——代表するものではありえない。なぜならば、そのような存在者については表象的思惟の内でも語ることができるであろうからである。ところがまさしくそのようなものこそ思弁的な〈論理学〉が断念しなければならないものである。したがって、本来の形而上学がもはや〈存在論〉として考察されえないことは、存在論という表現が何を意味するかを知っていれば、自ずから理解されるのである。

批判以前の〈特殊形而上学〉をヘーゲルは自然と精神の哲学と理解しているが、それが蒙った変革もやはり広い範囲にわたる。その変革は、これらの学科と〈論理学〉（この根本的学科にこれらの学科は依存している）との関係にとどまらず、さらにその二つを区分する観点と区分された要素の範囲にまで及んでいる。〈論理学〉とそれに依存する二つの学科との関係において本質的なことはもはや、根本の学科のすべての原理が、それに依存している学科において何らかの仕方で与えられている素材に、何らかの仕方で適用されるということではなくなっている。そうではなく、両者の関係にとって本質的なことは自己限定というものである。哲学の一にして唯一の対象はこの自己限定に服するのであり、それを通して現れる「実在するものの哲学」の区分を導いてゆくものは、——特殊形而上学やカントにとってそうであるような——〈自我、世界、神〉のトリアーデであるのではなく、哲学のテーマがそこにおいて交替してゆくその開示《マニフェスタチオーン》の過程という概念である。この過程の主要な局面を構成するものは新しい種類の二つの哲学的学科、「自らの他在の内にある理念の学」（エンチュクロペディー §18）である自然哲学と、「自らの他在から自らへ戻っている理念」（同）である精神の哲学である。そこに現れてくるものは、古い宇宙論の対象に代わって、自然と精神との二元性である。もはやヘーゲルはこの二つの学科を哲学的宇宙論の対象としての唯一の世界の概念にまとめようとはしなかった。カントの考えからしてもすでに〈世界〉という概念は本来超越論的哲学に属するものであった。ヘーゲルに従えば、その概念は超越論的哲学の正当な後継者、哲学的な意識論（同 §415 注参照）に属するものであり——われわれが意識主体に対して、それが対象に志向しているときに、その対象に割り当てねばならない、それの包括的な相関者の概念としてある。〈世界〉の「概念」は正しく受け取られるならば「精神的なものと自然的なものの集合」（同 §247 補遺）の表象にすぎないのである。

ヘーゲルは自然をコスモスあるいは世界として論じることはない。したがって自然を、神の善意のおかげで調和的に秩序づけられてはいるが、いずれにしても互いに影響を及ぼしあっている有限な諸実体（それらはそれらの現象からして認識されるべきものである）の絶対的な全体として論じることはない。そこで、彼はその自然哲学において、カントが理性を宇宙論に使用する際に生じる「アンチノミー」として指摘した哲学的ディレンマにはふれていない。その際、宇宙論に欠けているのは知性界の概念だけではない。幸いにも感性界の概念も欠落しているのである。なぜなら、この感性界という「概念」は、自己矛盾するもの――交互的に作用する諸実体の諸現象からなる一つの絶対的な全体――を考えることにならないか、と疑われるからである。すなわち、この概念は無内容なものにされ、世界について語ることはそもそもペテンとならざるをえない。そのうえこのような世界についての表象においては、自然法則に従って現象する原因あるいは結果と、自由の帰結である現象とが混合してしまう。そしてこの混合によって誤って考えられた全体は、われわれの認識の制約の下では、またカントの解釈によっても、まとまりを持った一つの全体《トートゥム》として体系的に思惟されることは不可能なのである。

　したがってまたヘーゲルにおける〈世界〉はもはや哲学的心理学（霊魂論）の概念でもない。霊魂論は、単純で個別化された非物質的な実体としての魂の理論であることを終えているのであり、そこでまた「知性界」の内にあるそのような諸実体の交流の理論あるいは現象の理論であることを止めている。大雑把に言えば、霊魂論は、有限で精神的な主体を形成してはいるが、活動物と構成物についての内面的で理性的な、自然哲学の対象とはなりえない、連関を説明するものとなる。したがってヘーゲルの自然哲学はもはや、カントが構想した〈純粋理性の生理学〉（純粋理性批判、B873）とは異なり、思惟的であるとともに身体的でもある自然に関わることもない。それゆえ、それは合理的自然学も合理的霊魂論も包含しておらず、等しく空間的であるとともに時間的でもある自然、すなわち、（現実的にあるいは少なくとも可能的には）感性的制約を被る理論的認識の対象であるものの「本性」のみを含んでいるのである。つまり、それは――発生し、変化し、消滅することにおいて――自然法則に服しており、その意味で直截に「自然」と呼ばれるべきなのである。

それに対して、精神の哲学はただ単に――例えば直観や思惟のような――働きや「能力」を、あるいは一八〇七年の『現象学』で扱われたような意識の在り方を論じているだけではない。それは正義［権利］をも包含しており、ひとが理性的な仕方で正義と認めたり否認したりするもののすべてを領域としている。それゆえ、それは理論哲学と実践哲学の両方の領域を含んでおり、したがってカントにとって学の最高区分であった理論と実践は相対化されている。しかし最後に精神哲学は、人間が（あるいは人間関係が）「持つ」有限精神をテーマとするだけではなく、人間が宗教において神あるいは聖霊として表象し、また思弁的に構想された哲学においては思惟によって概念把握されるべき「無限な」精神をも論じているのである。それゆえ、精神の哲学は最終的に哲学それ自体に関する教説をわれわれに与えるのである。

（4）思弁的観念論というものの概念は哲学全体を理解することにほかならない。『エンチュクロペディー』はその促進に寄与するものである。そのことを確認するには、それが哲学そのものについて、それから哲学の主要部分同士の関係について、また哲学と哲学外の認識（特に専門科学における認識）との関係について述べていることを、理解しなければならない。その場合ただちに明らかなことは、〈エンチュクロペディー〉というものは矛盾を犯さずにその初めから（エンチュクロペディー §§1ff. 参照）最終的な在り方で哲学そのものについての情報を与えることはできないということである。エンチュクロペディーは、外部から考察して、哲学が真理の内にあらずに現象していることをまず提示しながら、哲学へと導いてゆくものでなければならない。そのためには――とにかく外見上は――相互に相容れないものではあってもさまざまの規定を用いざるをえない。そこで、例えば哲学の始原に対して、思惟がそれだけで存在し自分の対象そのものを自ら産出し与えるような立場が要請される（同§17）。この点からして、ヘーゲル哲学を主観主義的な産出的観念論と理解しようとすることもあろうし、特にすぐ後で明確に表明されているのだが、思惟を実在する主体のいくつかの活動と並ぶ一つの精神活動としてとらえようとすることもあろう（同§20）。しかしながら他方では、緒論のごく初めで、哲学は、それの内容が現実性である（同§6）ことを伝えるものでなければならないことが、強調されているのである。哲学についてのこの二つの解釈——主観主義的な解釈と客観主義的な解釈——はどのようにして互いに一致するのか、これは説明されていない。『エンチュクロペディー』の最後で初めて（同§575f.）、その主題は、学と論理的なものとをそれ自身の内に即自的に有している現象であり、また学と論理的なものがその体系の終結とともに初めてそこから出て自らを高める、その現象であったことを（同§574）、人びとは経験するのである。しかしここでまた、この二つの現象が、単に合理的であり哲学の内容に強いられていたものではなく、エンチュクロ‐ペディー［教育配慮］的な叙述からまったく独立に、ただ哲学をその理念に従って哲学たらしめているもののみを根拠にして成立していることが判明する（同§577）。ヘーゲルの確信からすれば、この理念は、同時にこの二つの現象が成立するように、叙述されるものにほかならない。そうではあるが、この理念はやはり——二つの現象の内で自らを開示するものとして——それらの現象から区別されているのである。

　哲学について理性的に把握しようとする諸解釈の一つに、哲学が専門科学の材料との関係に、それどころかそもそも哲学外の認識との関係に入ることを容認する解釈がある。けれども、哲学はそのような関係に入ると、ある時代の発展段階のなかで自分に与えられた形態を、決定的なものと考えることがどうしてもできなくなる。このことを排除しようとしないのならば、哲学は繰り返し新たに、自らの体系構造に、〈哲学の理念〉の概念に含まれる終結が属している形式を、その都度与える勇気を持たなければならない。つまり、哲学の学はより理性的な仕方で「主体的認識」として現象するものであり、そのような「主体的認識」として、哲学は個別科学の悟性的認識によって与えられる材料を必要としているのであり、哲学はそれを知り、認め、変形しなければならないのであって、その素材は悟性的認識の本性に基づいて決して排除されずにとどまるものである。にもかかわらず、哲学はそのような素材に即して内容を、徹頭徹尾理性によって規定されそのようなものとして完結した形態の内でのみ理性的仕方で叙述されるような内容を、創造するものである。したがって『エンチュクロペディー』はより字義にかなった意味においても綱要である。つまり（可能な限り堅固に作られた）基盤としてではなく、体系を実際に遂行せずともそれを用いれば理性的試みが体系を再生産できるような構想《エントヴルフ》としての綱要である。

七・二　ヘーゲルの自然哲学

「自然は無駄なことはしない」、これは昔ペリシテ人の言った言葉である。自然は永遠に生き、あり余り、満ち溢れているのであり、したがって、何ものもとどまることができないのだから、無限はいつも具現している。だから私でさえヘーゲル哲学に養われているのだ。それはそうと、彼の哲学は私を惹きつけるとともに反撥させる。天才よ、お手柔らかに！

（一八三一年八月十三日、ゲーテのツェルター宛書簡）

カントの『自然哲学の形而上学的初歩』とは異なって、自然の哲学に関するヘーゲルの論考は、空間と時間の内にあるもの――空間的運動の法則に属するもの――にのみ献げられているだけではない。自然が経験科学の対象とされ――たとえ不完全であろうとも――豊かな成果をあげて力や法則ないしは類の観点から探究されるものである限り、その論考は自然全体の哲学的認識を目指している。その際、その全体を哲学的に認識するという課題は、一般的に言えば依然として既に一八〇〇年のヘーゲルの体系‐構想においてスケッチされたものにとどまっている。ただし今や、ヘーゲルはこの課題に取り組むにあたって『論理学』のおかげで十七年ないしは二十七年前とは全く異なった概念の手段と方法の可能性を手中にしていた。

そのような説明手段の一つは、今日では人びとがほとんど自然哲学に要求しないであろう特殊な探求に役立つものである。ヘーゲルの目にはそれが最も重要に見えていたのである。『エンチュクロペディー』全体のための緒論の内で既にその探求の準備はなされていた（エンチュクロペディー §9）。ところが、自然哲学の緒論の最初の二つの節（同 §245f.）においてはそれがあっさりと強調されているだけなので、容易に見過ごされているのである。第一に自然哲学はただ単に特殊に哲学的な仕方によってのみ自然を理解させるものではないとされる。自然哲学はわれわれにまず何よりも、自然に対してはある特殊な立場が必要であることを喚起させようとするのである。ただちにその立場を習い覚えるべきである。習得の第一歩は、思弁‐哲学的な「自然の考察様式」は実践的態度や理論的認識からは外れるという点にある。この実践と認識についての理念は、『論理学』ではそれ本来の対象と内容とを（絶対理念として）同一化する前の最後のテーマ［認識の理念］であったものである。それゆえ、自然哲学の正しい理解のためにはまず最初に、自然に関して哲学的考察様式と他の立場との違いはどこにあるのか、そしてこの立場を、ヘーゲルの確信によれば、新たな立場へと進めるものは何か、このことが問われるべきである。

ヘーゲルの緒論における第二の歩み（同 §247）は自然概念を提示し、そして――その自然概念の内部で――以下のものの基礎と見なされるべき規定を示すことにある。自然の哲学的考察においてはもはや理論的–学的な認識がテーマでないことは明らかであり、それに加えて『論理学』はその始原で対象に対して別の態度を取っていたのであるから、どのようにしてこの歩みが求められている立場の内で根拠づけられ、また、それのために求められている以下のものの歩みと結びつくか、この点もまた問われねばならないであろう。しかし、内在的ではない視点、特にカント的な視点からすれば、それに加えてヘーゲルの試みにおいて、ただちに初めから提示される自然の概念が空虚にならないように配慮することができるものは何であるか、このことを知ろうとする方がよいであろう。この問いに答えるためには『論理学』の成果に戻らなければならない。

緒論は第三に、その課題は次のことを方向づけることにあると見ている。つまり、提示された自然概念によって特徴的な所与性に関わること（同 §248）、テーマの持つ有利な条件（同 §249）、限界（同 §250）、（その目標を含む）進行の目印（同 §251）を方向づける仕事である。そこで以下の問いも生じてくる。いったいどこにこの細目の自然哲学に固有のいくつかの方向づけが存在するのか。どのようにしてそれらは自然に対する正しい立場に役立ち、また、どのようにしてそれらによって別の可能性ないしは留保条件に答えられるのか。緒論の総括（同 §252）によれば、ここから最後に、提示された自然概念の展開に取りかかることになる。中心的で全般的な問いは、この仕事はそれ自体でどのような認識性格を要求することができるのか、ということである。

七・二・一　必要とされる立場

自然に対して特に哲学的立場を取ろうとすることは気紛れではない。カントが合理的宇宙論の認識要求の信頼を失墜させ、その間に、その世界概念は道徳的に基礎づけられた宇宙論と実践理性の要請の理論に対してもまた信頼すべき価値を喪失してしまったのであり、それ以後、われわれは自然主義の哲学でもって終わるか、それとも自然と実践的自己決定の自由という二元論に最終的な決定権を委ねるか、そのいずれかを採るか、この二者択一が避けられなくなっているのである。さもなければ、われわれの自己理解は、われわれが両棲動物のように二つの隔てられたエレメントの内で生きてゆくことに甘んじなければならないであろう。一つのエレメントは自然のエレメントであり、そこではわれわれは他のすべての自然の存在物とともに必然性の鎖につながれている。もう一つはそれとは全く異なった「帝国中の帝国《インペリウム・イン・インペリオ》」としての精神のエレメントであり、そこではわれわれの意志（自然主義者はこれを幻想だと糾弾する）は自称端的に自由であって、われわれにとって最高の価値を有するものはすべてこの自由が自らに与える規範に依存しているのである。スピノザはこれを嘲笑した（『エティカ』第三部序言）。彼の立場は憤激を招いたのだが、それについてはここでは指摘するにとどめよう。その後、この二つの立場をめぐる情勢は今日まで満足すべきものであるとは言えないことは、周知のことである。これから問題にする立場のみが唯一その紛糾から身を守るのである。

　その立場は単に哲学史的に見て求められているだけのものではない。何よりもそれは実在するものに根拠を置いている。もしこの必要とされている立場に立たなければ、われわれは自然に対してただ実践的に関わるか（そしてそのためには合目的性にとって要求される目的論的-理論的な反省をおこなうか）、さもなければ理論的思惟による考察（そこでは目的にとらわれない普遍を発見することが主題になる）に移ってゆくか、いずれかであり、われわれはこの二つの態度の間をいつも右往左往していなければならないであろう。しかし、この二つは、表面的にはそう見えるが、そんなにうまく調和するものではない。それらはただ外部からのみなされる結合には抵抗するのである。なぜなら、この二つは自然の評価に関して相容れないからである。実践的に自然に関わるとき、ひとは正当にも自分自身を自然の対象に対する目的として措定している。そして自然がこの目的に抵抗し頑迷で自己充足的なものであることを経験し、他方、ひとは自分自身を、自己と一致しているもの、自然の統一の作者だと考え、自然は自分自身の内に真実の規定を持っていないのだから、目的を通して初めて維持されるものだと、考えている（自然哲学講義 3f. 参照）。反対に、目的というものを顧みずに、普遍者を思惟的に認識するという理論的態度を取る者は、一切の実践的目的から距離をとって、自然に学び、自然を自分と対立する実体的なものとして承認しなければならない。

この二つの態度においては何が自然を特徴づけているのか、またわれわれ自身は何をそれと対比しているのか、この点に注意を払うとき、ここにさらにより先鋭な対立が現れてくる。理論的思惟の考察者にとっては、自然は繊細であるとともに崇高であり、それはそれ自身と和睦している。しかし実践的立場に立つ者にとっては、自然はその内奥に魂を欠いており、目的（それは実践理性そのものである）に比べれば無に等しい。逆に、われわれ自身はそのような評価に従って、自然に欠けている内奥であるところのわれわれの自由から発する仕事を遂行する。その自由の確信によってわれわれは、道徳的存在としてのわれわれが屈服されることのないことを知る。われわれはわれわれの内奥を自然には欠けている内面性に対立させ、それに逆らい、自然がわれわれを滅ぼすことがあろうとも、自然そのものを軽蔑している。しかし、われわれの理論的自己評価からすれば、われわれにできることは、自然の働きに比べれば、いつか消えてゆく些細なごく僅かなことをなす仕事にすぎない。自然が自己と和睦し崇高で力に満ちた状態にあるのに対して、われわれは破壊的で不安定で、無力で、安息を保つことはない。――あるいは、この問題を二つの態度を取るときのディレンマにまで先鋭化させてみよう。デカルトの「自然の支配者にして所有者《メトル・エ・ポセスル・ド・ラ・ナテュル》」という計画を進めようとする者は、その経験の理論的整理においてただちにその苦労がみすぼらしいものであることを知るであろう。反対に、私が思惟的探求の好奇心によってのみ理論的に自然の内部に入ろうとするとき、私の実践理性がただちに何よりもまず、そうして認識しうる普遍は、私が私のものとして認識しそうして実際に私のものとしうるような「内部」

ではないことを、私に教えてくれるのである。このディレンマからヘーゲルの自然哲学はわれわれを解放してくれるはずである。そのためにヘーゲルの自然哲学は何を遂行しているか、このことを問わないならば、それの持っている最も重要なことを見逃すことになる。その結果、ヘーゲルによる自然科学の取り扱いがその基礎にある同時代の知識の「合理的な再構成」である、と誤解することになる。そのとき、ヘーゲルの自然哲学がグロテスクに映ったとしても、驚くに値しない。

　概略的な問い方とディレンマを避けるには、その試みは次のような方向に向かわざるをえない。つまり、形式的観点から、二つの態度が、すなわち、理論的思惟の態度も実践的態度も、葛藤した外見へと追い込むような規定を考慮して、修正されねばならないのである。一面的に理論的な立場においては、その自然考察が外部のものの虜になっている状態から取り戻され、そうして疎外（それはわれわれが自然に対して目的から自由に理論的に、また技術的に関わることによって生じる）の経験に終わりを告げなければならない。さもないと自然の思惟的考察から抜け出ることができない。他方、実践的立場に立つときは、ひとは自然に-外在的な単に主観的な目的から解き放たれるべきであり、したがってまた目的論的検討からは、それが技術的意図から出たものであろうと、宇宙神学の教える創造神の活動に自らを擬する虚構の局面から出たものであろうとも、そこから離れるべきである。この二つの態度を単純に組み合わせることはできないが、いずれか一方に満足することもできないのであるから、それらの一面的要求と下位にある原理から出た誤った約束を正すために、その二つを超えてゆかねばならない。それゆえ、技術的で実用的な意図においては避けられないことだが、自然を表面的に我がものとすることに満足していることは許されない。ヘーゲルの体系の始まりの性格からして、新たな立場とともに習得されるより深く進行する立場には、ある二重のことを、すなわち次のような認識を遂行するものであることを付け加えることができるであろう。それは――自然とそれへのわれわれの関係とのあいだの――不可避の分裂を、自然の内にその不可避性の概念把握された根拠を暴露することによって、受け入れうるようにする認識である。しかし、それは、それによっては人倫的主観性が自然と合一するとともに合一しない、そのような根拠として把握されるのである。というのは、その根拠は私の理性的実在における私と異なるものではないからであり、たしかに同一のものがわれわれの各人の内にあり、したがってそれは単に主観的なものではなく、「理念」であり、それゆえ主観‐客観ではあるが、やはり「私のもの」であるからである（選集VI, 466参照）。このすべてのことが可能であるのは、ただ新たな立場が次のことを概念把握しようと目指すときのみである。どのようにして理念は、自然が最高の価値評価に貢献しているまさにその場所で、自然の内で自らを自由としての「精神の実存へと生み出し」（エンチュクロペディー §251）、そうして、自由が全くの他者においてではなく、自然の根拠をなしており自然の内で自分を開示するものでもあるものを展開することによって、自らに形態を付与しなければならないのであるか、このことを把握しなければならない。

自然に対する新たな立場の可能性は、ヘーゲルにはもはや自然哲学の始まりにおいては（おそらく不当なことであるが）重大な問題となってはいない。『論理学』の終わりで、絶対理念の概念へと進むべき必然性が明らかにされているのであり、この概念は、詳しく見ると、今求められているものの長所の一切を持つところの認識の概念にほかならない（「認識の理念」には真についての理念のみならず意志としての善の理念も含まれる）。加うるに、この概念は、われわれが理論的探究と実践的洞察の過程において関わってきたまさにあの認識の理念についての懐疑的探求を克服したうえで手に入れたものである。そしてこの概念は、既に述べたように、単なる概念でも、到達不可能な理想でもない。それは論理的思弁として現実のものになっており、したがって『論理学』そのものの内に既に存在していたものである。方法的に規則に則った歩みのなかで出現したこの存在化の結果が自然の思弁的概念なのであり、その概念の開示とともに、自然哲学は自然に対してその立場を行使すべき次の一歩を踏み出すのである。このような状況においてこの立場の可能性を確証するためにさらに必要なものがあるとするならば、それは、実践的態度も理論的態度もこの新たな立場と矛盾しないことを確認することであろう。そしてそれはかなり容易に分かることである。この立場は、実践的態度に対して――それには修正が必要ではあるが――目的のいかなる概念も破棄することは要求しない。理念としての自然の思弁的概念は目的の概念を、のみならず強調された意味での「私の」目的の概念をも含んでいる。ただし、それはもはや私の私的な個別性の目的ではなく、各人にとっての「私のもの」である。ところでまさにこの修正こそ、『論理学』が実践的認識の理念に即して不可避のものであることを明らかにしたものである。さらに目的はもはや理念の外部にあるものとしての自然の目的ではなく、自然の自己目的であり、それゆえ客観的なものである。そしてそのことは、実践理性が自然と協同することを不可能にするものではない。なぜなら、実践理性の目的すなわち自由は根本において自然の自己目的と一つであるからである。他方、哲学的立場を取ることによって、理論的態度から自然の内にある普遍の概念が奪い取られることはないし、自然に対してその考察とは別の関係を要求されることもない。理論的態度に対して要求されることは、普遍の概念がより深い分析を甘んじて受け入れて、その態度に固有の概念の使用が、それ自身が原因ではない限界を経験するのではあるが、より広範で複雑な概念の導入をも認めるようになること、そのことだけである。

新たな概念を要求して導入することは、『論理学』が必然性から思弁的概念へと前進したこと、またその他の前進を絶対に必要なものであると証明したことと同一線上にある。他方、必要とされる限界は理性的思惟の諸原理から明らかになる。この二点については、理論的思惟による自然の考察は、その機能のゆえに、感覚的経験やその数学的応用に代えることはできない。しかし、思惟的考察は、他の考察方法を、それは自分に何も指示するものがないからといって禁止してかまわない、と言うことはできない。むしろ、それはその自律性に任せるのである。だからこそ、自然考察の二つの在り方の関わりがヘーゲルによって構想されたのである。それどころか、この連関の本質へ深く入り込めば、哲学的立場はこの二つの立場と並んで可能であるばかりか、それらを媒介することにとって欠くことのできないものである、と言うことが許されるのである。なぜなら、哲学的立場だけがそれらの一面性を回避しており、理論的認識と実践的認識の概念把握された構造を合一させることにおいて、二つのものの本質をなすものを充足するからである（同 §246 補遺参照）。しかしこの合一は調和的な「綜合」ではない。合一は二つの立場に対する対抗策においてのみ現れ出てくるのである。

七・二・二　自然の概念と、それを実在化する仕方

ヘーゲルは必要とされる自然の哲学的考察を概念把握（エンチュクロペディー §246）と呼び、また「概念の考察の仕方」（同 §245）についても述べている。この場合、「概念」の語で理解すべきものは思弁的な概念であり、『論理学』は最後にそれを、自ら絶対理念の内容として規定し内容に内在する形式として、認識したのである。このような形式の形式の意味において「概念の自己規定」は理解されるべきものであり、それに従って、これからは自然哲学の対象であるすべてが考察されるべきである（同 §246 参照）。それゆえ、〈論理学〉が一貫して実践してきて、それが終わる直前に情報を提供した、概念把握する思惟の方法は、このような考察の方法のために組織されるものである。ただし、この方法はもっぱら純粋な思想規定に対して働いていたのだが、これからはそれとは異なったものに対して働かねばならない。したがって、それは『論理学』の終了以後のものとして、それと比較して、その性格を修正することが免れないであろう。

『論理学』の一番最後で自然の概念（自然哲学の初めで容易にその説明へと置き換えることができるような概念）が「導き出され」ている。したがって、自然哲学は（精神哲学の各学科も同じであるが）、『論理学』とは異なり、その対象の概念の開示から始まっている。そうして自然哲学に固有の遂行はこの概念を方法的に規則付けられた歩みのなかで理念に至るまで実在化すべきものである。実在化としては、その仕方は、上位の理念が定在を獲得し、その定在の内で自分を示すという形式をとる。他方、概念が自らを実在化して到達するような理念は通例は、この概念が特殊なものであるように、それも特殊なものである。自然哲学の場合、それは生命の理念であり、第三部の第三章[C]において獲得される（同§§216–222：352–376参照）。それとは異なり、冒頭の自然概念の開示は、自然は「他在の形式の内にある」理念である（同§247）、という唯一の理念を扱っている。このように自然の抽象的概念から始まり、この概念に従事するためには、これに続く区分（同§252）を忘れずに、さらに多くのことが指示されていることを見逃してはならない。

　概念が概念把握的考察の内で実在化されうるには、その実在化を開始させる概念的規定というものが必要である。『論理学』の始原とは異なって、今やこの始まりの規定はもはや複雑な解明によって突きとめられるべきものではない。始まりの規定は「外面性が規定を形成している」（同§247）という開示の概念によってすでに与えられている。この規定の内で自然は自然そのものとして存在しているのであり、ただ単に純粋に論理的な諸規定の全体を直観する理念としてのみ存在しているのではない（同§244参照）。そこでこの規定から、自然の内にある普遍（自然哲学が対象として有する普遍）が「それに固有の内在的な必然性に従って」（同§246）生じてこなければならない。

　自らを生み出すという仕方は一般的に見て、既にその力を発揮していた仕方である。『論理学』のやり方が、今はどのように修正されるであろうか（同§246注参照）。論理的規定のほかに自然科学の概念が自然哲学の議論に導入されなければならない。自然科学の諸概念は自然哲学に固有の材料を形づくる。それら諸概念は、そのつどテーマにされる専門の自然科学がそれらを使って形成したもののなかから、受容されるべきである。もちろんこの受容は自然哲学の進行において恣意的になされてはならないし、また経験に従ってなされてもならない。受容は――始まりの規定とともに開始される――概念の実在化において不可避のものであることが明らかになる、同一化の行為を通して生じなければならない。つまり、既に獲得されている諸概念に即してそれらを分析することによって、抽象的な論理規定が発見されるのであり（このようにして他の規定へ進んでゆく「運動」は『論理学』が発見したものである）、そうしてその規定からさらにより広範な自然科学の概念へと一歩一歩進んでゆくのである。例えば、外面性の概念からは空間の概念へ、そこに含まれている諸規定から時間の概念へ、その規定性から空間的に規定されている場所の概念とそれの運動の概念へ、そしてそこから空間と時間の内にある質料の概念へと進む、等々。もちろん分析的かつ綜合的なやり方の歩みにおいて、自然科学から取り入れられた諸概念は経験を援用することなく解釈され改造されるのであるが、その改造は個別事例にそれら諸概念を適用する条件を顧慮してではなく、それら諸概念相互の連関に基づいてなされるのである。自然科学の諸概念は自らを実在化する概念の諸規定へと翻訳されるのである。ただそうするときにのみそれら諸概念に即して、自然の普遍者が「自己自身の内で必然的な全体」として「概念に従って現れる」（同§246 補遺の第六段）様子が明らかになる。――自然科学の諸概念は普遍者の諸規定であり、経験的な自然現象を解明しあるいは予測可能なものにするために、それらの現象を理解しようとする努力の内に、それら諸規定の由来と根源的な機能を持っているのである。哲学的考察においても諸規定はこのことと関連している。なぜなら、もし哲学的考察が、同じ普遍者について、諸規定を導き出し表象する思惟と結合されているのでないならば、やはりそれは登場できないであろうからである。したがって、自然哲学の諸概念はこれを使用することはできず、その使用に関しても問題とされえないのではあるが、そのやり方はおまけにそれの綜合的な歩みのなかで取り上げられるすべてのものに関して広範な要求と結びつけられざるをえないのである（同§246注）。つまり、抽象的で概念的な諸規定の対象にとっては、（それら諸規定の総体はそのつどより広範な自然科学の概念の受容へと進む）それらに対応する経験的な現象が指名されねばならないのである。しかもそれどころか、その現象に関して、それがこの総体に「実際に」対応しているということが示されねばならないのである。それは、現象の「背後に」あり現象に依存しないと言われる「叡智的なもの」を初めから問題にすることはしないことによって、軽減されるであろう。

論理学のやり方は自然哲学において修正を免れないが、その修正よりも重要なことはもちろんその修正されたやり方がもたらす結果である。その結果の内、少なくとも次の三つはどうしても理解しなければならない。自然哲学は、同時代の自然科学が扱う、自然における力、法則、類に立ち入る。しかし、自然哲学は第一に、自然のこの多様な「内面」にとどまるのではない。それは「内面の内面」（同§246補遺の第八段）に入っていこうとするのである。そうするのは、最も外面的なものから出発して、論理的諸規定ないしはその概念把握的な認識を媒介にして、――この多様な普遍者の統一として――自己自身の内で自ら運動しこの多様なものを満たす普遍性・思弁的概念の普遍性でもあるものを概念把握することによってである。たしかに自然哲学は近代の自然科学とその基礎をすべての領域にわたって考慮するものではあるが、そうすることによって再び、「ギリシャ人のように」（自然哲学講義5）、自然はピュシスとして、すなわち生命に満ち自己を産出するものとしてもまた認識されるものであることが、あるいはまたスピノザのように自然を能産的自然として考えることが、可能にされるのである。自然哲学は初めから、自然の内面の最も内面的なものが自然においてどのように働いているかを示そうとするのであり、他方でまたどのようにしてその内面的なものが多数のものを単なる外面へと解き放ち、そうしていかにして多数のものが内面的なものに身を委ねることになるのか、を徐々に明らかにしようとするのである。

自然哲学のテーマは、どのようにして自然科学の理論的概念を操作可能なものとなし、それを個々の事例に適用するか、ということにあるのではない。したがって、第二に、自然科学から受容された概念は、それらが数学的手段を用いてモデルとして構成されうるかどうか、またいかにしてそうすることができるか、という問いは度外視して、用いられるのである。そうしても、それらの概念がそのような構成の理論的認識という目的にとって必要であることが否定されることはない。自然哲学においては、それらの概念が構成なしにも持ちうるような機能もまた期待されていない。なぜなら、ヘーゲルの自然哲学は、カントの『自然科学の形而上学的初歩』とは異なって、理論的な自然科学の学科、例えばニュートンの機械論のような学科の形而上学的基礎づけを目指すものではないからである。したがって、ヘーゲルの自然哲学は数学的原理（自然科学はこれを例えば観察しうる現象の量を測るために欠くことができない）を考慮することを怠っているとして、それを攻撃することは的外れである。同様に、個々の自然理論においてそれが本来の学問でありうるのはそこに数学が見出されるときのみだと言って（カント全集 IV, 470 参照）、自然哲学を純粋な直観の内で構成されうる自然科学の領域に限定しようとするならば、それもまたヘーゲルの構想の枠内においては本末転倒しているであろう。むしろヘーゲルの自然哲学はこのような制限から解放されており、また自らを解放しうるものである。なぜなら、それは経験科学の自然認識の基礎をアプリオリな理論的認識によって確保しようとしたり、数学的な物理学者にとってなくてはならない形而上学的な前提を暴露しようとすることは、断念しているからである。この断念は利益をもたらす。このようにしてヘーゲルの自然哲学は自然科学的概念の哲学的使用を経験的な自然探求の全領域に拡張し、また自然を全体として、たしかにその全体は自然科学が全体やその部分を測り探求するときに考えているような全体よりも抽象的なものではあるが、それを全体としてテーマにすることができるのである。

もちろん自然哲学は自然科学と、いずれの観点においても、今まではそう見えているかも知れないが、友好的関係にあるわけではない。たしかに自然哲学は自然科学の概念の経験内容に、またそこに含まれているものと数学との交流に敵対しようとしてはいない。しかしやはり、自然哲学は第三に、自然科学の理論的思惟を貫いている形而上学的カテゴリーを探求すべきものである。というのも、そもそも自然科学においてはこのカテゴリーが探求の対象になることはないからである。形而上学的カテゴリーはしばしばその使用を否定されることとすらあるが、ところが広く直感的に使用されており、その使用の理性的性格の限界が十分に反省されていないのである。多くの場合は、そのような反省や批判を特に必要とする悟性のカテゴリーだけが問題にされているだけなのである。形而上学的カテゴリーは、理論的に思惟する悟性が、可能な自然認識の経験的材料を受け入れるために、投げかけて被せる概念の結合モデルの言うならば透明な網を作っているものである。ヘーゲルはそれをダイアモンドの網と呼んでいる（同 §246 補遺の第七段）。——そう呼ぶのはおそらく、その網が透明で、それを通り抜けることによって自然の普遍を推測《ディアマンテネスタイ》しうるからだろうが、それだけではなく、網の接合部が並外れて硬い角《かど》を持っていて、できるだけ全体のまま受け入れ混合せずに取り込むべき材料を、それにもかかわらず簡単に細かく砕き、砕かれたものをたぶんさらに通り抜けさせることができるからでもあろう。いずれにしろ、それが固有の硬い質料を持っているのは、堅固な形式の内にではなく、ただ「分散し、断片化され、個別化され、分離されて」（同）持っているのであり、それにしたがって経験的内容をも作り上げるのである。網はこの内容を有限なものとするのであり、有限と無限との真の統一を、——区別を自身の内に含み自己自身を満たしている普遍の堅固な「ダイアモンドの同一性」（同）を——受け入れることができないのである。

自然科学の内にある悟性形而上学に対して自然哲学が取らざるをえない批判的でときに論難的な関係が二つある。一つは、分離して置かれている関連する量を数学によって計算したり確定することの正当性を否認せずに、思弁的な概念の統一すなわち概念の諸規定の必然的連関が主張されなければならない。それは、自然科学の概念や仮定において十分な根拠を持たずに、さまざまの力やその他の諸要因が実体化され互いに独立のものとされたり、あるいはそれらの結果がただ外面的に考察されたりするときである。そのような力を前提する数学的な自然理論においては、自然法則はただ観察データを手がかりに経験的事象を観念化はするけれども精密な記述として証示されるだけではなく、それに対応して仮定されたアプリオリな公理から証明されさえするのである。そこで、このような証明に対しては別の可能なものが持ち出されなければならず、それらが経験データをもっとよく把握することを可能にするものであることが示されなければならない（同§267注参照）。しかし以上のことは普遍的要求の特殊な例にすぎない。つまり、もう一つは、自然科学が、それに内在している形而上学によって、経験可能なものの領域を超越する想定を作りあげたり主張を立てるように導かれる——例えば、無限に進む直線の遠心的な運動やそのような運動に向かう独立した力（同§266注）——ことである。そのようなところではどこであっても、この傾向に対抗して現象の救済が図られねばならず、思弁的概念のみならず経験も、現実を別の仕方で記述するのに有利に語るものであることが示されなければならないのである。自然科学の概念を構成するとき、構成の目的にとって正当でない分離がなされる。ところが、このような分離が経験にも概念にも属しておらず、ただ「抽象をこととする反省」（同）に属するものにすぎないとき、それは現実そのものに属するものであるとはいえない。自然科学の概念をある領域から他の領域へ転用することはただこのような抽象的反省によってのみ可能なのであるから、それは慎しまれるべきものなのである。

以上の諸要求は、自然科学の領分に介入することを求めるものではない。それらはただ誤った形而上学を遠ざけ、そうすることによって個別科学と哲学との思惟の活動の間に新しい連続性を可能にすることを目指している。にもかかわらず何よりも、ヘーゲルの自然哲学には、その信用を失墜させた非難の動きが存在した。それは特に、その批判の潜在的能力に潜む限界がほとんど明確に説明されなかったこと、またその限界は、明確にされる前に、同時代の自然研究者たちによって解消されたこと、この点に関わることである。入門的な書物は、このような限界を、ヘーゲル自身がなしえた以上に正確に規定しようと試みるべきではないであろう。

そうは言っても、どのようにしてヘーゲルは、自然哲学の自然概念が、そしてその実在化の歩みに属している概念が、空虚でないことを保証しうると考えたのか、このことは見るべきであろう。自然についてのこの概念はもちろん恣意的に構想されたものとは全く異なるものであり、単なる叡智的なものについての、それゆえ経験されえぬものについての概念であるのではない。むしろそれはある全体についての概念であり、あらかじめ、この概念の実在化を通してその全体が体系的に、そしてその全体の分肢の諸概念の内で完全に分肢化されるものとして、思惟されるように、その目標が定められているのである。そこにおいては、これら諸概念は自然科学の諸概念であり、最善の仕方で経験を拠り所としており、その充実に関してはどんな理由があろうとも懐疑に屈服することはないのである。したがって、自然概念の実在化に用いられる純粋に論理的な諸規定もまた、このような諸概念の同一化にのみ役立てられ、それら諸概念の体系的連関を（さらにその連関の下で考えられる全体の諸部分の連関をも）明るみに出し、そのうえ懐疑主義者との対決の仕事を継続するものとして、それが空虚であるという嫌疑を免れることができるのである。実在化の内にある自然概念とはこの充足された諸概念の体系的に分肢化された系列の全体にほかならない。この概念そのものは、さらにこの系列は区別されなければならないが、そのときはこの概念は論理的なものである絶対理念として、活動する思惟の内に既に現に存在しているものである。

七・二・三　自然の概念によってその範囲を方向づけるための補足

われわれが単に立場の相違を考慮する限りでは、自らを実在化する自然概念による仕事を方向づけるために、ただ次の三つの要求が存在しているにすぎない。1．自然の考察にあたってわれわれはわれわれの個別化された個人性には固執しないが、2．その場合、自然の内にある人間の立場と、われわれすべてに特有なものである主観性は、どうでもよいものであるのではなく、3．それについての関心は理論的反省によって満たされうるものではない。思弁的〈論理学〉によってもたらされた方法論的視点を考慮に入れるならば、「概念の実在化」は機械論の形而上学的基盤の内にあるものではなく、それとは区別されるのが普通であるが、また機械論の哲学的扱い方の内で形成されうるものでもない、と補足することができる。概念の実在化は、積極的に言えば、最も外面的なものから出発しなければならず、そして、実在化を誤ることがなければ、ただ徐々にのみ主観性（これは実在化の到達点でもある）に戻ることができるのである。詳細に観察するとき、この点に関してさらに少なくとも四つの方向づけの視点が明らかになる。

自然が理念の外在性であることから、次のことがおのずから明らかになる。自らを実現する概念の諸規定は自然科学の諸概念と、ないしはそこでその都度考えられる自然の普遍者と、同一化されるべきものであり、1．それらは、「相互に無関係に存立していたり個別化されているような外見」（エンチュクロペディー §248）を持っている。例えば、そのような概念に従えば、空間は時間なしに与えられ、時間は空間なしに、空間と時間は場所の運動なしに、そしてこれら三つはともに物質なしに、空間と時間の内にある物質は運動なしに、与えられるかのように、等々、見える。そして思弁的概念はこの外見によって隠されている。思弁的概念は、必然的でしかしまた偶然的で、いずれにしろ個別化された自然の諸形態の定在の内に隠されているところの単に内面的な概念であり、場合によってはさしあたって「巨大な肢体の内に」（同 §248 補遺第二段落）顕在化しているが、自分自身として顕在化しているのではない。したがって、思弁的概念を発見するには、個別化された自然の姿よりも大きな統一体を、例えば「天体の合法則的運行」（同§248注）を研究しなければならないのである。そのときにのみ、形成体の全くの偶然性ではなく、単なる必然性にすぎなくとも、その形成体の理性的な規定をそれの「有機的な全体性」（同§250）の内でつかむチャンスが出てくる。

一切の偶然を無視して、（概念が顕在したものとしての）より大きな連関の内で、理性的なものである必然に着目すれば、自然の全体に目をやって、2．自然が「さまざまの段階からなる一つの体系として」（同§249）存在していることが明らかになる。この重要な遂行のための標語は正しく理解されれば、他の可能性からはっきりと区別されるであろう。段階が多数あるという思想には以下のことが期待されている。外面的な自然物の内ではただ一歩一歩概念に到達してゆくのであり、そのためには自然物の有機的度合いのより低いものからより高いものへと上昇してゆくことになり、その場合、その都度低い段階の次に高い段階が続くのであり、高い段階は低い段階の内に（単に必然的な）存在の制約を持っているのであるが、――意識の段階の場合と同じように――高い段階は低い段階の「真理」である。諸段階は徐々に、それ自体概念の形式の内で有機化される個別化された質料へと進んでゆく。そのような有機化の度合の質料は最終段階に初めて見出されるのであり、そこで私はこの段階において初めて自然を「私のもの」であると理解することが可能になる。それ以前の諸段階においてはただ概念へのある程度の接近があるだけであって、その接近の程度がわずかであれば、それだけ段階は低いのである。

それでもともかくその都度接近はなされる。したがって、概念の実在化は、各段階において「接近」が同じ種類の発展段階を達成するために、ある種の一貫した類型を持たなければならない。この発展段階をヘーゲルは次のようにして考慮している。ある主要段階の基礎的なものに即して、それを構成する部分同士の単なる並存や外在の無価値性がその都度新たに証明されるのであり、その無価値性に即して概念が（理念の形式として）現れてくるのである。それゆえ、三つの自然科学の領域（機械論、力を付与された物質の物理学、有機体論）のそれぞれに応じて、普遍に関して区別がなされるべきである。（1）主要段階の基礎的なもの（例えば、空間、時間、場所の運動、物質一般）であるところの普遍、（2）この普遍の有限で特性的な実在化（例えば、圧力プロセスあるいは衝撃プロセスや落下運動の機械論）、そして（3）質的無限へと解放される個別的な実在化（例えば、ある中心の星を持った多数の天体の引力の体系）である。（1）（2）では内部にあるにすぎなかった概念が、その都度この第三のものとして現象してくるのである。

質料の増大してゆく組織はさまざまな度合いを持たされているから、（限界づけられた空間的なものの単なる相互並存的な在り方の内にある）出発点を持ち、外在性のエレメントの内にある概念として実存している概念へと、接近してゆくような系列を形成しなければならない。ところで、このような系列は、即自的に最終的な段階というものが存在しなければ、ありえないであろう。その場合、その系列は、時間的に秩序付けられて継起してゆくような無限に多数の段階《シュテューフェン》からなることになろう。（常に概念の自己規定によって生成してくる）体系においてはこれとは事情が異なる。つまり、この体系《ジュステーム》に属するものは単に度合い（すなわち「段階」）であるのではなく、構成要素である。ところで、このさまざまの構成要素《グリーダー》のなかには、それらが体系の構成要素であるときは、最後のものも最初のものも存在し、その間には有限な多様なものが存在しているのであり、この多様なものの内では、最初のものが最も抽象的で最も普遍的なものであり、他方、最後のものは真なるもので最も具体的なものであって、したがって進行は無規定なものへと進むことはないのである。このような体系の内で、最初の構成要素と最後の構成要素の間にあるものが、概念の自己規定に従って、概念の完結した「領域」の内ですなわちいくつかの規定された実在の広がりの内で、組織化されるのである。そのような広がりの内部においては、その時々の最初のものはそれと対立するものを越えて充足されるとともに、対立の克服はより具体的な第三のものあるいは第四のもの、おそらくさらに第五のものの内でなされ、そこから新しい領域の最初のものが再び生み出されるのである。したがって、「段階」と「体系」の表現が意味するものの間にはある緊張があり、それはほんらい解消されねばならないものである。体系のある種の構成要素を段階と同一視すること、これが、自然を諸段階の体系として認識することを許すものにほかならない。

体系（ここでは、諸段階からなる体系）のこの構造だけをしっかりと心にとめておかなければならない。さもないと、哲学的考察において自然の諸段階が、流出《エマナツィオーン》（すなわち、最も豊かなもの、最も完全なものからの流出と、常により不完全なもの、それにより似ていないものによる形成）として理解され（同 §294 補遺第二段落参照）、また進化《エヴォルツィオーン》として理解されてしまうのである。――進化が、最初のものの内にまだ完全に展開されていないかたちで、続くすべてのものとそれらの展開の目標が既に含まれていると考える「前成体系」に属するものであろうとも、そうである。もしそう考えるならば、進化の行程の内には質的には事実として新しいものは何一つ生まれてこないことになる。あるいはそれが、その都度新たに展開された結果を神学的秩序に従った進展を意味するものであろうとも、そうである。あるいは、現代的解釈に従って、偶然的で外面的な保存条件の下に実存しており、それ自身の保存能力と再生能力との偶然的な変異によって変化し消えてゆく――人間の生命に対して、それどころか生命一般に対して、偶然の脇役の役割しか許されない物理的宇宙の内にある――自然的存在の目標なき時間のプロセスと考えられようとも、そうである。したがって、自然の内に発展は存在しない――例えば、星雲、われわれの地球、あるいはその地球上に住むさまざまの生命体、それの発展は存在しない――とは言えないのである。ただし、発展史を語るにあたってそのような発展の徴候を整理しようとしても、そのような自然の概念的考察は存在しないであろう（同 §339＋補遺2第四段落参照）。諸段階からなる体系の内の進展はまた、メタモルフォーゼという性格も持たない、あるいは「飛躍」ないしは段階を持たない連続的変容（同§249補遺第三段落参照）という性格を持つものでもない。しかし、この進展はたしかにこのような表象の二三のものと共通に、低い段階のカテゴリー（すなわち客観性を作る概念規定）は高い段階の現象の説明に用いてはならない、という要求を持っている（同§264注と§286注参照）。——もっとも、その使用が遂行において正当化され、その意味が特に高い段階を概念把握することによって明らかになる場合は、話は別であるが。

ヘーゲルの自然哲学は、3．自然についての、自然史的構想や進化論的構想と覇を競おうとしているかのような印象を与えるかも知れない。しかし、そのようなことを意図していないことは、自然における偶然的なものに対する態度が示している。カント以前の合理的宇宙論（マイアーのバウムガルテンについての書§278）とは対立して、ヘーゲルの自然哲学は自然の内に盲目の偶然（そして、それに対応して偶然に制約される必然性も）が存在することを疑うことはない。理念は自然としては「自己自身の外部に」（エンチュクロペディー§250）存在するという、理念の自己矛盾的な在り方からして、ヘーゲルにとってはさらに、このような偶然性及び偶然的な必然性が「自然の領域において権利」を持っており、そして偶然性は具体的な自然形成物の内で最もはなはだしいものであること（同）は、自明のことなのである。この文脈には、ヘーゲルの悪名高い説、「概念規定をただ抽象的に維持するだけで、特殊なものの形成を外から規定されるがままに放置する、自然の無力」（同）というものも属している。この「無力《オーンマハト》」の語は、この文脈が示すように、反《アンチ》ロマン主義的な感情を表している。おそらくまたそれは少しは、概念を操る名人である彼が、その技能からすり抜けていってしまう材料に対する苛立ちからくる、軽視をも表しているのかも知れない。この言葉がそのことを表現しているものとするならば、この言葉が理念としての自然哲学というものに実際にふさわしいものであるかどうか、疑わざるをえない。しかし、彼の内で支配的であるものは疑いなく、自然に関わるわれわれの立場に対する方法論的要求である。つまり、自然形成物の多くのものが思弁的概念に対しては無価値であることを認め、自然に対して哲学的に関わる範囲を制限せよ、という要求である。無力であることを知る者は――そしてそれが「その遂行にあたっては概念をしっかりと守ること」という課題に関連していようとも――、慎重であるべきであり、無遠慮さを抑えるべきなのである。ヘーゲルが自然哲学を遂行するにあたってこの要求を正当に評価しているかどうか、これは別の問題である。

以上描いてきた方向づけのための三つの視点は同時に、自らを実在化する概念に関わる仕事のための原理及びその実在化へと受け入れられるべき自然科学の素材の概念と関わるための原理ともなる。その他の諸原理、自然哲学の特殊部分にとってその都度意味を持ってくる諸原理は、自然哲学における〈論理学〉の思想諸規定や概念の運動が有している方法的意味が解明される際に、現われて来るであろう。それらは例えば、機械論と化学論、化学論と目的論、目的論と生命の理念、これらの間の思弁的-論理的な連関を提供するような、素材の統一の諸原理であり、また、『論理学』の判断-体系論と推論-体系論から獲得されるような、素材の価値評価の諸原理であり、また、本質論に含まれる、脱-関係化と脱-実体化の諸原理であり、そして、有論に含まれる、他在の止揚や脱-外化の諸原理である。要するに、根本的には思弁的-論理的な思想の兵器庫全体が自然哲学の諸原理のために利用できるのである。

『論理学』によって明らかにされた理念の概念に戻ると、4. 自然概念の実在化が進みゆく道の全体を、概略的にそして自然に対するわれわれの態度と関連する仕方で、われわれに対してあらかじめ描くことができる（同 §251）。つまり、（能産的自然《ナトゥーラ・ナトゥランス》と考えられた）自然の「段階的な歩み」による概念の運動は、理念が、死であるところのその直接性と外在性から出て、生命あるものとして存在するために、自分の内におもむく（同 §251）

ことの内にある。そうして自然哲学はその最後の動物の有機体において（同§352参照）、すべての有機的なものの評価基準である「確固とした類型」（同§250注）としての生命の理念に到達するであろう。しかし、この予告には評価と制限が必要である。その目的を自分の内に含んでいる過程であるもの、そのようなものとしての理念の視点からのみ、――概念の実在化を先取りする――引用文にある「……のために」という目的構文は定式化されうるにすぎない。実在化それ自体の内では、また自然科学の概念素材の受容ないしは加工においては、この文が表現するような目的は前提されていない、あるいは合目的性への反省のために仮定されてはいない。さらに次のことを付け加えなければならない。理念が自らの内に含むという上の目的だけが目的ではない。なぜなら、理念は生命の理念にとどまらないからである。したがって、理念はこの理念で終わりになるのではなく、それが生命にすぎないものである規定性においてもさらに自らを止揚しなければならず、

理念は……精神の実存へと自らを生みだすのであり、この精神が自然の真理にして究極目的であり、理念の真の現実性である（同§251）。

この在り方を認識することによって初めて、自然哲学の遂行全体は最終地点に至る。そこに到達し（同§246参照）、自然の内にある固有の内在的必然性を考察するとき、この最終地点の視点から、振り返って次の成果を手にすることができる。

精神はそれに固有の本質つまり概念を自然の内に見出し、自分の写像《ゲーゲンビルト》を自然の内に見出している（同§246補遺第九段落）。

もしこの見方を習慣とするならば、それは、われわれを自然から、したがって結局はわれわれ自身からも、疎外させるような考えによってもたらされるものに陥らないための最も強力な助けとなるであろう。

七・二・四　評価

自然哲学をフェアに扱うためには、それの実行のされ方とそれの課題とを比較し、その課題がどのように遂行されているか、を検討しなければならない。自然哲学の最大の強みが、これまでスケッチしてきた自然に対する立場をヘーゲルが貫き通したその不屈さにあることは疑いない。自然哲学がその認識のプログラムをただある程度現実化するだけのものでもあるならば、最終的にはこれまで述べた実在的問題は解消されてしまっている。十七、八、九世紀（二十世紀については沈黙するとして）の敬虔な宇宙論者たちを必ずや震撼させたはずの、そして神の計り知れぬ知恵に対する宇宙神学的な信頼の内でのみ補われるべきであった自然科学的認識は、例えばすべてにおいて万物の周縁にあるわれわれの位置の天文学的確認や、ヒトは生物学の諸制約の計り知れない系列のなかのまったく信じがたい進化の産物であるという生物学の見解も、自然に対する哲学的立場にとっては取るに足らぬものであった。なぜならば、それ自体「私のもの」である思弁的概念は、自然の内では、結局は質料を組織するものとして説明されるのであり、そうであるからには、偶然の妖怪、悪しき-無限やそのような無限の内にあるわれわれの孤独という妖怪どもは消えてゆくであろうからである。この私のものは「永遠のもの」である。時間の否定性はそれに対しては無力である。永遠がわれわれの内にある時間の力を「根絶やしにする」からである（エンチュクロペディー §258 注）。自然存在としてのわれわれは花々の香りのようにはかないものである。このことはわれわれが自然に内在している概念の尺度に従って、他のすべての自然形象と比較してわれわれ自身に与えるのを許されている価値を減ずるものではない（同 §258 補遺第2段落)。その際、自然の内にあるわれわれの精神はまさにわれわれ自身の自然的実在が消えるときになって自分自身の像を見出すという考えは、おそらくヘーゲルの最も深遠な思想に属するものであろう。

つまり、自然と精神との二重性（そこにわれわれは実在している）は二元論を基礎づけるものではないのである。なぜなら、これまで述べてきたことからすれば、この二重性を構成する二つの項は結合されないものではないし、あるいは単に外面的につなぎ合わされるだけのものでもない。自然と精神は、それらがそこから現れ出て、そこから一方のものの考察が他方のものの考察へと進んでゆく、そのような原理的な一性の内で合一したまま存在するのである。それゆえ、批判以前及び批判の合理的宇宙論（上の七・一の(3)！を参照）に関する確信を抱く後継者として、ヘーゲルの自然哲学は正当に考察されるのである。

この自然哲学はまた、自然のロマン派的な「復活」、主観化、神格化、あるいは自然の形態への牧歌的接近に対抗する有力なライバルでもある。それは、われわれが全宇宙のなかで「故郷にいると感じ」うることからはるかに離れていることを確信して、遂行を方向づけることによって、この感情に満たされるという希望が挫折せざるをえないことに、注意を向けるのである。それに求められている立場によってすでに、ヘーゲルの自然哲学はそのような状態にはまったく到達しないものであることを自覚していた。例えば、充実した生涯——宇宙の尺度で測れば消えてゆく短い時間にもかかわらず——を求めて努力するとき、われわれの銀河宇宙のどこか別の場所にあるいは別の銀河宇宙にわれわれの「故郷」が存在するだろうか、と問うことは、いったいわれわれにいかなる意味があるだろうか。われわれにとって重要なことは次の問いのみである。われわれは自然の概念的考察を手助けにして、われわれの理論的立場からの要求と実践的立場からの要求との間にあるアンチノミーを避けるべきか、それともその上さらにそれを解消すべきであるか。

おそらくこの問いは肯定されるであろう。なぜなら、自然についての思惟的考察が「概念把握的な」考察でもあるとき、われわれの理論的立場がなすべき普遍的なものについて認識のおかげによって、この普遍の最も普遍的なものとして「最も内なるもの」が発見されるからである。この最も内なるものはわれわれの実践的主観性に属しているだけではなく、主観性と客観性との対立を超えて『論理学』の客観的思想諸規定として存在しているものである。しかし、この――「私のもの」としての――最も内なるものは、われわれの実践的立場の仕事を生むあの内なるものとは適合していない。同様に、自然の思惟的考察は、それが概念把握するものであるときは、実践的理念の内にある欠陥をわれわれが論理的に認識するおかげで、普遍の内の最も普遍的なものを、自然をして崇高で力強くそして自分と和解せしめるような内なるものとしても、認識するのである。この最も内なるものは、それの自己規定の内で私は私自身を最終的には精神として認識することになるのであるが、私が概念把握の活動をあまりにも早く打ち切ってしまうので、自然をその「他在」の内にとどめているものなのである。

つまり、この場合に重要なことは、この認識に到達するのはようやく自然哲学の最後、その最終段階の地盤においてのことであるということである。だからこそ、自然全体の内で自然がその力・法則・類のすべてとともに「コスモス」すなわちわれわれを中心に置く美しく調和のとれた芸術品でもあるかのように、私が故郷にいることを期待することは許されていないのである。しかしながら、自然哲学に対して概念的考察よりも劣るものを求めることも許されない。例えば、それがわれわれに「事物の背後でなされる手探りの遊戯」（ニーチェ）という美的満足を与えるだけならば、それには満足できないであろう。自然に対する実践的立場と理論的立場との真摯な抗争を目の前にすれば、そのような満足は消えてゆく。この闘いは、人類にとって今日喫緊のものであるエコロジーの問題を、いずれ教えてくれるに違いない。

もう一つの問いは、ヘーゲルは自然哲学を執筆することによって、求められていた哲学的認識を明瞭にしまた十分に検証に耐えうるものにしたかどうか、つまりここにスケッチされたやり方は成果を上げたかどうか、ということである。この視点からすれば、執筆されたものの質は、計画されたものの質より若干後れを取っていることは間違いない。概念諸規定に即してまたそれらを用いてなされる仕事はとどのつまりそれら諸規定の強さに属するものである。とはいえ、それらの諸規定は『論理学』によって形成された諸原理に、実際にそれらがそう見なされている以上に、明確に立ち戻るべきであったろう。そしてそれらは単に直感的に明らかであるだけでは足りず、さらにそれらは、成功か失敗かをはかる操作可能な基準に従って評価されねばならないであろう。そのような分かりやすさが、われわれに対して自然哲学のおこなう責務である。自然哲学が興味を持って学ばれるとき、なおさらそうでなければならないであろう。その時にのみ、ひとは探求する精神にふさわしいものとなり、その精神によって自然哲学は書かれるのである。もっとも自然哲学にそのような適格性を帰するのは困難である。なぜなら、自然哲学のテクストの大部分はそのような精神に対応しておらず、我慢し難い絶対的-権威の-文体で定式化されていること、これが最も傷つきやすい弱点に属することだからである。この文体はそれが教科書という-性格や講義のために使われることを意図していることから来るものかも知れない。とは言っても、真理を探究する際に懐疑的考えを顧慮するという根本的課題からすれば、この文体はやはり場違いなものであった。

その材料とそれによって代表されるはるか昔の時代遅れになった自然科学の知識の立場によって、ヘーゲルの自然哲学の執筆は陳腐で古ぼけたものとなっている。けれども、その点にその弱点の一つを見るならば、それは誤解と言ってよいだろう。自然哲学の計画は、最も簡にして要を得たその定式化の一つにおいては、次のようなものであった。

精神の自然との和解。精神は自然の内で理念を、[すなわち]精神そのものが自己意識の形式の内にあることを、認識する(自然哲学講義145)。([　]は原文にあるもの)

この計画の実現はその都度の自己意識と関連する意味を正しく理解させるものであり、われわれの精神は、その自己意識を――まず何よりも――その自己意識に対して現前している自然科学の知識の内に有している。したがって、それは、後の実現の段階によって追い越されることに目標を置いているのである。一八二〇年ころの自然科学の段階では何が実現されていたか、あるいはまたその時代の人びとに何が責務であったか、これを正しく評価しうるのは、その時代の自然科学及び哲学史家としての学識と今日の哲学対話者の見識とを併せ持つ人物だけである。このような組み合わせが稀であることからすれば、ヘーゲルの自然哲学が甘受している悪評は、その評判を拡大している多数の人びとにとって決して有利なしるしとは言えない。

　にもかかわらず、すべてが自然哲学とこの上なくうまくいっているわけではないというもう一つの事実は少なくとも確認されなければならない。自然哲学が解決しようとしている実際の問題を考慮するとき、理論的認識を目指している自然科学とヘーゲルが確実に関わりえているかどうか。この問いについては、その大部分はすでにその関わりの最初の歩みの内で、すなわち自然科学の諸概念を概念的規定(これに関しては、哲学は自然科学以上の仕事ができる)に基づいて分析することの内で、明確な答えが出ている。分析されるべき概念が、例えば力学の場合のように要求の高い説明の役に立つような学問的理論の概念である場合は、その歩みは概念の相対的に明瞭な内容によって暴力的なものから保護されている。また他方で、有機体の認識の場合にも、有機体の部分が機能的に連関していることによって守られている。反対に、自然哲学の第二部[物理学]のように、概念的及び理論的にかなり未発達な仕方で記述し分類する学問に〔概念が〕導入される場合は、一八三〇年ころの理論的認識は非-力学的現象を自由に扱えなかったとはいえ、その説明は一考の余地があると言わざるをえない。記述的概念の哲学的分析のほかに、その説明の方法論と実行能力について慎重な検討がなされねばならなかったであろう。ヘーゲルは十分にその種の検討をおこなったことは一度もなく、博物学的な概念を、彼の遂行の歩みがほとんど間違いを犯すことがないかのように、あっさりと解釈して済ましているのである。それによって、彼は自然科学的認識の方法論を真面目に受けとめていない――特に、最初に理論設定する際に避けられない悟性的形而上学を非難している箇所において――というもっともな非難に晒されたのである。概念的分析という彼に特有の行為は、方法論的に熟慮を加えそれを制限することによって十分に確実なものとされるものではなく、あまりにも暢気に現象の大胆なカテゴリー的解釈へ移ってしまうのである。それはしばしば哲学者が夢想のような瞑想のなかで悦に入っているかのような印象を与えるのである。彼は、トーマス・マンの『ファウスト博士』（Ⅲ章）でアードリアーン・レーヴァーキューンの父親について報告されているように、酒場で「四大エレメントを思弁し」ようとしているかのようである。ヘーゲルは重要な自然哲学を残した。しかしそれに比べると、彼は、デカルト、ライプニッツ、カント、シェリングほど、偉大な自然研究者《ナトゥーアフォルシャー》ではなかった。彼が哲学に熟達していた程度に、彼が自然研究者でもあることは要求されることはなかったのである。

七・三　精神哲学の体系構造

ヴォルフ哲学には精神に関する形而上学の三つの分科――経験的心理学と合理的心理学、そしてさらに合理的神学――が含まれていた。そのすべてのために共通の名称「霊魂論《プネウマティカ》」（霊魂学）があった。この名称は精神についての統一的な哲学を約束するものと考えることができる。これをヘーゲルは発展させようとする。しかしすでに述べたように、それはもはや形而上学であるべきではない。したがって、ヘーゲルの精神哲学は近代形而上学に由来するものではない。ある適切な条件が、絶対者を、理性にほかならぬ絶対者を、カントの理性批判を無視することなく、認識するであろうし、そのために定義された秩序だった系列を理解にもたらすことになるであろう。それらの定義の一つとして特に、絶対者を単に実体としてのみならず、主体としても理解し表現するというものがある。『精神現象学』によれば、それは、絶対者が精神として言明されるときに、表現されるのであり、今再びヘーゲルはこの確信を公言するのである（エンチュクロペディー §384 注）。彼は「絶対者は精神である」という命題を「絶対者の最高の定義」とすら呼び、その意味を非常に印象深く次のように強調している。

> この定義を見出しその意味と内容を概念把握すること、このことがすべての教養と哲学の絶対的傾向であったと言いうるであろう。すべての宗教と学はこの点を目指してきた。世界史はこの衝動からのみ理解されるべきものである。……キリスト教の内容は神を精神として認識するように促すものである。キリスト教において表象に与えられており即自的に本質であるもの、これを、それ本来のエレメントすなわち概念の内でつかむこと、これが哲学の課題である。……

この課題はおそらく、精神についてのヘーゲル学説の核心を噛み砕かぬまままだ鵜呑みにすることがなければ、理解されるに違いないものである。そこで今、エンチュクロペディーの精神哲学の緒論（同 §§377–386）をできるだけ正確に点検しなければならない。

冷静に判断すれば、その対象を含んでいる精神論がただ心理的なもののみをテーマとするものではないことは理解できる。人間精神の客観化と文化的行動もまたその価値を認められねばならない。精神哲学は経験的な精神科学とは対蹠的なものであるから、それはまた価値から自由な記述や説明というものに限定されてはならない。哲学というものは、理性的であるものには精神の活動と内容にそってそれを浮き彫りにし、非理性的であるものにはそれに照らしてそのようなものとして理解させねばならないのであり、理性的なものでも非理性的なものでもないものには低い評価や敵視からそれを庇ってやらねばならないのである。哲学がなおざりにしてならないのは、正しい仕方で精神の哲学的認識に対して心の準備をすることである。さもなければ、精神概念に関する知識は寄る辺ないものになるか、間違った道を進むことになるであろう。それを避けようとするならば、これからおこなう正確な読解に対する多大の要求は正当なものとされるはずである。

七・三・一　必要とされる立場と最初の方向づけ

正しい立場を見出すためには、何よりも次のことが顧慮されるであろう。われわれは精神によって、自然とは異なって、われわれに疎遠ではなく、自分のもののように親しい、そのような対象と内容を持つ。私が精神を、思弁的思惟によって要求されるように、認識しようとするならば、私は「汝自身を知れ」という命令に服する。ギリシャ人にとってはこれはデルフォイの神の最高の命令と見なされたのであり、その神はフォイボス〔光り輝く者〕・アポロンとして智者とも見なされていたのである（選集XIII, 502、テクストにはVIIIとあるが直した）。そう考えられていただけではない、私は私の「部分的な能力、性格、傾向、弱点」を学ぶべきであり、あるいは、われわれは他の人びとから「人間知」を獲得すべきだとされていたのである。それは、その命令が「歴史的に言われたものとして起こった」というところに示されている。これはプラトンのソクラテスの弁明にある（20c–21e）。つまり、その証言に従えば、ソクラテスは、知恵において最も優れたものとなり、それゆえアポロンの命令を最もよい仕方で満たした人物である、というデルフォイの神託が聞き取られたのである。しかし、ソクラテスは自分がほかの人より優れているのは、ただ自分の無知を知っており、したがって本当はそうではないのに知を持っていると思い込むことを免れていることによってである、と考える。それゆえ、デルフォイの神託にとって重要なことは、このいわば否定的でもある「人間の真なるものについての認識」である。ソクラテス的な自己認識から生まれた大きな影響力をもつ「自分に関する魂の配慮」の代わりに、プラトンにおいては何が生成しているかを、この神託の意味の内に含み入れるとき、おそらくこの命令が「即かつ対自的に真なるもの」の認識あるいは（これまではただ自然に即してテーマとされてきた）「精神としての」「本質そのもの」の認識にも関わるものであることを付け加えることができるであろう。この命令は、もはや「精神的なものの偶然で無意味な真ならざる実存と関わる」（同 §377 参照）ことのない立場を獲得せよ、とわれわれに指示しているものとされるのである。

それゆえ、自然哲学の始まりにおけると同様に、ただ理論的認識もしくは実践的認識によってだけでは獲得されえない立場が求められているのである。なぜなら、この選択によってのみ自らを認識しようとする試みは、自然認識について上に述べたディレンマと全く類似のディレンマに導かれるからである。実践的自己認識の命令は、この例では道徳的な自己認識であろうが、私に「心の内なる深淵に押し入る」（カント全集 VI, 441 参照）ことを期待するのである。その命令が遂行されれば、それは「すべての人間の知恵の始まり」（同）となろう。そのような知識から抜け出て、人倫的自律の内で自らの措定した目的を現実化することに成功するときにのみ、われわれはそのような始まりにいるのであるから、自分自身のもとに安らうのである。けれども、どんなに真面目に努力しても、偉大なモラリスト（カントがそうであった）が考えるように、われわれは自分の心が善であるか悪であるかを疑っており、積極的な確信には到達できないものである。それゆえ努力すること自身がアポリア的である。しかしそれだけではない。思慮深く理論的認識を目指す人は自分の経験から、努力は最も騙されやすいものだ、とわれわれに言う。努力を維持することは私の力の最も小さな部分にすぎない。私はこの力をさらに強化するように努めなければならないのであり、そのためには、理論的で心理療法的な自己についての知識に、しかしまた自己についての認識に頼らざるをえず、そのような認識の成長を必要とするのである。ところが、理論的認識の進歩はどうしても進歩の期待を満たすことにはならない。進歩は道徳的な目的実現の成功にとってすらその効用が最も疑わしいものである。われわれが自分の心の深みに押し入りその深淵《アプグルント》を推量するには、確かな根拠《グルント》にたまたま出くわす以上にどれほど多くのことが必要であろうか。

　われわれが自己認識を目指して正しい立場を習得することの助けとなりうるものは何であろうか。そして、われわれが今後明らかにすべき精神の概念に携わる際にこの立場を失わないためには、何に注意したらよいのであろうか。そのためにはカント以前の形而上学の合理的心理学も経験的心理学も役に立たないことは、容易に分かる（同§378参照）。なぜなら、「精神の認識は最も具体的なものである」（同§377）のに、合理的心理学が考察するものは「過程を欠く存在」（同§34補遺）としての魂であり、その魂に、悟性的思惟の手近にある二三の抽象的述語（単純、非物質的、表象を所有する力）を帰属させているだけだからである。経験的心理学は、合理的心理学に比べれば、「具体的な精神を対象としている」（同）。しかしそれもまた「普通の悟性形而上学」にとどまっている。つまり、精神が「持っている」存在者の、単に異なるだけの力と活動を仮定するにとどまっているのである。したがって、形而上学的なものはその対象の内で「それ自身において具体的な規定や内容に」（同§378）進むことはない。経験的心理学はその内容を具体化できないのである。なぜなら、それは概念的に把握するなかで思惟し自己を修正することなく、観察と経験を認識の源泉としているからである。この源泉から何かを作り出すには、まず何か、例えば意志についての諸表象が前提される。次にそれらの表象から、認識されるべき対象を確定するのにふさわしい、当該のものの定義を仕上げようとする。最後に、推論の原理に従い、一般の意識の感覚と現象を付け加えて、最善の説明によって、対象に吟味された何らかの属性が付け加わるという、一般に証明と呼ばれるものが導かれるのである。例えば、意志には自由という属性が付け加わるのであるが、それは、感覚や意識現象によっては、まったくあるいは少なくとも的確には説明されないからである（法哲学§4注参照）。このやり方が満足のいくものではないことは明白である。したがってまた、思弁的関心を抱いて精神の哲学的認識をおこなおうとする者にとっては、近代の経験的霊魂論も頼りにならない。それはその能力論の概念が経験主義やカントの主観性哲学に依存しているからである。むしろ関心を引くにふさわしい「最も傑出しているあるいは唯一の仕事」を展開しているものは、「霊魂に関するアリストテレスの書物」（『霊魂論』と『自然学小論集』）である。いかなる意味においてそれが精神-哲学に対して成果をあげているのであるか、それについては精神概念を説明する文脈のなかで述べることにする。

もっともこれとは別のことであるが、幸いなことにわれわれは近代の難局を切り抜ける提唱者としてただアリストテレスを持っているだけではない、と言うべきである。われわれは、すべての哲学と個別科学の前に実在している明証や動機に依拠することもまた可能である。われわれは「精神の生きた統一の自己感情」（エンチュクロペディー§379）を所有しているのである。その感情は「それ自身から精神の分裂に」抵抗するものである。とは言っても、その感情はわれわれを自然主義的な一元論に追い込むものではない。なぜなら、ここで言う生命性は単に自然的に生命的なものとしてのわれわれにではなく、われわれの内に定在する精神の生命としてのわれわれに属するものであるからである（選集III, 36参照）。この統一の自己感情を押さえ込み、精神的なものについて多元的に解釈することで満足しようとする傾向があるが、それに対抗してより強力に働くものは、そのような解釈の対象を詳細に検討すると、それが担うことのできない諸対立がただちに現出してくるという事実である。例えば、精神の自由と、自然法則下では一切の実在物が決定されていることと、この間の対立、あるいは、一方では身体と魂との内面的統一が存在していることと、他方では魂が「その外部にある身体性」から区別されさらに身体性から解放され「自由な活動」をしていることと、この二つの観点の間にある対立である。われわれはこの対立をそのまま放置しておくことはできないが、しかしその対立を悟性形而上学の概念手段を使って思想によって克服することもできないのであり、そのことが「ここで概念的に把握せよ」という要求を呼びさますことになる。つまり、ここに思弁的概念を探求するための何らかのヒントも存在しているのである。

もちろんわれわれは困難も覚悟しなければならない。精神の認識は最も具体的なものであるから、最も困難なものでもある（同 §377）。哲学的な自然認識の内では、われわれは単純な実在物の諸段階を通って思弁的概念の構造を有する複雑な実在物に到達した。そこでは、最初の思惟されるべき特殊な実在物である抽象的形成物は具体的実在物からはっきりと区別されていた。これに対して精神の概念的発展の内では、後続の段階に先行するそれ以前の諸段階はそれ自身で実在するものではない。それらは連続的に段階を形成しており、まさにその点で、先行する諸段階は「本質的には、より高い発展段階のモメント・状態・規定として」（同 §380）あるにすぎない。後に初めて認識されるべき高いものは「低い抽象的な規定に即して……すでに経験的に存在しているもの」として現れる。そこで、当該のものは既に低いものの内で、その思惟されるべきものの特殊な在り方として把握されねばならない、という外見が生まれる。特にそれは、低い思想段階のために、それに対応する経験的現象を枚挙してやるためには、高い段階の内容を想起して、その段階を思惟において予料しなければならないからであるが、その対応が実際にあることを示すことになれば、なおさらのことである（同 §§246 注、380 参照）。このような対応を確認することは、非常に抽象的に考えざるをえないものについてわれわれが熟慮すべきときに起こる思想経験を、その都度乗り越えてゆくことによってのみ可能である。それがもしすでに予めなされるべき抽象の内で実在のものとされているならば、われわれは、よく知っている具体的な特に昔から熟知されている現象に従ってそれを指摘するであろう。あるいは、われわれは、それは自分を具体的なものに統合するものだという――たとえそれが常にそうであったとしても――後に証明されるべき事例を、先回りして今指摘する傾向にある。それ以外の点では、精神哲学の遂行は自然哲学と変わらない。したがって、自然哲学と同様に扱われるべき認識の問いは、新たに提起されるものではない。

七・三・二　精神の概念

(1)　根本諸規定

自然哲学の成果によって、精神は他在の止揚を通して「その対自存在に到達した」（エンチュクロペディー §381）絶対理念となっている。この対自存在の概念的内容が、あるいはむしろその「推移」がいかにしてなされるか、これは今後一歩一歩明らかにしてゆくべきことである。それは自然概念の規定よりも大きな困難を伴うが、その困難はその対自存在の思想規定以上に『論理学』の思想諸規定が考慮されるべきである点にある。しかしそれだけではなく、むしろその諸規定が、理念の過程性（及び精神としての理念の活動性）を考慮するために、これからは運動の内においても考察されなければならない点にこそ困難がある。

けれどもそれで十分とは言えない。自然概念は、これから理解されるべき精神の表象のために、何らかの仕方で超えてゆかねばならないものであるのではない。精神は自然から正当に切り離されるべきものではあるが、むしろ精神はその初めから適切な仕方で自然と連結されていることも、考慮しなければならない。われわれが精神の概念を思惟するのは自然の概念の後である。その哲学的認識の後であるということは、精神が自然の後に続くものとして概念把握されるということを、示唆しているかも知れない。しかし、自然から獲得した認識の尺度に従えば、精神は真理であり、「諸前提」の内の絶対に第一のものであって、精神はそのような前提として「われわれにとっては」自然を持っていたものである。そうしてやはり（同 §381 補遺八参照）精神は「自然の真理であり、自然の絶対的に始めのもの」でもあった。それゆえ、精神はもはや自然が生み出したものとして、あるいはまた有り体に言って、自然の「他者」として思惟されるべきものではない。われわれが自然から精神へと進むとき、単に或るものから他の或るものへ「移行」することではなく、絶対理念に戻ってゆくある傑出した進み（これは思弁的概念の内で現れる）を問題にしているのである。この戻り、還帰に従って、論理的理念・自然・精神――これら三つの学的取り扱いのこの順序を付け加えて――の三性が今やさらに別の秩序から思惟されるべきなのである。その初めに位置するものは依然として論理的理念である。そして次に、精神が――新プラトン主義者では神の後にヌースが続くように――続くのであり、その後に初めて自然が続く。したがって、ここからは自然全体に関連して、自然に組み込まれ、即自的に（つまり可能性からして）存在する精神について論じることができるようになる。自然の内で「論理的なもの」についても論じられたのと同様に。なぜなら、いかなる「対自的なもの」に対しても、その概念からして対自的であるものの「即自」が存在するからである。それゆえ、われわれはさらに、精神概念のどの内容規定がこの即自的に存在する精神に属しているのか、を指摘しなければならないであろう（同 §384、第一段落参照）。しかしそうしても、精神をその内容規定の対自存在に到達した理念として概念把握しようとするとき、考えなければならないことを汲みつくすにはまだほど遠いのであるが。

　さてそのためには、精神の本質へと導いてゆく進行を正確につかまなければならない（同 §381）。自然の内では思弁的概念は「完全に外在的な客観性」を有していた。「この外化」は今は止揚されている。この概念に関わり、これまでその概念の自己活動を追ってきたわれわれは、今はもはや生命の理念ではなく、自らを主観と客観に分ける理念、したがって認識の理念を問題にすべきである。それは自分の対自存在に到達した絶対的な理念であるから、もちろん理論的認識と実践的認識の理念であるのではない。そのような理念においては主観と客観がまだ概念の関係の内で互いに関係するにいたらず、概念はまだ一面的に主観の側で活動しているのである（同 §§226、233 参照）。さて、理念は「それの客観も主観と同様に概念である」ものである。この理念の対自存在は（自然としての理念の）単なる定在の後に続くものではない。その場合、この定在は「移行」が終わってさしあたってそれをもたらしてくれた概念の運動から解放されるために考えられている。理念の対自存在がもしそのようなものだと主張されるならば、それは理念に関してただ、理念はすべての自然的有限性が止揚されたことによって一者であるが、しかしまた多くの一者へと入り込んでおり、それらについて、「一者であることは他者もそうである」（同 §98）とされる［大論理学有論の「対自存在」ないしは「一者」を想起］、と言うだけであろう。つまり今や、対自存在は存在者としてあるのではなく、絶対的理念を意味し、そしてそれとともに、自己を規定する普遍かつ個別である思弁的概念を意味している（選集 VI, 252：エンチュクロペディー §163 参照）。それゆえ、一者と多者との関係の在り方について付言するならば、対自存在はこの二つの概念モメントの連関であるとも言わなければならない。それは、概念が自らの諸モメントの内で自らと同一である、という同一性の一つの在り方である。そしてそれはそのような連関を、その内で対自存在が永続的であることが明らかになるように、示すのである。つまり、止揚されたものとして、すなわち、有限で繰り返し他のものとなるすべての実在物の——理念がその他在の内で有するその都度の定在であるとともに、その他在の内で存立している、（自然としての）理念そのものの最も有限化されたものの――「観念性」として、示すのである。つまり、概念は自然の最も内部における運動の主体であったのだから、そこで今や概念について、それはその客観性の内で「それ自身自らと同一になっている」と言うべきなのである。多者の内で個別化されている個別性としてもまた、概念は自らを外化したものではなく、概念そのものであり、自分と一体なのである。しかしだからといって、運動を欠いている事柄が生まれているのではない。「この同一性は絶対的否定性である」、つまりこの同一性は、自然の全体は（唯一肯定的なものである）論理的理念との関係においては否定的なものであるが、この否定的なものの働きであり、思弁的思惟の内容に即して証示される完全な否定の働きなのである。このような否定性としての思弁的概念はその外化から自分に戻ってきているのだから、それは（客観性の内にある自分の）自己との同一性であり、「同時にもっぱら自然から復帰することとしての」（エンチュクロペディー §381）同一性である。

導入部の始めにある規定は以上である。それに続く命題もやはり、精神の本質は「そのために形式的には自由」であると主張しているのであるが、ここで「自由」の語を「そのために」と納得させるものは、「自己同一性としての概念の絶対的否定性［のために］」（同 §382 第一文）という語にほかならない。この表現は反省の背景に応じて、何も語っていないとも、非常に重いとも、感じられるであろう。この表現から導き出されるほかの多くの規定の前に、この表現が精神史のライバルよりも優るものは何か、を検討しなければならない。それゆえ、ここで不十分であった認識の立場に戻るべきであるが、しかし今は、その表現は精神概念の規定のために何の役に立つのか、という問いを立てよう。

（2） アポリアとその回避

もしわれわれが精神を理論的ないしは実践的な認識の限界において正当に評価しようとするならば、それはカントの洞察に従って、うまくゆけば有限的本質との関連で認識されうるであろう。有限な精神と十分に区別されている無限な精神のような概念は、したがってこの両者の区別に対してまだ規定されていない精神すなわち精神一般の概念もまた、それによれば単に蓋然的なものについての概念として考えられうるだけではあるが、それでも有限な精神の規定的概念のために前提されざるをえないであろう。しかし単に前提を立てることは哲学的認識にとっては意味がない。

このようなすべての問題のほかにさらに、理論的認識か実践的認識かの選択に制約されている精神概念の規定には、次のような解決しがたい困難が付け加わるのである。理論的認識の尺度に従えば、精神はまったく自然に基礎を置いているのであり、この認識を手段にするならば、自然に属する一切のものと根本的に全く区別されることはない。しかし、実践的認識の次元の内では、すでに注意したように（七・二・一）、まさにこの区別は適切であって、精神はその最も内面的な規定である〈自由〉に従えば、自然に基礎を置くものではない。それゆえ、理論的認識か実践的認識かの二者択一に制約されると、われわれは精神概念を整合的に説明することすらできない。われわれは現象に暴力を加えざるをえないのであり、規定を制限せざるをえない――自然主義あるいは唯心論の利益になろうとも、一方的に理論的認識をあるいは一方的に実践的認識を優遇する定義であろうとも。そのほかのものは、われわれの自由についての了解のこの二者択一の枠内では、（意志の規定あるいはその客観化の自由としての）実践的自由の方に還元される。われわれがこの自由概念を自由一般についての少なくとも問題のある概念のために低く見積もろうとするときは、宇宙論的概念を助けにすることもあろう。しかしこの概念は、スピノザのようにわれわれの意志の自由を否定せざるをえないか、あるいはカントのように意志の自由を非-自然的な（「叡智的な」）因果性としてのみ考えるか、いずれかを選択せよ、とわれわれに迫ることになる。いずれも実践的自由の概念を信頼できぬ仕方で狭めてしまう。

ところで何よりもまず次のことを考えよう。われわれが認識において自分を有限な精神に制限すれば、精神のみならず、それと区別されるもの（例えば、自然のようなもの）もまた——ごく僅かであろうとも——認識できる、という仮定あるいは主張を正当化するものはもともと何であろうか。その認識可能性が、そもそもそれがあるとして、生命体の他の在り方を明確にするものよりも、適切であるというのはなぜであろうか。もしそれが、他の生命体の自然現象が認識されるその在り方よりも、識別できる仕方で適切に優れているとは評価されないのであれば、それはなぜであろうか。次のことが理解される。われわれがわれわれの哲学の地平を有限な精神に狭めるか、あるいは有限な精神を自然から（しかもおそらく精神であるもののすべてからも）切り離すとき、まさにそうすることによって、われわれは当然に種優越主義的《スペーツィエスーショービニスティッシェ》な理解をしているという嫌疑にさらされることになるのである。反対に、われわれがまず有限精神と無限精神の違い以前の精神概念を認識し、その概念から初めて有限な実在としてのわれわれがそれであるところの精神を認識するようにすれば、そのような解釈を遠ざけることができる。確かな精神の哲学を考えるためには、すべてのことは次の点にかかっている。われわれはその哲学の初めからただちに、何はさておきほんらい思惟されるべき精神であるものにしっかりと向かうことである。

しかし、そのように精神概念を規定する際に、ほかの選択にともなう困難にも逢着する。つまり、自然と精神はただ存在するものであるだけだろうか。理論的認識か実践的認識かの選択の枠内で少なくとも無限な精神のために仮定せざるをえないような存在者なのであろうか。というのは、この無限な精神は表象的思惟において前提されているからである。自然と精神は異なった二つの存在者（その一方は他方の「他者」）であるのか、それとも「根底に」両者を一にするものが存在しているのか。別の言い方をすれば、自然と精神の二元論が教えられるべきなのか、それとも

——自然主義的であろうと精神主義であろうと——一元論が教えられるべきなのか。この二つの選択肢のいずれも説得的な立場と見なされることはない。二元論の場合、例えばわれわれは空しく次の問いを発することになるであろう。どのようにしてまたなぜ、一方が与えられているのに、それに他方が付け加わってくるのか。どのようにしてまたなぜ、両者の一つである自然が他のものの側から認識できるというのか。またどのようにして——身体としての——自然の一部分が、——霊魂としての——精神の生きた個別化されたものと人格的に統一されうるというのか。このように一元論には、解消されない謎が残される。なぜ自然的なものと精神的なものとに対するわれわれの概念が異なっており、それらはなぜその一方あるいは他方の側に還元されることに執拗に抵抗するのであるか。その上、精神主義の別の形のものは、外部世界が実在するかという問いにおいて、「超越論的観念論者」カントがすでにスキャンダルと呼んでいたような（カント純粋理性批判、B XXXIX A）観念論であることを告白せざるをえないのである。その観念論は自然科学の実在主義に対しては敬虔な頑迷さによって、あるいは哲学全体を、完全な独我論が主張されていないとしても、かたくなな現象主義に還元することによってのみ、成り立つようなものである。一方、自然主義的な一元論に対しては常にわれわれの実践的自己意識と自由意識が抵抗するであろう。

絶対者の定義に関しては、有限な精神の概念で終えることも、また無限な精神を有限化するような表象に甘んじることもできない。ところで、後者の理解は無限精神が単なる存在者として受け取られるときには常に付いて回るものである。——つまり、自然物を生み出すが宇宙に内在するすべての有限者の無限なる根源としてか、あるいは有限者とは別のものである根拠として受け取られるような場合である。したがって、精神を哲学のテーマとする近代のすべての哲学においては形而上学的二者択一はなくなっている。有限な人間精神のための本来的に内部宇宙論的な立場も（その独断論的な変形には、一元論的な唯物論、外部世界を疑う精神主義、身体と霊魂の二元論がある）、無限な神的精神を妥当させる神学的な立場も（その変形には、キリスト教の合理的神学、精神主義的一元論、スピノザの自然主義がある）、なくなっているのである。そして、宇宙論的な「神即自然」の説、ヘーゲルがよく言う「絶対実体」の「無宇宙論的な」意味づけ（同§§80注：573注参照）もなくなっているのである。

これらの哲学は――カント風に言えば――無限精神と有限精神の連関を理性に対するのとは異なった仕方で非概念的に思惟するという独断的性格と無能力を示しているのだが、そのほかに次のような欠陥を持っている。それらの哲学の無限で端的に普遍的な精神についての構想は、意識と人倫精神の本来的に人間的な世界を思惟しうるものとすることができないのである。それは、カントの哲学的著作やヤコービの哲学への挑戦によって避けて通れないものとなったことである。つまり、一人ひとりの人間がその世界の内で、自分自身を――自律的な実践理性として自分と一致した自己であるものとして――現実に認識することである。付言すれば、この要求に関しては次の点が考慮されるべきである。精神についての現代の哲学はその試金石を、スピノザ以来続いてきた宿命的な二者択一（あれこれの変種の自然主義に忠誠を誓うか、そうでなければ抗議を一身に引き受けざるをえないか）からわれわれを救い出した点に置いているのである。自然から独立し自然法則とは異なる法則に服する精神というものを主張すれば、絶対的権力を持つ自然の「国家の内なる国家」が是認され、そうして、自然法においては最も忌々しいものと賢明にも見なされているものすらも支持されるようになるであろう。

ヘーゲルは精神哲学を有限かつ無限な精神についての理論を手がかりに展開することができる。そのとき彼は次に挙げるアポリアを免れている。つまり、彼は精神の一元論の内で精神の全-一的な存在者を説明しているのではない。彼の一元論は絶対理念の一元論である。つまり、絶対理念が彼にとっての哲学の唯一の対象であり内容である。しかし、絶対理念は存在者ではない。つまり、可能な他のものの下で、さまざまの規定や性状を前提する或るものであるのではない。絶対理念はすべてを包括する過程である。そしてその全体としての過程は単に概念にすぎないのではない（同 §577 参照）。しかしなおのこと、それは単に自然にすぎないのではない。しかしそうかといって、自然と精神とはヘーゲルにとっては異なった二つの存在者ではなく、互いに疎遠で並存する「他者」ではない。それらもまた、絶対理念である過程の局面として、過程そのものである。両者の近さはおよそ考えられうる限りに近い。その近さは自然から精神へと前進するための連続性を認め、次のディレンマから守られる。（形而上学のアレキサンドリア的伝統とキリスト教的伝統のように）自然の概念を根本的に問題にしないような（また有限精神にとってはスピノザの批判を招かざるをえないような）精神概念を使用せざるをえないか、さもなければ、精神の確実な自己認識や実践的自由をもはや認めない——経験主義的（ヒューム）であろうと、合理主義的（スピノザ）であろうと——自然主義で終わるのか、というディレンマである。ヘーゲルにとっては精神一般は、彼の言うには、自然の絶対的に第一のものであり、自然を実体と考えるならば、精神は自然の主体である。しかし、神を自然から独立した「存在《エンス》」として考えるときに、神について表象するように、もし主体が事柄からして自然よりも先にあるものだというならば、それは間違っている。精神が自然の絶対的に第一のものとして自然の主体であるのは、精神が自然の活動と出来事のすべての内において自らの目的に従って活動しているものだからである。

（3）自由の理解

けれども、精神がそのように「活動状態に」あるのは——活動している思弁的概念は精神の内で自己との同一性を有している——、精神が自然から自己に還帰し、純粋に論理的精神として既に自己に戻っているからにほかならない。本質論によれば（選集 VI, 239f.）、自然の内で支配的であった必然性はそれに属する偶然性ともども「自由へと高められた」のである。ところで、ここで言われる自由は、『論理学』の知識によれば、自己と同一である思弁的概念の絶対的否定性において成り立つ。どのようにしてヘーゲルはこの自由の理解に至ったのか。

彼は近代形而上学の最も重要な自由概念を修正せざるをえなかった。その際に、その修正が形而上学的宇宙論との別離を伴うことがほとんどそれ自体から明らかになった（フルダ 1996 参照）。スピノザによれば、あるものが自由であるのは、それがそれ自身の本性の必然性によって実在し、ただそれ自身によってのみ行動へと規定されるときである（『エティカ』I、定義七）。それゆえにまた、スピノザにとって人間の意志の自由は自然事物と自然法則の世界の内ではキマイラ［頭はライオン、胴はヤギ、尾はヘビの怪獣］である。これに対して、カントによれば、あるものがすべての現象とそれの（自然法則としての）法則から独立し「超越論的に」自由であるのは、それが自らにそれに固有の法則そのものを与え、その上さらにその法則に従って因果性を所有しているとき、つまり、現象するもののように自然法則によって記述される外的な制約の下で活動するのではなく、その制約から独立しており、したがって無制約であるときである。それゆえ既に、実在（それが何であろうとも）の（叡智的）自由が自然全体と対立して置かれているのである。つまり、自然はカントにとっては現象の法則下にある事物の定在である。それに対して、自由は無制約的に最初のものとされる。自由は既に自然の究極目的であり、それは自然の内には存在しないのだから、自然に先駆けるものである。とは言っても、自由はなおこのように哲学的な自然認識を基礎にして考えられるものではない。とりあえずは人倫的洞察に依拠する（有神論的な）宇宙神学の内で、「叡智的な」因果性として考えられている。若いヘーゲルがカント以後の無宇宙論的なスピノザ主義に立ったとき、このような基盤は消滅した。自然の「絶対的に最初のもの」は、宇宙論的に因果性として考えられるものであることを止めねばならなかった。自由とは、「盲目的な」必然性や偶然性と根本的に対立するところの概念の自己規定の働きとなった。この規定作用は、個別性としての概念が自分の諸規定をあらゆる観点から自分自身によってまた自分自身から、概念が先に自然的なものである自己にとって前提していた他のものに対して否定的に定立するようにして、現われて来るのである。――そしてこのことは自然の内にあるあるいは自然としてあるすべてのものと関連する。それゆえ、簡潔にそして的確に言えば、自由一般は「自己同一としての概念の絶対的否定性」である。その場合、自由なものとして概念的に把握されるものは、（理論的認識のような）他の観点からして自然法則の下で必然的（あるいは偶然的）でもあってもかまわない。それを自由なものと考えることはこの考え方と両立しうるのである。

（4）その他の概念規定

以上述べたことによって、精神の認識に再び概念を導入する（エンチュクロペディー §378）ということが、何を言わんとしているものであるか、という問いに対する重要なことが言われた。その他の諸規定（同 §382、第二文以下、§383）は何か新たな思想によって付け加えられたものではなく、「先に述べた規定の発展」（同 §383 補遺）によって付け加えられるものにすぎない。その諸規定の到達距離をつかむためには、それらを含んでいるより大きな歴史的コンテクストに再び注目する必要があろう。

（a）自由についての「形式的な」規定からすれば、精神はまず何よりもできること《ケンネン》であり、したがって精神の形而上学的思想規定からすれば可能性（ギリシャ語でデュナミス）である。精神はまず何よりもすべての外部的なものを捨象することができる――自分自身の外部性としての自分の定在（例えば、個別化された主体における定在）すらも抽象することができる。なぜなら、精神としての絶対理念が到達している対自存在においては、思弁的概念そのものは、それが（そのときどきの精神に固有の定在である）否定的なものに否定的に関わっているところでも――そこにおいてはしたがってこの定在は否定されている——、それでもなお自己と同一であるからである。

　このことは、自らの現実性と関係する精神の可能性にとって重要である。つまり、ここで言われている可能性は、自然的な現実性に付与されるべきものではなく、精神としての精神に付与されるべきものである。それは精神の内における思弁的概念の可能性であり、その可能性は、精神がそれの有するそのときどきの直接的定在から抽象されて「対自的に存在している」普遍性、したがって一と多へと差異化された普遍性に——これまで、精神が有しまた精神がそうである本質の「形式的な」規定にすぎないと見られてきたような、単に「抽象的な」普遍性であろうとも——なっていることにおいて成立するのである。この普遍者が（対自的に存在する普遍性において）自己を「特殊化してゆく」内容の規定性は後に初めて提示されるであろう（同§383参照）。しかしそれがどのようなものであろうとも、規定性は普遍者に外部から付け加わるのではなく、普遍者の内に内的な可能性として包含されているのであり、これはいかなる場合でも規定性に妥当することである。

（b）可能性ではあっても、精神は、そのときどきの定在と分離した、それゆえいわば「天空高き」所にあるような普遍者ではない。自らの可能性となるその都度の精神の普遍性こそがまさに精神の定在でもある。普遍性は「活動的に」自分を規定して現実化するものとしてのみ「存在して」いる。なぜなら、普遍者がその普遍性において対自的であるときにその都度、それは「自らを特殊化し」、「その内で」自己同一性を有するからである。そこで今や次の問いが生じる。「特殊化」がまだ精神の概念に属しているだけで、それゆえそれが概念の「実在化」に先行しているとき、普遍者が獲得する内容の規定性は、そして普遍者とともにこれまではただ形式的に規定されていただけであった精神の本質が獲得する内容の規定性は、いったいどこに存在しているのか。ヘーゲルの答えはこうである。その規定性は〈論理学〉や〈自然哲学〉によってはまだ知られていない顕現《マニフェスタチオン》の内に存在しており、その結果として、精神の可能性は直接に現実性であるのである、と（同§383）。この点を明らかにする必要がある。

　精神の本質をただ形式的に規定する限りは、容易に次のような考えが起こる。自由とは対自的であることに応じて全く抽象的で無規定的であることにすぎない、と。精神はその種の自由としては対自的存在者の「空虚な」多数性であり、「精神の絶対的否定性」はその多数性へ戻ってしまっているあるいは戻りつつある。つまり、それぞれが対自的に既に精神であるところの、あるいはむしろデカルトの「考えるもの」であるところの、分散した存在者の無規定の多数性である。もしそのような自由の否定性があるならば、精神はその内では、個別化された定在とその定在の内での自己同一性とを、ヘーゲルがかつて「破壊をことととする復讐の女神」と名づけた（法哲学§5注）活動として持つだけであろう。そうであるならば、精神の哲学は、自らの対象の欠損した規定とともに、それが正当に始まる以前に終わってしまうであろう。そのような形式的本質によれば、実在的本質、現実性は永遠に解明されない、と考えられよう。ところが今や対自存在は上述したように、理念の（またそれとともに思弁的概念の）対自存在として考えられるべきものである。したがって、そのことによって精神の形式的本質は新たな特別に精神的な実在性への道を――自然に属するすべての実在物に対する否定性にもかかわらず、あるいは場合によってはまさにそれのためにこそ――おそらく開くのではないだろうか。この点を熟考すべきである。なぜそのようなことが起こりうるのか。

　（c）既に純粋に論理的な形式からしても、思弁的概念の自由は自分の絶対的否定性の内にあり、そこにおいて因果関係の内にある諸実体が互いに有している暗さは消え去り、それは透明な明るさに席を譲っている。「概念へと自由になった実体」（選集VI, 246ff. 参照）としての普遍は、それが自らをそのようなものとして規定した特殊の内で啓示《オッフェンバール》されているのである。（自然から帰還して）対自的になっている概念、あるいは対自的に存在するものとして自分を特殊化する概念、これについてのわれわれのより具体的な事例としては次のことが考えられる。概念は――それは、すでに自然において即自的にそうであったもの（つまり精神）に対自的になるのであるから――自分を啓示する、のである（ギリシャ語の開示《デーロエイ》するであって、覆いを取り除く《アポカリュプティ》ではない。覆いを取り除くならば、そのまえに覆い隠すということが先行せざるをえないし、そのことが漠然と生じてもしまうであろう）。それゆえ、啓示は思弁的概念の本質に属するものであり、概念とともに精神の本質にも属するものである。神、精神として表象される神は、決して隠れた神《デウス・アブスコンディトゥス》ではない。そのような神はせいぜい、私が私自身の内に秘めている（例えば拙劣な形而上学はそう考える）ようなものでしかない。――ところで次のように考える人がいるかも知れない。このような啓示の働きは――自己を特殊化する――概念が精神の本質を規定する範囲にしか到達せず、そして本質は個別化された個別性に到達しない、したがってその本質の現象に、あるいは当然その現実性に到達することはない、と。ところが、思弁的概念は（概念的に把握される）個別性にまで到達するところの完全な自己‐特殊化の働きなのである。さらに思弁的概念は「すべての有限な規定性と多様性の根拠にして源泉」（同 261）でもあり、それゆえにまた、一方では単に本質の現象であるが、他方では単に偶然的であるものの根拠にして源泉でもあるのである。そして思弁的概念は、対自的に存在するもの（ないしは生成するもの）として、個別化された個別性の内で自己と同一であるものである。それゆえ、思弁的概念はただ自己自身への単純な関係の内でのみ自己を啓示するのではまったくない。そうではなく、それは対自的に存在している抽象的普遍から抜け出て、そのように個別化するために、自らの本質を構成する現象、偶然的なものや外面的なものを含んでいる現象へと入っていくところでもまた、自己を啓示しているのである。したがって、思弁的概念の啓示の働きはまた、実体がそれの偶有の内で顕現《マニフェスティーレン》してくる（反対に偶有は実体の力とその内容の富を顕現する）、その仕方とは明確に区別されなければならない（エンチュクロペディー §§142 注、151 参照）。とは言っても、この区別を、明白な顕現、それゆえ啓示‐させることが問題になるところで見るだけでは十分ではない。むしろ、もし啓示の活動とは区別されるような「或るもの」を考えているならば、そのようなものはまったく啓示されないものなのである。宗教的に神として表象された精神は実際は、その啓示の活動の背後に隠れていると見なされるようなものではない。（別の観点から）神を秘密のままにしておくようなものを、啓示との関係において、啓示するものとして探求することは許されない。

われわれが今目にしているものは、啓示されるものの内で、それの外化と外面性（つまり偶有）と区別される、何かより内面的な内容というものでもなく、また（個々の啓示に属する）外化と外面性の内で、規定性の内容に付け加わってくるような形式でもないのである。形式と内容との統一は、実体とその偶有との統一における場合よりも、はるかに内面的である。内容はそれ自身の内に形式を含んでおり（同§383補遺参照）、形式は単に非自立的で内容にとって外部にあるものではない。なぜなら、内容は、概念がその内で自分を特殊化する規定性であるからである。つまり、内容は形式を自分の内に含み形式の内で自分と一致するもの、それゆえ真である内容、すなわち、概念の自己‐特殊化を成立させる「この啓示の働きそのもの」のことだからである。今や、ヘーゲルは「内なるものと外なるものとの……直接的になった統一」を指摘しており、われわれが目にしているのはこの啓示の働きにおける統一すなわち「現実性」である（同§142）。そこでこの啓示の‐働きの規定から、精神の可能性は既にここで自己を特殊化する普遍のそれとして、すなわち直接的に現実性としてあることが、明らかになる。そして、この可能性は質的にも量的にも質料によって限界づけられるものではなく、しかもそれが現実化するにあたって、現実を有限化して限界づける諸条件に依存することもないのであるから、それは直接に無限で絶対的な（すなわち、どこから見ても自分自身によって規定される）現実性である。

(5) 概念史的背景について

ヘーゲルが彼の精神概念を近代形而上学の精神哲学のさまざまの変種といかに区別したか、これについては詳しく述べた。こうして今、彼はわれわれにまたアリストテレスを想起させようとしているのであることが理解できる。そのアリストテレスは、われわれが自由を形式的な本質と考え、そこから——たとえそれが現代の正しい自由の理解ではあっても——出発するとき、われわれに、精神の実在的な本質をそれにふさわしく思惟せよ、と忠告する人物である。こうして、思弁的概念を精神の認識に導入する包括的な試みから、ヘーゲルが霊魂に関するアリストテレスの著作の意味を「再び解明する」(同§378)ことを始めた仕方が、明らかになるのである。「主観的」精神(後述)の哲学はまず自然哲学に属するアリストテレスの理論、営養的霊魂・知覚的霊魂・思惟的霊魂についての理論を精神哲学的に意味づけて、この三つの霊魂の関係をアリストテレスにおいて基礎を置かれた思弁的思想によって概念把握するというものではない(選集XIX, 198参照)。それに先だって、〈形而上学〉の諸部分と結びつくアリストテレスの上述の著作から、精神(ヌース)及びそれと自然との関連に関する根本的洞察をも手に入れるべきである。少なくともこの三つの理論をヘーゲルは、独自の解釈に従って、アリストテレスのヌース-規定を伴った彼の精神概念の諸規定に分割している。(1)精神が自らの概念の開示《エクスポジシオン》においてそう規定される現実性(エンチュクロペディー§383)であり、これはあるデュナミス[可能態]についてのエネルゲイア[現実態]である。なぜなら、この現実性は思弁的概念の現実性として精神が活動していることであり、それにはあらかじめ、アリストテレスのヌースと同じように、可能であること(デュナミス)が付与されているからである。(2)この可能であることとともに目的——ヘーゲルの場合は自由——もまた定められ、その目的の内で、活動していることが維持されるのであり、すなわち活動していることは同時にエンテレケイア[完現実態]である。(3)ヘーゲルにおける精神がその可能態の内で直接に絶対的な現実態であるように、アリストテレスにおいてもまた、ヘーゲルの解釈によれば、混合されておらず端的に活動的なヌースは、それの本質（ウーシア）に属しており、質料なしに存在するデュナミスである。それに対して、ヌースそのものは、活動しているときにのみ存在する。エネルゲイアとエンテレケイアもヌースの本質に属しており、そこで、デュナミス、エネルゲイア、エンテレケイアはヌースの内で一つになっていると、言うことができる（選集 XIX, 185f : 213 参照）。

ヘーゲルは明らかに、初めてこの主張のための（つまりエンチュクロペディー §§382/3 でスケッチされた）根拠を提供し、そしてそのための思弁的概念に重要な役割を与えたのは自分である、と考えている。もしそうであるならば、彼は、アリストテレスが把握しようと努力した最も深遠な思想を、彼自身の認識の内で確認したことになろう。しかし彼は、アリストテレスにおいてこの認識の重要な歩みがすでに準備されていたことを知っている。哲学史についての彼の講義から、ここで触れた以外のこともそのことに属することが読みとられるべきである。

はっきりしていることは、ヘーゲルは、彼が自己自身を思惟するヌースを全にして一なるものと見なし、哲学をしてこの全にして一なるものを概念的に把握するものであるとする（選集 XIX, 413）という考えをアリストテレスに帰してはいないことである（同 164 参照）。アリストテレスのヌース-概念をこのように見る視点、また（その概念から生まれた）精神についての視点、これは、哲学が初めて古代後期に経験し、哲学を懐疑主義からアレキサンドリアの新プラトン主義（ないしはアリストテレス主義）へと導いていった経験のお陰を蒙っている。この経験は忘れ去られるべきものではないであろう。ただし、この経験は、ヘーゲルによれば、ある決定的な欠陥に苦しんでいた。それは「絶対的な断絶」を考慮していないのである。古代の世界志向的な哲学的思索とともに、「無限な主観性」の深淵へ進入することによって、その断絶が生れたのであり、そうしてキリスト教に誕生した自由意識の内で次の一歩を可能にする発端を作ったのであろう。一切の特殊なものや個別的なものを懐疑的に解消してしまうこと、これのみが精神を「否定的な平静」へと、そして次に肯定的な「自己自身の内なる平静」へと到達させるものであるが（同 414）、これが新たな認識のチャンスを提供したのである。たしかにこのチャンスもまた絶対的で抽象的な自由の思想から出発するような概念把握のために啓示されるものではない（同 488）。けれども、アリストテレスを超えてこの方向へ踏み出す重要な一歩を、アレキサンドリア学派は成し遂げたのである。この学派は――プロティノスにおいて――ヌースを、「秘匿されたものから啓示へ前進するもの」として初めて構想したのである（同 477）。

七・三・三　方向づけの補足

どのように精神概念に関わるべきか、このことを知ろうとするひとは、表象的に思惟しようとする誘惑に屈してはならず、また精神の自由とか精神の能力やその啓示の働きに帰属させられているような周知の対象を、性急に追求してはならないであろう。むしろ今は、次のことをじっくり考えるべきである。（1）どのようにまた何に基づいて啓示がなされるのか、（2）これ迄述べたすべてのことからして、「絶対者の最高の定義」にとって何が意味と内容において明らかになるのか、（3）精神概念を実在化するために何がその区分として現れてくるのか、（4）精神概念の例証をその認識可能性の観点からしてどのように評価しなければならないのか。

（1）啓示――どのようにまた何に基づいて

「何に基づいて」、これについては広く探求する必要はない。いずれにしろ概念の実在化の遂行とは、精神が全体としてその概念に不適合な諸形式から完全に解放されている定在を獲得する、そのことの証明を目標とするものでなければならない（同 §382 補遺）。その目標に到達するのは、精神が自らの現実的実在であるところの自己啓示の自由を、実在物のなかで最終的に「生みだし」、自然から戻るあるいは対自的になることが「絶対的な対自存在」（同 §384 補遺）の内で完結しているときであろう。そのための出発点としては、アリストテレスの『霊魂論』の現代版を期待すべきであろうが、この期待を満たすためには、精神の無防備な概念はまだあまりにも無規定である。

精神はそれ自身に即してもさらに規定を必要としている。われわれはこの点を自然に属していた即自的に存在する精神について上で述べたときに示唆しておいた。なぜなら、そのような精神ではあっても、精神は自己を啓示するものであるからである。たとえそれが——対自的に自由ではなく——明らかにされるべき概念に属するのではないとしても、である。したがってわれわれに欠けていることは、「自由であるところの」（同 §384）精神の啓示の働きと即自的な精神との間に一線を画すことであり、そうすることによって哲学の精神-認識の個別分野の対象を確定するのに役立たせることである。即自的に存在する精神に対して付与せざるをえない啓示については、啓示の二つの形式を、その展開過程のなかにある自由な精神にとって特徴的なものであるとして取り上げるべきである。その際、この二つの展開形式の第一の形式（つまり、反省としての措定的な前提作用）に即して、（精神の自己関係的展開としての）第一の区分項が示され、そしてそれが第二の項（つまり、精神が生み出すべきまた精神によって生み出される精神的世界というものの形式のなかで精神が自らをさらに展開してゆくこと）と対立することが示されるであろう。しかしそれだけではない。有限精神と無限精神との間の区別が普通の理解からは外れていることについての視点も開かれるのである。なぜなら、区分のこの二つの項はその啓示の形式からして本質論の規定に依拠するものであり、一緒になって有限な精神を形成しているからである。他方で、啓示の他の形式は（自己を展開する精神における啓示の形式として）第三の区分項——無限な精神——を構想することを要求するのである。しかし、この無限な精神は有限精神とは異なるものとして存在するものではない。無限な精神は、精神自身が有限精神に対して措定した制約を、止揚して-いること、ないしは止揚して-生成することにほかならない。有限精神と無限精神との区別は活動している唯一の精神のその働き方の違いにすぎないのである。問題にされるべきことは、それらに適合する精神の活動性や活動の成果の在り方であって、「複数の精神」ではない。したがって正しく理解するためには、啓示の形式をはっきりと区別し、次にそれらの形式がどのように区分を根拠づけるかを把握することが重要である。

精神は自然をも啓示し、またその自然の内で自己自身を啓示するものであるが、精神をそのようなものとして概念把握する試みは、認識対象からすれば、自然は哲学的に認識できるという要求を正当なものとすることを助けるはずである。認識意図が向かう認識対象によって何かあるものの認識可能性が保証されるとするならば、そこにはその当のものを啓示-すること、ないしはそれが啓示-されることが存在している。しかし、われわれにそのような正当化の基盤を手渡してくれる啓示は、自然の相互外在に「没入して」（同 §384 補遺）いる即自存在する精神にとっては、ただ有の形式において存立しうるだけであって、思弁的概念はその形式に従って、自分が自然の内なるものの最も内なるものである限りで、ある自然規定から次のものへと移行する（同 §240）という形式で、自然の内で前進してゆくのである。自然が生成すること（同 §384）また認識されうることは、この形式のお陰なのである。いやむしろ自然は――生成するものとして――この形式そのものである。その生成は概念的であるとともに概念把握されるのであり、それゆえまた自然に即してそこから現れ出てくる諸規定と一緒に認識されうるのである。しかし、この認識（その基盤をなすものは啓示の働きである）は――自然の認識として――既にわれわれの背後にあったものである。今われわれの目の前にある精神の認識のためには、対自存在する自由の規定から明らかにされる啓示の諸形式を問題にしなければならない。その諸形式をここに挙げたものと適切な仕方で見分けるためには、もう一度――ある点では以前より正確に――どのようにして対自存在する自由の規定が生み出されたか、を考えるべきである。

以上の自然哲学の成果についての解釈はこれまで、自然がその対自存在に到達した理念の内で「消滅して」（同§381）いることに依拠していた。精神の本質は形式的に自由である（同§382）という主張は、そのことに従って次のことが意味されていた。「形式的」という表現はわれわれの考察と精神の本質を特徴づけるものではあるが、自由を特徴づけるものではない。ところで、詳細に見るならば、対自存在するものであることが明らかになった自由それ自体はまだ単に形式的なものにすぎないと言わざるをえない。その自由は自然全体に対立するものとして自己へ反省しており、それゆえまだ自然との反省的関係の内にある。したがって啓示の活動もさしあたって本質の形式の内で遂行されざるをえない。そこでそれは反省の形式的規定によって特徴づけられるものである。その形式的規定は措定と前提である（選集VI, 26）。そこで、精神はわれわれにとっては自然を前提としているものである（エンチュクロペディー§381）。このことを確認したうえでさらに、少なくとも次のことを期待することは当然であろう。精神は自然をさしあたっては自分の世界として措定するのであるが、同時に精神は世界を自立的自然として予め措定してもいる［前提している］（同§384）。有限な認識はまさにその理念から「現存している客観的で直接的な世界」（同§224）に向かうのである。したがって、自然そのものを文化の所産として、われわれがそれをわれわれの精神的活動において、ただあれこれの世界をではなく世界一般を「作る」あるいは生み出すという仕方で扱っているものであるかのように、説明し主張する「文化主義《ナトゥラリスムス》」は、不可能である。精神は――自分の自由を実現するなかで――ただ自分の世界を創造するのであり、しかもそれは、精神が自然をそのような世界として「措定する」、すなわち、自然を自由の樹立という目的に服従させることによってである。しかし、精神が自然をそのように措定しうるのは、精神が自然を世界一般として前提しているからにほかならない。

このように自然を措定することと前提することの内で啓示は働いているのだが、このような啓示を基盤とする場合は、対自存在する精神はまだ、自然が隠蔽するとともに啓示している（同 §384 補遺）即自存在する精神との統一を認識しておらず、したがって自分自身との統一をもまた認識していない。それゆえこれに満足するわけにはいかない。展開は「概念の内なる」啓示から、すなわち概念の形式の内で始まらねばならない。その形式の内では、自由は単に形式的で自然に対立して排除的な否定性であることを止めるのである。既に自然哲学がその一例であった。それゆえ、啓示する働きが概念の形式の内に「存在する」という主張については、もはやここでそれを根拠づける必要はない。ただし、その啓示はどこにあるか、と問いうる。答えは、自然と精神との補完関係の規定に――これまでの諸規定に適合し自由の概念に立ち戻ることによって基礎づけられる規定に――向かうべきである。その規定によって、精神についての焦眉の哲学的認識は、措定的-前提的な啓示にのみ、あるいはここで述べられたのとは全く異なる精神概念にその支えを持ちうる、と考えようとする誘惑からは免れるであろう。それは啓示の第三の形式を目指すべきものであり、最終的にそれに根拠を置くものである。

この形式を性格づけるためにヘーゲルが用いたものは、自由であるところの精神においては、啓示とは概念の内で自分の（すなわち精神の）有としての自然を創り出すことであり、「精神はその有の内で自分に自分の自由の肯定と真理を与える」（同 §384）という命題であった。この命題は緊急の追求という条件下での見事な形式化の典型である。一面では、これはヘーゲルの『論理学』に期待されているものの響きを持っている。なぜなら、普遍としての思弁的概念が特殊へと向かう活動は「創造的な力」（選集 VI, 279）だからである。普遍は「自らを自由と規定する」（同）のであり、少なくともそれが理念であるときは、特殊を創り出すものである（選集 VI, 279、265：エンチュクロペディー §214 注参照）。他面では、「自然を創り出す《エアシャッフェン》」という語によって、（神による）自然の創造《シェープフング》が主題になるという考えが呼び覚まされる。創り出すということがここではそうは考えられていないことを見るためには、かなり正確に読み込み、そのコンテクストを考慮しなければならない。一語一語受け取れば、この定式は反対のことを言っている。「自然を……として創り出す」というヘーゲルの語句の内に伝統的な創造説を読み込んではならない。そのことはこれに続くパラグラフからも分かる。その論述は、自由であるところの精神と啓示することに付与される諸形式との区別を根底にしてなされているからである。はたして（以下で述べる）芸術・宗教・哲学を含むような「絶対精神」が、自然の創造者としての精神でありうるものであろうか。いったいわれわれの前に今まであった唯一の、（自然の、そしてこれまでのところ自然から始まった精神の）真に哲学的な現実認識の例が、神による自然の無カラノ創造であるかのような啓示の働きに依拠するものであるだろうか。したがって、ほかならぬわれわれがヘーゲルの自然哲学と精神哲学に携わって得た認識こそが、「概念の内における啓示の働き」を創造神学的に解釈することをはっきりと否定するのである。

　このように精神に関するその他の認識を方向づけるために役立たない間違った解釈を拒絶しても、自然と精神との関係、概念の内なる啓示とともに考えられるべき関係は、まだ積極的に規定されてはいない。けれども、ヘーゲルがわれわれに与える規定の説明が今やわれわれの手元近くにある。われわれが目の前に持っている例において既にもう、自然は生成（最終的には自由な精神への生成）にすぎないものではないことを明らかにしている――また、精神は自分の世界の建設という目的のために自然を措定するだけのものでも、世界一般を自然として前提するだけのものでもないこと――を明らかにしている。精神はこの世界の内で、その内でまたそこから自由になるために、自然全体を、（精神がその内で自分自身の有を創り出すのであるから、）創り変えるのであり、精神はその有の内でもはや自然に対して否定的に自分の自由を行使するのではなく、精神はその内で自分に「自分の自由の……肯定」を与えるのである。

それゆえにこそ、精神の自由はその内で自分と適合するようになり、したがってその真理に到達するのである。この真理の内で、対自存在する精神は、既に自然の内で働いていた即自存在する精神と合一することになる。単なる措定も、前提も、さらにまた自然の生成も、本質的に自己啓示の働きの過程であるところの即かつ対自的に存在する精神の存在の内で、止揚されているのである。

結局、精神はこのようなものとして自然の絶対的に最初のものであり、すでにそのような最初のものとして概念における啓示を目指していたのであるから、精神はそれが自然をそのような有として創り出すことにおいて自らを啓示させている、と言うことも、おそらく許されるであろう。つまり、精神は、「永遠に」精神へと生成してゆく自然全体を素材（ギリシャ語の「ヒュレー」）として用い、その素材をもとに、自らにこの形式を与えるのであり、その形式はそれの側で――美的に、宗教的に、哲学的に――自然に対する別の立場を、有限な、理論的な、実践的な認識の立場として、生み出すことであろう。したがっていずれにしろ、これから取りかかる哲学的認識の例を基礎にして、今ではその認識を可能にする精神の自己啓示について、それとともに精神哲学の区分の基礎について論じることができるのである。

（2）「絶対者は精神である」とはどういう意味か

この定義の意味と内容及び絶対者の最高の定義としての定義については、次のように言うことができる。その意味はまず一度、昔――すでにプラトンによって（選集 XIX, 91 参照）――見出され、そしてキリスト教によって、ただ表象においてではあるけれども、広められた真理を、概念的把握の内に取り戻し、その諸規定を修正しまた証明されるものとすることの内に存する、と。そうすることによって、キリスト教的-西洋的な哲学と近代の哲学との精神哲学上のいくつかのアポリアは回避され、そして重要だが近代では広く忘れ去られていた準備作業（古代は精神の認識のためにそれをおこなった）が、古代の思想家たちが根拠づけの責任を負わなくとも、再びその権利を認められるようになるのである。この準備作業はむしろある修正と新たな根拠づけによって補完されるであろう。

この意味を詳しく概念把握するためにこの定義の内容をも考慮に入れるならば、さらに〈精神〉の概念は抽象的な普遍概念ではないことが明らかになる。もし抽象的な普遍概念ならば、そこでは精神的な活動の特殊なものはすべて捨象されてしまい、その概念に含まれるものは即自存在する精神でも対自存在する精神でも、いずれでもよくなってしまうであろう。精神とは、定義するならば、自由が活動の状態《アム・ヴェルク・ザイン》にあることの概念であり、活動状態にあることは自分と一致し完全に実現されている自由を目的としている。活動状態にあるためには、さしあたって即自存在している精神は対自的になりしたがってまた自己関係的になり、そして次にそのように自己関係するものとしての自己を、それを適合せしめる精神的世界へと客観化するのである。まず一度自分を「内-化して」、次に客観化するという、精神のこの二つの局面の過程は、それを実現するために、ヘーゲル哲学を待たなければならないものではない。そうではなくそれは以前から進行していたものである。精神は古代の人倫世界にまず最初に現れた。人倫世界が没落すると精神は初めは「無世界的な」実存の内に――古代後期の懐疑主義とアレキサンドリア学派の内に――生き残った。しかし古代末期になると、精神は、今や自由によって自己客観化を通して世界を自己と和解させ自分に適合させるために（選集 XIX, 412 参照）、対象的に精神的である世界に復帰した。この点は歴史哲学のコンテクストにおいて詳しく述べるべきことであろう。

絶対者を精神として定義することの内には、自然と（有限でありまた無限でもあるものとしての）精神（エンチュクロペディー §386 補遺参照）との「統一」が考えられている。この統一の「点」を目指して「すべての宗教と学」は進んでゆくのであるが、その「点」はわれわれに、なぜこの定義が最高の定義であるか、このことをも明らかにする。つまり、定義されるべき「絶対者」について語ることによって、そのような統一の概念が漠然とだが求められるのである。概念の対象は「絶対者」という表現では不十分に固定されるだけである。精神とは自らを絶対的な対自存在へと展開してゆく理念であると定義する概念において、精神は一義的となり適切なものであると認められるのである。それでは、精神の定義のために「それ以上」の何を提供しうるであろうか。もちろん、精神をただ表象的に考えることは定義にとって十分ではない。哲学の課題は、精神を「それに固有のエレメントすなわち概念の内でつかむこと」にある。ヘーゲルはこれこそ唯一片付けられていない課題であり、その解決が自分の関心事であると見ている。なぜなら、概念はキリスト教の表象に頼ることのない内在的な解決を必要とするからである。しかし、（包括的な基本的意味における）自由もまたこの課題の対象とされることがなく、また自由としての概念が加えて課題解決の「魂」（＝運動原理）でない場合は、その解決は果されない。にもかかわらず、その実現をヘーゲルは自分自身に課したのである。

哲学的認識の体系的行程の内にある「定義」に続くものは特殊な精神哲学の総体ではない。これは自明である。そのような全体は、もはやそれを超えてゆくことのできない適合的な絶対者の定義をわれわれに与えるような課題規定の彼方に存するものだからである。それは、定義を保管するという性格を持っている。絶対者は精神であると言い、それによって自然と精神とがいかに緊密に連関しているかを表現しようと欲するならば、そのひとは本来、精神としての絶対的理念は、自然であるところの他者の内で――二つの極の間にあるプラトンの「美しき絆」を中項とする推論の内で――ただ自分自身とのみ合体していたのだ、と言わざるをえないであろう。そうして初めて「最高のもの」（これはヘーゲルの解釈によれば既にプラトン哲学の内に含まれていた（選集 XIX, 91 参照））にその十全な表現がもたらされることになろう。したがって、われわれの定義の意味には、定義が不完全であっても、ある定義の内で自己を認識すること以上に、その不完全さを通して自己をより良く認識するように心構えをする、ということが属しているのである。

（3）精神哲学の区分

Ⅰ．精神が自立した自然としての世界を前提し、したがってその限りで精神がその前提作用のこちら側で自然を自らの世界として措定しながらも、そこにおいて活動的ではないか、あるいはそれにただ関係しているだけのときは、精神は思弁的概念としては、また思弁的概念に関して概念的に把握されたものとしては、さしあたっては自己自身への関係という形式の内にある。そして、概念そのものは典型的に主観的なものであるのだから、この形式に制約されて活動している精神は「主観的精神」と呼ぶのが最もよいであろう。その発展は次のようになろう。精神の概念であるところのもの（理念の他在のすべての規定の観念性）が精神に対するものとなり、そうして精神にとっては単にそれの本質（同§382）だけではなく、その有も「自己のもとにいるすなわち自由である」ことになる。

Ⅱ．次に、自らの有の内で自由な精神（同§481）から出て、精神が自らの自由の「実在性の形式の内で」自由となる活動性が明らかにされる。この実在性は、啓示の第二の形式（同§384）に基づいて精神が生み出し、また精神によって生み出された世界である。この世界は、そのつど実現される自由の実在性を形成しつつ、「現に存在している必然性として」の自由となる。なぜなら、自由はそれを実現する際に生み出されたものに法則を与え、そうして必然性を、現に存在してはいるが精神のものであるような必然性を作るからである。ところで、必然性とは、概念の「主観的な」自己関係とは対蹠的なものであるから、概念の客観性に属するものである。それゆえ、そのような活動とその結果からして、この精神は「客観的精神」と呼ばれるのが妥当であろう。

Ⅲ．啓示の第三の形式が全体として作られ、最初の二つの発展段階の概念的規定が作られるならば、最後の区分項の性格もまた容易に納得されるであろう。根底にある啓示の働きからして、ここで主題となるものは自由がその真理において活動することであろう。ところでこの活動は、主観性・客観性・両者の統一として区分される「概念論」に従えば、「精神の客観性」と、「精神の観念性」あるいは「精神の」主観的な「概念」との統一であり、それゆえ概念と関わりのあるすべての関係の内にある真理であり、したがって「絶対的な真理」である。そのような真理の内にある概念にふさわしい名前は「絶対精神」である。

（4）精神の認識可能性

精神に関する以上の導入的案内の最後に、精神の哲学的認識可能性についての問いを立てることができる。少なくとも言えることは、その問いの意図は「ある一つの」精神をましてや「多くの」精神を認識することに向けられているのではない。もしそういう意図であるならば、それはただちに、多くの精神がわれわれ自身と異なっているとき、それらはそもそも「存在する」ものであろうか、という問いにぶつかって、つぶれてしまうであろう。またヘーゲルは、批判以前の形而上学的精神論のテーマであった精神を認識することはわれわれには不可能であるというカントの批判の成果を、修正しようとするのでもない。それどころか、ヘーゲルはこのような学説から離れること、その点カントよりもはるかにラディカルである。彼はそのような学説の理性的意味を疑っているのである。そのような試みはヘーゲルにとっては、カントの形而上学構想におけるのとは異なって、もはや全く何の意味も持たなかった。何かが存在しそれが精神であることは、前提されたものによって証明されるべきことではない。今や、精神の概念を形成し例証しているものを「生きた発展と実現のなかで」(同 §377 補遺) 認識すべきなのである。このような認識課題の内部では、認識の意図は、主題とされるべき精神概念の発展局面に従って、次のように特殊化される。Ⅰ．主観的精神にとっては、認識は次のことを洞察することを目指している。精神が自己関係の内でなす活動の諸様式は、生物の器官のように連合している諸部分から全体(「統体性」)を作るだけではない。その際に全体の体系的分節化は、そのような精神的自己関係の形式の内にある精神の単純な対自存在であるような活動様式と、つまり、自らの目的を挙げて自らの自由の実現に向けている(同 §481) ような即-かつ-対自的に自由な意志としての自由な精神の活動様式と、結びついているのである。Ⅱ．客観的精神においては、次のことを洞察することが主題となる。その実現はただ一般に「現に存在する必然性としての自由」に導かれるだけではない。そうではなくさらに、精神の世界全体を貫いている実現の最も包括的な様式に導かれるのである。つまり、「世界史の思惟する精神が」働いているような、そういう様式である(同 §552)。Ⅲ．最後に絶対精神については、次のことが認識されるべきである。絶対精神はただ一般に、絶対精神が知であるところの、その知に高まるだけではない(同)。絶対精神は一連のこのような知の形式を通り抜けてむしろ「概念の形式」にも到達しているのであり、その知とわれわれの自己認識の諸形式の系列全体がその形式と結びついているのである(同 §§573、577)。

これらの形式のすべてにおいて、自らの概念から認識されるであろう精神は「現象の山の背後にひとり住む本質」ではない(同 §378 補遺)。精神は、総じてわれわれ自身のもとにあり熟知されているところの、現実的な質・状態・活動・その産物、これらの集まりである。ただしそれらは体系的に手に入れられ《エアカント》[認識され] ねばならない。したがってそれらは、懐疑的に思弁的に概念を修正するやり方を続けることと結びつけられ、もしかするとわれわれの概念は満たされないのではないか、という懸念にはいかなるきっかけも与えないのである。表象的思惟からしてわれわれに周知のものでありわれわれが通常精神に属すると考えている諸概念に、実例を割り当てることは、自然哲学の場合には概念諸規定に対応する経験的現象を指摘することであったが、それと本質的に異なるものではない。あるいはそれを克服するのに根本的により困難な課題であるのではない。これに対して、理念であるところの唯一の概念そのものについては、われわれは既に自然についての哲学的認識において疑う余地のない実例を有している。したがって、精神の概念は確実であり、精神の特殊化の諸概念は空虚ではない。

七・三・四　主観的精神、〈人間学〉と〈心理学〉

主観的精神については、ヘーゲルは導入的に（エンチュクロペディー §387 参照）、発展行程の区分と主たる道筋、それから自己を実在化する精神が再び理念に到達するその箇所を、指示しているだけである。その場合に主題となっている理念は認識の理念（同 §223–225）［小論理学概念論のC理念b認識］である。そこでわれわれはまず、精神が「自らの同一性の内で自己を発展させつつ」、「認識するものとして」もまた定在してくること、またその仕方を、確認すべきである。したがって、（生命の理念を伴った）自然哲学の場合に既にそうであったように、論じられるべきものの第三の部分［主観的精神のC心理学］の前に、対自的に理性であるために、自己を規定することの内に理性を見出す、知性の活動（同 §445 参照）が先行するのである。――それはまず、理論的に理性であるために要求される心的諸活動の協同の内で論じられ、次にまた実践的に、そして即かつ対自的に自由な理性的意志（同 §482）の内で論じられるのである。この意志から思惟的考察は精神哲学全体の第二部［客観的精神］に進む。主観的精神の哲学の内部ではそれの三つの章の最後の章がそこへ導かれるべきものである。ヘーゲルはそれを心理学と名づける。なぜなら、精神がそこにおいては（近代の経験心理学のように）、認識と意志的目的実現とにおいて連合されるべき知性の諸活動を伴う

「主観それ自体として」考察対象になるからである。こうして、思惟的考察においてこのような対象に先行されるべきものは、精神が自らを認識するものと規定していることと合致することになる。この考察が考慮すべきことは、精神は単に主観的にすぎないのではなく、同時に「具体的」なものであること、すなわち、生きた動物的有機体とともに成長してきたものであることである。けれども、精神はその明らかにされた概念に従えばまず自分自身への関係の内にあるのだから、最初にまず、いかにして精神がそのようなものとして動物的有機体に即して自らを展開するか、を考えねばならない。

自然と精神との境界は精神の概念によってのみ印づけられるのだが、それは動物と人間との境界とは一致していない。それゆえ、まず考慮されるべき一群の現象は、決して人間的生命の精神的視点に制限されるものではなく、今新たに考察に取り入れるべき概念的諸規定に当てはまる限りでの、動物の類の生命の視点をも包括している。したがって、人間の精神的自然と動物の自然との境界を付けることが、主観的（かつ客観的）精神に関する理論の内部で課題となるであろう。ヘーゲルはその課題にそれほど関心を抱いておらず、それが必要とも思っていない。彼は——アリストテレスのように——人間を動物から分かつ境界を形而上学的に強調することにも、それを感覚主義的になくすことにも向かわないからである。

にもかかわらず、主観的精神の理論の第一の部門は人間学《アントロポロギー》と名づけられている。なぜなら、彼は精神物理学的な事柄をテーマとしているからである。それの自然主義的ではないが二元論的でもない構想は、われわれがわれわれから出発し、われわれの「精神の生きた統一についての自己感情」（同§379）を鍵として——動物におけるそれに対応した現象を理解するためにもまた——利用する場合にのみ、確定されうるのである。〈唯心論かさもなければ唯物論か〉という誤った選択の彼方で、また、延長スルモノと思惟スルモノとの二元論を抜きにして、〈人間あるいは動物の）「自然の内に沈み込んでいる」精神を概念的に把握することが、肝要なのである。この精神は「魂《ゼーレ》」として考えられ、魂は生きた身体の現実態ないしは完現実態として考えられており、魂は身体的‐魂的な統一と考えられるからである。その際に問題となる現象において、それの記述の身体的視点と魂的視点とは、概念的な仕方で連結しているのである。例えば、もし（眠りから目覚めへの移りゆきの）過程を考えないのであれば、覚醒について有意味に語ることはできないであろう。この過程は、その概念に従って、一群の生理学的経過を含むとともに、夢からあるいは夢を見ない眠りから「自己に至る」ということがどのようなことであるか、その特有な在り方をも意味づけているのである。このような記述をアリストテレスは『自然学小論集』において試みている。その例は次のことを示している。人間学が追究すべきものである自然の内に沈み込んだ精神によっては、魂をさまざまの活動の「主体」として考察することはまだできない。むしろ、魂についての思惟的考察はまず最初は、知覚や感情あるいは意識内容の意識的「所持」やそれの確信、そのようなことにとっての主体という概念に向かわなければならないのである。

その際に、アリストテレスも、また十八世紀の（経験的あるいは合理的）心理学も気づかず、むしろカントによって哲学が初めて注目した視点が顧慮されるべきである。それは、自覚的に真を判定する主観について確信を持って語りうるのは、ただ客観との関係においてのみであり、あれこれのものはその客観について真と判定され、その判定が正しいか否かはその客観に即してはっきりさせられるべきものである、ということである。そのような客観について厳正な論述が実現されるのは、真と判定することの客観性の諸条件を考慮してのみ可能である。この客観性の条件の体系はまだ魂の内には見出せない（魂は身体に固有の「活動していること」や「完結した組織の内で自分を維持すること」としてある）。むしろ求められているのは次のことである。有機体とその組織、また魂の気分、好みや嫌悪は、まさに無視してよいのであり、そして与えられているものを、それにとらわれずに、意識的に「客観的」統一に向けて解釈することである。この統一は心身的統一ではなく、それゆえ魂であるのでは全くない。

他方でまた、この統一は知性のすべての活動（真に関する理論的認識と善に関する実践的実現と連携しなければならないような活動）の典型的に「主観的な」統一であるものでもない。それゆえこの統一はまだ、ヘーゲルの心理学がそれの概念把握を目標としている複合的な主観性ではない。そこで、魂から認識へ進展してゆくある局面で主観的精神が主観（それは意識を「持つ」）とその客観とに分離するという視点を考慮するために、人間学と心理学との間に別の科目が差し挟まれねばならないのである。この科目の構造はアリストテレスに帰すことはできないものである。しかし、近代の経験的心理学がそれに対する関心を引き起こしたと考えるのもまた不十分である。それはただカントによるものである。ヘーゲルはこの科目を「意識論」ないしは「精神の現象学」と名づけ、その初めですぐに、この立場がカント（さらにK. L. ラインホルトとJ. G. フィヒテ）の哲学において採用されたものであることに注意を促している（同§415注）。しかし、先の導入的学問に比べると、〈現象学〉の論述は「端緒と基礎的概念」（同§16参照）に限られている。それが考慮しているのは先に述べた［精神現象学の］八つの意識段階の内の初めの五つだけであり、第五段階すなわち理性の段階に直接に心理学が続いているのである。

主観的精神のどの科目も、二元論を避けること、あるいは二元論を超えることを、主題としている。しかし、それぞれの科目に応じてその二元論は特有なものである。〈人間学〉では、魂と身体との、また主観的精神としての人間とそれ以外の特に動物的自然との、（推定された）二元論であり、〈現象学〉では、（意識的なあるいは自己意識的な）自我とそれ以外のすべての実在物との二元論であり、〈心理学〉では、理論的知性と実践的知性との、あるいはむしろ思惟と意志との（やはり単に推定されただけの）二元論である。

三つの科目は、テーマとプログラムが非常に異なっているにもかかわらず、共通の目標を持っており、その上にまた一致した進行をおこなっている。つまり、それぞれが概念を実在化する際に新たに付け加わる規定は、それに対応するそれに固有のものを示すべき経験的現象に行き着くだけではないのである（上記七・二・二参照）。今やその新たな規定はまた、精神がその規定の対自存在に到達した理念であるのだから、実在物に、すなわち魂のための実在物、意識のための実在物、あるいは認識する活動の主体としての知性のための実在物に行き着くのである。そしてそのつど新たにそれらのために「措定される」すなわち今やそれらの概念に属する「のために-存在すること」によって、魂・意識・理論的あるいは実践的認識の主体は、「より高い規定」（同 §387 注）をも獲得しているのである。このことが、主観的精神の哲学における進展を連続的に「外面的なものが内面的なものへと戻ってゆく」ものとするのである。

（1）〈人間学〉

ヘーゲルの人間学を研究しようとするものは、まず何よりも『エンチュクロペディー』の信頼に足るとはいえない諸節（同 §§388–411）に依拠せざるをえない。人間学はその材料をその誕生期に特有な領域に関して直接にアリストテレスから受け取っているのだから、材料の観点からは、『デ・アニマ』と『自然学小論集』がその深い理解のためには重要な示唆の源となる。しかし、アリストテレスの書物自体、ヘーゲルの諸節よりも容易に理解されるものではないし、ヘーゲルの精神哲学を導く枠組はアリストテレス的ではないことを忘れてはならない。その枠組は本来、人間学の内実を明らかにする少なくとも次の三つの問いに答えることを要求している。なぜ（またいかなる意味で）精神はまず魂を前提するのか。魂は生命を持つ有機体の現実態で完現実態であるのに対して、精神は自然の真理にして絶対的に最初のものであることが既に明らかにされているにもかかわらず、である。魂は何として（また何に対して）規定されるのか。それが、形態化過程や同化過程そして類過程としての動物的有機体のように、死や精神への移行に対して規定されているのではないとしたら、である。なぜ（またどのようにして）魂の概念の発展の結果が精神哲学の構想の内に収まるのか。以上の問いにヘーゲルがいかに答えているか、それは、遺憾ながら、ここにはそれを記す余地がない。（代わりに、フルダ 2000 を参照）

（2）〈心理学〉

ヘーゲルの心理学は、アリストテレスがすでに区別し「経験的霊魂論」の内で扱っていた、直観・表象・思惟、これらのものの心的な編成とそれらの機能をテーマにしている。直観としては、知性はあれこれの感覚領域の感覚的に知覚された所与のものの内に「沈み込んで」おり、それと「具体的統一」を形成している（同 §449）。表象のもとでは、まず心像を所持すること（同 §452）が理解される。心像は直観的印象に由来するが、内面化され――意識されずとも――保持されるものである（想起）。それから、無意識に保管されているものを基礎にして作られる表象の心像を再生産することが続くのであるが、再生産された心像によって自由に想像することもあり、最後に記号の制作（想像力）となる。以上の機能、想起と想像力に続く第三のものとして、新たに特有な記憶が付け加わる。それは名前を付ける記号を保持し、それを再生産し、最後にその記号を機械的に意のままにするものである。この名前の記憶は別にして、以上に述べた諸機能がヘーゲルにおいて、アリストテレスによって既に指摘されていた順序に従って現れてくる。ただし、以上の理論的精神としての諸機能に続いて、今やほかの機能が、しかもまず（本来の意味における）実践的精神を特性化するものが現れてくる。つまり実践的感情であるが、それはものがあるべきようにあるという好感と、そのようにはないという不快の感情であり、そうして今ある状態を変えようとする欲求が目覚めてくる。さらに、欲求を満足させようとする衝動があり、また、衝動に身を任せるか衝動を拒否するか、その能力として、恣意がある。そして最後に、賢明な恣意の決断を助けにして、理想的な幸運状態において衝動の満足の最大を獲得しようとする努力がある。意志が単にまだこのような努力の根拠と活動にとどまっておれば、それは「即自的に」自由であるにすぎない。ところが、この幸福《エウダイモニア》を追求する伝統に規定された実践的精神と、思惟にまで至った理論的精神とを、カントにおいても予想されていなかった全く新たな仕方によって補完するものが、今や第三のものとしての自由な精神である。意志が即かつ対自的に自由であるのはこのような自由な精神としてである。なぜなら、意志はそれの世界の定在の内で、幸福の漠然とした理想の代わりに、それの本質であるところの自由を目的としているからである。

古代の哲学的な霊魂論と近代の経験的心理学とを区別して、上述の精神的諸機能をただ数え上げ、正しく相互に区別し、それらを基礎的関係に従って配列する、あるいはそれらが共通の最高の目的に向かって互いに協同するさまを考察する、そのようなことをヘーゲルは望んでいない。反対に、その目的（考察はこの目的を最後に自由の目的として獲得するのではあるが）は度外視して、いかにしてそれらが相互に――さらにまた魂の規定や（理性に至る）意識の諸段階とともに――「必然性に従って……一つにまとまる」（選集 XIX, 199）全体を作るかを、示すべきなのである。まず最初にこの全体の概念が主観を意味していることが認められるべきである。この主観によって精神は（こうして客観的になり）自らの自由の規定からなる体系を形成するのである。それとともに、主観性哲学の内で目指される革新が、初めに認識されていた以上にはるかに広範に進行するのである。

それらの革新のなかで最も重要なものをヘーゲル自身が強調している。それは、名前を意のままに用いる記憶と思惟（同 §464 注参照）と、そして思惟そのものについての概念にとってこの記憶の構成的機能の役割に関するものである。アリストテレスや近代の経験的心理学が「記憶」（メモリア、ムネーメー）のタイトルの下で扱っているものは、何らかの表象像を保持すること、ないしはその表象像を恣意的記号を手段にして意のままに用いること（記憶術）にすぎず――それゆえ、想起のあるいはせいぜいのところ想像力の機能に属する現象にすぎなかった。それらは根本的にそのようなものとは区別される優れた意味で（というのは思惟との構成的な連関に入るのだから）展開されるようなものではなかったのである。ところがそれとともに初めて、ヘーゲルにおいては記憶そのものが扱われることになる。それは名前を保持し再生産し機械的に意のままに処理するものである。名前は心像をともなう表象ではなく、任意に適用する事柄においてそれだけとして受け取られる非言語的なまったく外的な記号である。このような記号の心像をともなう表象がないときは、記憶は結局もはや想起や想像力の再生産的活動に頼ることができないものともなる。しかし、それを適切に規定することは、それが――別の表現をすれば――「唯一興味をそそるもの」であるとしても、（主観的）精神論における最も困難な事柄の一つである（同 §464 注参照）。

記憶を適切に規定することには、記憶と思惟との有機的連関を把握することが属している。それは特に困難である。なぜなら、われわれは今人間知性の感覚的働きと知性的働きとの統一を考えねばならないのであるが、しかし経験的心理学が無益に探していた「基本力《グルントクラフト》」なる概念を使うことはできないからであり、また他方で、われわれは思惟というものにおいて、何らかの「普遍的な」表象を、つまり、多数のものを自分の下に包摂するような、主観的であるとともに心像をともなう表象を、使用することや理解することでは満足することもできないからである。カントこそ、記憶から出発して、「客観的知覚」としての概念が（客観一般についての）思惟の内で（そこにおいては知性の――カテゴリーとしての――主観的規定が客観的に思惟されたものと異ならず、思惟された事柄そのままである）活動していなければならないことを示すべきであった。ところが、彼は概念について（したがってまた思惟について）全般的に把握しようとして、記憶にはまだ手をつけなかったのである。ヘーゲルは、機械的に名前を使用する「記憶《ゲーデヒトニス》」を通して思惟についての新しい概念を導入することによって、この客観的に思惟されたものを考慮に入れようとしている。そこで、答えるのがはなはだ難しい問いが出てくる。徹底して主観的な表象（それには名前を用いる記憶の内にある名前に関する表象も含まれる）から出発して、思惟に名前が不可欠であることを否認せずに、それでもいかにして、思惟の概念に、すなわち思惟の内に所有されており客観的でも主観的でもあるような思想にふさわしい思惟の概念に到達するのか、という問いである。

その答えは何よりもまず、想像力のみならず記憶もまた再生産過程であることに、そして今や知性そのものが自己を再生産する過程であることに、注意を促すものである。さもなければ、どうして知性が個体的主観の死後も生き延びるといえるだろうか。この過程の内で、名前であるところの記号は、それが自分の意味との間に持っている関係を変化させて、最後に知性は、主観的なものと客観的なものとのすでに理性がそうであったことが判明していた統一に、ただ即自的にではなく、それに即して措定されたものとして対自的になるのである。つまり、事柄を代理している名前はそれの意味を通してこの過程の内で、事柄の表象をその直観と、固定した間主観的なそして知性そのものを目立たせる仕方で結びつけているだけではないのである。そうして、名付けられたものは（それによって或るものが直観され想起される像を伴って、表象され、思惟され、あるいは認識されるようになる）、名前を付ける能力を持つすべての人にとってもまた同じものとなるのである。名前は、この過程の根底にあって、そのたびに直観し表象する主観の特異な在り方への縛りから、知性を解放するのである。どのように使用されるか、その事例に依存する、記号のその場その場の意味は、副次的なものとなる。名前を付けることと意味との関係は単に外面的なものであることを止め、知性そのものに固有のものとなる。名付けられた事柄は誰にとっても実行可能な一般的な仕方で表象され、記号の使用において既に、たとえまだ表面的なものではあっても、主観的なものと客観的なものとのある種の同一性が現れてくる。しかし、知性そのものは、機械的に使われる記号を支配するものだから、それの最高の外化としての記号においてもやはり自己の内に、それどころかそれの表象の働きの最高の「内化〔想起〕」の内にある。それゆえ、記憶の過程は知性を外面化しただけではない。それはまた知性を最高度に内面化したのであった。今や知性はその記号使用の外的媒体であると同時に全く抽象的で最も内面的な主観性である。この主観性の純粋に自己の許にあること、このことがしかし最も客観的なことでもある。

　このことは、（理論的）知性のわれわれの（哲学的）認識にとって何を意味しているだろうか。名前記憶の過程はわれわれを最も内面的なものへ、すべての直観と表象の根底にありそれがなかったらそれらのいずれも認識として働かないであろうようなものへ、導いた。つまり、意識の客観と主観の内において同一であるものへ、理性が即自的に既にそうであるものへと導いたのである。しかしこの過程はこの同一的なもので終わる。そうして今や、その同一的なものがその現実性《カト・エネルゲイアン》においていかにあるかが、つまり、それが根源的に所有されるものとしてあることが、明らかになり、――その結果、理性が認識においてまず初めに見出すべきものとされた、これまで存在していた仮象は消え去るのである。それとともに、思惟されるべきであり思惟されるものは、もはや表象の概念に属するものでないことが明らかになる。なぜなら、表象は「なお一面的な主観性を持っている知性の財産」（同§451）として構想されたものだからである。ところが知性は、これは今後考えることであるが、「主観性と客観性との統一として自己のもとに」（同§463注）あり――それはそうではあるが名前とそれによって表象された客観の「外面的な客観性と意味」（同§464）でもある。その限りで、知性もなお所持されるものを所持しているものである。しかしこの所持されるものはもはや単に記号体系から生まれるものではなく、いわんや直観や心像的表象を代表する記号の元になるものから生まれて来るものでもない。それは主観‐客観‐統一そのものに属するもの、やはり記号体系の内で代理されているものを含んでいる。つまり、思想を含んでいるのであり、思想を所持することが思惟としての知性である（同§465）。こうして知性の再生産は思惟の概念であるところのものに到達した。記憶とこの思惟との連関は、知性がそのような連関として——すべての有機体と同じように——自らを二つの「普遍的極」に分けそして自らは両極の中間であるのだから、有機的である（同§342及び補遺参照）。つまり、両極は、一方では理論的知性の「非有機的自然」として、それに属するすべてのものからなる記号事象-体系であり、そして他方では、内面化における最外面として、「目標の内で自己を維持していること」（すなわち完現実態《エンテレヒー》）（これは「類《ガットング》」のことである）として、思想についての思惟である。

それからさらに続いて当然また、思惟はその概念的な根本規定（思想を持つこと）となり、その規定からして過程として規定される（同§466–§468）。なぜなら、思想は習得し認識する働きを持つからである。この働きは単に形式的にのみ思惟する認識の内にあり、まだ「思惟へ内化された［思惟において想起される］表象」（同§466）が与えられているだけのその認識の内容である。そしてこの認識は思想を「判断しながら」指揮し、あるいは「推論」の内容を自ら規定して、そうして思惟は判断の内で区別されていた概念諸モメントの連関の必然性へと自覚的に前進してゆく（同§467）。もしこの点が特に述べられなかったならば、思想はその働きを、思弁的に概念把握する思惟の内にも持つことはできなかっただろう。ところで全体として、そのつどの特有な在り方で指摘された上述の様相において、過程は習得されうるもののすべてを認識する過程となるが、それは、知性自身が、所持されている思想の総括概念として、客観性であることのおかげなのである。

第二に重要な点は、理論的精神と実践的精神との連関に関わる。ヘーゲルは、この区別によって二元論を作ることなしに、その二元性を維持しようとする。しかしまた思惟と意志との間にある概念的連続性にも注目し、それを知ろうとしている。そのためには、両者の統一が結局は自由の目標以外のいかなる目標の内にも存在しえないことが示される必要がある。思惟と意志がまだ真と善の理念のコンテクストの内で考えられているあいだは、両者のアンチノミー的関係を超えてそれらをつかむことはできず、したがってまた両者の二元論を主張せざるをえない。しかし、このアンチノミー的構造は、認識の論理的理念から絶対理念へ進展したときに〔大論理学の理念篇において〕、克服されている。この構造は主観的精神の概念の内で繰り返されることは決してない（同 §387）。理論的知性と実践的知性はそれらの習得過程においては有限な内容に制限されていたから、その構造が主観的精神の概念的展開の内で再び姿を現すことはないのである。たしかに理論的認識から意志への習得過程の進展は所与の認識内容との関係における「完結した占取」から生まれた（同 §468）。なぜなら、この過程の最後において知性にとって、内容が、意志におけるように、知性によって規定されていることが、措定されているからである。そしてそうして獲得された知性の自己自身との連合《ツザンメンシュルース》から、存在するものとして規定された内容に対して知性は開かれて《アウフシュリースト》おり、知性はその内容を変化させるように決心して《エントシュリースト》いること、このことが論理的に結果として出てくる。しかしながら、この占取の「完結」は、ある架空の、理論的認識の理念の「悪無限」へと進行する過程の最後になってようやく入り込んで来ると思われるかも知れないが、決してそうではない。完結とは、思惟がその思想の理論的認識活動の内で事柄に従って中断するそのどこにおいても、生じているものである。なぜなら、もしその活動がそうして終わりを告げることがなければ、思惟は意志に到達することもできないであろうからである。――そして思惟は、自らの内容の内で完全に寛ぎ自らに親しむとき、意志に移ってゆくのである。

他方からすれば、この移行は、思惟と意志について、両者を別のものとして、人間は一方のポケットに思惟を、他方のポケットに意志を持っているように語ること（法哲学 §4 補遺）、を不可能にする。むしろ、意志はその抽象的な概念的規定からすれば、思惟の特殊な在り方であり、自己に定在を与え自己をそれへと「移し入れる」、そのような衝動としての思惟である。そして、意志はその実存からすれば、理論的思惟との関係においてその思惟の必然的条件をなしており、逆に思惟は、意志の内に前提され部分的にそこに含まれている発言内容の条件をなしているのである。両者は切っても切れないものである（エンチュクロペディー §445 注）。認識の諸過程は（それに属する思想の習得活動も）、両者において逆方向である。理論的諸過程は所与の内容を存在者として自己の内に見出すことから始まり、知性がその内容を自分のものとして措定し、そうして自らを自己自身の内にある個別性として規定するに至る、そのように進んでゆく。それに対して実践的過程としては、諸過程はこの最後から始まり、知性は目的-措定と目的-実現の内で普遍性の形式を獲得するように進んでゆく。しかし、二度にわたってそれゆえこの二つの方向においても、知性は最初にそうであった一面的主観性から——直観や表象のあるいは単なる表象的思惟の主観性から、また実践的感情や恣意的なあるいはただ幸福を目指すだけの意志の主観性からも——、いずれにおいても外へとともに内へと向けられていたその産出物の内で、解放されているのである（同 §444）。その場合、二つの過程を実現し促進するさまざまの活動は、生きた有機体の諸器官のように、相互に密接に連関している。さらにそれらの活動は客観化と内面化の複合的で自己修正的な唯一の過程と協同してさえいるであろう。とはいえ、（理論的認識として理解された）真と（幸福な生活として理解された）善とに適合させることによって、それらの活動は、そのつどに一方の過程が他方の過程に対して与える破壊的結果から防御されるのではない。増大してゆく理論的認識の内に存する習得の最善化はわれわれの得る幸福のチャンスを無にするであろうし、逆に、そのチャンスを最善化するように意志を形成することは最善の理論的認識を求める努力を邪魔するであろう。

二つの過程とその内で協同して働いている活動性は、理念において妥当なものとされ安定させられるのである。この理念（同 §482）が、初めて自由の、あるいはむしろ即かつ対自的に自由であるところの意志の、理念である。それゆえ、理念は自由な精神の内で初めて活動する。自由な精神は、幸福の代わりに、意志が即自的にそうである自由に、定在と客観的現実性を与えることを目標にしているのであり、したがって幸福の追求も理論的認識の探求も相対化されている（同 §§480f.）。このように規定された主観的精神においてのみ、理論的知性と実践的知性のすべての活動がアンチノミーに陥らずに唯一の目標に向けられうるのである。こうして真は理論的知性の三段階（すなわち直観と表象と思惟）のすべてにおいて生命を与えられ、善は意志の三段階（すなわち実践的感情と恣意的な衝動の満足と幸福への努力として）のすべてにおいて曲がりなりにも繰り返し新たに自由の実現に向けて統合せしめられるのである。善のために開かれている意志は唯一、即かつ対自的に自由なものであるから、それ自体真でもある中身を選ぶことができる。したがって、自由なものとしての主観的精神において初めて、先に述べた自己自身を認識するという要求が守られるのであり、そうしてその際に認識は誤った期待へ逸れることはない。つまり、精神の自己認識の要求に完全に対応するプログラムは、私が、私自身の真の内容を私の主観的な理論的あるいは実践的知性の内容として認識して、そのあるがままにその内容を持っていることを確認する、という具合に実現されるべきものではないのである。むしろ、私は自由な精神であるから、私から離脱して、私は、私がそれである自由な精神を自由の実現のなかで概念的に把握しなければならないのである。自由な精神のために無世界的なあるいは超世界的な存在を直接に手にできうるものとして要求する代わりに、私は自由な精神をそれの世界性（及びそれを克服すること）の内で認識しなければならないのである。しかし何よりもまず、法や義務や正義をわれわれは、ソクラテスのように（『国家』368dff.; エンチュクロペディー §474 注参照）、客観的関係の大きな筆遣いにおいて解読しなければならない。われわれは哲学する際にそれらを取るに足らない文字と見ようとしてはならない。そこには実践的認識の中身がわれわれの内面に対して書き込まれているからである。その理由からして、ヘーゲルは「汝自身を知れ」というものを自我論の問題にすることはなかった。にもかかわらず、彼はこのデルフォイの要求によって、決してもはやわれわれ自身から区別されえないものを語っているのである。それどころか、その要求に比べれば、理論的認識の自我と実践的認識の自我はまだベールに包まれた「形態」のままなのである。

七・三・五　客観的精神、法と道徳と人倫、ならびに〈自然法と国家学の綱要〉あるいは〈法の哲学綱要〉

この節のための予備的な二つの注意。1．客観的精神もまた本来はその重要な諸概念の内容と連関に基づいて明らかにされねばならないものであろう。なぜならそれによって、ヘーゲルは――『エンチュクロペディー』第三版の内で――〈法哲学〉の体系構造に対しても最も簡明な最終形態を与えているからである。けれども、一八二〇年（出版年は一八二一年）に公刊された非常に包括的な書物［法哲学］は、『エンチュクロペディー』のそれに対応する部分（エンチュクロペディー §§486–552）を自立的なものとするチャンスをほとんど与えなかった。もしこの書物を、同じテーマを扱う『エンチュクロペディー』のその部分のゆえに、無視するようなことになれば、ヘーゲルのこの第四の主著に関する情報を得る希望は裏切られるであろう。しかしそれだけではなく、そのように処理することは『綱要』の影響史に対するはなはだしい誤解にもさらされるであろう。しかし、一八二〇年の著作とそれに対応する『エンチュクロペディー』の部分、この二つをここで別々に考察することはできない。それゆえ、異なる二つの著作についてそれぞれ論評することはせずに、以下では二つを一つのものとして扱うであろう。2．『法哲学』も、『エンチュクロペディー』と同じく、ヘーゲルが「講義で使用するために」（最初の扉を参照）執筆した「綱要」であった。それはまた特に「全体ならびにその諸部分の構成が依存する論理的精神において」（法哲学、S.V）理解され評価されることを望んでいた。今日に至るまでそのような受け取り方はほとんどなされていない。しかしこのように簡単な紹介ではこの誤解を取り除くことはできない。加うるに、まず何よりも（精神概念について上で展開したように）概念的なものを取り出すことを意図するとしても、それは既に終了したことだというべきであろう。そのような処理の単調さには疲れ果てた。そこで、私は法哲学に関しては、形而上学的-概念的に形式化するのではなく、ヘーゲルにおいてはふれられることの少ない、理念史的なコンテクストに強い光を当てることにしよう。

（1）最広義における法

哲学的法論とはヘーゲルにとっては法の理念を問題にするものである（法哲学 §1）。そこから出発して、哲学的認識は、予め導き出されるべき法の概念が、それにふさわしい客観性の内で自らを現実化するさまを示すべきである。以上が、ごく簡単に言えば、そのプログラムである。つまり、主観的精神の叙述は自由な精神で終わったが、この自由な精神は現実に（あるいは「即かつ対自的に」）自由な意志である（同 §21 参照）。そのようなものとして、意志は自由を既に自分の本質として持っているが、それだけではない（同 §4）。自由は「その内的規定と目的」でもあるのであり、――意志が定在するために形態化されるべき材料からなる有限な諸現象の内で実現されるべきものなのである。その材料は、特殊な欲求や（欲求の充足の意識地平における）外的自然事物や個別意志どうしの多かれ少なかれ複雑な関係からなる「眼前に見出される外面的客観性」である（エンチュクロペディー §483）。もはや単に主観的ではない「客観的」な精神は現実に自由である意志である。それは、自分の内的規定が形態化されるべき材料の内で実現される「目的活動」（同 §484）であり、それゆえ最初は抽象的である理念（それは自由な精神としての意志である）を「その体系の全体性へ」と規定することである（法哲学 §28）。それに対応する実在物の客観性は、自由な意志がその定在のさまざまの段階における普遍的で理性的な意志として、前述の材料に関わる活動のエレメントであるところの個別意志と一緒に、そのつど統一を形成することに（同 §485）よって現れて来る。そうして自由な意志は、それが自らに与えた現実性であるそのエレメントの内で、自分と一致するに至るのである。この実現の実在性「一般」、こそはこのような統一のすべての段階において現実に自由な意志の定在である。これが法と呼ばれるものである（エンチュクロペディー§486：法哲学§29参照）。なぜであるか。おそらく、自由な精神がそれ自体意志である（そして意志と区別されない）ことは認められるであろう。けれどもそれならばなぜ、それはその目的活動の「客観的側面」に対してただちに法であるべきなのか。たしかにここで明確に理解されなければならないものは、単に「制限された法律学的な法」だけではなく、「自由のすべての規定の定在を包括するものとしての」法である（エンチュクロペディー§486）。しかし、そのような定在が法といったいどんな関わりがあるのか。そのことをいくらかでも納得するには、現実に自由である意志の定在が法であるという主張、ルソーの直観した重要な自然状態の概念を、視野に入れる必要がある。ともかくここではこのような視野のなかでそれは解明されるべきであろう。

　ルソーは、理性的に組織される「政治的団体」のためには、その「一般意志《ヴォロンテ・ジェネラーレ》」を特殊な欲求の満足に向けられている個別者の意志と一致させる必要があると考えた。カントはこの意志の統一を自律的な人倫的意志規定及びその実現という新しい構想の基盤としたが、そのことによってルソーの『社会契約論』をまず最初に自然法の体系的教説へと築き上げた。その場合、（自己立法としての）自由は（純粋な実践的理性としての）意志の本質であるにとどまらず、それはさらに目的でもあった。人間はその目的を実現すべく、「野蛮で無法な自由を完全に放棄」しなければならず、それは、自らの本質を形成している「自由一般」を「法的依存状態のなかで不可避的に再発見する」ためにである（カント全集VI, 315f.：社会契約論I, 七章参照）。同じ線上で、フィヒテは自由を、われわれの最内面にある人倫的衝動をわれわれ自身が打ち立てようと追求している客観的状態として、しかも「究極の絶対的な最終目的」として明らかにした（フィヒテ全集I, Bd. V,143）。ヘーゲルが何を語ろうとも、目的の実現は意志の目的活動の現実態《エネルゲイア》であり、単に当為されるだけにすぎないものでないのに、彼が現実に自由な意志が自由を目的にしないなどということが可能だろうか。

フィヒテとカントには、現実に自由な意志のそのように成果を生む目的活動から現れてくる客観的実在性が法であるという主張が、等しく用意されているのである。フィヒテが『すべての啓示の批判』の第二版（一七九三年）のために構想していた意志の初期理論の内には既に、次のような客観についての考えが述べられている。上級の欲求能力に予め与えられているのではなく、その能力によって（それに根源的に規定された形式を通して）与えられる客観、「端的に法的であるものの理念」（第二版、§II）――それゆえ、自然法理論と人倫理論に分かたれる以前の法的なるものの理念、そのような客観についての表象が存在している、と。カントは最終的に〈人倫の形而上学〉の肯定的に規定される最上級の対象を、「法《レヒト》」（ラテン語では非道《ネファース》と対立する道理《ファース》）と呼んいる。――それどころか、それを、その対象と区別する以前には、ひとが責任を負うことのできない「事案」に関して、人格が責任を負うべき行為（カント全集 VI：218：223 参照）と見なしていた。それゆえ、ヘーゲルは自由な精神を実践的精神と区別して強調し、それを全く自主的に表現しているのではあるが、法哲学的な意図に関しては、既にカントとフィヒテによって十分に準備された領域のなかを動いているのである。

このことは、『綱要』が結局は法論と徳論ないしは自然法論と人倫論、このカント-フィヒテ的な二元論の変種ではないか、という印象を引き起こすかも知れない。この印象は、ヘーゲルの三部に分かれている著作が自然法と国家学綱要というタイトルを持っていることからして既に明らかなように、誤りである。たしかにその中間部は「道徳性」の立場を扱っている。しかし、この「立場」の叙述のなかには道徳についての論考は含まれておらず（自然法と国家学講義一八一七／一八一八年 §§10 注, 62 参照：法哲学講義一八一九／一八二〇年 54）それにまた第三部で倫理的義務論あるいは徳論がそれ自体として論じられることもない（法哲学§§148注、150注参照：法哲学講義一八一八—一八三一年 Gr 404）。自然法と国家学についての論考における道徳と人倫の正確な意味は、ヘーゲルが既に世に問うていた哲学科目の諸構想から取り出されるべきものではない。その意味は『綱要』の内容と構造を探求することによって初めて確認される。それを構想することは大変なリスクをおかすことだったのである。

(2) 自然法

「自然法」という表現はヘーゲルにおいても、国家の内で通用し場合によっては編纂されている、実定的な法との対立を明確にするものである。近代の自然法理論のすべてと同様に、その表現はすべての編纂作業の根底にある（それにもかかわらず編纂されうる）法を意味すべきものであり、それによって、それは哲学的に認識されうるものであることが仮定されているのである。というのは、それの概念はわれわれの誰に対しても（自覚の多少はあるが）与えられており、理性的認識によって、実定法を体系化し、改良し、正当化するために、手を加えられるうるものだからである。1．その場合、前-近代の理論とは異なって、自然の秩序を根拠にしてあるいは神の創造計画に従って成立するような法を問題にすることはもはや認められない。したがって、実定法は、それが自らの要求を超えるときは、そもそも（おそらく不可避的な）悪によってのみ存在できることになろう。自然法は今や人間の最内面の本質としての理性を根拠にする「自然から生まれる」法であるべきものである。

2．しかし、カント以前の伝統の内にあるのではないから、今では法のそのような基盤としての理性は、もはや自然から与えられた欲求の満足や技能を通して、個人的にあるいは集団的に追求される賢明な自己保存や完全化の働きに、還元されるものではない。カントやフィヒテにおけるように、理性は法を、むしろ自己自身から自己を規定する純粋な理性的活動の現実化として根拠付けるのである。それゆえ、自然法に関する学問の目的はこの現実化を認識することにある。とはいえ、カントの『法論の形而上学的初歩』によれば、法的理性の現実化は「配分の」正義（つまり、係争中の法的要求や法的義務を法廷が「配分」によって確立すべき正義）を最大のものにすることにのみ役立つ。しかし、この正義が満たすものは、外部から強制を受ける厳密に法律的な裁判の対象になる要求のみである（カント法論の形而上学的初歩 §§E, 36, 41, 45, 49）。3. それに対して、ヘーゲルによれば、その現実化は、物質的公正のために、厳密な法律的権利の要求を最大化すべき、共通にして個々人の福祉の要求と和解されるべきものである。したがって、福祉の視点を考慮に入れうるためには、現実に自由な意志の実現（これが自然法である）はまた単なる「形式的」法の領域をも超えてゆかざるをえない。決定的な問いは次のものであろう。他のいかなる実在の領域の内に、その実現は、そのような正義要求を満たすための認識源泉と力の源泉を見出しうるのか。

4. 近代自然法の合理的伝統と対立して、ヘーゲルには、「自然法」は、その状態がフィクションであろうと過去にあるいはおそらく今もどこかに存在するものであろうと、ともかく「自然状態における法」のようなものを意味しているのではないことは、確実なことと思われた。自然状態が人為的に作られた国家の組織の内で共同生活する「市民的」状態に対立させられる状態だと考えられるならば、その状態に妥当する自然法を仮定して、われわれが生活している状態のために、いかにしてその自然法の要求から法的要求と義務が基礎づけられるべきであるか、このことが明確になるかも知れない。その基礎づけに問題がないわけではないが、しかしそれが成功しようが失敗しようが、ヘーゲルの自然法構想にとって、それは、既にアダム・スミスやデヴィッド・ヒュームにとってもそうであったように、もはやいかなる役割も演じてはいない。「自然状態カラ脱ケ出ヨ」に依拠する、政治支配理論の狭い軌道は、個人の国家への従属が義務でなければ、放棄されるものである。それどころか国家への従属は「最高の義務」（法哲学 §258）

なのである。求められる正当化は、まったく政治共同体とその構成員そのものについての法に制限されずに、今や、始原にある自然状態という仮定の抽象とは別の抽象が止揚されざるをえないことによって、実現されることになる。止揚されるべきものはいかなる政治的共同体にも関わらない個別的な「人格」（すなわち、法的要求と義務との担い手）――この人格の意志は何らかの外面的対象あるいは他の個別化された人格に関わる――の「抽象的法〔権利〕」という抽象だけではない。その他の止揚されるべき抽象もここから読み取れるのであり、そうして、行為する意志主体の意志と責任という特有な性質に議論を集中させることができる。この止揚がただちに政治的共同体の考察へとつながるわけではない。そこで、問いは次のものになろう。単なる法的人格性とは異なるいかなる抽象が、いかなる根拠から、いかなる種類の共同体を考慮するために、止揚されるべきであるのか。そして、それに答えることは、まったく新たな根拠を指摘するなかで、古典的な近代自然法理論の諸テーマを新たに整理することに導いてゆくであろう。

近代自然法の著名な理論家たちのあいだでは、その学説は根本的に、どの時代にもいかなる文化も越えて存在するとされる規範を確定することだと見なされていた。5. それに対して、ヘーゲルの構想においては、その要求はもはや自然法それ自体に対するものではなく、現実に自由な意志における自然法的な源泉に対するものにまで高められている。自然法の体系的哲学的な認識は現在するもののなかで自らを実現している法的理性の諸規定にのみ関わるべきである。その認識は、現在的に現実となるあるいはすでに現実であるところの理性的なものと、現在的に理性的であるあるいは理性的になるところの現実的なものとを、概念把握することを目指すのである（法哲学 S. XIX, 法哲学講義一八一九／一八二〇年 51 参照）。もちろんこれは（何らかの法的諸規定の出現することないしは存続することの）歴史的説明と取り替えることはできない。そのような諸規定の時間的あるいは文化的な妥当領域について（また、その妥当領域に関連する誤りを防止することについて）発言するためには、哲学的な概念把握を主題としていない、それとは別に扱われる歴史的確認を追求する認識が割り当てられている。法的に現在している現実あるいは自らを現実化するものが唯一の完全な人倫的世界を形成しており、それは少なくともその諸原理において歴史的由来から概念把握されるであろうから、そうである限り、自然法の哲学的認識は、その最後に最も具体的なものを概念把握すべきとき、そのような歴史的確認を手段として世界史の哲学を含まざるをえないであろう。

6. しかし初めからただちに、自然法の哲学的認識は、「自然からして」法的条文のなかで法的で［正しく］あるものを、カントとフィヒテがそれを明示サレタ言葉デモッテ《エクスプレッシス・ヴェルビス》教える（カント法論の形而上学的初歩 §§B, C；フィヒテ全集I. Abt, Bd. 3, 358）まで近代の自然法的伝統全体が長い間受け入れていたように、恣意の交替的な制限を超えて、定義するには及ばないのである。その規定は説明が適切であれば正しいかも知れない。しかし法とは、その概念的源泉から、またその概念的展開の地平の全体の内で、何であるかとして、それはそのようにして把握されるものではない。なぜなら、法は、われわれが他人に対して持っている互恵的な要求や義務からのみ成り立つものでも、あるいはそのような要求を基礎づける法律のみから成り立つものでもないからである。いわんや法はそもそも間主観性を強調するものではないし、なおのこと恣意的に措定されるあるいは恣意に基礎を置いている人格間の関係を強調するものでもない。むしろ法は、その概念的源泉からすれば、意志が肯定的につかまれていることであり意志の実在性である。それが、必然的なそれゆえ決して恣意を許さない目的措定のための根拠となり、また恣意に対しては否定的で制限的な規定のための根拠となるのである。そのことは個人（その意志は自らに外的定在を与える）の自己自身との関係の内に既に存在しており、次のことから直観的に認識できる。自分自身を人格として扱わずに、我欲の意志によって自らを単なる物件となす活動をおこなうならば、それは他の人格との人格関係には全く関わらないが、自分自身に対する法的義務を毀損しているのだから、不法となるであろう。しかし結局、法は、それが（ソクラテスと彼の祖国とのあいだにあったような）世界史的葛藤において、意志をして、そのような関係と共同性との要求を超えて成長させるものでもありうるのであり、そうであるからには、現世に存立している間主観的な関係や共同体は、自らに定在を与える意志の肯定的規定であるのである。7．したがって、自然法が肯定的に適合的に規定されるのは、それがいわゆる事柄《ザッヘ》の自然（法哲学講義一八一八―一八三一年 Gr 76 参照）にふさわしいものとして考えられるときのみである。つまり、「事柄」とは、現実に自由な、自らに定在を与える意志であり、その「自然」はこの意志の自由の――自らを現実化する――概念の内に存在しているのである。

(3) 国家学

『法哲学』のタイトルにある「国家学」の語はいったい何を意味するのであろうか。「自然法」の語によっておおよそ哲学的法論の対象の全体が表現されているのに、「国家学」はその認識の一部分を指すものなのであろうか。もしそうならば、奇妙ではないか。このタイトルは、その認識が全体として国家学であるということを、われわれに意味させようとしているのか。目次から判断すると、第三部の第三章だけがはっきりと国家をテーマとしているのに。この点は少なくとも重要ではないのであろうか。それともこの章（「国家」）だけが――自然法についての残りの理論とは異なり――「学」の遂行であることを、われわれに示唆しているのであろうか。そのようなことはない。おそらくわれわれにこのタイトルによって、新たに理解された自然法の概念を通して、その概念と国家の自然［本性］の体系的認識との関係を新たに考えよ、と促しているのであろう。近代の解釈は、自然法の下に、自然状態における人間の法のみを理解すべきか、それとも同じように国家における理性原理に基づく（公的及び私的な）法を理解すべきか、この二者択一に直面した。その最も首尾一貫した権威者、例えばアヘンヴァルやカントははっきりとこの二者択一の内、後者の選択肢を選んだ。もしこの選択がそれだけで受け取られたならば、ヘーゲルのタイトルは辻褄が合わなくなる。ところでその選択はまた、二種の自然法（前国家的状態の自然法と国家状態の自然法）が、一方の状態から他方の状態への移行を根拠づけることによって、二つの理論対象の、多少の差はあれ、統一的な理論の内で結合されざるをえず――国家状態における法の理論が具体化されうるのは、その状態への移行の理論が認められる限りにおいてである、という結果を生むであろう。国家論が抽象的なままであれば、正当に国家の学については語ることはできないであろう。学とは体系性と、それの対象であるべき全体を具体的なものとなす認識とを、要求するものだからである。

　この制限のなかで最も首尾一貫していたのはカントであった。彼は哲学的国家論を法律的公法の形而上学的初歩にのみ制限し、公共的福祉やまったく私的な福祉の国家目的は考察の外に置いた。それに対して、ヘーゲルは哲学的国家学によってそれを補おうと望んだ（そしてそうすることができた）。彼は国家学の名称を書物のタイトルに入れることによって、次のことを表現しているのである。国家はそれ自体（自由の定在としての）法であり、すでにカントやアヘンヴァルにおけるように自然法理論の内でも多少はあれ十分に論じることはできるのであるが、そのような性格規定によってテーマとされるのでは足りず、国家はまた二つの対立するものでもあることとである。つまりそれは、市民社会やその諸組織のなかで特殊な要求や関心を持って自らを目的とする具体的な人格にとっては制限された必然性であり、また世界史的視点においてはより高次の必然性である。この視点からすれば、国家「そのもの」は類であって、個々の諸国家の上をその類の過程が通り過ぎてゆくのである。それに対して先の個別化された諸目的との関連においては、国家は（例えば経済的な）強制からなる強靱な建造物であり、（法や官僚的行政の）諸組織からなる集合体である。もしこういう組織がなかったら、私的組織体の力が互いに競い合う情熱が政治的国家とその公共的権力の組織を粉砕してしまうであろう。「自然法と国家学」というタイトルは次のことを予告すべきものである。自然法の新しい概念によって、この概念の実現を全体としてその内容とする哲学的法理論の内部で、自然法的な法概念を満たすものである国家と、人間の「私的な」共同生活（国家のそれとは区別される法概念つまり市民社会の法概念に属するもの）の内にある単に必然的な機能としての国家との間に、境界線が、この新しい概念の区分に対して横断的に引かれるのである。そして初めて、この境界のこちら側とあちら側に位置する対象、国家についての言説の二つの対象、つまりいわゆる必要国家あるいは悟性国家（法哲学 §183）と本来の政治的な国家（同 §267）が、哲学的国家学の領域を包摂するようになるのである。この二つがあわさって初めて、一つの国家概念を示すことも可能になり、そのような国家概念の下には世界史もまた属するようになる。8. 結局、その二つを一つにして的確に言い表そうとするならば、自然法の名称は「止揚されて、〈哲学的法理論〉あるいは、……客観的精神の理論と名付けることによって、それは代替される」（自然法と国家学講義一八一七／一八一八年 §2注）のである。

全体として国家学であるところの自然法理論というヘーゲルの計画は、講義用の要綱ではどのように遂行されるべきであったのか。その計画は〈国家〉のテーマから始めることを必要としなかった。これはヘーゲル的な遂行の仕方につきものであって、先行するすべてのものが最後にこのテーマの議論に集約されることになるのである。始まりは「抽象法」の議論である。つまり、恣意的意志をその外部の対象（恣意にとっては自分自身の身体もこの対象に属する）に委ねる、そのような個別的人格の内にある現実的に自由な意志の定在から始まるのである。

（4）抽象法

こうして、第一部にはこのタイトルが付けられている。法哲学が抽象法から始まることは、諸人格が前国家的状態にも存在しているという仮定を付け加えることを要求するものではない。それどころか、そう仮定したならば、それはその進行に必要とされる抽象にそぐわなくなる。したがって、哲学的法理論の構造には自然状態の-仮定は必要ないが、しかしその他の点では、個別的人格の「生得的な」（そのように見なされるべきである）法［権利］と、外的諸対象を所持し獲得し譲渡する法［権利］をもって始まるのである。この法［権利］を、カントや著名な著者たちはヘーゲル以前に既に彼らの自然法理論の始まりとしていた。とりわけアヘンヴァルやカントの内には抽象法の議論のために加工された材料が見出される。

第一部の最後と第二部への移行において、ヘーゲルは彼の先行者からドラスティックに逸れてゆく。アヘンヴァルは『自然法の基礎』において、その第一巻（これはヘーゲルにおける「抽象法」にほぼ対応している）を（それに関連する）法の毀損とその処罰に関する章で終えている（アヘンヴァル自然法の基礎 §§458–534）。人格概念を明確にし、さまざまの状態における不法を単に偶然的でないものとするために必要とされる諸前提に、アヘンヴァルは興味を示さなかったのである。次に、彼は小さな社会（結婚と家族）における法を論じている。それに対して、カントはほとんど不法をテーマにせず、不法の前提や不法と法的正義との関係を全くテーマにしなかったが、不法は公共法への移行を基礎づけるときに（カント法論の形而上学的初歩 §42）論じられた。つまり、素材としては全く不法ではなく、それどころかあえて抽象すれば自己保存のために絶対に必要な諸行為があるが、それらは傾向としてはそのように考えて獲得される法全体を破壊へ導くものであり、「形式上は」すなわち行為の素材や動機から独立して、最高度に不法であるものを認識させる、ということである。その場合、不法は外的ふるまいのなかで初めて現れるのではなく、既にそう意図することの内にある。たとえその計画的目的を持った意図がカントの法概念に照らして（カント法論の形而上学的初歩 §B, C）まったく取るに足らぬものであろうとも、そうである。その直前に出版されたフィヒテの短い『自然法の基礎』の内では、この問題は関連箇所（同書 §7）でさらに先鋭化されており、カントにおけるよりも解決されることが少ない。疑いなく、ヘーゲルはこの壊れやすい思想の素材を法哲学第一部の終わりで堅牢な新しい形式にもたらそうと望んだのである。彼が示そうとしたのは次のことである。企図されるべきであった抽象の条件下では、不法はどうしても回避されず、不法が自らに引き寄せる処罰はそれ自身新たな不法を生む復讐という性格を帯びざるをえない。復讐行為は無際限に続くのであり、そのように復讐を志すことからは、復讐の正義ではなく、刑罰の正義という――もちろん無力であるが――普遍的な正義の理念が生まれてこざるをえないのである（法哲学 §102f.）。こうして法はたしかに、それを毀損したことを自ら負うところの処罰を通して、たとえ抽象という性格に適応したきわめて不完全な仕方ではあるが、妥当することになる。この妥当に結びつくことは、単に形式的な法に定在を委ねる意志の形態の全体は崩壊しており、この定在に残されているのは（生得の法と同一的な）最小のものだけだ、ということである。ところで、それでもなお活動する法への志向の中心にあるものは、概念的に見れば、道徳的な立場に立つ個別的意志ともはや区別されないものであろう。

（5）道徳

第二部は「道徳」の名称を持つが、道徳という表現は最広義には次のことを意味する。意志とは自分の自由な活動を阻害するものに対抗する行動であると規定されるのであり、その行動の少なくともいくつかのものは意図的なものであるが、すべての行動は個別化された（行動がそこから発する）「主体」のものとして主体の自由な定在に属するものであることとである。したがってここでは、意志が行動とは異なる外的対象に置いている（それゆえ意志が対象の内に持っている）定在は無視される。さらに人格としての主体も無視される。なぜなら主体は今や、自らの意志を外化することによって、現実的に自由な意志が自らに与える定在にほかならないからである。けれどもまた、この追加された捨象によって、（自由の定在の）法の観点の下で、今や意志の内面関係が具体化されているのである。その理由は、哲学的法理論は、帰責能力の原理に、そしてまたその帰責についての原理に、それゆえ法的責任の原理に、それから行動あるいは不作為に制約された事実構成要件の原理に、関わらざるをえないからである。物質的正義の最大化が問題になるときは、その上にさらに、固有な目的の行動と正当化の動機や、義務を負った者の知識に関する評価の権利も扱われるべきである。それらはカントにおけるように根本的に考えられる必要はない。それらを正当なものとする要求は、厳密な（外部から強制する）形式的法の要求に対抗して妥当させられねばならず、上位の原理の下でそれらの法と調和されねばならない。さしあたって『綱要』第二部で扱われることはそれだけである。

　そのための手がかりと最初の導入の歩みをヘーゲルに考えさせたものはやはり観念史的な考察である。既にアヘンヴァルは（アヘンヴァル自然法の基礎 §§60ff.）、自由な行動の「内面的道徳性」をテーマにしていたのであり、その行動における単なる結合（同 §§82ff.）のみならず、さらに帰責（同 §§121ff.）にも興味を抱いていた。ヘーゲルにおいてもまたこの帰責から道徳的意志の法（法哲学 §§114ff.）への導入が始まるのである。それどころかアヘンヴァルは、今やヘーゲルもそうであるように、犯行としての行動の帰責のために（ないしは、事実構成要素の不法可能性の場合における罪の認定のために）、まず行動の故意の-性格（法哲学 §§105–118 参照）を過失と対立させて強調し、そして――行為者が帰責の際に責任を負わざるをえない行為の結果と関連づけて――さらに先に進みうるような意図は、それから区別して取り除いた。けれどもアヘンヴァルの論述は、緊急事態（ヘーゲルも「道徳」の第二章（「意図と福利」）をそれによって終える）に関する二三の文章で終わる自然法の単なる「予備知識」で尽きているのである。こうしてアヘンヴァルに見られるように権利論が考慮されていない場合は、法的帰責の固有の意味は、正確に受け取るならば、まだ考察の対象になりえなかったし、いわんやその範囲は明確にされえなかった。緊急事態に対応する緊急避難権は存在しない（アヘンヴァル自然法の基礎 §206）というテーゼはまったく宙に浮いたものであった。もしそれが根拠づけられるならば、それは、自分と他人の福利を目的とする（法哲学 §§121–126 参照）という、その前に述べられる法についての議論によって示されたであろう。たしかに物質的正義の概念に到達する可能性もまず何よりも、この法が（そしてそれによる緊急避難権が）認められることに依存しているのである。このことが第三章［善と良心］を準備するのである。この章は（第三部への移行とともに）、すでに抽象法においてそうであったように、再びヘーゲルの最も独創的な寄与を――それどころかこの場合には全体として自然法に対する寄与を――含んでいるのである。

　つまり、この緊急避難権から抽象法と合法的に企図される福利との間に衝突が生まれるのである。この衝突の回避は道徳に固有の一般化の歩みを要求する。しかしその歩みが結局は道徳的立場一般の解消へと導くことになる。まず（法哲学 §126）、（私あるいは他人の）福利を目指す道徳的意図は形式的に不法な行為を正当化できない、とされる。他方で（同 §127）、（他人の所有への一時的攻撃から守られるべき［生命の］）緊急避難権が存立する。それどころか、この権利は所有の侵害を禁じる抽象法に優先している。しかし全体を見渡せば、緊急避難権は、抽象法も福利も有限で偶然であることを「開示する」（同 §128）のである。この二つの理論の基礎は、〈最高ノ正義《スムム・ユース》〉が〈最高ノ不法《スムム・インユーリア》〉を結果することのないように、あるいは法が自己自身と衝突するために、深められねばならない。道徳の地盤でその基礎づけがなされうるのはただ次のようにしてである。合法的に実現されるべき包括的福利を、外面的に組み合わされる目的に代えて、――「実現された自由」でありそのようなものとして「世界の絶対的最終目的」つまり端的に客観的なものである、「実体的な普遍」としての――即かつ対自的に存在する善の単純な目的を置いて、それを「義務から」規定し、（意志の概念と特殊な意志との統一として）カントの純粋実践理性と同一視できる意志からして実現する、このようにしてである。予断を持たずに受け取ると、この純化された道徳の立場には善を弁識する権利が対応している（同§132）。――すなわち、抽象‐法的あるいは抽象‐道徳的な義務に対して、その内容が善と受け取られる範囲で要求されるべき正当化が対応している。――その場合この正当化は当然、何か一般的なものではなく、主体の理性的なものが知られ意欲されているという要求と、バランスが取られねばならないのである。この二つの視点に注意を払うことは、どこに個人の満たすべき義務が具体的に《イン・コンクレトー》存在するのかという問いに対する答えを与える。この問いに答える試みにおいては、互いに相容れない二つの立場が容易に生まれるだろう。いずれの場合でも、カントの定言命法のような判定原理によっては、単に自己規定としての意志の概念から「内在的に」獲得されるべき、それぞれの人の特殊な法的義務を導出することにはならない。カントの義務規定の‐やり方は評価されるべきかも知れないが。

　こうして道徳的主体は、以前に人格が不法に対して権利の衝突に陥ったように、ある対立に歩み入る。その対立（自己自身の内でのあるいは他の主体との討論における道徳主体の対立）を克服しようとするすべての努力は、唯一可能な法廷である良心へ戻れと指示されるのであり、この法廷は葛藤しあう道徳的な考量の結論のあいだを最終的に裁可することができる。しかし、良心は「何が善であるかを、内容としてもっぱら自己から規定して」判断し、そのように規定されたものに現実性を与える力である（同§138）だけではない。良心はまた、その増大してゆく反省性のなかで、客観的規定の固定化した一切を解消する否定性でもある。この「抽象的自己規定と自己自身の純粋確信としての主観性は、……法や義務やその定在の一切の規定性を自己の内に溶解させる」（同）のである。頂点まで駆られると、それは「自分が絶対者だと主張する主観性」となる。それはどんな行為でも何か優れた意図のためになされるものであるから、（へつらいのように）他人にとってのみならず、「自分自身にとっても善であると主張する」（同§140）ことを弁えている――例えば、ザントのコツェブ謀殺は悪を除去するためのものであり、その悪は「ロシアのスパイ」であるこの著者［コッツェブ］に帰せられるのである（法哲学講義一八一八―一八三一年 Ho 460 参照）。こうして良心が絶対化されると、道徳は不条理へ《アド・アブスルドゥム》導かれる。それはその概念の展開の無規定的始まりに戻ってしまうのである。良心の同じように「馬鹿げた詭弁」（同 451）を明らかにする諸現象は（フィヒテの圏内から生まれ、フリードリヒ・シュレーゲルによって実践された）ロマンティッシェ・イロニーであるが、行動することのできない美しき魂（法哲学§140注）や、消えていってしまった客観への憧憬から絶対権力に身を委ねたり、見知らぬ権威を持った宗派に身を投じる傾向も（法哲学講義一八一八―一八三一年 Ho 475）、その一つである。

次の一歩を踏み出すためには、上述の抽象的道徳の自己解体を示した諸現象を、法を新しい基礎の上に置く思想と混同することは避けねばならない。というのは、その思想はこの基礎を今初めてそれらの不安定の上に顕わにさせるものであって、その基礎をそれらから区別するものだからである。思弁的思惟によって達成されるべき、法の新たな地盤は、道徳の（そしてそれとともに形式的法の）没落を運命づけるものではない。むしろその思惟は形式的法と道徳とを、それらに、新しい法地盤の実在性を制限する権利を付与するという立場ないしは実在性として、その価値を認めること（そして、それらに対してそこにおいてそれらに固有の機能を割り当てること）によって、「止揚する」のである。そのための決定をなす思想は（自己をさらに規定する）概念へと戻っている。つまり、そこでは次のことが即自的に「既に生じて」いたのである。単に抽象的な善の客観性は不安定になって、主観性に転じていたのであり、他方、良心の主観性は、概念に従って、自分自身を止揚して、実体的普遍者としての善との隔たりを放棄し、それゆえ善と一つになっていたのである。このことは道徳的主観性への反省に対しても妥当することが、またそれが詳しい事情を展望するときに何を意味するかが、いくつかの現象において歴然と暴露されるのである。どたばた喜劇の「ギャグ」のように。そこでそのような諸現象を考察すべきであろう。

道徳を不条理へと導いてゆく良心にとってはもはや悪は存在しない。しかもそれは良心の内部においてのみならず、その外部においてもである。したがって、世界は、在るがままに、今問題にしている思想において、和解されている（法哲学講義一八一八―一八三一年 Ho 465）。常軌を逸して道徳の頂点に立つ代わりに、私はそう受け取られた道徳を具体的ではあるが恣意的に「私を未決定にしておくもの」（同 430）として認識すべきであり、再び善に対してとらわれぬ立場へと撤収すべきである。私は現実に自由な意志が出来する合目的活動の客観性の内へ自分を放免することもできる（自然法と国家学講義一八一七／一八一八年 80f.）。私はそこにいても私自身を権利と義務の主体として完全に確信できるからである。それゆえ、先の統一について思惟した成果は善を形作る実体的普遍性であり、それはもはや抽象的ではなく、具体的なものである。なぜなら、それは（多数の主体の内に実在している）現実に自由な意志によって完全に浸透されている客観性、つまりこの意志に適合するようになった客観性であるからである。この客観性に、意志を実際に行使している諸主体がそれ自身の側で適合するのである。ヘーゲルはこの客観性を「人倫」と名づける。したがって、客観性は、これまでは「道徳《モラリテート》」という借用語に合わせたドイツ語表現の名前を付けられていたのだが、ここで初めて借用語の意味は止揚されるのである（法哲学 §33 注参照）。人倫の名称を使用することは、われわれは今や、昔からわれわれに親しい、習慣を通して卓越したものとなったものを、問題にしているのだと言うことができよう。われわれはここではまったくわれわれ自身の許にいるのである。

(6) 人倫一般

このタイトルの下でテーマとされるものは、第三部の、家族、市民社会、国家である。家族と国家はヘーゲル以前の自然法では（同じ名称で）小さな社会《ソキエタス》と大きな社会として扱われた（例えばアヘンヴァル自然法の基礎 §§595ff.）。そこで、人びとは今や観念史的に再び信頼される足場に立てたと錯覚するかも知れない。けれども、ヘーゲルはこの社会《ソキエタス》形態をこれまで現に存在したことがあるものとは受け取っていない。いわんや彼は、彼自身が新たに構想した人倫に、彼以前の自然法論者がソキエタスを扱ったように、関わってはいるのではない。つまり、家族と国家はこれまでは、そこではひとは契約を家族と国家のための権原として思い浮かべることもなかったし、意図的に作られた社会的構築物（その成員を、道徳から構想されただ協同してのみ実現されるべき規定された諸目的に向かって合一するもの）として理解することもなかったのである。それに対して、ヘーゲルにおいてはそれを意図的に確立することが、人倫としての人倫にとっては重要な役割を持ち、市民社会にとっては総体としての役割を持ち、そして国家にとっては全く役割を持たないが、家族にとっては付随的な役割を持っているのである。しかも人倫と市民社会に関しては、ヘーゲルの視点からすれば、もしそうでなければ、それらを道徳から構想された特定の諸目的を共同して達成することの実現に意図的にもってゆくことが不可能になる、と言わざるをえないのである。

特にこの点ではヘーゲルは、哲学的自然法の近代の合理的諸理論よりも現実により接近することによって、自分を際立たさなければならなかったであろう。というのも、問題が、単に他人との契約締結によってあるいは少なくとも連携行為の意図的確立によって手に入れうるような目的であるだけではなく、それらに先行するものがほかならぬ道徳的主観性であらざるをえなかったときは、それらの学説はその都度の諸ソキエタスのみならず、それらが約束した権利と義務をも予めなされる目的定立に立ち戻ることによって主張できたからである。しかし、そのような目的は人倫一般のためにも市民社会のためにもわれわれの使えるものではない。市民社会はすべての人間による意図的な目的定立を超越しているものであり、目的定立の現実化の結果としてのみ実在するものであって、それ自身もくろまれてあるものではないのである。同じことはさらに国家「そのもの」にも当てはまる。この国家は個別にある諸々の国家と取り違えられてはならず、諸国家が意図的に追求する諸目的の上を常にまた飛び越え通り過ぎてゆくものであり、ただそれら諸国家の類《ガットゥング》としてのみ考えられねばならないものである。しかし、個体としての諸国家や個別の家族のための妥当な目的を定立するためには、われわれにとってはより普遍的な目的を特殊化する道が存在しているだけである。普遍的目的は人倫一般に、そして場合によっては家族そのものや国家そのものに属しているのであり、そのようなものとの関係からして既に、人倫にとっては普遍的目的を道徳的志向から獲得することはできないだろうことが明らかになっている。この普遍的目的は道徳的志向にも、それが理性的であるときは、先行しており、確実で安定してはいるが制限されてもいるものとしての諸人格の抽象的‐法律的な協同にも、先行しているものである。

さらに付け加わることがある。たしかに、人倫があれこれの形態で存立しているところでは、常に多数のしばしば全体の成員より数多くのものまでもがその全体の内でまたその目的の実現を目指して一つにされている。しかし、社会性《ゾツィアリテート》は人倫の唯一のメルクマールではないし、その根底にあるメルクマールですらない。むしろ人倫はその核ニオイテハ《イン・ヌーケ》、自由な精神の主体的自由が（習慣や習俗としての）志操や行動の内で「直接的で普遍的な現実性」となり、そのような自由の内で生きる精神の第二の自然となっている、という点に存する（エンチュクロペディー §513）。このことが、要点を明確にすれば、主体性の実体的普遍が完全に浸透され具体的である、という言葉の意味である。客観的人倫の諸規定は主体にとって「疎遠なものではない」のであり、主体は「それらの諸規定が、自らの自己感情をそこに有している自分に固有の本質であるという精神の証言」を与えるのである（法哲学 §147）。したがって、それらが一つになっていること、それらの社会性は、そこから結果した規定であるにすぎない。そうでなければ、個別化されたものは自由な精神のこのように「実体的で‐普遍的な」現実性に到達することはできないであろう。この点において、ヘーゲルの人倫の哲学、人倫を根拠とする法関係の哲学は、社会性と、それにまた場合によってはその成員に帰属する権利や義務について述べる、以前の近代的諸理論と最も明確に区別されるのである。その点で、この哲学は古代の政治哲学の見地を再び妥当させるものである。

他方で、ヘーゲルの人倫概念はしばしば見落とされがちなモメントをも含んでいる。それは人倫概念を近代の契約論的なソキエタス理論と結びつけているものであり、前近代的理論のすべてから分かたれるものである。その概念は完全に露わにされれば古代的諸表象を思い出させるものではあるが、あくまでも現代の法のための現代的構想であって、単純に古代のポリス共同体あるいはそれの哲学的反映を真似たものではない。人倫の各形態の人倫的実体性の内には、「個人が自分の特殊性に対する権利」も含まれている（同 §154）。普遍意志と特殊意志との同一性が成立するのは、そこにおいて義務と権利が一つになっており、したがって人間は人倫的なものによって、自分が義務を負う限りで権利を持ち、権利を持つ限りで義務を負うことにおいてである（同 §155）。当然その場合、それぞれの義務の具体的内容は義務と相殺される権利の内容によって異なる（例えば、家族の成員同士の関係において、あるいは市民の国家機関に対する関係、またその逆の関係において）。しかし、権利と義務の二つは――ある講義で明らかにされているように――それらの価値において同一でなければならない（法哲学講義一八一八―一八三一年 Gr 413）。そしてその価値を比較するための評価と尺度は事案ないしはその遂行に関する司法的交渉に際して形成されるのであり（法哲学 §§63, 77, 196, 214）、それゆえ市民社会の現代法制度の内で形成されるものにほかならない（同 §§215–218）。こうして市民社会そのものに帰属している権利と義務との物質的に正しい配分は、どこまでも近代の権利原理に基づいて構想されているのであり、ヘーゲルは、先の引用文に続けて次のように言うとき、それを自覚していることを、自ら表明しているのである。「このこと［価値において同一］は契約におけると同じである。義務としての公課や税金等々を私が再び手に入れることはない。しかしその代わりに、私は財産の保証や私が権利を持っているその他多くの便益を手にする。……この交換関係の内には非常にさまざまの特殊なものがあるが、価値は持続していなければならない」（法哲学講義一八一八―一八三一年 Gr 413f.）。今日の公共‐選択の理論家は求められている関係をこれ以上に正確に規定することができるだろうか。

（7）家族

家族についてもまた、ヘーゲルはそれを人倫の現代的形態として論じていると言うことができるであろう。成員相互の人倫的な義務と要求は契約を権原とするものではないが（婚約の場合には契約が入ってくるが）、単にパートナー同士の愛の感情を権原とするものでもない。彼らは、相互の自覚的で人倫的な愛（先行する愛あるいは結婚によって芽生える愛）に基づいており、その愛を、家族の各成員を超えてはいるが彼らすべてにとって決して疎遠ではないところの人倫的力として、維持していくという目的に奉仕しているのである。このような義務と要求のほかにさらに特に道徳的要請を取り上げる意味は失われるが、他方で、家族の形式的法は人倫的利益と目的に適合するように調整されるのである。まず何よりも家族の解消や成員の別れ、そして新たな家族の形成がそれである。その他の、法と道徳と人倫に関連するものは次の第二章［第三部第二章市民社会］の対象である。

（8）市民社会

市民社会は全体としていずれにしろ現代の現象にほかならない。その原理と最初の現れは古代国家の命取りになったものである（法哲学 §185 注）。その構造とそれの政治国家との違いを初めて発見したのはヘーゲルである。もし予め道徳と人倫との違いを指摘していなかったならば、彼はそれを発見することはできなかったであろう。つまり、家族や個別的国家とは違って、市民社会全体は人倫の制度ではなくましてやその形態ではない。市民社会は、ある形式における人間の共同生活の、趨勢的に言ってグローバルな領域であり、その形式からすれば人倫は（個別化された家族と個体的諸国家の）概念的両極へ消失しているから、市民社会はそこから出て再び取り戻されねばならないものである。したがって、いったいその源泉と原理とはどこに存するのか、と問われねばならない。家族と国家は人倫を失わせることになったが、それらはなぜ人倫をその概念の実在性の内部における展開の内で再び見出すことを可能にするのか。その際に、法と道徳はいかなる役割を演じるのか。

市民社会の源泉を述べるには、実証的には広範な歴史が必要であろう。『綱要』はそれについてはほとんど言及していないし（同 §185 注）、世界史の哲学の講義もただ暗示しているだけである（ただし、自然法と国家学講義一八一七／一八一八年 169 を参照）。これに対して、概念的な源泉に関しては、これは間違いなく家族の自然と結びついている。一つの家族から子孫と家族生成を通して多数の家族が成立してくるが、そのために家族同士や家族の成員間の抽象法の関係について言及しなければならないわけではない。そうして追加的な諸条件下に、中間項を通って「諸国《ナチオーネン》」の編み細工が生まれてくるのである。これに対して、抽象法による自由な人格性の概念に属するのは、成人に近づいた家族の成員は成熟とともに自立するようになり、法的にも経済的にも自立するということである。この自立の配慮においては彼らはお互いにただ人間としてのみ対面する。そこからすでに市民社会の（二つの原理の内）一方の原理が明らかになる。「具体的」人格（「さまざまの欲望の全体及び自然必然性と恣意の混合としての」人格）が「特殊な目的としての自己である」ということはこの原理において成立する（法哲学 §182）。人格は主体的自由の法［権利］を主張する（同 §124）のであり、「この法は古代と近代とを区別する上での転換点にして中心点」をなすものである。つまり、この法は、ひとが道徳的主体として、私的な（自分のあるいは他人と分かち合う）福利を追求することの内に満足を見出すものである。こうして市民社会の内でこの原理とともに、道徳の立場が繰り返されているのである。しかし、道徳の立場は今ではもう一つの原理、普遍性の形式によって相対化される。この形式に媒介されることによって、各人格は自らを妥当させ、それに依存しながら自らの福利を追求するのである。なぜなら、人格は本質的に、自らの特殊性を欲求の満足にもたらそうとする他の諸人格の特殊性との関係の内にある自らの特殊性によって存立するものだからである。この媒介を通して、しかもまずこの媒介を通してのみ、今や各人格に道徳的意志規定の活動のある種の節度が設定されている。私的目的を追求する際の相互的制限は、人格が互いに全面的に依存する体系を根拠づけるものであり、そのなかで諸人格の活動は包括的に絡み合っている。そして、「体系」（すなわちそれの諸部分から成る全体）には同時に共同体的な諸業務のある種の「身分《スタトゥス》」が属する――それがたとえ、そうでなければ差し迫った必要に従属する単に外部的な諸関係（そこでは「共通の実在」が各人格に対してすでに悟性によって強制されている）の内にある身分であろうとも。この体系は別言すれば「必要国家、悟性国家」をも含むわけである（同§183）。

この種の体系の内にある諸活動の（例えば経済的）力学が注視されねばならない。にもかかわらず、なぜ人倫がそれとともにその両極の内に消えてゆくのであるか、このことを見るために、上にスケッチした人倫概念をしっかりと手にしていなければならない。人倫は特殊な主体と実体的な普遍との交互的浸透として規定されていたのである。今や、特殊すなわち人倫の一方の概念的モメントは、指摘された限界の内部で、最も外面的なものに展開されており、その際、もう一方のモメントすなわち普遍に対するそれ自身の観点によれば、自分を外的必然性の依存関係の内に見出すまでになっており――したがってその関係の内にあるのであり、もはや交互的浸透の統一の内にあるのではない。これに対して、普遍は特殊を支配しており、不断にそれを証明している。特殊が最も外面的なものにまで展開したことによって、普遍の支配も最高度にまで（その法〔権利〕も自分が特殊のいやそれどころか自分の究極目的であると証明するまで）上りつめている。二つの概念的モメントが互いに極端に疎隔したことによって、もはや普遍は、特殊の内で自分を具体化するような仕方で、特殊と一つになっているのではない。人倫は崩壊し、そうしてこの両極の内に消えてゆく。二つのモメントの統一に関して残されているのは、普遍がすべての特殊の内的な必然性であるということだけである。（これは政治国家にとって意味あるものとなるであろう。）しかしこの統一は悟性によって把握されるべきものではない。それは（今では相対的全体の内にある）諸特殊の外的必然性に即して現象するものではない（同 §184）。この統一は、重要であるだけに、哲学的概念把握の思惟によって意識にもたらされるべきものである。さもなければ、いずれも満足できない二つの立場から抜け出せないであろう。つまり、市民社会を人間の自由と万人の福祉の増進を可能な限り発展させるものとして顕彰し、その自立した歩みの侵害には警告を発するか、それとも、人間と市民の権利［法］を（仮面を被った抑圧的な隷属であるところの）自由の仮象のためにのみ、立法に妨害されることなしに、守るのか。——そして、このような経済的支配の連関の形式から抜け出て、可能な限り自足の境地に逃げ込むことを勧めるか、あるいは、他のどんな体系に有利に働くのか分からぬとも、ともかく体系の全体を「革命的に」克服することを勧めるか、である。この二つの立場は、ヘーゲルが——レッセ-フェールの自由主義とジャコバン支配の内に——現に目にしていたものである。それらはそれ以来ひとを動かす力を失ったわけではない。ただラディカルになっただけである。修正にあたって、ヘーゲルは何を考慮しているのか。

彼は何一つ言い繕おうとはしない。主体的自由の生産力を否定しないし、経済活動に体系の外から干渉してくる有害なものも（同 §§185, 243, 245, 253 注）、さらにはその自由と体系に適合したその展開を破壊する傾向も（同 §§185, 195, 244-246, 253 注）否定していない。しかし、彼は自由主義的思想の支持者たちに、市民社会は国家を前提するものであり、「自らの存立のために」国家を「自立的なものとして」、したがって決して必要国家や悟性国家としてではなく、

「前もって持たざるをえない」（同 §182 注）ことを想起させているのである。それに対して、古代の自由主義的思想の代弁者たちに対しては、次のことが提示される。個別的人格にとってその要求を満足に導くものである労働は、活動が網目状に結びつくことによって、特殊な各主体性を単なる自然性を超えて事実としての主体性へ（それがまだ形式的な自由や知と意志の形式的普遍性であろうとも）高めるものであり、したがって労働は教養［形成］であり（同 §187）、個人の諸要求は労働の分業を通して、単に社会化された性格だけではなく、人間にふさわしい性格をも獲得するのである（同 §§196f. 参照）。個人の諸要求は、たしかに個人においてまた個人にとって明確な体系とはなっておらず、それどころか各個人の教養の能力を消耗させるものではあるけれど、全体ニオイテ《イン・トートー》欲求の体系となるのである（同 §189ff.）。この体系を十分広範に分析しなければならず、特殊な諸規定に「即して現れてくる」理性的普遍性を指摘しなければならないのである（法哲学講義一八一八—一八三一年 Gr 488, 475：法哲学 §189 参照）。こうして、市民社会は、偉大なる拒絶や世界革命のユートピア的扇動者たちがそれに陰口をたたいているような文化的カオスではないこと、しかしまたその構造は経済法則の発見によって既に余すところなく記述され尽くされているものでもないことが明らかになる。市民社会を貫く労働様式とそれにおいて生まれる理論的ならびに実践的な教養の過程は次のことに導かれる。「主観的利己心は他のすべて人の欲求充足に寄与するものに」転換し、生活を「あらゆる側面にわたって錯綜したすべての人の依存性の内で」配慮するという必然性は「各人にとって普遍的で持続的な資産」（法哲学 §§197–99）となる。各人は（根本的に充足可能な補足的制約の下で）自分の生計の保障のために、この失われることのない資産に教養と熟練を通して参加する可能性を有しているのである。その際、各人にとっての参加は全体の必要に従って特殊化され、全体は「人間の欲求とその欲求の運動との体系の内に内在している理性によって」、個別的活動の分肢の下位体系に分けられ、各人はその下位体系の内で仕事に伴う「階層」を有する（同 §§201–7）。こうして区別された職業階層は政治的意味をも持っている（同 §§288, 297, 300-315）。しかし何よりもそれは、職業階層とともに人倫的志操が市民社会に取り戻され、そうして近代的な多元的性格を獲得していることを示しているのである。つまり、各人が職業の特性に応じてその公正さを有するのは、彼が「固有の使命から、その活動、勤勉、熟練を通して、市民社会の一モメントの項」となることによってであり、また彼が「ただ普遍者とのこの媒介によって」自己を配慮していることにおいてである。このことに成功する限りで、彼は「彼の表象と他人の表象のなかで」承認されるのである。それゆえ、体系はそこで労働している者の荒れ狂う無秩序状態や隷属の交替状態であるのではない。既にその内で市民社会の第一原理のゆえに重要な役割を演じているさまざまの偶然に直面して、道徳も「それ独自の地位をこの領域の内に」有しているのである（同 §207）。これに制限され、公正の要求を手助けするという機能の内で、道徳は市民の私的生活の人倫へと「止揚され」るのである。

『綱要』第一部で述べられた形式的法もまた全面的依存の体系を構成する部分である。反自由主義的立場において一般に主張されているのとは異なって、法は、原理的には法から自由な支配的な経済のイデオロギー的上部構造であるのではない。それはより古い歴史的起源を持つが、法はむしろ労働関係と所有関係に全面的に依存するものの体系の内にグローバルな地平と生まれもっての社会的場所を持っている。なぜなら、この場所において初めて法は人間そのものにふさわしいものとなるのであるが、しかし「効力を持つ現実性」（同 §208）をも所有するからである。その現実性は、法が毀損された場合に、それに対して復讐することではもはやない。それは（ローマ帝国時代における最初の模範的教育のように）所有の保護に仕える強制力ある司法である。自由主義的立場の極端に経済主義的変異体（アダム・スミスの場合はそうではないが）とは違って、この現実としての法は欲望の体系の内にある異物であるのではない。法はそこでは既にその体系の原理（知と意志に固有の特殊性へ解放されている実存）の不可欠なモメントであり、したがって体系が時に蒙るかも知れない侵害を防ぐ手助けをするところの安定化の要因である。形式的法を司法の制度的組織に作り上げるためには、法に寄せる市民の信頼と適法性を配慮する市民の能力への信頼が保障されねばならない。その信頼は、不法行為に対してなされる報復によって再興されねばならない（同 §§224 補遺、228）という観点のもとで、最終的に成立するものではないのである。抽象法の要請を貫徹するという単に形式的な在り方と比較して見れば、このことは、市民社会がその概念を実現することによって再び人倫的なものに近づく一歩をはっきりと示していることでもある。

人倫への接近は個別的諸事例にのみ関わるのであり、それらのなかで法の貫徹を目指してはいるが、同時に諸個人の福利に向けられているわけではない。しかし、特殊なものの利害関係に内在しており、したがって（政府の法的監督の下で）全面的依存の体系からなる必要国家や悟性国家に管理されざるをえない普遍、この普遍に帰属しているものは法だけには限らない。このような普遍はもちろん外的秩序の維持と改善を必要とする諸業務をも包摂しており、それとともに普遍的能力は最適に増加されて、諸個人がそれにふさわしい分け前に与るのである。そのための組織と措置はヘーゲルによって公的福祉事業（「ポリツァイ」）の概念の下に包摂される。それらが追求すべき要求は偶然に対抗して予防措置を講ずることにある。法と福利は欲求の体系のなかでは偶然に晒されており、そこでポリツァイによって、可能な限り人格と所有の安全が乱されないようにするだけではなく、個人の生計と福利を保障し、そうして特殊福利を権利として扱い、それが可能な限り実現されるようにするのである（同 §230）。

ここで［行政の］根本的意義（同 §§ 231-249）に関して、反自由主義的立場と自由主義的立場において互いになおざりにされている二つの視点が存在する。社会的諸組織は（その受益者たちの正義の志操を堕落させずに促進させるために）、権利と義務とは等価値であるという原理に従って、第一に、諸個人に「市民社会の子」であれと要求するのであり、市民社会も個人に対して、息子たる個人が市民社会に対して権利を持つように、要求しうるのである（同§238、§242参照）。第二に、貧困そして富が所有者へ蓄積してゆくことは偶然だけが原因ではない。貧困と奢侈が心を破壊するに至る結果はまさに体系的に生み出されるものであり、それは、個人に対して外面的秩序である組織によって処理されるべきものではない。こうして、市民社会は「富の過剰にもかかわらず」「十分に豊かではない、すなわちそれ自身の資産には貧困の過剰と浮浪者の出現を防ぐのに十分なものを備えてはおらず」（同§245）、どのように規定された社会にあっても、その限界を超えてゆくという弁証法がはたらくのである。他方では、この地球規模のプロセスはヘーゲルの目には、どのように規定された社会であろうとその内部において、失われていた人倫が再び見出されうる（そして貧困化と奢侈化の問題が内部的に、それなりに緩和されうる）と、映っているのである。つまり、特殊であるが法的である福利を現実のものとなすためには、特殊がそれの利害関心に内在している普遍を、自ら「その意志と活動の対象と目的に」しなければならないのである（同§249）。人倫は職業部門の性格に応じて、その規定性を欲求の体系の内に持つところの自治団体を作らねばならない。この職業団体には次の根本的意義が属している。「特殊に向けられていた利己的目的が同時に普遍的な」目的として活動し、一方、この目的の普遍者は、職業団体の成員はその特殊な技倆に従って仕事しているのであるから、「完全に具体的である」（同§251）ということである。各人は職業団体の成員としてその特殊性とともに普遍者のなかにあり、この普遍者の共通の利害関係は成員の利害関係の規定された形式の内に現実に存在しているのである。職業団体の貧窮した成員に対する規約によって保証されている援助は、彼に屈辱を与える恣意性を失っている。他方、援助する富裕者はその名誉を共通のものの内に置いているのであって、もはや贅沢な無駄遣いによって個人として抜きん出ようとしているのではない。彼は高慢を放棄し、倨傲と見なされることはなく、したがってもはや他の人びとの嫉妬の的にはならない。「誠実さが彼らの真の承認と誇りを獲得する」（同 §253）のである。こうして「内面的なものとしての人倫が市民社会の内へと戻ってくる」（同 §249）。それゆえ、国家はその根を抽象法や道徳の内にではなく、人倫の内に有する、という根本的テーゼが補完されて、職業団体は家族に続いて、国家の第二の人倫の根源である、と言うことができるのである（同 §255）。

（9）国家そのもの

この章［第三部第三章国家］を理解するためにはこれまで以上にまず初めに、誤りに導く期待を抑えることが大切である。特に次のように考えることのないように用心しなければならない。つまり、市民社会から国家への移行が次のいずれかであると考えないことである。その移行を、一つは、個人主義的な（契約論的かあるいは反契約論的に構想された）出発点の場合であるが、市民社会で特殊福利を求める人びとのあいだで、国家の前提する普遍をそのような特殊目的の実現手段としてのみ利用する立場をその反対のものに逆転させることとして（またなぜそうなるのかを）明らかにすることだ、と考えるものである。あるいは、個別的なものから出る際に、そのように手段と目的とを交換することは、国家理論にとっては不必要であることを明らかにするものである（なぜなら、国家は「ブルジョワ」である構成員が巧妙に便乗して作り上げたものにほかならないから）、と考えるものである。もし後者ならば、見込みはないであろう。しかしまたヘーゲルは、前者に代えて、重要なことを措定しているのである。人倫が諸職業団体の内で元に戻っていることによって、その立場は（そして二三のものにおいてではあっても）、さしあたって職業団体の目的である各特殊な普遍者のためのみであるとしても、すでに逆転がなされているのである。普遍者はそこではもはやただ手段とされているのではなく、それ自身で目的を提示し、個人にとっては自己目的にすらなっている。そこで問題にされているのが、個人の特殊性を、極端な場合、道徳的には非難に値する道徳的自己意識の「自分だけで存在する自己内存在」（法哲学§256注）にまで高めることであったとしても、そうである。

ここからは、ヘーゲルに従えば、国家への移行は至極単純になる。「自然状態カラ出デヨ」の命令を道徳に特有の正義根拠から具体化するという難問をもはや背負い込むことはない。彼に必要なことは、論理学に支えられた次の洞察のみである。つまり、各職業団体において普遍的目的であるところの特殊は、その真理を（つまり自己との一致を）「即かつ対自的に普遍的である目的とその絶対的現実性」の内に有している（同§256：法哲学講義一八一八―一八三一年Gr 630参照）。すなわち、目的を普遍化するこの過程の最後で、実在化の手段と活動を持っていない諸目的の「外的」目的論は究極的目的の「内的」目的論へと逆転しているのである。その目的はその現実に内在的に働いているものである。なぜなら、この現実はどこから見ても目的に支配されているのであり、目的を外部の前提として持つものではなく、したがって「絶対的」と呼んでよいからである。これまで「客観的精神」として扱われたすべてのものが何らかの仕方でこの目的論に属しているのであり、それは完全に国家の名に値するのである。

国家という名によってさしあたり人びとは個々の国家のみについて（正確に思惟されるべきその構造にはふれずに）語っているが、この誤りは避けねばならない。「キヴィタス」「ポリテイア」（「市民性」、「市民存在」）はかつては、「世界の内に存立し、世界の内で自らを実現し、意識の内にある精神」としての国家「そのものの」ことであった――つまり、偶然・恣意・誤謬の領域の内にある（法哲学講義一八一八―一八三一年Gr 632f.; 法哲学§270注参照）国家であったのだが、自由な市民という確固たる身分（スタトゥス）を作る現実としても存在していた。この現実がいかにして個体化されるのか、今やそのことをまず、国家として思惟されるべき構造に即して示さなければならない。ところでこの構造は、団体的共同生活の人倫を（それを認める道徳的主体性の形成をも含めて）内的目的論の思想へと転ずるときに、人倫の今や適切に実在化された（それゆえ理念にまで展開された）概念として明らかになってくる。

この内的目的論の現実に属している個人の意志の志向は今や、実体的に普遍的である意志の内で一致するという最も普遍的な目的に向けられている。そうして彼らは、その目的を単に自己の外部に有するのみならず、それを知っており、意欲するのであり、彼らの人倫を、作られつつあり既にまた進行中でもあるものとして、自らの内に保持しているのである。それゆえ、彼らの人倫はもはや市民社会の概念の下に（そしてそれの二つの原理の下に）属しているものではない。人倫は直接に習俗《ジッテ》として存在しており、各人の意志はそこに根を下ろしている。しかし、それはまたそのような意志として「啓示されている」（法哲学 §257）精神であり、それは個人そのものの自己意識の内で明瞭となっているものである。そこで国家としての人倫は、そもそもその概念からすれば、特殊な（単に団体的にすぎない）実体的意志を真に実体的な即かつ対自的に普遍的な意志へと拡張するものである。なぜなら、このような意志は特殊なものに完全に浸透していることにおいて初めて存立するものであり、その意志の存立は有機的総体性の過程のなかで（同 §256 注）、過激化してゆく特殊なものから生まれるものであるが、しかしまたそれの破壊的傾向に対抗して維持されねばならないものでもあるからである（法哲学講義一八一九／一八二〇年 207f. 参照）。このような概念に対しては、その詳細をいかに判読したとしても、いずれにしろ理念は全く実体的である普遍性の現実（すなわち「活動状態にあること」）であるものであり、しかもそこにおいて、個別化された特殊な自己意識は「国家の普遍性へと高められ」（法哲学 §258）ているのである。そして自己意識はそのような普遍性として、普遍性の側から特殊性を規定して、その特殊性から、実体の存立が実現され維持されるのである。理念は「不動の」つまりもはや意志によるいかなる変化にも従属しない自己目的になるであろう。他方で、意志は目的実現に属するすべての変化を自ら生み出すのである。そして同時に、この自己目的は、上に指摘した一致によって存立する現実性に内在している究極目的である。

ヘーゲル国家哲学の内で述べられているものを、この理念の展開として理解するためには、しばしば混合して一つにされている歩みを区別する必要がある。

a．国家の理念の予備概念に関する情報（同§258f.）。指導的思想はここでは、「有機的」全体性（国家がそもそもそういうものである）の内的目的論における自己目的と究極目的についての思想である。ここから国家哲学全体の分節が明らかになる（同§259）。

b．区分の第一項についての導入的叙述（同§§260–270）。これがまず個別国家を（国家一般の概念からして）初めて近代国家の原理とともに現存するようになった「具体的な自由の現実性」として性格づける。次に、国家が個人に対して、及び家族や市民社会によってすでに扱われた組織に対して有する関係について、説明される。これらの組織は、国家全体の維持のための社会的仲介者として、それぞれ固有の体制ランクを持っている。それらは「特殊なものの内にある……体制」と呼ばれ、「国家の確固たる地盤であるとともに個人の国家に対する信頼と志操の確固たる地盤」として理解される（同§265）。さらに補足される一歩（同§266）によって初めて次のことが述べられる。いかにして人倫の理念がそれ自身の内で、それに続く諸団体（それらは真に政治的な国家とその組織を、つまりそこから市民の自由が真実に規定される国家権力を、形づくるものである）をその特有の意味での政治的な志操を持つもの及び有機体として展開するのか（同§267–270）。以上の導入的議論のみが、国家は社会生活との関係において単に前提されているだけの根拠以上のものであること、つまり実際に家族と市民社会に対して「真に第一のもの」であること（同§256）を明らかにする。もしそれが単なる根拠を出ないのであれば、ルソーや後にマルクスが考えたように、それは経済や（非）道徳的な主観性の習俗破壊的な暴力の手に帰すであろう、あるいは帰したことであろう。それらの権力に耐えるものであることを知ることができるのは、国家が理念としてあるときのみである。なぜなら理念のみが、自由は具体的であり、それに向かって主観性原理が自らを「人格的特殊性の自立的極にまで」完成することを許すからであるが、他方で同時に主観性原理は「実体的統一に連れ戻」され、そうして客観的な意志統一は主観性の原理の内に保持されるからである（同§260）。つまり、そこに「具体的な」自由が成立するのである。

c．以上の説明の内に自由な機械論を読みとるべきではない。つまり、個人とそれぞれに特殊な（市民社会の諸団体の内で満足させられる）欲求と（あれこれの普遍性段階の）実体的普遍、これら三者を連結する（エンチュクロペディー§198：選集VI, 425参照）機械論のことである。これは、ここでは個別的国家として扱われるべきである、以前述べた有機的全体性の、非有機的本性に関連するものにすぎず、総体としては具体的自由の現実性として描写される全体性の、また特殊的には権力組織の、下位構造を形づくるものである。ところが、これによって初めて、構造的なしかも実際に存在する交換関係に基づく「有機的な」フィードバック連関が保障されるのである。なぜならそれは、本質的諸モメントが「全体性に取り込まれ」（法哲学§302注参照）、普遍がその諸モメントにおいて生み出されること（同§269）を配慮するものだからである。

d．政治体制の小区分。傑出した諸権力の有機組織として、人倫の理念は（もしくは国家の概念は）、まずこれらの権力の差異化と個別的国家の自己関係における有機的「生命」の過程へ展開され（「国内体制そのもの」）、次によようやくその特有の個体性から排除されている他者や外部のものと関係する主権的活動へと展開されるのである（「対外主権」）。これが活動するために、有機的組織を形成する「文民権力」は、その文民権力と「平衡」を保つべき「軍事権力」によって補完されるのであるが、軍事権力は文民権力とも政治体制とも、特に有機組織を形成するものではない（同§271）。したがって、それはただ「有機的連関」の内部にあるだけである。

e．国内法の叙述（同§§272–329）。この叙述がヘーゲルの政治哲学の核心を形づくっており、その概念的諸規定を考慮すべきである。このような導入的な書物では、諸規定のその豊かな内容とその精密な構造様式を正当に評価することはできない。

(10) 国内法

ヘーゲルの政治体制構想は、その時代の特定の国家の編纂された公法が反映されているものではない。いわんやその公法の実務を扱うものではない。この理由からして既に、その構想はプロイセン国家のイデオロギー的擁護だという非難を受けるのにふさわしいものではない。それは、ヘーゲルがベルリーンに行く前に既に、そして彼がその地の(ナポレオンに敗北した後、改良される以前の)啓蒙-絶対主義的政体について軽蔑的な考えを述べているあいだに、構想されたものである。そのときそれはいかなる現実を考慮に入れようとしていたのであろうか。まず「体制《フェアファッスング》」という表現はここでは文字として固定された法規範を意味するものではない。そのような法規範はヘーゲル法哲学における「体制的法」(自然法と国家学講義一八一七/一八一八年 §131)としては付随的役割を演じているにすぎない。けれども、その表現は単に領邦等族の国民代表機関のための名前でもない。この代表機関はプロイセン王が改革期(一八一〇年)に約束したのであるが、家臣たちに与えることを頑強に拒んでいたものである。この組織はヘーゲルの目には「体制の一モメント」(法哲学講義一八一八—一八三一年 Gr 655)に見えたにすぎない。その全体は個別国家のすべての政治権力を包括してはいる。ただし、この全体はヘーゲルの目からすれば「憲法制定権《プゥヴォワル・コンスティテュアン》」(いずれにしろこれは擬制的である)の結果であるのではない。それは創始者の名を持たないのである——そのことは、帰属者たちがさもなければその志操の内でかなえられないような過大な要求を持っているような民族においてもそうである。「公民《シトワイヤン》」の愛国心は国家とその諸制度に先行しうるものではなく、それらにおける成長と生命の結果でありうるにすぎない(同§268)。したがって、それはプラトンやルソーが示唆しているような全体主義的教育制度によって喚起されうるものでもない。しかし、国政的志操の陶冶は現存の諸関係に適合するなかで使い果たされるものでもなく、陶冶された識見（同§268）と、したがって（ソクラテスの場合のような、そしてヘーゲルの場合もそうであるが）諸制度とその実際活動に対する批判的距離を、生み出しうるのである。これと客観的に対をなしている政治的体制は、国家の内にある市民層と個人の市民化とともに常に既に存在しており、したがってただ何らかのやり方で、しかし特に立法を通して、形成され続けるべきものである（法哲学講義一八一八―一八三一年 Gr 697f.）。国家の体制を「作る」べき者は「誰」か、と問うことは無意味である（同§273注）。体制は常に歴史の生み出すものであり、たとえそれが（いかに進歩的なものであれ）民族に強要されうるものであろうとも、民族の法感情と状態がそれに適合しないならば（同§274）、作られる必要がないものである。他面では、体制は確立経過からもぎ取られた産物のように成立するものでもない。成り立ちは体制の自己保存の過程として個別の諸国家に埋め込まれている。したがって、国家体制とは自己自身を規定する個別国家の結果である、と言うことができ、またそう言わざるをえないであろう。それに関するヘーゲルの情報は、ナポレオン後のヨーロッパ諸国家のこのような自己規定の現実性は理性的にいかに把握されたか、を展開するものであると言えよう。

「立憲君主制」、ヘーゲルは、国家体制に現存する理性的なものを概念的に把握して、その体制をこう名づけている。しかし、その意味するところはいったい何であろうか。その事情を了解するためには、歴史的に熟知されている事柄の通用名称に基づいて、『綱要』に尋ねる必要などないと考え、もしかすると著者の正体をイデオローグとして暴くことができると考えるひともいるかも知れない。ひとはヘーゲル思想の視野の内に入ってゆき、そのなかで、何がこの名称を使用するに至らしめたのかを、発見しなければならないのである。その道こそがその意味を初めて決定する。その初めには既に強固になった確信が存在している。つまり、国家の「立憲的」形式がその意味を傑出させるのは何よりも次のことによってでなければならない。「政府」（政権というものの最も広い意味における政府、エンチュクロペディー §541 参照）は、その支配が有機的に組織される仕方を通して、（人倫的理念の「客観的現実性」としての、法哲学 §269 参照）その政治権力を、法的に保障されている仕方においてのみ行使するのであり、そして私的組織の力や個人の動きに対抗するのは違法性のある事例のみである。そして、全体として政府は、国家を実体的-普遍的意志として保持し、普遍者をそうして明るみにもたらし、市民の具体的自由を実現し持続的に保証することを目標とするのである。

次に進むためには、この目的はただ政府によって措定されるものであり、（たとえ理性的ではあっても）政府によって追求されるものだ、と過小に評価されるかも知れないことを、理解しておく必要がある。目的が自らを現実化する実在性とその目的との関係が、単に外的な目的論と受け取られる恐れがあるのである。けれども既に明らかなように、政府の活動は内的な目的論の構想の内で考えられねばならない。こうしてヘーゲルの『論理学』から得た知識に従えば、政府はただ有機的に組織されるもの、それどころか正しく受け取られるならば、有機体の活動でしかありえない。そこで理性的な政治権力は、有機体論的隠喩法を好むからではなく、説得的な概念的連関への洞察と完全に非隠喩的な言い方からして、憲法をもとに組織される国家において、有機体として規定されるのである。同じ理由によって、概念把握されるべき現代国家のような国家は、普遍者の自己保存と実現を自らの内で差異化されている制御可能な有機的組織を通して保障されなければならない。動物の有機体ですら、自己保存と自己更新を制御する器官が独立しているときに、より完全に自らを形態化し再生産するものである。そしてそれらはそうであるとき、偶然に適合させられている環境のわずかな部分にそのまま耐えているよりも、内部や外部の不意の出来事に対してより上手に身を処すものである。個別国家である先の「有機的全体性」における政府有機体も同じことである。現代国家はその内部に激しく活動する非有機的な自然をいかに多く伴っているものであるか。このような国家では、自然的-人倫的諸徳の優越性は（そしてそれらの徳が見出す相互承認は）、最善者の支配を配慮するだけでは足りない。政府有機体それ自身がその内部で豊かに部分化されて編成されていなければならないのであり、そうして職務の担い手たちはあらかじめあるいは少なくとも「官位」に就くとともに、そのための知性をも所持しており、職務の最大化は単に偶然の（あるいは国家体制と切り離された個別官庁の）事柄であるのではなく、体系的に生み出されるものなのである（同§§150、273注参照）。同様に、憲法の保証を通して、個別官庁の活動が国家体制に適合する枠内にとどまることが、配慮されているのでなければならない。しかし、そのために要求されることを知るには、功利性の考量や職務的考察では十分ではない。そのような考察では、内容的にあるいは方法的に、外的目的論の関係に制限されたままであろう。ただ思弁的概念のみがここで立てられた課題を解決することができる。

その概念に従えば、統治のあるいは支配の有機体は三つの政治権力に分けられねばならず、またその力が最大限に発揮されることなく、最小限に発揮されて権力相互の不信だけを促進させて、それらの相互の関係が機械的に互いを抑制（チェック）し平衡（バランス）を取るものであってはならないのである（同§273注）。支配者は一人であるか（君主政）、若干の最善者の集団であるか（貴族政）、それとも可能な限りすべてのものであるか（民主政）、この問いは、古代国家にとってのみ意味を持った比較的外面的な問題であって、優先的なものではない。なぜなら、支配者や協同支配者の数によって支配的有機体の理性的性格が全体として測られるものではないからである。国家機関の内部において、この古典的統治の三形態のすべてのモメントが活動していなければならないのである。つまり、国家機関の一つはもちろん立法権であるべきだが、そこでは普遍を発見し法律によってそれを規定することが重要である。そのためにはできるだけ多数のものが支配に関与するべきであろうが、それは、ただ大衆のように扱われる市民たちからなる多数のアトムとしてではなく、社会の職業部門を代表するもの、そして国家全体におけるそれぞれの機能に応じてその比率に伴う、それゆえ異なった政治階層の成員として、である。他の機関は、執行を行うという狭い意味での統治権を行使するものである。これはすでに発見された普遍からして、そしてまた自らも発見に努めながら、特殊領域を、さらにその内にある個別事案を、普遍者の下に包摂しなければならない。そこでは当然ながら一人以上の者が活動する。しかし明らかに、万人ではなく、特別にその訓練を受けた最善の集団、特殊な課題の諸分野に対応する諸活動のヒエラルヒーにおける機能エリートが、それに使われるのである。これに対して、第三の権力は個別事例と関わって（普遍へ包摂することによって遂行されることない）最終的な決定を下すべきものである。そこにおいては、国家の全体が一つ以上のものにならないようにするために、ただ一人が支配機能を行使するのでなければならない。この権力は司法権ではありえない（これと対立するのは、カント法論の形而上学初歩 §45 参照）。なぜなら、たしかに司法は個別事例に関わるが、論議されている事例にただ法的にのみ関わるものであるからであり、加えて司法の決定は（普遍を実現し具体的自由を現実のものとする）政治権力の外部にあるからである。司法は「統治《ガヴァメント》」を実行するコントロール過程に属するものではなく、国家体制とともに特に既に考慮されているものである。それは、法の独立性を侵害せずに法的監視に関わる限りでのみ、行政権（同 §287）と同様に（狭義の）統治に包括されるのである。その決定はまた根拠なしに最終的であるのではない。反対に、その決定はいかなる場合でも根拠が客観化されねばならず、それゆえ合議的であり、法廷によってなされなければならない（同 §§219–227）。これに対して、行政権は、決定するなかで個別の国家業務と関連しており、さまざまの根拠を残らず挙げて正当化されることはできない最終的な歩みを踏み出すべきものであるから、その歩みとそれに関わる自己責任の主体性のために、それは個別的で自然的な人格でなければならない。ヘーゲルはこれを君主権と名づける。それが活動することによって初めて、個別国家の全体は行動する主体、主権的主体となる。その活動に専念する歩みが国家の意志形成の行程における最終的なものであり、同時にその歩みが生み出される決断とともに、（実体的-普遍的であり、普遍の実現を目指す）国家意志の実行が始まるのである。そこでこれとともに、ここに指摘された権力の仕事と共同作業を詳細に考察することが始まるのであり、その考察のねらいは（そうして今や最後のものとして考察されるべき）立法権の機能に適した活動に置かれている。

続いて三つの権力の詳細は次のように示される。各々はそれ自身の内に政治支配の三つのモメント（国家体制の普遍性、その下への特殊なものの包摂、そして個別的なものの最終的決断）を含んでおり、その固有の機能を行使するにあたってそのつど他の二つのものを関与させるのであるから、それらは互いに異なっているにもかかわらず「観念的」であり（つまり、それらはそのつどの事案とともに支配有機体全体の内で「止揚されている」のであり）、一緒になって隙間のない統一を形成している。しかしまた、それらはそれぞれ特殊な本性と活動様式を持っており、常に起こりうる乱用とそれぞれに固有な仕方で襲ってくる機能不全からはしかるべき保証によって守られている。以上の観点においてもヘーゲルの叙述は卓越した鋭さをもっており、ただ「時代に制約されて」いるだけのものではない。けれども、ある点においてはその叙述は過去に関わっている。それに属するのは例えば、多くのヨーロッパ国家においては「君主」権が王朝と結びついていたことであり（同 §280f.）、そしてそのすべてにおいて疑いなく、軍事力を統帥する役割が王朝と結びつく権力に独占的に属していたことである（同 §329）。時代遅れとなったものと、それでもなお説得力のあるもの、この二つは、その特有な性格からして、もはやここで論じるものではない。

それでも、これまで叙述したことから次のことが明らかになる。ヘーゲルの「立憲君主制」は啓蒙絶対主義的に統治する君主による支配ではない。その君主は国家的代表を臣下たちに委ねて喜ばせるという寛大さを持ち、時には彼らの決定を尊重するという法的志操を所有していたものである。対外主権（同 §§321–329）に関する叙述によって容易に理解されるだろうが、またヘーゲルの君主制は帝国主義的な「権力国家」でもない。そのような権力国家は、政治をそしてそれとともに市民を、力を最大限に上昇させる命令に委ねさせるものであり、あるいは政治の意味を他の諸国家を敵と味方に対極化するものである。ヘーゲルに対する誤解のなかでもこれはおそらく最も的外れのものである。その誤解の根拠は（ドイツ人が後に特に積極的に関与した）帝国主義にあるが、そのほかにおそらく、戦争が、それに巻き込まれた諸民族を人倫的に覚醒させるために、十九世紀に入るまで有していたと思われる意味に対する、深遠だが危険な見解の内にあるであろう（同 §§323、324注：337 参照、ならびにカント判断力批判 §28）。けれどもこの誤解はただ可能的見解であったにすぎない。ヘーゲルは、そのような考えによって戦争を決断したり政治的に正当化しようとすることには、ことさら警戒心を持っていたのである。

（11）国際法

国際法ではヘーゲルは、主権の原理によって存立している諸国家間の調整に関する単に契約論的な基盤を特に強調した（それもまた誤解を生む役割を果たしているかも知れない）。なぜなら、彼は、諸国家が契約の締結とともに国際機関に対して主権の一部を互いに放棄する政治的文書と、そのような放棄を伴わない一群の取り決めとを区別しなかったからである。後者によれば国家を超えた法が実際に妥当させられることはなく、主権国家の間で単に妥当すべき法（同 §333）が行使されるにすぎない。とはいえ、他の狭義における国際法にとっても、法を遂行しそうして継続的に妥当させうるような「大法官」（同 §333）は存在しないのである。国際法は主権を有する条約当事国同士の持続的で恣意的な決断にのみ依拠しているのであり、その限りでやはり単なる当為という性格を持っているのである。たとえ、合意された共同作業や共通の関心によって支えられ、あるいはおそらく紛争調停のための国際法廷によって監視される場合ですら、そうである。

要するに、永遠平和の理想に対するヘーゲルの批判（同§§324補遺、333注）もまたナポレオン以前と以後の幻想に対する批判の文脈のなかにあるものである。その批判は次のような補足的確認なしには正しく理解されるとはいえないであろう。さまざまの国家の戦争に結びつくことのない国際的な法関係に依存することなく、合意をみている立法諸原理や共通の教養や近しい習俗のおかげで、「ふるまいの内的な……普遍性」が見出されるのであり、それによって国家同士の付き合いは人間的なものに「修正される」（同§339）のであるから、その付き合いは戦時においてすら野蛮にならないのである。（二十世紀になって初めて、ヨーロッパ人はこの保証がいかに頼りないものであるかを経験した。）

(12) 世界史

国際法は当為的性格を持つにすぎないということにヘーゲルが固執する要点は、冷徹なリアリズムにあるのではない。そうではなく、その要点は国際法によって放棄されることになる問題の内に、そしてそれに関わる独特な仕方の内にある。その問題は本来、抽象法についての叙述の最後を思い出すとき、着目しなければならなかったものであり、ヘーゲルのように、カントの公法の「形而上学的初歩」（カント法論の形而上学的初歩§43ff.）を相手にしたことのある著者にとっては、それに立ち向かうことはどうしても避けられないことであったのである。各国家は他の国家と抽象法の関係に入らざるをえないのであるから、国際法は、その遂行に関しては「大法官」がいないために、抽象法の枠内で不正についての正義の懲罰のように、単なる当為にとどまっている。そのとき結局すべての自由な定在は、実際に脅かされているだけではなく、その法的地位もまた危険に晒されつつ、妥当する現実として現象しているのである。

なぜなら、国際法との関係のなかでは、政治的に体制化された民族は、自分の存立とそれとともに根本的には民族に帰属する一切を、欲シヨウト欲シマイト《ノーレンス・ヴォレンス》、危険に晒すからである。したがって、危険に晒されるものは国際法の要求の遂行にとどまらず、意のままにならぬ不利な条件下ですべての法的要求の遂行とそれに伴うすべての法的現実性が――否それだけではなく、端的に言って民族にとって法的保護に値するすべてのものが――そうであり、さらにはそれを超えてそのような保護を与えるはずの法の精神（モンテスキュー）までもがそうである。「法状態」の脆さに鑑みて、カントは、公法全体が国家法と国際法、そして民族国家法あるいは世界市民法に分けられるべきだと、教えた。そして、外的自由を法律によって制限するという原理に、法状態のこの三つの形式の一つでも欠けるようなことがあれば、結局公法の建物全体が「崩壊」せざるをえず、ところがもしこの建物がなければ、自然的な権利と義務の所有者はまた人間の権利一般をも「転覆」させることになるだろう、と言う（同§§43、42）。ところがカントは、世界市民法も国際法も、外的自由を法律によって制限するそのつどの「原理」がどのようにして主権国家間で単なる当為以上の力を獲得しうるのか、それを説明する必要はないと考えている。これもリアリスティックではあった。しかし、われわれが法をただ生活するのに役立つ慣習や本能的活動として考えるのでないならば、われわれは哲学者としてそれを放置しておくことはできない。われわれはいったいいかにして、紛争状態にある諸民族あるいは諸国家の、それどころか（さらにまた）諸民族がそのつど法を自ら組織し遂行しようとしている「精神」の「有限性を通して現象する弁証法」が最後の決定権を握っていることを、確信できるのであろうか。そして、その決定権の代わりに、いかなる確かな情報がわれわれに対して法の現実への哲学的な最終的洞察を与えることができるのであろうか。何が、法の自民族中心主義あるいは文化中心主義の相対主義の汚名を免れて「世界市民の理念」の無力に置き換わりうるのか。上に述べた弁証法にもかかわらず、いかにして国家「そのもの」が常に自らの有限性という運命の手中に陥ることなく、世界の内で存立する精神でありうるのか。以上のことに答えることの難しさが、ヘーゲルの世界史の哲学が解決しようとした問題なのである。

ヘーゲルの提出する解決において注目すべきは何よりもその壮大な方向である。視点の多様さと（とりわけ講義における）叙述の豊富な材料は、木を見て森を見ないことに導きがちである。それゆえ、ここではディテールはできるだけ少なく描くだけにしよう。つまり、先に進む助けになりうるのは「概念の展開」の新たな局面だけである。しかし、それは、残念ながらヘーゲルはわずかの線によって描いているだけであるとはいえ、『論理学』の前提の下で、避けて通ることはできない。さらに個体的な諸民族精神の有限性において現象する弁証法もまた、特殊な実体的意志の普遍的意志への拡張の——その語の意味する通りに、国家に属するところの——過程に即して（法哲学 §§257f. 参照）、あるいはむしろ今や他の多くの過程に即して、生じて来るのである。したがって、有限性の弁証法として、弁証法は特殊な諸民族精神の制約（選集 V, 142–148 参照）を超えて概念把握的に無制約の普遍的な概念（法哲学 §340）に到達する。それに対して、現象する弁証法としては、それは諸民族精神の現象から本質的相関が出現することに到達する。この本質的相関を、普遍的精神は特殊な諸民族精神が客観となったものとして持つ。普遍的精神は、この本質相関の内では、諸部分としての諸民族精神に対しては全体であり、またその諸部分に即して自らを生み出す力でもあり、またこの外化したものと全体として一つの同じものである事柄であるところの内的根拠である（選集 VI, 124–182参照）。

このように考えられるべき普遍的精神が世界精神と呼ばれる。それは、その普遍性が人倫世界の全体を包括しているからであり、しかも偶然や恣意や誤謬の領域としての世界の内で自らを実現しているからである。しかしご覧のように、この精神は自らの定在をただあれこれの民族精神とその人倫的現実の内に持つにすぎない。それは精神であるから、さらに諸民族の「諸精神」としての主観性と自己意識という性格をも所有している。無制約的なものとして精神を実現する普遍化の過程は、それを超えて、その定在のエレメントが、したがって媒体がもはや特殊でしかもすでに政治的に組織された諸国家の体制的現実性であるにとどまらないことを、当然伴っているのである。それどころか、諸民族の有限性は可能的には、それらに帰属する一切を没落に引き込むものである。その弁証法は普遍的精神にとっての定在のエレメントを「内面と外面との全範囲に及ぶ」（同§341）精神的現実性へと作るものである。それゆえ世界精神によって、諸民族のすべての客観精神化された実在性が包括されているのである。しかし内面性の観点からは、われわれの考察の地平に今や、諸民族の主観的精神がその客観的で精神的な現実の内部で、その現実を超えて現れている意識対象と持つ関連もまた入ってこざるをえない。

政治的国家体制論の初めで（同§270注：これに対してはエンチュクロペディー§552を参照）、注として、いかにして国家は宗教と関係しているかという問いが立てられ、そして宗教は国家の基礎であるという見解に、いかなる意味で同意できるかが、説明されている。いかにしてあるいはどこに、人倫の内で確固とした覆しえない法が見出されるべきか、という問いは、確実に必ず国家と宗教の関係の考察に導かれるのであり、そして世界精神の概念がそのような精神に固有の歴史へ、それゆえ世界歴史へ通じているのであるならば、われわれは、その歴史は個別諸国家の体制的歴史として構造化されるだけではなく、人倫と宗教的意識に固有の諸対象との連関における変遷としても構造化されていることを、期待しなければならない。まだ宗教の概念はまったく提示されていないのではあるが、このような期待は完全に事実に合致している。なぜなら、宗教が（そして芸術や哲学もまた）思弁的概念に従って存立しているところではどこでも、――意識としての主観的精神と、理念であり絶対精神の概念である内容との関連が存在するところではどこでも――、わずかの前提を追加すれば、自由な精神以来、われわれのテーマであったものが存在しえたからである（エンチュクロペディー§482参照）。

そうしてひとは、自由な精神の概念の内で構想されている主観的精神と客観的精神との連携に、すなわち、自由な精神の客観化のほかに自らを自由として知るというその精神の努力もまた考慮されるべきであるということに、拠り所を求めざるをえない。そして、主観的精神はいかにして客観的精神の内で自らの自由の知に至るのか、という問いは、人間がいかにして自らの本質を、人間にとって最高のものであるものとの関係において理解するのか、という問いを抜きにしては答えられない（同 §482 注参照）。すると、世界精神を論じるにあたってはもはや法哲学や国家哲学は問題にならない、という印象が与えられる。しかし実際に重要なことは、未だ人倫に属していた包括的なテーマから哲学的な法の問題に関わることである。もし自由に関するわれわれの知識の根拠に戻らないのであれば、この法の問題は解くことができないであろう。

世界精神が諸民族の精神及びそれらに独自の「法の精神」に対する関係は、これらの状態の下で、いかにしたら以前よりも正確に規定されうるであろうか。最も重要な主張は疑いなく次のものである。普遍的精神の諸外化態には、それらが自由の定在を形成している限り、個々の民族精神の外化態との比較の内で、最高の法が帰属している（同 §340）。この主張が不可避であるのは、諸外化態の形成する定在は単に法の普遍概念を充足しているだけではなく（上述の「限り」の文を参照せよ）、それはそのような法として、それが自らを貫徹しうるならば、その妥当性とともに、残りのすべての法の（常にそうして制限される）存立を保証するものだからである。以上の意図されている問題解決に加えて、世界史の概念を導入することは、民族主義と結びついた人倫の有する相対性をそれ自身の側で相対化し、また国家体制の問題における法哲学的な民族中心主義（例えば、ルソーやロマン主義法学派）の容認を制約する、という意義をも持っているのである。ある民族にそれにそぐわない国家体制を無理強いすることは無意味であるが、そのことが意味するものは、ある民族の発展の一定の局面においてその民族に適合する国家体制よりも正当な国家体制は存在しえないということではない。世界精神の「最高の」法は自らを貫徹するかどうか、したがってそれは有効な現実性を持っているかどうか、そして、それはいかにしてその現実性を持つか、この問いはそれだけにますます難しいものとなる。まずこの問いは、世界史のように普遍的である精神の構造に関わるものであり、次に、その構造の精神がいかにして、民族精神に立ってなされる、諸民族や諸国家や諸個人の相対的活動に食い込むことができて、それに抵抗なく介入するか、それについての知識を提供するものでなければならない。

　世界精神は効力を持っている（そして抽象的法論の最後の合法性の理念のように無意味なものではない）。このことは、民族の諸精神とその客観化との本質的相関の思考規定の内に存する。世界精神はその法を民族の諸精神に対する「世界法廷」として行使する（同§340）。しかしなぜその外化の力は（同§342）、盲目的運命の活動でありしたがってその「決定」を選択の余地なくまた認識しうる理性なしに下すところの暗い根拠の力ではないのだろうか。この場合もし、カントやフィヒテが実践理性の要請とともに正当化しようと欲した「神的な世界支配への信仰」を考えたとしたなら、それはまったく根拠を欠いているであろう。そもそもその場合に問題とされているのは、決定というものではなく、おそらくハイデッガーの「命運《ゲシック》」のようなものであって、それによって定められた必然性というものは同時に自由であることはできないであろう。世界精神が自分の外化態として有する本質的相関の概念はたしかにこのことを排除できない。しかし、われわれが依然として問題にしているのは「人倫的理念の現実性」（同§257）である。即かつ対自的に自由な意志は一切の目的を自由の実現に従属させるのであるが、自由の実現が無制約的に普遍的な精神から出発して最も包括的な仕方で遂行されるときでも、実体的意志の現実性はその最内面において「即かつ対自的に理性的なもの」のままである（同§258、§342参照）。そうでなければ、それは法ではないであろうし、いわんや最高の法ではないであろう。さらに言えば「精神の内にある」この理性的なものの理性の「対-自-存在」は、自由の客観化のなかで自己が自由であることを明示的《エクスプリツィット》に知ることを目指す——暗示的《インプリツィット》な——知である。それゆえ、世界精神の活動は客観化の働きであるとともに主体性を打ち立てる働きでもある。それは普遍的精神の「開陳《アウスレーグング》」（エクス‐プリカチオ）と「現実化」（同§342）という活動の二つの仕方の組み合わせの内にあるのである。

　こうしてその構造を前よりも正確に記述することができる。世界精神は——現実化するものとして——行為であり、そしてそれはただそれがおこなうところのもので在る。これはそもそもすでに法哲学二五八節によって期待されていたことであった。しかし自己が自由であることの知を目指す開陳としては、その行為は、世界精神が人倫的なものの内で自らを、それにとって最高であるものについての自らの意識の対象となして、自らを開陳しつつその内で対自的に把握する、ということにおいて成り立つ。それゆえ、行為は全体としてみれば、直接的に感覚的な意識から始まり、範型的に知覚する意識を通って、次に悟性的な意識から、自己意識に至る、（四段階の）上昇及び進歩という性格を有している。ところで、これらはすべてそのつどの最も結合に値する意識対象に関係づけられており、その要求を人倫的なものの内で充足するのである。意識は自らの「形成史」のなかで段階を追って進み、それぞれの段階において、把握はそのつど最も完成した真の把握を目指し、そしてその完成にそのつど到達するのであるが——それは同時に、このことが再び新たな意識対象への精神の外化であり、人倫的なものにおけるより高い段階への移行でもあるようにして、おこなわれるのである。この段階では、新たな意識対象が生まれるだけではなく、先行の諸段階が「改めて」把握され、そうして精神はそこにおいて外化から「自己の内へ」立ち帰り（同§343）——精神の自己‐自身‐への帰還であり、次に自己を‐絶対に‐知ることであるところの意識の運動にまで進むのである（同§352）。したがって、この構造が、個人や諸民族や諸国家の、民族精神に制約される活動に介入すると、運動の全体あるいは「行為」が四つの継起する段階の内でそれぞれに特性的な（同§353で指摘される）原理を根拠にして遂行され、またそれらの原理が四つの「世界史的領域」、東洋、ギリシャ、ローマの領域と最後に（地中海から見て）北部ヨーロッパのゲルマンの諸民族、として形態化されることは、十分に理解できるのである。これらの領域の性格規定は『綱要』の最後の六つの節から読みとることができる（同 §§ 355–360）。また最深の境目と最高の時代潮流が第三と第四の領域の間に位置していることも容易に理解される。第四領域の人倫が初めて、絶対者が精神として理解され、人間が人間として妥当し、それゆえすでに「即自的には最高の自由として規定されている」、このことの上に成り立っているからである（エンチュクロペディー §§384 注、482 注参照）。この境目までは、意識は、絶対者の最高定義を見つける「衝動」（同 §384 注）に従属していた。それに対してそのとき問題となったのは、まず最初にその定義の意味と内容を把握するために、すでに獲得していた自己の自由の知を客観化することであった。当時の他の歴史哲学とは異って、ヘルダーがすでに世界史を同じく四つの時代に分けていた。しかし、ヘーゲルだけがそのための原理を提示し、それを普遍的精神と結合させ、またそれをその構造から把握される主要な境目と結合させることを、明らかにしたのである。同時に彼はそのことによって、世界史の諸国に関する古い理論と諸国のあいだの「支配ノ移譲《トランスラチオ・イムペリイ》」に新たな説明を与えた。その説明が、いかにして（法に対して権威を有し他のものに対しては自らを貫徹するという、人倫の形態が持っている要求という意味における）「支配の要求」がこの「世界の国」のある一つのものから次のものへと移ってゆくかを、明らかにするのである。

　ところで、世界精神はその構造を通して、諸個人や諸民族や諸国家の、民族精神に制約される活動に介入するのであるが、その際それが本質的に歴史的な精神であるという主張は、何によって正当化されるのであるか。この問いに答えることによって初めてヘーゲルの歴史哲学の出発点の問題が解明される。世界精神は歴史的であり、その歴史性において考察されねばならないのであるが、そのことは、それが諸民族精神の現実性に介入しうるか、あるいはいかにして介入しうるかを、知ろうと欲するとき、諸民族は歴史的に実存するものであり、すでにそれぞれに規定されている民族精神は歴史を「それの内部に」持っている（同 §548）、このことから容易に明らかになる。内容的には特殊原理に制約されつつ、それぞれの民族精神はそれの意識とそれの現実性とを展開するのであり（同）、そして、この展開は特殊原理から出発しその枠内にとどまっているにもかかわらず、それはすでに対自的に、原理に含まれているものの開陳と現実化という二重の性格を受容しているのである（法哲学 §344）。展開はそれに属するすべてのものとともに、対自的に受容されて歴史的に考察されうるものである。そのとき、個体的生命と民族生命には、諸個人と諸国家には、ただ「不完全な正義」が分与されるにすぎないことが（同 §345）、確認されるであろう。そしてその考察は、「多数のものとして外面的に」実存している多数の民族へと拡張されるであろう。民族の原理は自然的なものだからである（同 §346）。しかしそのような考察の仕方は世界史的なものではない。その考察の成果は、ただデータや前提としてのみ本来の世界史的考察の内に入り込むにすぎない。――それは、まず地理的及び（文化的―）人間学的な基盤の記述において、また世界史が持っていた始原の規定において、そして次に世界史の進む進展のすべての歩みにおいてもまた入り込むものである。

他方で、この膨大な考察材料に即して、世界精神とその構造の価値を認める考察の起こることもありうる。というのは、個人の方に小さな尺度を当ててそれが属する民族を捨象するのと同じように、民族に（また、そのように捨象されていない民族の内にある個人に）大きな尺度を当てることによって、以下のことが確認されるからである。民族が（個人もまた）深く関心を抱いている行動が、そして国民的（あるいは個人的）運命にとって重要なものと映っている体験が、彼らが意識している意味のほかに、さらに別の意味と、彼ら自身の運命と異なる運命にとっての意味を、有しており、また諸民族は（ないしは諸個人は）その行動や体験によって（あるいは、彼らにはまったく気づかれないその他のものによって）、他者（これは補足的な評価基準の下で問題となる）にとっては「意識を欠く道具や構成部分」であったことが、確認されるのである。つまりこの興味深い事例において、それらの内にある世界精神の「内在的活動」にとっては、

> その内でこれらの形態は消滅してゆき、しかし即かつ対自的な精神は次の高次な段階への移行を準備し、それを仕上げているのである（同 §344）。

われわれは、世界精神が諸個人や諸民族や諸国家の活動に不可避的に介入するものであることを、見ることができる。なぜなら、世界精神の介入を描写するものは、介入に驚いている制限された意識地平に属するものではないからである。そして、それらの描写が属する別の意識地平を提示することができるであろう。その地平は、人倫の内で思惟する世界史の精神の地平である（エンチュクロペディー §552 参照）。

ヘーゲルの歴史哲学に対してはしばしば次のような抗議が加えられる。それは、諸個人や諸国家や諸民族が没落において体験する計り知れない苦悩と不正と無辜の不幸を十分真剣に受け止めていない。それは、たとえ神の救済計画を世界精神へ「世俗化して」いるとは言え、図に乗って歴史の内に神の救済計画を認識しようとするのだから、特に腹立たしい仕方で現実と和解しているのである、と。提示された問題とヘーゲルの提案するその概略的な解決を厳しく考察するならば、この反論は誤解に立脚するものであることがはっきりするであろう。苦悩や不正、そして無辜の不幸、これらは軽視されているのではない。哲学はそのようなものに固執しないだけであり、それらを――諸個人や諸民族の幸福も同じく――結局は捨象する。なぜなら、そのような幸福へのまなざしも不幸へのまなざしも法の問題

を解くのに寄与しないからである。しかしながら、提示された解決は、われわれが知っているあるいは知識を得ることのできる過去の悪のすべてが世界史の究極目的に奉仕するあるいはそれによって正当化されると、主張するものではない。厳密に受け取れば、この究極目的及びその現実化の観点においては、言うところの正当化が依拠しなければならないとされる目的論的説明はそもそもなされていないのである。なぜなら、もし説明がそのようなものであったなら、それは経験的考察材料に基づいて、現実化はこうして可能となったとか、これやあれやのことが究極目的「のために」起こった、と述べようとするものになってしまうだろうからである。しかし、歴史哲学の目指す哲学的概念把握とは目的論的説明ではない。それはまた生じた災厄に、それを正当化すべき隠れた意味を与えることでもない。われわれに求められるものは、日常生活でわれわれによく降りかかってくるものではあっても、災厄にのみ取り組むことはしないということだけである。問題を解決するためには、われわれは肯定的なものにも注目すべきである。それはすべての否定的なものとともに、それよりは人目を引くことが少なくとも、われわれの反省的考察の対象の内で認識されるべきものなのである。それは、われわれが、否定的なものと結びついている災厄をよしとせずとも、思惟によって否定的なものと和解することを、可能にするのである。しかし何よりもまず、世界史が追求する概念的認識によって、ライプニッツの弁神論のような要求が頭をもたげてきてはならないのである。ヘーゲルはかつて彼の歴史哲学を最終的に「真実の弁神論」（選集 XII, 540）と特徴づけたが、それは、神的な予見や知恵や善や正義の相の下で、歴史がわれわれに知らしめる災厄は可能なすべての世界の内の最善のものにおいては避けられえないものであったことを、悟ろうとする試みではないのである。それは、宗教的意識によって表象された歴史の内なる神の正当化としての「真理」を、むしろそのような望みのない試みを、意識をして超えさせることの内にこそ、有しているのである。それどころか、それはフィヒテのように実践理性の要請の内に「神的な世界支配へのわれわれの信仰の根拠」を追究することからも守ってくれるのである。

　ヘーゲルは、普遍的精神が諸民族の精神の客観的形態に、ないしはそれらの地理的・文化人類学的・そして時代的に限定された人倫と、いかに関わるか、その関係をもっぱら歴史的《ヒストーリッシュ》に考察した。彼は現実の人倫についての彼の哲学をただその過去と結びつけたのであり、未来についてはいかなる像も描かなかった。そこで、彼はカントやフィヒテ（さらに歴史について哲学したフランス啓蒙主義の二三の代表者）とは反対に、彼の世界史の哲学を首尾一貫して、未来学のエレメントから解放させたのである。こうして、彼の概念把握の認識の試みは、その認識が——未来が内に秘めているすべてのものとは区別して——すでにその時代において身近であった対象に制限された。しかしそれは、ヘーゲルにとっては、来るべき時代に対する予測（例えばアメリカやロシアについての予測）や人倫的諸要求（例えば革命後の新たな団体組織の設立）を排除するものではない。すでに国内法と普遍的精神の概念に関連して述べたことだが、ここに付け加えるならば、ヘーゲルはその時代の政治体制の弁護者となったという非難を受けるにはふさわしくないことは確かである。しかしおそらく、世界精神と（時代的にはその時代にある世界精神の過去の在り方としての）世界史とが重ね合わされていることには、これまで述べてきた理由のほかに特に認識論的な理由がある。なぜ国家が世界の内に（もはや不要なものではなく）「存立している」精神として考察される必要があるのかと、問われるとき、歴史がしたがって諸民族とその人倫的文化の過去が、偉大な範型的なテスト領域となることは間違いないのであり、この領域を顧みることによって、この問いは可能ならば回答されるに違いない。このように回答されるべきであり、そしてヘーゲルによれば、それが当の時代にも通用すると、構想されているのである。そうであるのだから、哲学者たるものは、後にいつか立てられるであろう問題を、泰然として後世の人びとに託すことができるのである。哲学は「それの時代を思想の内で把握する」のである（法哲学 S. XXII）。つまり、思想の内で把握された「哲学の」時代は、その時代が存在するものへと生成した、その在り方の概念的知識（歴史《ヒストリア》）をも包括しているのである。このように概念把握を目指す者は、いかなる未来にも妥当する超時間的な人倫的現実の認識を持つと信じ込むことなく、自らの内なる歴史主義の幽霊を追い払うことに着手するのである。

七・三・六　絶対精神

絶対精神に関する論述は、人間学や心理学や（「自然法」としての）法哲学とは異なり、昔からある古いものにヘーゲルがただ改良を加えた科目であるのではない。むしろこの科目によって――『論理の学』や『精神現象学』と同じく――、全く新しい哲学的科目が構想されたのである。けれども、エンチュクロペディーの綱要におけるその論述はその書物の総計五七七節の内のわずか二五節を含むにすぎない。

この『エンチュクロペディー』の最終部門の簡潔さはその受容にとって命取りとなった。それは今日でも変わらない。誤解の危険性は、その二番目の節（エンチュクロペディー §554）がただちに、絶対精神の領域は「一般に」宗教として特徴づけられうる、と認めていることによって、ますます大きなものとなった。つまり、この新しい科目の個々の対象については、ヘーゲルの講義において包括的に論じられており、その対象には芸術と哲学のほかに宗教も含まれていた。これが容易に二つの誤解を生んだのである。多くの人びとには、絶対精神についての論述全体が、キリスト教が真の宗教であることを証明しようとする普遍的宗教についての論述にすぎないと、思われたのである。三つの部分の内二つがはっきりと「芸術」と「哲学」のタイトルを持っているにもかかわらず、その全体を宗教哲学-講義に基づいて解釈しようとしたり、それどころかキリスト論として解釈しようとされたのである（トイニッセン1970の場合のように）。ヘーゲルの絶対精神論がそのように解釈されるならば、いかにしてそれは、キリスト教の真理内容の認識のほかに、自立している古典‐ギリシャの芸術についての哲学や、非キリスト教的な、キリスト教信仰の実定性から自らを解放した近代哲学のメタ哲学というものをも含みうるのかと、自問することは空しいことになる。ところが、ヘーゲルの絶対精神論がこれを目指していることは明白である。ただそのようにしてのみ、そもそもそれは、内的‐キリスト教的な解釈学や護教論にとどまることなく、キリスト教の中核にある信仰内容の理性性と真理についての現実に哲学的な洞察に届くチャンスを持ちうるであろう。（類似のことは、芸術の真理内容を認識し、哲学をその歴史へ戻すことによってそれ自身に到達させるという、絶対精神論の要求にも当てはまる。）ヘーゲルが絶対精神の特殊領域についての講義において構想していたように、芸術や宗教や哲学の完成形態についての認識のみがそれらの特殊哲学のための確固たる基礎を提供するということもまた、この考えを十分に補強するものである。模範的事例においてのみ、ある類にとって何が本質的であるか、を理解させてくれるものである。したがってそれらの講義があるからといって、絶対精神の全体に関するヘーゲル哲学を考慮せずに済ますことはできないのである。

これと関連すると思われるものに、別の誤解があった。その犠牲となったのがあまり熟慮的でない解釈者たちである。彼らの解釈によれば、絶対精神の哲学は独立の三つの科目に分かれているとされる。けれどもそうであるならば、それらの科目は決してそれらの課題にふさわしいものとはならないであろう。そこで、ほかの在り方が予想されずに、それらの科目は、関連する『エンチュクロペディー』の節のテクストは顧慮されることなく、しばしばその歴史的視点においてのみ考慮されたのである。

この二つの誤解が意図していることは見当違いである。この誤解にとらわれないようにするためには、（1）客観的精神から絶対精神へのヘーゲルの移行（同 §552）、そして（2）絶対精神へ導く叙述（同 §§553–555）を、可能な限り正確に点検しなければならない。なぜなら、それらはわれわれに、絶対精神の概念がそれ以前に世界史的に考察された客観的精神によっていかに規定されるべきかを、語ろうとしているからである。またそれらは、絶対精神のために構成される知識が、過程として、すなわちその概念の実現のなかで二つの仕方に分化される過程として理解されることを、語ろうとするのである。つまり、心理学の内で体系的に（ただし原理的に）区別された特徴的な諸形式を顧慮することと、他方で、その諸形式に対応して、知が歴史的に継起する具体的な知の諸形態において（知の諸形態はそのつどの人倫に対応しており、もはやそれと対立しない）完成すること、この二つの在り方である。――知の諸形態とは、ギリシャのポリスの全盛期の古典文化、古代後期の共同体におけるキリスト教（ただし近代へ繋がる発展的視点とともに）、そして近代の哲学である。この哲学はキリスト教的信仰の理性的確信と古代芸術の直観の諸原理を統合しており、もはや現代的生活の人倫と仲違いすることはない。（3）それゆえまた、そのすべてはいかにして生じるのかが、探求されねばならないであろうし、そのためには、絶対精神の前もって提示されていた概念が、発展（その軌道は主観的精神と客観的精神との合一によって設定されている）の視点からして考察されねばならないであろう。そのためにここで可能なことは二三の指摘が残されているだけである。ましてヘーゲル自身はそれをあくまで暗示するにとどめているのであるからなおさらそうである。

（1）客観的精神から絶対精神へ

この進行もまた問題からしてのみ、進行が不可避的にその答えを与えるべき問題からしてのみ、概念把握される。精神の概念の最初にあった説明と分類（同 §381ff.）は、有限精神は別として、無限精神も事実としてまた認識されうる仕方で実存していることを、明らかにしてはいなかった、このことを想起させるであろう。したがってまた、無限精神の絶対性の詳細がいかに考えられるべきか、ということも明らかではなかったのである。それゆえ、問題は、無限精神のために実存の概念が導入されねばならない点に、あるいは——批判以前の自然神学において追求されたよりも——多数のそのような証明と諸議論を、神は存在するという主張に有利なように、同時にまた、神の本質はどこに存するのかを分からせるために、かき集めた点にあるように思われる。もっともカントの批判以後ならば、そのような洞察のチャンスはわずかしかないであろう。この問題を二十行に満たない概括的な文で片付けようとするのは、馬鹿げたことである。とは言え、ここで再び先に輪郭を描いた戦略、ヘーゲルがそれによってそれ以前の精神哲学のアポリアを回避した戦略が、思い出されねばならない。そうすれば、われわれの問題はそれとは別のものに違いないこと、つまり、われわれとは異なる、それどころかわれわれに依存することのない、無限な対象の実存と本性についての、理論的認識の問題ではないことがはっきりする。けれども、それはまた実践的に強制される前提の問題——つまり、カントとフィヒテがその要請論において、たとえただ主観的にのみ十分なだけの根拠からではあっても、その正しさを証明しようとした前提の問題——でもない。この二つの問題はヘーゲルの目からすれば解決不可能である。それらは、国家哲学を徒にそこからして樹立させようと試みたあの自然状態という抽象体と同じように、抽象から生じたものである。

われわれ自身がそれであり、またわれわれの目的活動が客観的精神にある、そのような自由な精神を前提するならば、事態は全く異なってくる。われわれが実際に携わるべき問題は、この目的活動から考えて、無限な精神の実存と本性を特に特徴的な二つの連関から洞察することの内にのみ存している。つまり一つは、［a］（自由意識の内で有限な進歩を生じさせる）目的活動が人倫的実体の思惟に導くという連関である。この思惟はこの実体を（つまり普遍的精神が自ら活動するところのものを）、客観的精神は普遍的精神であるのだから、それの本質において最後に把握するのである。そして、［b］そのような思惟は外的目的論による単なる（常に有限なものに向かっている）目的活動にとどまっていることはできない、という連関である。むしろ思惟の内では、意志のその目的やそれに外在的な前提に対する関係は、無限な精神のそしてそれの知の自己-関係（自由な精神であるわれわれはこれに含まれる）の内的目的活動へと進展してゆかざるをえないのである。それに対して、自然と歴史の内にあるすべてのものは自由なものではなく、この精神やその知に対しては必然的なものとして機能するのである。

この問題を解決する道をこれ以上辿る必要はない。なぜなら、精神に関してこれ迄述べたすべてのことからして、またヘーゲルの『論理学』の前提の下で、［a］と［b］の二つの主張は十分に根拠づけられているからである。最初の主張は歴史哲学の叙述の文脈のなかで（同 §552、第2文）、例えば古代ギリシャの詩人と哲学者の思惟において（選集 XII, 101f.）、明らかにされる。二番目の主張は礼拝や儀式の宗教行為において準備されておりすでに暗黙のうちに実行されているものである。人倫的意識はそのような宗教行為の内ではるか以前からその有限性から出て、それにとって最高のものであると同時にそれにとって人倫の無限な根拠として通用しているものへ高まっているのである。たしかにそのような高揚は、それが歴史的に登場したところでは、多様な状況下でそして非常にさまざまの仕方で規定された人倫的実体から生まれることができたのであり、常に思惟の内でまた思惟の内在的な必然性に従って生じたとは限らず、その媒体を主観的精神の思惟とは異なる活動の内にも持ちえたのである。そしてその結果、その高揚は、その成果のために決して真の洞察を保証することのない種類のものを持つこともありえた。しかし、自己-高揚が人倫の世界形態の実体についての思惟の内で生じるところでは、それはまた——世界精神の歩みに従って——それぞれの形態が持つ制約を超えることもできるのである。そのとき、それは［a］の基礎づけにおけるように形式的に、ほかの記述によってすでに熟知されている諸現象を最もよく説明することに関わる推論という性格のみを持っているだけではない。むしろそれは、普遍的精神の内なる思惟から無限精神の思惟への進展を不可避のものとする「必然性」

（同 §192：§204 注４）の推論として遂行されるのである。つまり、すでに市民社会から国家への移行にあったように（同）、普遍化の過程は今や再び外的目的論から内的目的論への移行である。なぜなら、われわれは世界史をも理念の内で考えねばならないのであるが、理念の内では、意志の目的活動のためにある普遍的精神の外的素材はすべて、その目的活動やその客観及び主観と合体しているからである（他方、目的活動の主観は自分自身と合体している）。しかし、目的を現実化する「材料」に属するものはもはや人間的欲求の人間学的在庫品や有限精神である諸個人と諸組織との間主観的諸関係の広範な領域だけではない。主観的精神と客観的精神の前提である自立的全体としての自然（意志的に行為する者の意識地平における自然）もその材料に属している。したがって、この前提の下ではもはやそれは存続することができない。しかし、主観的精神と客観的精神との違いを考慮すれば、そのことはまた、われわれが思惟において到達する知がもはや常に有限なものである意志の目的には制限されないことを意味している。知はそれ自身再び自由な精神であり、その精神の自己-知である。そして、この知の主観も客観も有限な精神の相対的関係から引き剥がされており、したがって絶対的な精神となっている。この絶対精神の内的目的論に属するものは、合目的なものであり、以前は自然の内でまた客観的精神の歴史の内でただ必然的なものと規定されていたものである。

（２）絶対精神論への導入（エンチュクロペディー §553–555）

絶対精神の哲学を理解するためには、それの基礎になっている三つの節がいかに分けられているかを明らかにすることが、その助けになる。まず絶対精神を概念把握する認識に適した立場《アインシュテルング》に関する情報が述べられ（同 §553）、次にそのような精神の概念について本来の解説《エクスポジション》が述べられ（同 §554）、その後に、その概念に携わる仕事の方向付け《オリエンティールング》がなされている（同 §555）。ヘーゲルは自然哲学と精神哲学の始めにおいても同じように振る舞った。そして彼はこの三つの課題の各々に一つずつの節を割り当てている。

五五三節の初めの文が既に、われわれが望むべきでありもはや懸念すべきでないこと、「精神の概念はその実在性を精神の内に持つ」ことを知らせてくれる。それゆえここでは、概念の「実在化」はそれの領域を超えて、精神の概念に属していたものと異なる実在性へ導かれることはない。――それは、以前その解説と実在化が求められたすべての概念とは異なるのである。立場は、肯定的に規定されて、今や次のことを目指さなければならない。精神概念の領域において新たに考慮されるべき実在性（絶対精神の知であるもの）は、概念と「完全に同一」であり、したがって実際に「絶対理念の知として」（エンチュクロペディー初版 §453）――すなわち、われわれがすでに『論理学』の最後において到達したような、知としてある。このことに対応するのがその前の節（エンチュクロペディー §552）で既に提示されていた知の内容、特に「知る理性がその内で自由に対自的」である「真理」としての内容である。しかし、この知は「必然的側面」をも有している。ところで必然的側面が問題になるのは、ひとは特殊な仕方で哲学的認識に関わること、という要請が根拠を持ち内容的により詳しく規定されるべきだからである。つまり、「即自的に」したがって可能性からして自由な知性（同 §§443ff. 参照）が、「その現実性の内で」（すなわち習俗として自然なものになった自覚的自由の内で（同 §513 参照））、その概念に「ふさわしい形態となる」（同 §553）ために、「その概念へと解放され」ていなければならないのである。つまり、最高に内在的である価値を持ち、その価値において支配的である精神が表現されているもののみが、このふさわしさ［品位］を持つのである。「ふさわしい」とはこのように理解された品位に与るものを言うのであろう。そのような価値を持つ知の形態のみが絶対精神に対して、それが永遠に現実的な真理であるという栄誉を証明するのである。しかし、そのような形態は、これまで考察してきた主観的精神と客観的精神がなければ、現れえずまた概念把握されえないであろう。したがって、絶対精神の思弁的な概念把握の認識に立つわれわれの立場にとってそれらが重要ではないとは考えずに、主観的精神と客観的精神と、この二つは、求められている立場において今や、「この側面［実在性］が……そこにおいて形成されてゆく道程として見られ」ねばならないのである（同）。そうしてそれらは、そこに含まれている精神的な自然と歴史の必然性によって、精神がそのように開示してゆくこと（絶対精神の啓示《オッフェンバールング》）に仕えるのである。それゆえ、絶対精神の哲学のなかで、有限で主観的な（特に心理学的な）精神や客観的な（特に世界史的な）精神が新たに解釈し直された規定に出くわすことがあっても、驚かないであろう。とはいっても、そのとき何がまたいかに意味づけられるのかを述べるのは、何よりも『エンチュクロペディー』のなすことであって、宗教哲学講義のなすことではない。当然、現実態の内で概念へと「解放され」ている知性の概念のみが唯一知の形態に「ふさわしい」のかどうか、あるいは、絶対理念の論理的な知以外の形態もまたその品位にあずかりうるのか、こう問われるであろう。答えは予め与えられてはいない。それは形成の「道程」に依存しているのであり、その最後において自由となる-存在が純粋知というものの内で存立するであろう。ともかくこの道程に注目することにしよう。

　五五二節で概略的に描かれた概念の導出を手がかりにすれば、今や絶対精神の概念を解説するのはもはや難しいことではない。論理的なものとしての絶対理念に関してすでにそうであったように、ヘーゲルの言明はこれを指すのに「神」の名称を避ける、いわんや特殊な神のいかなる名称も避けている。それらの言明は、客観的精神の哲学の最後まで導いてきた議論と真面目に関わり合ってもらうならば、無神論者をも納得させると自負できるであろう。絶対精神は単に「永遠の真理」（同 §552）（したがって時間と相関的である真理）にすぎないものではない。つまり、概念がその実在性の内で自分と一致していることではない。それは永遠に現実的なものとして、絶対理念と同じように、「永遠に自分の内に在るとともに自分の内に戻ってゆきまた既に戻っている」、概念の自己との一致であるところの真理である。絶対精神は、「同一性」（概念が、その実在性の内で、単なる概念としての自分と同一であること、同§553参照）という最も徹底した形式の内にある、絶対理念と同じ一致であり、その場合、やはり絶対理念と同じように、知でもある同一性である。つまり、それはもはやあれこれの真と見なされたものとの、あるいはその内にある、あれこれの特殊な人倫的実体ではなく、自身の内で無限な「精神的なものとしての一にして普遍的な実体」である。精神的実体として絶対精神は自由そのもの（すなわち「自己同一としての、概念の絶対的否定性」同§382参照）であり、実体は「自己と知（この知に対して実体そのものが存在する）へと、自らを根源的に分割する」［同§554参照］（したがって「判断」を遂行する）ことである。それゆえ、絶対精神「の」知は絶対精神「についての」知にすぎないものではない。そのような知は絶対精神にとっては全く外的なものにすぎないであろう。それは絶対精神そのものに属しているのである。しかも絶対精神の自己‐知としてあるのである。加えて、根源的分割の過程（これがなければ、知は存在しないであろう）とその過程の内で実体から区別されている有限な主体とは、一なるもの、ほかならぬ自分に戻る一なるものの内へ「戻り結びつけられる」のである。それゆえ、精神的実在のこの「領域」の全体を（戻り結びつけることの最も一般的意味において）「宗教」と呼ぶことができるのである［宗教Religionの元の意味が「戻り結びつけることRückbindung」にあると、著者は考えている］。ただし、その際に次のことに注意しなければならない。宗教は（有限な主観が絶対精神の知へと高まることによって）その主観から単に出て行くことではなく、また単に主観的精神としてのこの主観の内にのみ存在するのでもない（そうすると、実体はこの主観がふれえぬ彼岸にあるかのようになるであろう）。宗教はやはり、「共同体の内にある精神として存在するところの……絶対精神から客観的に出てくるものとして」考えられるべきものである。そうでなかったならば、それは知の形態をなすことはありえないであろう。即自的に自由な知性はその知の形態をなすために、その客観的な人倫の現実の内でその概念へ解放されていなければならないのである。それゆえ、概念の解説は、予め（同§552）導出されている概念を分析すれば、終わるのではない。解説は、哲学的思惟がその対象に対して取らざるをえない立場（同§553）を考慮すべきなのである。

解説される概念に携わるにあたって次の標語が提示される（同§554、第二文）。「宗教」は（つまり知を唯一の実体に戻り結びつけることは）単に「客観的に」絶対精神から出発するだけではなく、同様にまた主観から出発してその内に存在しているものとして、考察すべきである、と。そこからわれわれに示されるのは、この知の「品位ある」形態の必然性、あるいは多数のその種の形態の探求の必然性に終わるのではない。なぜなら、発見される必要のある真の宗教性は「自分の具体的本質の自由な普遍性を意識するようになりつつある人倫」（同§552、注第二段落）だからである。したがって今や概念の仕事を方向づけるためには、「絶対精神の主観的意識」（同§555）が詳細に見られねばならない。しかも、この意識が「自己の内で」何であるかないしは何になるかということと、その意識とともに客観的に何が生起するか（この生起は品位ある知の形態を陶冶するのに重要なことであるから）ということにも目を向ける、この二つの視点において見られねばならない。ここで問題となるのは諸実在からなる「領域」すなわち円形の軌道であるが、この軌道は、二つの特定の出発点と終着点を持つとはいえ、一つの軌道であるのだから、この意識が「本質的に自己内において過程」であると知らされても驚かないであろう。そして、真の宗教性とそれの知にふさわしい形態はこの過程の最後にあると期待すべきであろう。

要するに、過程《プロツェス》とは何かがある道を進む運動以上のことである。過程は概念的には（同§326）、同一のものの差異化の経過であり、かつ／あるいは、区別されているものの無差異化ないしは一体化の経過である。この二つは合わさって、直接的で実体的な統一から諸差異化や諸相関、さらにおそらく諸対立を通って、媒介された統一（根源的統一よりも「高次で」具体的な統一）へと戻ってゆく、円環を生むであろう。したがって、絶対精神は内的合目的性の概念によって考えられるべきものであるが、その合目的性を素朴に調和的に構想することはできない。そのことはまた疑いなく、今や主観的精神と客観的精神がそのようなものとして洞察されるべきこの「道」の内で絶対精神の主観的意識として存在している「即自的に自由な知性」についても当てはまることである。なぜなら、この知性は一番初めには、人倫的実体の内にいる主観の自己感情であり、したがってこの実体についてならびにそれの権力や固有の本質について証言を与えるものだからである。この精神の証言《ツォイグニス》の内では、主観とその実体との統一は「信仰《グラウベ》や信頼《ツートラウエン》などよりも直接的ではるかに同一的」（法哲学§147）なのである。ところで、絶対精神の主観的意識である過程の概念的道程はここから遠くはないところから始まるのである。

つまり、この過程の「直接的で実体的な統一」は「客観的真理についての確信として［存在している］、精神の証言における信仰」（同§555、第一文）である。けれども、意識としては信仰は単にこの直接的統一にすぎないものではない。それはまた、主観的確信と客観的真理の規定も含めて、絶対精神の概念の内で区別される諸規定の関係としての統一を「含んでいる」。したがって、信仰はそれ自身において、実体的統一からその統一が諸関係の内で差異化されることへと進んでゆく（概念把握される）過程である。そのような諸関係に特徴的な諸規定の下では、信心《グラウベン》は、内容的に真であるのではなくただ真と思われているにすぎない知であることもあろう。そのようなものとしては、信心はまた、人倫の内で生じる、あるいは宗教的意識の領域とは異なる絶対精神の領域で生じるところの、「精神的解放」と対立することもありうる。しかし、真の宗教性とその知にふさわしい形態を考慮に入れるならば、このことは通過段階にすぎない。なぜなら、常に信仰は直接的な統一でもあり、その統一の宗教的遂行として「再-統一《レーウニオ》 re-unio」であるからである。いずれにしろ、礼拝《アンダハト》において（それは「隠れた……祭祀」であり、また習俗に属する諸行為の内に存立している祭祀の開示された形式でもある）、信仰はすでに逆向きの過程へ移っているのである。そしてこのことは単に宗教意識の内的視野においてのみならず、この意識にとって客観的に何が生じているのかを顧慮するときにも、妥当する。例えば犠牲の行為のような祭祀によって、人間がその主観性に縛られずそこから解放されることが、結果として出てくるであろう（選集 XVI, 218 参照）。そのことによって、「精神的解放との対立」が意識とそれに関連する行動のなかで生まれると、この対立は原理において再び止揚されて、「この媒介を通してあの最初の確信」が確かめられるのである。少なくとも趨勢としては、この過程の向かうところは、最初の確信のために「具体的規定すなわち精神の和解と現実性を獲得する」（同 §555、結論部）ことである。そこで、絶対精神の概念において真の宗教性を認識しその知の形態を自由な知性の概念にふさわしい形態として把握するためには、二つのことを、真の宗教性とその知の形態とを、ある過程とその表現された過程とを最後に探し出さねばならないのである。宗教は人倫として完成される（選集 XVI, 236 参照）。ただし、精神的解放の進行が終わらない限り、知の形態が、ある一定の人倫の時代の現実性の内で持っていた品位を、別の人倫の時代では失うこともありうる。そこで、確かめられた信仰的確信を有するそのような知の形態以上のものを次のもののために予測し、また思惟があるいは世界史も、あるものから次のものへと進まざるをえないことの根拠を、素描された文脈のなかで探求する方が理にかなっているのである。

（3）論述の概要

世界史の哲学によって既に十二分に詳細を知った者は、上述の事柄（同 §§553–555）を前提にすれば、絶対精神について構想される知のために、さらに絶対理念の知について、少なくともその上にそれに「ふさわしい形態」を形作ることはもはや困難なことではない。その知の形態はその人倫的世界の内に直接に実在化していたものであって、そのような諸世界の歴史的継起に偶然に最初の形態として登場したものではなかった。つまり、最初にギリシャ文化の

「美しき人倫」の内に（即自的に自由な）知性は、少なくとも知性の基礎的活動（最も早く自らを形成した活動でもあった）の一つに関連して、その概念へと解放されることができたのである。その知性は実際にそこに存在していたのであり、その点からしてその概念へ解放されていたと、言ってもよいであろう。そのことを見るには、いかなる基礎的な知性的活動が、形作られるべき知の形態にふさわしい価値にとって重要であったかを、熟考するだけでよい。美しき人倫を支配する精神の表現は、特にその特徴に理解を示し、そしてそこでは（その生活圏から花が萌え出るように）、主観的精神によって直接に実現されるように、自由であるところの知に違いなかった。それは、美しきものの知覚のために特別に制作された美しき作品を直観することと、その内に神性を可能な限り直観的に表象することに違いなかった。神性にはそのときどきの作品において典型的な仕方で人間像が与えられ、主観的意識はその精神と、直観に仕える崇拝のなかで、したがって犠牲の祭祀のなかで現出するものとしての、精神的なものと自然的なものとのより高次の統一のなかで、合体したのであった。――そしてそれはまた、作品を個別化して制作することが共同体の精神的解放との対立を放棄することになるに違いない、という観点からのことであった。それゆえ、このような知は、簡単に言えば、「理想としての即自的に絶対的な精神についての具体的な直観であり表象」（同§556）であり、この「理想」という表現は、直観や表象の対象の内で、知覚された有限な実在性が乗り越えられ無限である理念となることを言っているだけではなく、理想がそこでは「個々のものの内に」――「美の形態」（同§556）を有する具体的実例の内に――含まれその内で完成されていることをも言っているのである（カント判断力批判§17参照）。このような知は宗教的祭儀にその客観的‐精神的な場を持っているのであるが、この宗教は「美的芸術の宗教」（エンチュクロペディー§557）としてありふれた仕方で、自らを人倫として完成する宗教であった。それどころかそれは人倫的に体制化された世界の習俗としておこなわれたにすぎなかったのである。

この宗教は今話題にしている知に関する情報を持っていたことが重要である。とは言え、その知は次の点において初めて問題になってくる。つまり、その知は、主観的精神の活動の概念へと解放されているのだから、それのいる場である芸術宗教の人倫的祭祀からは区別されなければならないのである。それは美的芸術を直観するなかで獲得されるべき知（芸術家とその作品の鑑賞者が分かちあう知）として、こうして解放された知性から初めて現れ出る本来の規範の下にある。そこで、ヘーゲルはこの知の形態の論述を、『エンチュクロペディー』の第二版と第三版ではもはや（初版のように）「芸術の宗教」とは呼ばずに単に「芸術」と呼んでいるのであるが、そのことが理解されるのである。芸術を扱うのは一つの節（同 §558）だけではあるが、そこでは、芸術の普遍概念（それはまた形式的な美に特有の概念をも形づくることが認められる）にとっての基礎が明らかにされている。そしてその基礎に従って、（芸術哲学に関するヘーゲルの諸講義におけるように）芸術と諸芸術の全実在領域についての論述は、古典ギリシャの芸術がその認識論的な重要な機能を失ったり、あるいはその逆に、その論述が美的なものの「自立性」を考慮しているあいだに、古典主義やフォルマリスムスに堕してしまうことなしに、なされるであろう。とは言っても、ヘーゲルの芸術哲学の包括的な認識地平は『エンチュクロペディー』においては、完成された美の古典的芸術が、それに歴史的に先行する（ギリシャ以前と早期ギリシャの人倫的世界における）崇高なるものの象徴的芸術と（同 §561f.）それに続くロマン主義芸術から区別されているのであるから、単に暗示されているにすぎない。

支配的精神の自由で適切な表現であること、これこそ、美的作品の直観に対して知性の概念にふさわしい価値を作り上げるものにほかならない。ところがそれはやはりそのような直観の内では、対自的に存在する真理が内容的に不足していることにもなる。直観の内で表象される神は、精神的な内容規定性でありながら、「同時に自己の内に自然的なエレメントあるいは定在の規定を」持っているのである（同 §557）。その内で知られる自然と精神との統一は、

「自然的なものをただ観念的なもの、止揚されたものとして措定し、精神的内容をただ自己自身との関係において措定するような、精神的統一ではない」（同）。美の形態において即自的に絶対的な精神は神として表象されているのではあるが、そのような精神はその場合は意識の内に「浸透してゆく」のであって、意識を満たし意識と一つになるのであり、絶対的精神ではなく、「ただ制限された民族精神」であるにすぎない（同 §559）。絶対精神は芸術作品の「形態化の個別性」においては「顕わにされる」ことができないのである（同）。逆に、この作品の内には精神の和解が現れている。それは直観するまた直観された主観的自己意識の内で「直接に……完成されている」というものであり、そこでこの自己意識は「自己の内で確実で明朗」ではあるが、「深みを持たず、それが即かつ対自的に存在する本質に対立しているという意識を持っていない」（同 §561）。けれども、この欠陥のみが、「美的芸術は、それに固有の宗教と同じように、自分の未来を真の宗教の内に」持つことをもたらしたのではない（同 §562［§563 の間違い］）。このことを決定的にしたのは何よりも、この主張のために特別に提示されており（同）、しかも世界史的視点も持っている（同 §562 注）、いくつかの理由である。それらを極度に圧縮されているテクストの内で確認するには、五五四節（第二文）で提示されている標語を思い出すべきであろう。

　ここでは簡潔さが要求されているから詳述できないが、その根拠づけは次のように示されるという。真の宗教は当然啓示宗教として、神によって啓示されたものとして把握され、その信仰は、美的宗教の祭祀における直接的な直観知とは異なり、今や「自己を自己の内で媒介する」知であり、その内容は「自由な知性の規定を原理として持つ」のである（同 §563）。したがって今やわれわれは知であると同時に概念の内における啓示を実在化する精神概念の実在性というものに到達したのである。啓示の規定はすでに精神哲学の始めに精神の概念の内にあるものとして認識されていたのだが、今や問題はこの知の形式を概念的に把握し、その内容を理性的なものとして洞察することでなければならない。このことを明確に理解するとき、今やキリスト教がいかに扱われるか、について驚くことはないであろう。つまり、その篤信の知においては、キリスト教の神は、たとえ表象の仕方で知られようとも（同§565）、もはや隠れたものではなく、啓示されているのである（同§564）。こうして、知の内で互いに媒介し合う三一論的な信仰内容が、互いに前提し合う（ペルソナとしての）自立的なものとして、またある出来事の継起する現象として、意識に上ってくるのである。これに対して、哲学的にはそれらは理性的内容に従って概念のモメントが三つの「特殊な領域あるいはエレメント」（同§566）へ具体化することとして、またそれらの知の媒介運動のなかで（同§§569f.）「精神の自己自身との絶対媒介の推論を形成する三つの推論」（同§571）として、概念把握されるべきなのである。したがって全体として見るならば、この知の媒介運動は反省諸規定の下にある多様性から現実に現存する精神の統一へ、信仰や「有限な表象様式の形式」を持たない「祭祀の信心において」も初めから現存している統一へ、戻るものなのである（同§565参照）。この運動は逆行的に起こり、文化の知的形態を明瞭にさせた過程性となるのである。つまり、この運動は全体として「主観的な生産活動であり、実体的内容が多くの主観的形態――ギリシャの芸術宗教の直観的に作られた神々――へ引き裂かれること」（同§572）であった。

次に、この過程の逆行性は知にとっては、客観的と主観的の二つの形態によって特徴づけられるが、これが、「学」となってゆく近代の哲学（同§§572ff.）を形式からして芸術と宗教との統一として概念把握しうるような視点を作り上げるのである。つまり、キリスト教とは異なって、この哲学はその知の内容（これは根本的には真の宗教の内容と変わらない）を、「自己を展開する分散と展開されたものの媒介」において表象の様式に従って「全体へ統合する」だけではないのである。哲学はそれらを「単純な……直観の内において」も「合一し」、次にそれらをその内で「自覚的なもの」へと高める――ただし、今やこの自覚的なものはもはや単なる直観の働きではなく、思惟であり

（同§572、§571も参照）、またこの合一はもはや単に感覚的直観において生じるのではなく、「単純な精神的」直観において生じるのである。以上の確認を助けとして――先行する二つの知の形態から明瞭に区別されることによって（同§573）――、哲学の概念が示される（同§574）。その概念の開示によって、エンチュクロペディーとして遂行された学は「その始原に戻る」のである。「論理的なもの」、つまりこの始原にあったものは、今や「精神的なものとしての学の成果」となる。残りの節（同§§575–577）がそれに続けて示すことは、いかにしてこの成果が（論理的なものが学の内で有していた「現象」の）三つの推論をも含むものであるか、そして第三の推論によって哲学の概念はその理念に実在化されること（同§577）だけである。そうしてその内で最終的に認識の目標、すなわち精神の概念が精神の内に有している実在性が、その概念との同一性において「絶対理念の知として存在する」（同§553）という目標に、到達するのである。もしこれ以上の情報を指摘できるとすれば、この最後の歩みはそれ自身、予め五五五節で与えられていた条件、つまり、精神的解放に対する対立を止揚し――「精神の和解、現実性」を獲得するために――、その媒介によって信仰のあの最初の確実性を「確証する」ことを拠り所にしているということを挙げうるであろう。

七・三・七　残されたいくつかの疑問

ここでは、ヘーゲルのエンチュクロペディーの精神哲学を、可能な限りそれ本来の視点のなかで、つまり彼が重要だと見なした理念史的連関を考慮し、また特に彼自身の展開する概念的性格を手がかりにして、明らかにすべきであった。その場合に何よりも配慮しなければならなかったことは、その都度あるテーマから次のテーマへの「進展」を根拠づけることの潜在的能力であり、あるいは概念的に特徴づけられた対象と（それの概念の「展開」を通して）最終的に到達された新たな対象の概念との間の「接点」についてヘーゲルがただ暗示していた議論であった。つまり、この点に注意することによって全体の体系的区分が理解しやすくなるに違いないのであり、それを欠けば、ヘーゲルのテクストの理解は効果的に研究されえないのである。

おそらくこの遂行の仕方のゆえに『エンチュクロペディー』第三部はヘーゲルの全仕事のなかで最も重要なものであるという印象が生まれたのであろう。この印象はたぶん実際その通りであろう。『論理学』がなければ『エンチュクロペディー』の各部門は当然生まれなかったであろうが、ともかくそれが『論理学』より低い評価を受けることはそれにふさわしくない。もしヘーゲルの念頭に論理学のヘラクレスのような怪力無双の労働が浮かぶことがなかったならば、それは精神の認識のために効果をもたらすこともなかったであろう。精神の認識において初めて、『論理学』の内容を形づくっている概念的な「形而上学的なもの」と「論理的なもの」がその具体的意味を獲得したのである。それとともに初めて、〈精神の哲学的学へ導くという〉『現象学』の約束がかなりの程度果たされ、そして『法哲学』に近代哲学全体において無比の生産力を持つような基礎が与えられたのである。しかしながら、エンチュクロペディーの精神哲学が熱狂的賞賛を受けた理由はそれだけではない。それがすべての競争者に優越しているのは何よりも、それだけが唯一、近代の精神形而上学のアポリアを抜け出している点にある。――つまり、それは自然の一元論でも精神の一元論でもなく、絶対理念の一元論にほかならず、したがって精神を自然に還元するものでも自然を精神に還元するものでもなく、また両者を結合することなしにただ並存させておくものでもないのであり、それは哲学的な一元論である。この現代の精神哲学は古代の自然理論《ピュシス》や知性理論《ヌース》と符合しているのであるが、議論を重んじる近代的認識に代えて、プラトンやアリストテレスの権威を立てるものではない。さらに、それは有限精神と無限精神の両方の統一的認識というヴォルフの約束を果たすものであるが、そうかといって存在神学《オントテオロギー》全体に対するカントの批判に耳を貸さないものでもない。それどころかヘーゲルはこの批判を同時代の誰にもまして決定的な仕方で先鋭化させたのである。

『論理学』を超えて批判を前進させた構想は、あらかじめ獲得されるものではない精神概念と、その精神を主観的・客観的・絶対的として概念的に展開させるという構想である。この構想は陳腐さとはまったく異なるものであり、それ自身においてまたその遂行の精妙さにおいて、完全に見通すことは難しい。感嘆すべき芸術作品と同様に、その遂行は繰り返し新たになる謎に満ちたニュアンスに自ら身をゆだねるものである。しかし、それは思想の仕事として扱われねばならない。そしてそのようなものとして議論の力の強さと弱さの点からして慎重に吟味されねばならない。ただし、弱点は導入的な案内書では克服できないものであった。まして外部の諸前提からなされる批判を期待すべきではないであろう。なおさら、単に執拗なだけの内部的問いかけは適切なものではない。

その代わりになる二三の準備作業は、『エンチュクロペディー』の綱要という性格からして既に明らかである。哲学的学のこのような要約は大学におけるヘーゲルの講義のすべての対象を簡潔な叙述によって見通しのきくように全体へと組み立て、そうして全体の諸部分の連関を概念的なものにするものではないであろう。反対にまた、それは個々の諸対象や諸科目についての大学講義のためにそれらの違いを十分に明らかにするテクストの基礎を与えようとするものでもないであろう。それには別の意図があった。その意図からすれば何よりも『エンチュクロペディー』は、そして一八〇七年の『現象学』ですらも、ヘーゲルの目には改めるべき点が残されている（書簡集 III, 126：参照 III, 161）。もしこの欠陥がなければ、精神についての上述の情報はおそらくもっと短いものになったであろう。主観的・客観的・絶対的という精神の発展局面における精神概念の「実在化」はもっと明快になったであろうし、特に自由な主観的精神（エンチュクロペディー §481f.）は客観的精神と連関させて（そして客観的精神の内における主観的精神の概念の進んだ規定も）、このテクストよりも明確にされたであろう。そうすればまた、主観的精神と客観的精神は、絶対精神の内で絶対理念の知が自らを形成してゆく「道程と見なされる」（同 §553）ことに、さらに光が当てられたことであろう。

このことを強調するとただちに、しかも部分的には同じ箇所と関連して、最初に指摘したことと対立するように思われる欠陥に気づくのである。つまりある意味では、細部が「制限される」よりは拡張される方が望まれているということである。エンチュクロペディーの精神哲学の体系構造は完全ではあるが未完成の全体である――石の組積みと壁の編み細工と漆喰のない壁でできていて、化粧塗りもされていない粗造りの木骨だけの家屋である。「綱要」はたしかに諸講義を通してあれこれの仕方で補完されるべきものである。しかし多くの場合、諸講義は説明・特殊化・具体化・外部のものを取り込むことによってのみ――簡単に言えば材料を考慮することによってのみ――それを補完するものである。ただしごく稀には、諸講義が節本文の概念的議論の可能性を明確な議論に置き換えていることもある。そこから、このような形式だけの補完はまったく不必要だとヘーゲルは理解していたのだ、という重大な取り返しのつかない考えすら出てくることになる。実際は、それらの本文は授業用には難しすぎただけであり、学生に教えるには内容との関係で特に重要なものではないと、ヘーゲルには思われたのである。それに対して哲学的学の認識要求の正当化のためには、この補完はスープの中の塩であり、塩の作り上げた味覚によって、節本文は常に諸講義よりも多くのものを予感させるのである。しかし味覚の単なる予感は十分なものではない。そこで、エンチュクロペディーの精神哲学には細部を明らかにする議論的明確性も欠けているのである。木骨家屋の垂木は切り出され組み合わされてはいるが、固定され噛み合わされていないのである。この欠陥は特に決定的な接合部分において見て取れる。例えば、主観的精神の内部では、現実的霊魂から意識へ進むところで（同 §412）、一方でまた自由な精神においても、意志としての知性（同 §481）が他の諸規定によって補完されうることを顧慮する場合に、見られるのである。つまり、もしその可能性がなかったならば、客観的精神から絶対精神への進展も、絶対精神の展開も不可能となったであろう。客観的精神の哲学の場合は、『法哲学』は思想の進展をより理解しやすいように配慮している。それは残念ながら、その進展が受けるにふさわしい関心を十分に喚起しているとは言えないが、『エンチュクロペディー』よりは明確である。しかしそのほかに、『法哲学』は内容に関わる一連の疑問を生むきっかけを作っている。二三の疑問だけを挙げよう。

1．ヘーゲルはその時代の政治的人倫の困難として次のことを確認している。自由主義《リベラリスムス》は民族の「思慮分別ある人びと」の影響や彼らに対して抱く他の人びとの信頼に対して、「アトム・個別意志の原理」を対置するものであり、その原理に従えば国家においてはすべてのことは、「有機体の確固としたものをまったく成長」させることのない諸個別意志の「表明された力と表明された同意……によって」起こるとされる。

この対立、この結節の、この問題の対立、これは、そこで歴史が生まれ、そして歴史が来たるべき時代に解消すべきものである（選集 XII, 535）。

ここでは次の重要な二つことが問題にならなかったのであろうか。市民社会の理論が既にヘーゲルよりも明確に、アトム化の望ましくない結果に対しては個人の社会的権利によって対抗せねばならないことを提示していたこと、また個人の自由のための政治哲学は、政治的諸権力の連関の内に含まれ政治権力と軍事権力との均衡から期待されるべきもの以上に、特殊な権利を保障するものであること、である。これらの問題はヘーゲルの人倫の諸原理によっても可能であり、正しく理解されるものであり、いや必須の事柄でさえあったであろうに。

2. ヘーゲルは、ナポレオン後の大陸ヨーロッパ諸列強の神聖同盟［一八一五年］にシンパシーを感じていない。しかし、平和維持を担う国際機関の可能性に対して、ヘーゲルが国際法の理論におけるように無関心でいることには、十分な根拠が存在しない。その種の機関のカントの構想、カントの平和論を批判して軽蔑的にあっさりと片付けていることは、なおさら十分な根拠を持たない。これはまた、『法哲学』において平和状態のために形式化された（同§§333–337）民族法の諸原則が、この点に関するヘーゲルの立場を正当化するものかどうかという問いでもある。

3. 単に経験的な一般的歴史の視点を超えるという世界史的考察の基準はどこに存在するのか。この問いはさらにいくつかの疑問に分かれる。一つには、『綱要』の最後でそして客観的精神の哲学の最後で立てられた権利［法］問題を解決するためには、形式的観点からして一般的歴史への通路が要請され、またそれへと導いてゆく諸概念が必要となる。その概念によって、ひとはすべての民族の歴史を単純に飛び越えて一般化するのではなく、そのような民族の歴史の叙述に手を加えながら、少数のより大きな人倫的諸形態（自然の仕方でまず最初に登場しそしてさしあたっては最高の結合を有していた諸形態）からさらに広範な諸形態へと移るその移りゆきを思惟する（そしてその正しさを確証する）のである。移りゆく先の諸形態は後れて登場し、初めのものと——また次に交互に——最高の結合の要求によって交替するのである。——これが、われわれ西洋の人倫とその発展（復古時代にはしばらく停滞した発展）の形態まで続いたのである。この複雑な過程の考察を導いてゆくべき諸概念は実用的な歴史記述と歴史的連関の機能的考察との限界を、あるいはその根底にある「計画」の目的論的考察の限界すらも、超えてゆかなければならない。

とはいっても、この諸概念は諸民族の歴史に関わる叙述の素材に関して真であると認められねばならない。それゆえこの問いはまた、各時代を画す大きな人倫的形態を導いてゆく諸概念はどこに存在するのか、また、諸概念が真であることの探求が失敗に陥らないことを保障するものは何であるか、ということになる。

もう一つの疑問は、立てられた権利〔法〕問題の視点からすると、世界精神が行使する「最高の」権利はそれ自体その内容からして単に一時的に妥当するものにすぎず、人倫の大きな形態（「世界帝国」）に対して相対的なものではないか、ということである。世界精神は「その権力の法廷」（同 §342）を不変のものとして行使するものではなく、世界史（同 §340）として行使するのであり、世界精神はその世界史のなかで、初めから普遍的に存在しているとはいっても、それ自身で無制約なものとして初めて「現れ」出てくる、つまり、自らを知るようになるのである。包括的な歴史的発展のこの唯一の全体へと、先に述べた移りゆきを通して、部分としてのそれぞれをまとめていくものが、それぞれ特殊な原理と固有の発展のすばらしい局面を持ったいくつかの民族精神である。こうして世界史の各主要エポックに対して、世界精神の最高法によって、継起する一連の諸法体系の内で再構成されうる法体系の正当性が認められるのである。これらの諸体系は民族精神の諸原理の内に内的連関を持っているが、それは、その諸原理がほかならぬ世界精神の構造の内で段階的に相互に組み立てられたものであるからであり、そしてそれら諸原理はその相互的継起とともに（活動する自由の定在の）過程を形成し、その過程のなかで自由がそれらの知るところとなるのである。世界史的考察を導く諸概念が探求材料に即して真であることが認められるならば、この過程について、それが世界の内に——世界はカタストローフに満ちているのであるが——存在する精神としての法「そのもの」であるということができる。つまり疑問は、恒常的進歩の枠組みの内にある法の変遷ではなく、法の連続性が有限なものにおいて崩れたときの、有限なものや有限なものの運命に対する法の単なる相対性である。ところで、このことは、固有の現在に対して、またそのとき哲学的思惟が有する危機意識にとって、何を意味しているのであろうか。この点について、ヘーゲルが言おうとしていること以上のことはもはや言うことができないのであろうか。

もし四つの世界史的原理の最後のものから生まれ出た諸形態と歴史的発展がナポレオン支配後の時代にまでたどられ、そのとき上述した「結び目」がほどかれたとするならば、ヘーゲルの現代に関する彼の確信に従って、『綱要』の内で明らかにされた人倫の体系構造が確実に安定したものであることの裏づけが約束されるであろう。そしてそれとともにそれに対応して、宗教改革によって強化された宗教的意識の体制の下における立憲君主制の構造に関してもそう言うことができるであろう。いずれにしろそのことはそれ以前の、自由がまだ具体的なものになっておらず、自由の維持がまだそのような政治権力の組織によって保障されていなかった時代における人倫や政治体制よりは確実なことであろう。この状況において断固として闘うべき相手は、革命以前の体制あるいはまさに封建体制を復興しようとする諸傾向である。その典型的表明として、ヘーゲルは特にプロイセンに関してハラーの『国家学の再興』（一八一六―三四年）を考えていた。しかし、彼がハラーの試みを非難するのは、それが進歩を妨害しているという理由ではない。ともかくハラーの試みがヘーゲルによって明確に非難されるのは、ハラーが国家を「認識においてそれ自身理性的なものとして把握すること」を敢然と拒んだからであり、さらに彼が「国家の有する理性的内容を意識的に放棄し、思想の形式を……放棄する」からである（法哲学 §258 注）。ここには、その固有の現代において達成されている時代の波について、哲学的判断が免れえない諸制約についての根本的自覚が表明されているのではないであろうか。

4. この制約は、世界史的考察の最後でそれに固有の現在がそれに特徴的な人倫の問題からして評価されておれば（上述の1を参照）、必要ないものである。それはなおのこと、状況判断をより広範な経験と後に射し込む変化の光において反省すべきである後世の人にとっては通用しないものである。われわれに関わる変化に属するものは、例えばその間に社会的アトム化の過程が一八二〇年よりさらに広範に進行したことだけではなく、それ以来王家に結びついた最高権力への信頼もまたほとんどのヨーロッパ国家の国民において失われたことである。ヘーゲルは「王侯」権力と王朝との結合の根拠を次の点に置いた。政治的意志決定のトップが「私が意志する」というためにはただ主観性に戻るしかないのであるから、擬似的に自然的な原理（王家の継承）に根付かせる必要がある、と。多くの変化が生じた今、この点について何を言うべきであろうか。「国家の最終決定のモメントは即かつ対自的に（つまり理性概念において）直接的自然性［家系］に結びついている」（同§280参照）と言うが、このことは、普遍的で平等で秘密の選挙（時代の平均的で最善な行為）を出発点とする運命の下での万人によって遂行される服従によるよりも、王家への信頼の方に認められるのであろうか。たしかにここでは「直接的自然性」はもはや擬似的に自然的な家族人倫と政治的な支配との統一のそれではない。しかし、いかにしてこれはその形式の内でアトム化の進行過程に対抗できるのであろうか。また、民族の信頼がこの形式の内で一度は失われてしまっているとき、それはなおさらこの過程に対抗して再生されうるとでも言うのであろうか。同じことはほかのどの選挙方式に関しても、その選挙方式によってほかならぬ民族がその固有の政治活動から現れた運命を尊ぶことを心得ているならば、言われるべきであろう。そうして民族はそれ自身の自然に敬意を払うものである。

5．ヘーゲルの人倫の哲学は全体として時代の自己理解を遂行するものである。そこでは近代はほとんどわれわれの現代に近寄せられているが、それでもその時代の「正当性」の保証は恣意的自己主張の事柄にすぎないのではない。同時にこの哲学のなかで個人は、国家や私人の組織体の市民として通常、何をなすべきかという問いとともに、与えられた諸関係に身を委ねることができることを学ぶのである。そのときこの諸関係には法的な恣意のみならず、道徳的創造性のための余地も残されている。しかし道徳に特有ないかなる原理に従ってこの余地は、個々の場合に、その取り扱いに関して人倫的諸関係が正確なことを言わない場合、あるいは議論の余地のあることだけを言う場合に、創造されるべきなのだろうか。これについてはヘーゲル哲学は、人倫に対立して自立的であるとされる抽象的道徳性に対して批判を加えており、ましてや道徳性を人倫へと「止揚」するのであるから、何らかの情報を与えねばならなかったであろう。その答えはいかなる方向に向かわざるをえないか、それはすでに道徳性の章の最後で示唆されているのである。

絶対精神に関してはもちろん重要な疑問がある。それは、自然と精神との「統一」（これはこの精神の概念の内に含まれている）をどのように理解すべきか、ということである。この疑問をここで最後に考えよう。これまでさまざまの仕方で確証されたことは次のことである。ヘーゲルの一元論はもっぱら（絶対的な）理念の一元論であり、自然と精神一般との二元論（つまり単なる自然と有限精神との二元論ではない）を損なわずに成立する。これに対しては、ヘーゲルは絶対者が――ほかならぬその最高の定義に従えば――精神であると主張しているのだから、疑惑の声があがったであろう。この疑惑は、精神一般の上の叙述において（七・三・二と七・三・三）、望むらくは初めに払拭されていたものである。この「定義」は、精神は手短に言って全にして一なるものであり、そうであるのは、精神が（論理的なものとしての）絶対理念を内包しているのみならず、自然全体をも含むからである、と言おうとしているのではない。しかしそれはそうであっても、この疑惑は「絶対精神」のような表現とともに繰り返されざるをえないものなのだろうか。そしてこの疑惑は、絶対精神の内で自然と精神との統一が考えられるとされるとき、なおさらそうならざるをえないものだろうか。それどころかこれにさらに、絶対精神についての哲学知はキリスト教の信仰（そこでは神は聖霊及び世界の創造者として表象される）と同じ内容を持っているというのであり、哲学はこの内容をただ概念把握する思惟の形式へ持ち来たらすべきである、ということが付け加わる。絶対精神は上述の統一であり、自然全体をキリスト教の神が創造以前にすでに世界を保持していたように自分の内に含んでおり、そして神が世界を創造によってまた創造したものとして支配するように、絶対精神も自然を支配しており、そして創造という表象を放棄した後には、スピノザの神のように自然と同一化される、このように考えるほかはないのであろうか。これらの疑問の示唆することに促されて、ヘーゲルは繰り返しスピノザ主義の唯心論的変形だと咎められてきたのである。自らの自由を意欲する意志の外的目的論から、自然と精神とを包摂する内的目的論（すべての意欲的目的の彼岸にある自然と歴史の合目的性の目的論、したがって「目的なき」目的論）への移行――それゆえヘーゲルによれば絶対精神の概念にとって構成的である上述の移行――、これもまたそのような結果に導くものであろうか。

ヘーゲルを正確に読んでその思想の一貫性において彼を解釈しようとする者は、これらの問いを肯定する提案には抵抗せざるをえないであろう。上述の外的目的論から内的目的論への移行が不可避であると考えることができるならば、その移行は自然と精神との統一のために、こんにち「人間学的原理」において仮定されていることとほとんど同じ内容規定性を認識させるものである。つまり、自然の全体は盲目的必然性であるにもかかわらず、われわれの精神的実存の目的に逆らわず、ともかくそれに適合するのである、――ただし、この実存には今や即自的精神と対自的精神の自分自身との統一という（意志的措定には依拠しない）目的も属しているのである。その際に自然と精神との統一はまったく表面的な事柄であり、それにとって自然に関しては本来知覚の諸対象のみが考慮されるということを欠けば、絶対精神の知は最初の「それにふさわしい」形態をたしかに美術作品の直観の内に持つことはできないであろう（エンチュクロペディー §557 参照）。真の宗教的精神において初めて成就されるより深遠な「精神的」統一はなるほど「自然をただ観念的なもの・止揚されたものとして措定」させるものである（同）。けれども、自然的なものの観念性と止揚されてあることは、そこではいずれにしても人間的自然のより深遠な認識によって獲得されるのであって、自然全体のより深遠な認識によって獲得されるものではない。芸術によってはまだ獲得されるべきでないそのような精神的統一があるならば、そこには「ただ自分自身との関係の内にのみある精神的内容」があるであろう（同）。しかし、この関係に入ることは、その前提として、知は感覚的直観との結びつきを放棄し、さらに自分自身の内で自分を媒介することが必要である（同 §563）。したがって、そのことがあえて言われることがないならば、その内容の内でわれわれの感性を超えてのみ近づきうる自然はその規定性に従って前提されたものであり、――精神のまったく無規定的な他者として――放置されているのである。そうして絶対精神はそれの知の内容の内ではまだ「自然と精神との即かつ対自的に存在する精神」であるにすぎない（同 §565）。その内容の宗教的表象によれば、自然は単なる創造された現象であり、それと相関関係にある有限な精神に相対している（同 §568）。自然がそれ自身に即して思惟され概念把握されうるためには、それは（論理的理念としての）自己を知る絶対的理念から特別に「解放され」なければならない（同 §244）。それが哲学の内で初めて生じることは明確である。このことは『論理学』の最後で以前に説明され証明されたことである。今はそのことが絶対精神の哲学知においても考慮されねばならない。さもなければ、ヘーゲルの一元論が唯心論と誤解され、そして宗教的唯心論の一面性に対抗して、やはり一面的な宗教的なものの自然主義が台頭することになる。両者の対立は十九世紀全体を貫くものであった。その自然主義の極端な形態は何よりもその時代の芸術を支配したのである。ヘーゲルにはこの対立は止揚されるものだが、自然主義的極端は明らかに精神主義的極端よりも問題が少なかったであろう。けれども、この対立がこのように執拗に主張されたこと（そして厳密に言えば今日まで主張され続けていること）を、おそらくヘーゲルならば、自然と精神の統一に関してより正確なことは絶対精神の概念の内で述べよという要求であると、理解することであろうし、それこそヘーゲルが『エンチュクロペディー』によって成し遂げたことなのである。

八　ヘーゲルの講義とその資料について

ヘーゲルは大学の職歴四十一学期の間およそ九十の講義を予告しそのほとんどを実際に行った。大部分は『エンチュクロペディー』の学科目（この科目それ自身も含む）に関わるものであった。その内のわずかが自筆の草稿として残されており、修正されずに公表されている。かなりの量の聴講筆記録が存在している――その一部は講義の口述筆記、一部は後にそれに手を加えたものである。テクストの信頼性の程度はかなりまちまちである。そのほかに二三の講義のための、書き取りと自筆ノートも存在しており、それらはヘーゲルが『法哲学』と『エンチュクロペディー』の間紙《あいし》を綴じ込んだ見本本の白紙ページに書き込まれたものである。さらにこれらの著作の準備のための断片もあり、完成されなかった（主観的精神についての）補足的な教科書のためのものもある。広い意味でヘーゲルの講義資料には「イェーナの体系諸構想」も属する。これらは綱要形式にはなっていないのであるが、ヘーゲルのその当時の教説から直接に生まれたものであり、その目的のために優先的に書かれたものである。それらにはまたすでに論理学と形而上学のほかに自然哲学と精神哲学も含まれていた。ただし、それらが構想していた全体は依然として哲学の「体系」であって、その固有の意味における哲学的諸学のエンチュクロペディーの体系ではない。しかし、そのようなものの先駆的形態についてもヘーゲルはすでにイェーナで講義していたのである。

異なった学期の講義の多数の聴講筆記録のような均質でない資料とヘーゲルの草稿をもとに、この師匠の弟子たちは精神哲学の終わりのいくつかの対象についての講義を作り上げ、出版した（世界史、芸術、宗教、哲学史）。後の二三の編集者たちも、その構成原理を修正し部分的には他の資料を用いてはいるが、類似した仕方で出版した。その結果、同じ講義のタイトルのもとで内容がかなり異なるテクストが存在するようになった。典拠と性格が等しいものが、ばらばらのパラグラフに分割されて、「補遺」とされ、遺稿の最初の編集者たちはそれを『法哲学』と『エンチュクロペディー』のなかに組み込んだ。一回だけの講義の場合にのみ、『著作集』の「友の会版」は、ヘーゲルの草稿に手を加えることなく連続するテクストの形で、特有な仕方で付録として翻刻した。その講義（神の存在の証明について講義）は一回しか講義されなかったものである。その草稿はヘーゲルが亡くなったとき清書された原稿として残されていた。

二十世紀の七〇年代になって初めて個々の講義遺稿あるいは講義草稿が単独のものとして公刊されるようになった。この資料は重要な価値を有するが、それは、ヘーゲルの思惟の生成について多くのことを教えてくれるという理由からだけではない。正しく扱えば、それはまた、ヘーゲルによって扱われた哲学科目の全領域に関してどの範囲において彼が関連する材料を受け入れまた手を加えたかを、また彼がその材料を扱うにあたって最後まで自らの体系的思惟の修正の余地を残していたことを教えてくれるのである。

しかしそれゆえにまた何よりも、ヘーゲルによって公刊された体系的著作の思想を再構成しようとするならば、この資料は細心の注意を払って扱われねばならないことが、大切である。哲学的認識を得るためにはこの資料は著作そのものに比べてあまりにも貧しい。さらに芸術の哲学・宗教哲学・哲学史についての諸講義はヘーゲルのものではあるが、従属的な試みのものと評価されなければならない。それらの対象・扱われ方・洞察の意図はまだ精神のエンチ

テーマ	初回	最終回	回数
論理学と形而上学	1801	1831	21
エンチュクロペディー（あるいは「思弁哲学の体系」、「哲学の理念への導入」）	1801	1826/27	10
自然法（あるいは「法哲学」）；	1802	1831	13
特に、世界史の哲学；	1822/23	1830/31	5
合計			*18*
自然と人間精神の哲学	1805/6	1806/7	4
特に、自然哲学	1819/20	1830	6
主観的精神の哲学（あるいは「人間学と心理学」）	1817	1829/30	7
合計			*17*
哲学史	1805/6	1831	11
美学（あるいは「芸術の哲学」）	1817	1828/29	6
宗教哲学	1821	1831	4
神の存在の証明	1829		1

ユクロペディーの哲学のなかで明確にされていないからである。これらのヘーゲルのメモは、電報文のように読んで、それらが属する文脈のなかに取り込むことを学んだときに、『法哲学』や『エンチュクロペディー』の解釈に最も資するものとなる。

ヘーゲルの講義の一般的性格については既に述べた（特に七・一の（1）と（2）。七・三・七の4と5）。しかしさらに注目すべきことは、三十年という長きにわたって主要テーマが変わらず維持されたその強度の持続性であろう。それを理解するために、ヘーゲルが個々の哲学テーマを告知した最初の学期と最後の学期、それから講義の回数を表にしておこう。

Ⅲ

哲学と生活——後半生

三十一歳になった日（一八〇一年八月二十七日）、ヘーゲルは教授資格を取った。彼が今後生きていく三十年は政治史においては次の事件を含んでいた。ドイツ国民の神聖ローマ帝国の最終局面、ナポレオンの帝国、ドイツ諸侯に対するその支配、彼のロシア出兵と失脚、大陸における復古政体、ドイツ諸国における憲法制定の試みと「ドイツ連邦」領域内の「デマゴーグ狩り」、フランスの七月革命とヨーロッパへの最初の波及。これらの出来事やその他のものはヘーゲルの著作のなかに反映されている。けれども、何を置いてもそれらのことが哲学にとって重要であったというのではなく、ヘーゲルはその哲学を推敲するために、一八〇〇年以後は出版の意思を引っ込め、大学に職を得ることに舵を切った。重要な役割を演じたのは哲学に専念できる職業上の特別な便宜であった。無給で大学の教鞭をとりうるためには、ヘーゲルがなさねばならぬことは教授資格取得という形式的障害を飛び越えることでは足りなかった。経済的自立という前提をも満たさなければならなかったのである。父親の遺産はそのためには十分なものではなかった。それゆえ、彼の生涯計画は生計を維持できる地位を獲得する努力を強いられた。彼が大学に相応の地位を獲得した後は、彼の状況は根本的に変わる。したがって、ヘーゲルの後半生は正教授職を得る以前と以後との二つの部分に分けることが適切である。

九　教授職を得ようと努力した十五年

九・一　イェーナ

ヘーゲルは私講師として、説得的に自分を伝え、そうして自分の活動に人びとの関心を引きよせることを必要としていた。それは、彼には、ゲーテやシラー、後にジャン・パウルのような対話相手との交流においては、うまくいっているように思われた。反対に同僚の間では、彼は『批評雑誌』の協同執筆者として多くの厚意を期待することはできなかった。ともかく権威を認めさせるものは、現れた結果なのである。それはまず何よりも学生の入りで測られた。しかし、ヘーゲルは弁舌で人を魅了する「教壇の英雄」とはまったく違っていた。彼に心酔するごくわずかの聴講者を除いて、イェーナの初めの数年間、彼の講義はぎごちなく、混乱し、分かりづらいという評判を得ていた。一八〇三／〇四年冬学期からようやく彼の講義は三十人ほどの聴講者を獲得したように見える（書簡集 I, 454）。員外教授の任命（一八〇五年三月）後十五ヶ月経って、彼は初めて百ターラーの年俸を手にした。それは倹《つま》しい学生が一年に必要とする金額の半分にも満たなかった。『批評雑誌』の二人の執筆者が登場するにあたって掲げた学問的主張は、耳目を集める学術論文か大部な体系的著作によって果たされるべきものであった。しかし、その実現はようやく『精神現象学』が出版されるまで待たされたのである。著者はその印税を生活のために緊急に必要としていた。契約によると、彼は印税を著作の半分が印刷されれば、ただちに手に入れるはずだった。ところが、一八〇六年の印刷中に、次第に分量が予定していたものより膨らんでいき、出版社は、半分の量が計算される原稿の全体を目にするまでは、印税を支払うことを拒否した。これは絶体絶命だった。原稿は完成していなかったからである。市民生活を脅かすこのような情況のなかで、ヘーゲルはもう一度友人の助けが必要だと考えた。この窮状を救う者として仲介の労をとってくれたのは、四歳年上の同僚、フィヒテと一緒に「無神論論争」を戦い抜いたフリードリヒ・イマーヌエール・ニートハマーであった。彼はおそらくすでに神学院時代からヘーゲルを知っていたであろう。いずれにしろイェーナ時代の初めから友人にして助言者としてヘーゲルと手を結んでいた。幸運なことに彼は少し前から学校及び教会の監督官としてバンベルクに住んでいたのであり、この本はそこで印刷されていたのである。すでに一八〇四年に一度彼はヘーゲルを経済的に助けている（書簡集 I, 455）。さて、彼は（一八〇六年十月初め）、もしヘーゲルが原稿の最終部分を目前に迫った約束の期日（十月十八日）までに送らなかった場合は、すでに印刷された本の分量を所定の金額で買い取ることを請け合ったのである。こうして彼は友人の印税を勝ち取ってあげた。ヘーゲルはそれを手に入れるまで、借金と施しで生活していた。「言葉にできないほどかつかつに暮らしてゆく」とは彼のことを言うのである（書簡集 I, 464 参照）。そうして彼は原稿の（上述の）最終部分を約束通り十月十日に送ったのだが、イェーナの戦役直前であったから、郵便は敵の戦列を突破しなければならなかった。驚くべきことだが、原稿は届いたのである。これに対して実際の最終ボーゲンを、ヘーゲルはイェーナの略奪（ヘーゲルの住まいも荒らされた）の間中、終日身につけて持ち歩いた。激しい暴力に翻弄されながらも、彼はそれを早ければ十月二十日には戦役後最初の郵便に託すことができた。

ところが、出版社は取り交わした契約に戻ることはしなかった〔期日の遅れを不問に付したということか。〕。

ようやくにして著者は目標に到達したのであるが、とはいってもそれは災難の終わりを告げるものではなかった。普通ならば『現象学』のような書物は、著者に名声を約束するか、あるいは少なくとも所属大学でよい給料の地位に就けさせるものであろう。ところが、ドイツ諸邦の国家財政は今や戦争によって疲弊していた。とりわけイェーナ大学の維持者たちは別の問題を抱えていた。この都市は辛うじて大火を逃れたが、略奪によって荒らされ、しばらくの間は学生が減少した状態にあった。他の都市でも大学教授の大きな需要はさしあたっては過去のことであった。そのうえ、この書物は分量とそこに盛られた思想においてははなはだ手強《てごわ》いもので、それを読むことを期待された多くの人びとは丹念に読むことを拒んだのである（例えば、同時代人の報告 87 参照）。彼らは腹を満たす大衆的副菜として文芸の軽い食べ物と哲学にあまりにも慣らされていたのである。『現象学』のなかで批判されているのを知った人びとは、いずれにしろこの本に魅了されるいわれはなかった。例えばシェリングとヘーゲルの間では、この本が送られた後には、二人はその後もなお何回か出会っていたにもかかわらず、どうやら哲学的な話は出なかったようである。シェリング（その間にミュンヘン・アカデミーの事務総長になっていた）がヘーゲルに自分は君のためにしてやれることは何もないと書いたとき、ヘーゲルはそれを「それなりの地位に就く前は、大騒ぎするな」という素晴らしい忠告であると受け取り、そして自分とシェリングとの氷のような隔たりのなかで、次のように付け加えている。

事態もまたそういうように進むものである、……目を掛けてもらったことを、その内容以上のことは自分に関係ないというような感謝の仕方で受け取るならば、おそらく最後には間違っていたことを……思い知るのだろう（書簡集 I, 160）。

この同じ手紙で、ヘーゲルはようやく完成した『現象学』を送ると知らせている。したがって彼は、青年時代の彼らの友情が今や二人の職業的運命の間で引きちぎられるだろうことを、先取りしていたわけである。一方は最高の名声を得ている、しかし他方のために何かしてやることはもはやできないあるいはしてやるつもりもない。他方は、見返りを期待せずに、画期的書物を書き上げた、ところがこれ見よがしに自主的であるように振る舞い、厳しく非難して、あまつさえ「口真似」とまで非難して友人を寄せつけようとしない。だが、口真似と本物を区別することもない（書簡集 I, 194）。シェリングはこのことを終生卑劣な行いと考えるであろう。それが二人の「真ん中に」和解されることなく存在しているのである（書簡集 I, 194：同時代人の報告 403）。

ヘーゲルが経済上・職業上の困窮にはまり込んだ理由には、家庭の理由もあった。彼は『ドイツ文芸雑誌』なるものを創刊する計画を持っていた（選集 II, 568ff. 参照）。もし「一人の男」としてならば、彼はイェーナ以外の地で例えばハイデルベルクでおそらくその幸運をつかむことができたかも知れない。実際ハイデルベルクで、彼はしばらく後に『ハイデルベルク年報』の創刊を目指して努力することになる（書簡集 I, 146, 233f. 参照）。ところが彼はもはや一人ではなかったのである。彼が一八〇六年十月中旬、焼尽と略奪の迫るなか知人の家に避難しなければならなかったとき、彼の所帯は「六人」（同時代人の報告 S. 75）を数えていた。彼と（おそらく）一人の奉公人あるいは一人の女中（ともかく以上二人）の外に、「給仕女」（同時代人の報告 S. 68）のクリスティアーナ・シャルロッテ・ブルクハルト、この「伯爵の執事に見捨てられた女」は結婚によらない六歳と三歳半の二人の子を連れており、そしてまだ彼女のお腹の中にいたのがヘーゲルの子である。当時の法律によれば、ヘーゲルはこの子を認知し扶養する義務はなかった。しかし、ルソーとは違って、彼は父親であることを認めた。この子供すなわち息子が一八〇七年二月五日に生まれたとき、ヘーゲルは弟のルートヴィヒと、懇意にしていたイェーナの出版者フリードリヒ・フロマンに洗礼立会人になってもらい、この子にゲオルク・ルートヴィヒ・フリードリヒ・フィッシャーの名前で洗礼を授けさせた（フィッシャー姓は母親の娘時代の名である）。一年半経ってもまだ彼の心には、母親を「その境遇からこれまでまったく引き出してやることができないでいる」ことが重くのしかかった。彼女は彼の子供の母親として、彼の言うには、「あらゆる種類の義務」を彼に「要求する」ことができるのである（書簡集 I, 236）。こう書いたとき、彼は家計を維持するために、一時イェーナの外に滞在していた。イェーナに残された母親には出産後新しい義務が過大に重くのしかかったと思われる。ともかくヘーゲルは、息子がフロマンの義姉とその未婚の娘のもとで「理解のある愛情溢れた世話」に委ねられ、そこで健康を取り戻した後、ルートヴィヒの「病的な浮腫《むく》み」と「精神の不活発さと鈍感さ」について、それが（母親による）「それまでの躾け」のせいだと、判断しているのである（書簡集 I, 362）。

九・二　バンベルク

ヘーゲルが（その一八〇七年二月に）、ニートハマーが彼のために作ってくれたチャンスを知ったときに彼の行った決断は、もちろん彼自身にとって正しいものであった。彼は『バンベルク新聞』の編集主幹になった。そうでなくとも彼の気持ちはさまざまのときに出版活動に傾いていたのであり、変わらずに「政治への愛着」も持っていたのである。ところが今やその愛着は強まるどころか、「新聞に携わるうちにむしろ弱まって」いった（書簡集 I, 186）。しかし、ジャーナリストの活動は最終的なものと考えられていたわけではない。それは何よりも経済生活を確立させるためのものであった。それはそのためにはとりわけふさわしいものと思われた。収入が確保され、「学問的仕事を継続する」時間を与えてくれたからである。しかも、それはイェーナ大学を退職することなく、単に休暇を取っているものであることを許すものであった（書簡集 I, 145f, 156, 167）。ニートハマーは、これにヘーゲルをバイエルンに引っ張ってくるという思惑も結びつけていた。バイエルンで彼自身が内務省のプロテスタント学校管轄の役人になっており、新たにバイエルンに編入された地域のために有能な教師たちを探さなければならなかったのである――これはとりあえずはただ学校を念頭に置いてはいるが、早急に教師と牧師のための大学教育を改革するチャンスも付随していたのである。ただちにヘーゲルが学校の職務に、新しい教師たちと新しい教育計画によって整備されたニュルンベルクの人文主義ギムナジウムの校長として、任命された。この時（一八〇八年十月）新聞事業の収入は、明らかに既にはなはだ不確実なものとなっていた。予測できない検閲は容易に当局に攻撃の機会を与え、命令を破ったとの口実をつけられては許可取り消しによって罰せられるのである。彼の新聞に迫っていた「審問」を逃れるために、ヘーゲルは「新聞ガレー船」から下りようと望んでいた（書簡集 I, 240）。それは別にしても、彼はニートハマーの提案を受け入れるより原理的な理由も持っていたのである。つまり、

> 孤立して独立の生活を営むことがどんなに魅力的であっても、ひとは誰でも国家と関わり国家のための仕事に就かねばなりません（書簡集 I, 167）。

バンベルク時代の終わりには、ヘーゲルはニートハマーと一緒に早い内にプロテスタントのバイエルンの大学で「共同の生活と教育と仕事をする」という希望すら作り上げていたように思われる。

この計画が実を結べば、どんなに美しい未来が約束されることでしょうか。日々に確信が深まるのですが、理論的仕事は実

践的仕事より多くのことを成し遂げるものです。始めに観念《フォアシュテルング》の国に革命が起これば、現実はひとたまりもありません（書簡集Ⅰ, 253）。

しかしこれは計画だけに終わった。

九・三　ニュルンベルク

十月の終わりからヘーゲルはエギーディーエン・ギムナジウムの校長兼哲学予備学の教授となった。遂に彼は国家の「官職」を手に入れたのである。この官職を大学の教授職と取り替えることがさしあたっての素晴らしい夢であり、その実現はニートハマーのプロテスタント新人文主義の教育政策の成否にかかっていた。考えていただきたい。この政策はつい最近まで生粋のカトリックであったバイエルンでその実現が期されているものであり、ナポレオン戦争が国々を解体し二三年毎に新しい国境線が引かれるという世界情勢のなかで実行されようとしていたのである。それにまた、ヘーゲルが『大論理学』の執筆に割きうる自由な時間はニュルンベルクの校長職のせいで、新聞編集時代よりもはるかに狭められていた。十分な学校予算が足りず、資金の不規則な分配に苦しめられ、今やヘーゲルは校長であると同時に彼自身の用務員であり書記であり、彼一人で教師たちの精神科医、管理者、お手伝いさんになっている。年を越えて満額に満たずに入ってくる俸給は、多くの時間を割かせる地区学校監督官の副業によって補填せざるをえなかった。ニュルンベルクで最も著名な教育機関の長として彼が受け取る給与はお粗末なもので、花嫁の両親は、娘ジメルスドルフのフォン・トゥーハー男爵令嬢マリーの結婚に初めは（一八一一年春）同意しなかった――その理由は、この結婚が階級的に釣り合わないと彼らが考えたからではない。彼らはたしかに「富裕階級の出で」かつては帝国都市貴族に属していたとしても、今では娘に十分な嫁入り支度をしてやれなかったからである。両親は、二人が相応の収入を得られなくなることを恐れたに違いない。結婚の障害を取り除くために、再びニートハマーの助けが必要となった――今回は説得と、ヘーゲルは近いうちにエアランゲン大学の教授に招聘される見込みであるとの（かなり非現実的な）保証によって（書簡集 I, 359）。このことが実際のものとなるまでには、予期に反して五年以上の年月が過ぎてゆくことになるであろう（書簡集 II, 130）。ともかく当分、結婚の日取りは延ばさざるをえなかった。その前にヘーゲルは結婚披露宴の資金をかき集めねばならなかったからである

フリードリヒ・イマーヌエール・ニートハマー（1766–1848）

ジャン・パウルの『ジーベンケース』や（同じロマンに出てくる）学校監督官シュティーフェルの家計状態とすべての点で、この状態はもはやそれほど隔たっていない。このことを肝に銘じて『大論理学』（一八一二年）の「序文」の最初の三ページをよく味読してほしい。そのページから、ヘーゲルが告白せざるをえなかった彼の悲惨さ

を、抽象化されてはいるが、推し量ることができるであろう。「さまざまの面倒」は彼を苛立たせているのではなく、彼がそれについて訴えることによって「それが実現できる」と考える限りで、関心をひいたのであろう（書簡集 I, 295）。それはかなりうまくいったと彼には思われた。「住めば都、という世のなりゆきの慰め」を彼はよしとする（書簡集 I, 340）。世の中はそういうものだ。だから、彼は「絶望も希望も忘れる」状態にとどまろうとする（書簡集 I, 413）。そのための手段は――「宮仕えの気散じ」のほかに――「小路の知恵」の現われた口汚い言葉、きちがいじみた諺、あっと言わせる言い回し（例えば「敵の襲来こそわれわれに好都合だ」書簡集 II, 6 参照）、気心の知れた上司への気のきいた「不平」の手紙、人間のちっぽけさに対するおびただしい数の軽蔑、これらである。

蟻のように小忠実《こまめ》で南京虫のようにむかつくこの連中と、われわれは、慈悲深い造物主が彼らを扱うように、つまり、連中を冗談、嘲笑、意地悪な喜びのために利用するために、とにかく付き合うしかないのでしょう（書簡集 II, 87）。［ニートハマー宛、一八一六年七月十二日］

哲学によって生きることを学ぶとは、もはやほかに手がないときは、このようにして溜飲を下げることなのである。

マリー・フォン・トゥハーとは恋愛結婚によって結ばれた（一八一一年九月十六日）。彼女は、ヘーゲルがこれまでの経験や自己認識からするとほとんど望むべくもなかった幸福を築いてくれた（書簡集 I, 368）。しかし、結婚はさらに続く窮乏の時代の始まりでもあった。待ち焦がれていた大学への復帰は待たされた。この土地かどこかほかの土地（アルトドルフ、エアランゲン、テュービンゲン、イェーナ、ハイデルベルク、ベルリーン）に招聘されるチャンスよりも、むしろ大きな危険が一八一六年までには迫っていたのである。ニュルンベルク・ギムナジウムが廃校になるか、あるいはニートハマーが改革の事業に失敗するか、という危険である（同時代人の報告、103：書簡集 I, 333f., 501f., 505, 507：II, 59f., 383 参照）。度々ニートハマーは改革を諦めようとしたのであり、その間へーゲルは一度はオランダの大学に行くことを真剣に考えた。もしそうなったらへーゲルはラテン語を教えなければならなかったであろう（書簡集 I, 291, 297）。しかし、二人はどこまでも行動を共にした。二十歳のマリー・へーゲルは、結婚してすぐ結婚生活に向いているかどうか、苛酷なテストを受けねばならなかった。三年間に彼女は三人の子を産んだ――一人の娘、この子は生まれるとすぐに亡くなった（一八一二年）、それから二人の息子、カール（一八一三年）とイマーヌエール（一八一四年）である。その後数年のあいだに彼女は二回の流産を経験し（一八一五年と一八一六年）、さらに流産は一八二二年まで続いた。同時に、彼女は夫の精神的性格の暗い面に合わせてゆくことを学ばなければならなかった。夫のメランコリーの（シラー言うところの「気難しい《グレームリッヒ》」）体質は、彼女が自分の幸せを信じることを難しくした。そのことが彼らの愛に最初の苦い痛みを与えたように見えるが、しかしそれはまた二人の絆を固くするものでもあった（書簡集 I, 367ff.）。

若い夫婦に降りかかったもう一つの重荷はへーゲルの妹クリスティアーネ（一七七三年生まれ）であった。彼女は未だ独身の教育者であり、一八〇七年からフォン・ベルリヒンゲン伯爵（一七五九年生まれ）の家で家庭教師をしていた。この人物は二十歳も若い二番目の妻を娶っていたが、最初の結婚で八人の娘をもうけ、少なくともその内の数人はまだ子供で彼の許にいたのである。多くのことから考えて、彼女はその家で家庭教師であるとともに主婦と母親代わりの仕事も続けていたようである。この仕事は彼女が以前母親の死（一七八一年）後、報われることなく両親の家で引き受けていたものであり、父親が死ぬ（一七九九年）まで果たしたものである。おそらく彼女は子供のころ、母親の寵愛を受けているのは自分ではなく、長子のへーゲルであると考え、心に傷を負っていたであろう。重大な役割を強制されることによって、次第にノイローゼを募らせる仕事に対する不安とともに、彼女は満たされぬ自分の名誉心の一部を、八年にわたって母親代わりをつとめ一八〇〇年以後は遠くから敬慕していただけの兄に、いわば貸し与えていたのであろう。——実際後に彼女にとってかなりの金額を貸したこともあった。このように兄の運命は彼女の経験の視野のなかで、子供時代と青春とをだまし取られた彼女の生活と融合しているのであるが、それはヘーゲルの成功によって、彼女にとって残酷な問題となる。彼女は病的抑鬱状態に、あるいは世に言う「鬱病」になる。兄はその感情については理解していたようには見えるが、彼女に関するわずかに残された手紙から推し量ると、慧眼であったとは思われない。彼はその病が彼に関係するものであること、妹が彼に共生的に結びついていることを察知しておらず、彼女をニュルンベルクに招くという失敗を犯してしまったのである——それは単に短期間の滞在であるのではなく、妹の精神的均衡を回復させるために、また四人になったばかりの若い夫婦の家に、やむをえない場合は永続的な「避難所」を確保するという見通しのもとでなされたのである。彼はそうすることによって、彼女が自分に「これまでしてくれた」（書簡集 II, 18ff., 38）たくさんの善行のお返しをしようとした。この訪問はただちに彼女に、義妹に対する病的嫉妬の爆発を生ましめることになった。彼女は（本人の言葉によると）「家庭の平和」を壊してはいないとしても、「家庭の秩序」を乱してしまったことを深く悔いて（書簡集 II, 58）、ヴュルテンベルク中を彷徨い歩き、ようやくアーレンの教区監督である従兄弟の許に辿り着いた。その家で、彼女は「ソファの上で一日中泣き叫びながら」、義妹に対する「深い憎しみ」、兄に対する「激しい不満」、彼女がこれまで仕事で関わってきた人びとに対する激烈な怒りを示したという（書簡集 II, 486）。彼女の「支配欲と思い上がり」（同）はおそらくむしろ助力者《ヘルファー》の罹る症候群《シンドローム》のヒステリックな裏面であったのだろう。ところが、兄は妹に「高貴な目的のために有益な働き」をせよと指示し、彼女自身の心の健康と満足に有益なように他人を助ける者であれと忠告しているのである（書簡集 II, 167,

198)。ヘーゲルが成功しベルリーンで地歩を固めた後、一八二〇年にまた彼女は病的発作に襲われた。彼女の病いは激しい症状を呈し、一時保護監督下に置かれ、「精神病院」に移送されねばならなかった。それでもヘーゲルはまだ、妹の運命と彼自身の人生の成功との、また職業的使命感とのあいだにある連関に気づいていないように見える（書簡集 II, 225, 227, 283f.)。もっともその精神病は二度とも彼の偉大な成功体験の直後に起こったわけではない。おそらくそれらは何かその他の要因によって誘発されたと推測しうる。しかし、そこに働いていた残酷なメカニズムが見誤られることはない。偉大な兄が突然亡くなって、その一年後、クリスティアーネ・ヘーゲルは自ら生命を絶つ。

ニュルンベルクの最後の数ヶ月、ヘーゲルの生活はイェーナでの最後の数日とほとんど同じようにドラマチックに過ぎてゆく。再び政治的出来事、招聘、個人的運命とが絡み合うのである。もはや以前のように不作法に自分を押し出すことなく、今や「社交的振る舞いの……不手際」（書簡集 II, 80）さえ認めるのであるが、そのときですら依然として「気高く木訥なヘーゲル」（同時代人の報告、103）には「シュヴァーベン風の無骨な個性」（書簡集 II, 397）が目立つ。とは言え、ついに彼は、初めはまるでそうは見られないのだが、そのうちに長く付き合うなかで成果を拒めないような有能者の役を見出したのである。つまり、ニートハマーはナポレオン後のバイエルンの反動から最悪の打撃を蒙るはめに陥り、不安にとらわれる。

私がこの国に……あわただしく招き入れた一切が今、同じように運に恵まれて……再び去って行くのでしょう。もしそうならば私はそれを目指します、あるいは真っ先にそうします。私がそれら一切を再び運良く取り戻すことができるように（書簡集 II, 68)。［ニートハマーから、一八一六年二月二十七日］

ニートハマーが逡巡しているとき、今度はヘーゲルが彼を勇気づける。あの最初の講義のとき既に彼は、哲学の真の必要性は「哲学によってそして哲学を通して生きることを学ぶこと以外にない」（大全集 V, 261）と教えていたのである。長いあいだ彼は困難な条件の下でこの必要性に従うことを学んできたのである。

ただ学のみが弁神論です。出来事を前にして動物のように驚いたり……不正の勝利と正義の没落に悲しむことから、それは泰然と身を守るでしょう（書簡集 I, 137）。［学生のツェルマン宛、一八〇七年一月二十三日］

その間にナポレオンは失脚した――「戦闘の第一人者」、そして何よりもドイツの諸侯たちに「自由な君主制という概念」を教えてくれた「偉大な国法の教師」は倒れたのである（書簡集 I, 185）。ヘーゲルはその失脚を自分の生涯における最大の悲劇的事件と考えた。

……法外な天才が自らを破滅に追い込むのを見るというとてつもないことが起こっています。――これは、ありうる限り最大の悲劇《トラギコータトン》です。凡庸な大衆の全体が、その絶対的な鉛のような重力でもって、休みなく手加減もなしに押さえ続けて、優れているものを自分の水準にまであるいはそれ以下にまで引きずり下ろしてしまいました。これは全体の転換点であり、こうして、大衆が暴力を手にして、合唱隊《コーラス》として居残って頂上に居座ると、偉大な個性もそれに権利を与えざるをえなくなり、そうして自ら没落してゆくのです（書簡集 II, 28）。［ニートハマー宛、一八一四年四月二十九日］

ナポレオンの失脚に続く反動をヘーゲルは予期していた。それは、彼はその間にニートハマーの挫折に遭遇するのであるが、それでも彼が「普遍的な世界の出来事と身近な仲間のこと」を哲学的に考えることを誤らせることはなかった。

私は、時代の世界精神が前進命令を下したのだと思います。このような命令は従順に従われるものです。その本質は、重装密集部隊のように抵抗しがたく、また太陽の進むように注意されずに、苦楽を共にして、前進してゆきます。数知れぬ軽装兵がそのまわりを取り囲んでわいわい言っているのですが、彼らのほとんどは何が問題なのかを全く知らず、見えざる手に操られるようにただ頭からつっこんでゆくのです。どんな……法螺も……大言壮語もその役には立ちません。それは巨人の靴紐まで届いて、わずかばかりの靴墨か泥土を塗りつけることしかできません。……最も確実な（つまり内的にも外的にも）ことはおそらく前進する巨人から眼を逸らさないことです。そうすれば、離れていることもできますし、せっせと励む熱心な仲間を励ますために、巨人をつかまえる靴にタールを塗りつけるのを助け、自分自身の心を喜ばすために、真面目な仕事の手助けをすることもできるというわけです（書簡集 II, 85f.）。［ニートハマー宛、一八一六年七月五日］

反動は「権利を主張しようとしている」。しかし「真理を拒むものは真理に抱きつかれる、とはヤコービの意味深長なモットーである」（同）。けれども、彼は「かけがえのない友人」に対してそのようなありきたりの言葉で終えることはしない。彼は同情も表明している。

あなたの蒙った侮辱がどれほど私の心を傷つけたか、言うまでもないことです。最もやりきれなかったのは、その侮辱に対して、その事柄からしても、人物からしても、助けを見つけられなかったことです（書簡集 II, 87）。［ニートハマー宛、一八一六年七月十二日］

そのような助けは存在しないのだから、ニートハマーがバイエルンの反動に抗しきれなかった事柄に関して、もちろんヘーゲルにできることはただ「張本人たちが自分たちと事柄とを紛糾させている」その「混乱ぶり」を指摘することだけであった。「この混乱が増せば増すほど、それだけ人びとは十分な満足と、いわゆる他人の不幸を手にすることができるのです」（書簡集 II, 88）。このような場合、哲学はこれ以上の慰めを持ってはいない。

ニートハマーを変わることなく自分の「解放者にして恩人」と考えている（書簡集 II, 12）ヘーゲルに対して、今やほかの人びとも、彼のように「功績ある重要人物」を制約する「窮屈な事態」を目にして、「困惑し、まさに衝撃を受けた」態度を示す（書簡集 II, 396）。けれども特徴的なことに、功績あるというのはヘーゲルの大学での職業上の専門知識のことではない。それこそ彼を長いあいだ引き寄せてきたものに違いなかったのであるが。その地で友人や支援者と彼には思えた人びとですら、（ハイデルベルクへの招聘に関しては）彼は第三の選択肢にすぎなかった（書簡集 II, 406f.）。あるいは、彼らは彼を第三位に立てることが必要だと考え、それゆえ影の二人の競争者を彼に優先させたのである（彼らのこの行動について哲学史は沈黙している）。

ヘーゲルがそのほか好意を期待できなかった人びとのなかには、シュライエルマッハー、当時のベルリーン大学の学長がいた。この人物は一八〇四年初め以来空席であったフィヒテの講座を埋める手続きを牽制するすべての策動に関わっている。もはやこの手続きの開始を押しとどめることができなくなったとき、おそらく彼はヘーゲルかフリースのいずれか（彼はこの二人を望んでいなかったであろうが）を招聘することをこれ以上阻止することはできないと予期したのだろうが、それでもあえて事態を混乱させた（書簡集 I, 397ff.）。招聘手続きの最後になって、学長と評議会は所見を送り、そのなかでヘーゲルに讃辞を述べている。それによって、この哲学者を即刻フィヒテの後任としなかったすべての人びとは恥をかいたのである（書簡集 II, 402）。同様にハイデルベルク大学の招聘状もその選択が適切であることを明らかにしたのであり、いかなる二者択一的な考量も的外れに思われたのである。

大学の外部では次第にニートハマーや、ヤコービ（同時代人の報告、118f.）あるいはズルピーツ・ボアスレー（書簡集 II, 396）のような文化大使ですら、もはやヘーゲルの味方になれなくなっていた。彼らからヘーゲルのことを聞かされ、今や彼の良き代弁者になったのはプロイセンの学術行政に携わる数人の国家官僚たち、大臣のフォン・シュックマン（書簡集 II, 403ff., 111f.）及び（一八一六年／一七年から大臣になった）アルテンシュタイン（書簡集 II, 170, 422）、そして彼らの下で働く官僚たちであった。とりわけ彼らに対してヘーゲルが感謝したのは、ハイデルベルクへの任用後ただちにベルリーンから招聘の声を掛けてくれたことであった。

一〇　大学教授の十五年

一〇・一　ハイデルベルク

ネッカーのほとりの四学期（一八一六／一七年冬学期から一八一八年夏学期まで）は幕間であった。始まる前からすでに終わりは見通されていたのである。そうこうするうちにヘーゲルは四十六歳になっていた。彼は、彼の言では「やっと新米の大学教授」になったばかりで、講義する学問を「そもそもほとんど初めから作り上げ」ねばならなかった（書簡集 II, 169）。他の人びとの証言によれば、彼は自分の考えを伝えることにおいて名手でもなかった。しかし、今や彼は自分の思想を確信しており、それを盛るべき形式を自覚していた。彼が人世の盛りにあるあいだに、彼にとって大事な問題である哲学は少なくとも既にその諸部門の根本的概念において体系的全体へと形成されており、それはそのような全体として学問的なものになることができたのであり、そしてともかくその諸部門の内の二つ、基本的な二つは具体的に仕上げられていたのである。そこで彼は正当に自分の学説が知的方向づけという重要な役割を果たしうると考えたのであろう。それは、神学部が主導的機能を失い、講壇哲学が独善性を棄て、そしてカントが、哲学部に対してまた何よりも哲学に対して要求されていた教養的課題を哲学の「世界概念」に従って浸透させることによって、「学部間の争い」を調停して以来、哲学に課せられた課題であった。ハイデルベルク大学はナポレオン時代に、ライン右岸のプファルツが一八〇三年バーデンに帰属されると、ただちに根本から一新された。それどころかイェーナ大学の衰退後は、この大学はドイツの精神生活の中心にまで登りつめていた。その後結局は一八一〇年に創設されるベルリーン大学がこの大学を凌ぐことになるのではあるが。既にハイデルベルクのロマン主義時代のはかない栄光は色褪せていた。しかし、いずれにしろその栄光はヘーゲルの「灰色に灰色を重ねて」(法哲学、S. XXIV) 描く学説にはふさわしいものではなかったであろう。他面では、ハイデルベルク大学は依然として、強固な立憲君主制のための有能な指導的エリート層を学問的に教育し養成するというフランス革命後の教育を、理性的な仕方で担うという近代教育機関の一つとして認められていた。

教えることにおいては、ヘーゲルは第二学期からかなりの成果を上げている。彼はすばやく多数の熱心な学生を見出し、彼らの一部とはベルリーンにおいても関係を維持するであろう。この新しい官職の受諾とほぼ同時に、彼の教科書、『エンチュクロペディー』が出版された。最初の学期にもその内容について講義をしているのである。最も重要なことは、一八一六年(「ドイツ連盟」の成立はこの年である)が彼にとっては、開講講義の紹介によれば、「国家とともに……純粋な学問、精神の自由で理性的な世界もまた再び花開いた」(大全集 XVIII, 3f.) 年であることである。しかし、政治の日常、「すべての関心を呑み込んできた」日常が、またもや学問の生活世界に介入してくる。そして、それは事実であってみれば、ヘーゲルはそれを考慮の外に置くことはしない。すでに法学教育を終えていた年嵩の学生(F. W. カロヴェ)を通して、彼は国家の政治に苛立ちを覚えていたブルシェンシャフトに影響を及ぼす。彼の自然法と国家学の講義(一八一七／一八年)はこのサークルに支配的であった誇張されたドイツ振りを抑制させ、そして少なくとも聴講者の二三の者を、「ヴァルトブルク祝祭」から拡がった外国人とユダヤ人に対する憎悪から守ったのである。すでに一八〇五年にハイデルベルクのために計画していたのだが（書簡集 I, 99）、今（一八一七年）彼は（芸術哲学としての）美学に関する講義を開始する。彼に造形芸術に対する刺激を喚起したのは、おそらくハイデルベルクにあった古い板絵のボワスレー・コレクションであろう。これはその数年後［一八二七年バイエルン国王ルートヴィヒ一世によって］ミュンヘンのピナコテークの地階に収められる。そして音響芸術に関して同じ役割を果したのは「古い」（つまりバロックの）声楽であり、それは A. F. J. ティボー家で奨励されていたものである。

ただちにヘーゲルはこの音楽学者にして法学部の重要な同僚と「非常に信頼に足る友人」（書簡集 II, 154）となる。それがおそらく何よりも、ヘーゲルが司法の原理に関して（自然法と国家学講義一八一七／一八一八年 §109ff.）彼と意見を同じくし、例の「立法論争」に関して決定的に彼の側に立たせる原因となったのであろう。F. K. v. ザヴィニーとティボーのあいだで、少し前からドイツのための一般市民法の法典化の要求をめぐって、論争が交わされていたのである（自然法と国家学講義一八一七／一八一八年 §109 参照：法哲学講義一八一九／一八二〇年 171、法哲学 §211 注）。今や他学部の同僚からもヘーゲルは高い評価を獲得するようになる。神学者 K. ダウプ、率先してヘーゲルの招聘に尽力したこの人物は、ヘーゲル主義者となり、後に『精神現象学』に基づいて体系的-神学の講義を行い、『教理神学』をヘーゲルに献げている。古代文献学者、神話と象徴学の研究者、C. Fr. クロイツァーは、プロクロスの文書についてヘーゲルの助言を受け、その文書の彼による編集版を、ヘーゲルに献げている。歴史家で大学図書館長の Fr. ヴィルケンは、ベルリーンに転出する際に、ハイデルベルクの教授のなかでヘーゲルほど「図書館の仕事を熱心に引き受けた」人を知らない、と言っている（同時代人の報告 139）。ヘーゲルはただちに Fr. ヴィルケンの後任として『ハイデルベルク年報』の編集団の会員となった（ティボーもそれに属していた）。ただし間もなく、政治的立場の相違に関わる微妙な批評問題の処理における不手際が（書簡集 II, 148f.; 153）、ヘーゲルの長年の助言者の一人であったH. E. G. パウルスが（編集会議の決定に当惑して）ヘーゲルとの一切の交際を絶つ事態に立ち至らしめた。これに対して、ヘーゲルはF. H. ヤコービ著作集第三巻に関する包括的批評（一八一七年初め『ハイデルベルク年報』掲載）によって全員一致の支持を得たのである。ヴュルテンベルクの領邦等族に対する批判は明らかにこれほどの幸運を彼に与えてはいない。この一八一七／一八年に同じく『ハイデルベルク年報』に掲載された論文は、ヴュルテンベルク王によって起草された（その後一八一九年に発効した）（相対的に自由主義的な）、領邦等族が抵抗していた、憲法を擁護するものである。この論文は、古ヴュルテンベルク‐領邦等族の特権（かつての帝国直属の貴族たちの特権）を「古き良き権利」として守ろうとする保守層に対してのみならず、自由主義的心情の人びとのなかで、領邦君主の憲法‐授与《オクトロワ》に王の役人たちの不遜な主権と恣意のふるまいを見る人びとに対しても、対決するものである（書簡集 II, 171 ニートハマーの書簡：また同時代人の報告 163 シェリング：ヘーゲル自身の書簡、書簡集 II, 175f. 参照）。

同僚たちのあいだで育まれた「親密な」（書簡集 II, 154）交友は、ハイデルベルクでの二年間をヘーゲルの生涯で最も幸せな時間とした。屈託のない楽しい最高の日々であった。その間、ジャン・パウルがハイデルベルクを訪れしばらく滞在し、ヘーゲルのイニシアチブで彼に哲学部の名誉博士号が授与された。これを機会に、ヘーゲルは修辞的不器用さの暗い影を一度は乗り越えたようにさえ見えたのである（同時代人の報告 150ff.）。

一〇・二　ベルリーン

このような情況にありながら、なぜヘーゲルはハイデルベルクを離れてベルリーンに赴任したのか。そこには他の

カール・ジークムント・男爵・フォン・シュタイン・ツーム・アルテンシュタイン
(1770–1840)

学部に、例えば神学部や法学部に、ダウプやティボーのように志を同じくする協力者はいなかった。むしろヘーゲルはシュライエルマッハー（依然として学長であった）やフリース学派のデ・ヴェッテ、あるいは影響力のあった法学者にしてローマ法の歴史学者、フォン・ザヴィニーのような敵を持ったのである。さらにまた彼はそこの哲学部では、ハイデルベルクのクロイツァーのような友人に恵まれることもなく、学部のほかの同僚たちから高い評価を受けることもなかったのである。実際に彼はほとんど面識のなかった哲学者カール・ゾルガーが生きていてくれることを望んでいたようにすら思われる。大臣はフィヒテの後任としてのヘーゲルと一緒に壮大な計画を立てていたのであるが、それは、彼がその学部に採用されたならば、おそらく決して有利にならなかったはずのものである。

ところが計画は実を結んだのである。この計画によって、ついにこの地で哲学に対する公衆の著しい関心が育つことになる。哲学が学問として有用であることが認められたのである（書簡集 II, 222）。アルテンシュタインはそのように有用な哲学がプロイセン諸州の文化生活において中心的役割を占めることを望んでいた。それは、本来の職業学問の研究のための前段階でも、文献学科目のように単に他の諸科目と並ぶものにすぎないものでもない。哲学部に公民のための知的教養の育成を委ねるという決定的役割が与えられたのである。哲学は再びイェーナのカント主義やカント以後の観念論が一七九〇年代に持っていたあの普遍的指導という機能を果たすべきものとされたのである。ただし今は当時とは異なり、模範的にプロイセンの首都、「中心」において、そもそも哲学がドイツの北方では南方よりも「以前から……必要とされ、精通されていた」(書簡集 II, 197) のであるが、プロイセンの諸州のみならずドイツ全体のための手本として、この機能を果たすべきとされたのである。このように「より広範で重要な影響圏」(書簡集 II, 170) における活動はハイデルベルクの教授職よりもはるかに大きな名誉も与えたと思われる。しかしヘーゲルにとって最も魅力的であったのは、王立プロイセン学術アカデミーの内で (バイエルンの類似機関におけるヤコービのようにその総裁としてか、それとも少なくとも哲学部会の部長としてであるかは分からないが)「非常にすばらしい影響力」を持つようになる見込みにあったであろう。しかもアルテンシュタインは自らの確信に次のような表現を与えてさえいたのである。思弁哲学そのもの (その紛れもない巨匠はヘーゲルであった) はそもそも大学にふさわしいものではない。なぜなら、人びとが思弁哲学に没頭するのは何よりも重要な問題のためであり、そして思弁哲学の内で、さもなければ「誤解を恐れるあまり一般の制約された立場からは何ひとつ言葉に」することも許されない問題も、明らかにしうると考えているからに違いない、と (書簡集 II, 449)。したがって、ヘーゲルは講義ではこの種の問題は用心深く取り扱っている。しかし彼の希望は、プロイセンの国家哲学を教えることでも、ヘーゲル用語が首都の知識人のあいだで流行することでもなかった。彼は、「かなりの年齢の男から大学で哲学を講義する面倒な職務」の負担を軽減してもらい、「そして別の活動に……振り向けることができる」ことを望んでいたのである (書簡集 II, 182)。

この希望はさしあたっては現実的であった。アルテンシュタインはなお教育改革を推進しており、さらにプロイセン政治の他の領域における構造改革も一八一八年春から着手されていたからである。これに対して、ハイデルベルクではある予測された結果（彼はできればこれを避けたかった（同時代人の報告 174））のゆえに、ヘーゲルは再び「異邦人」の市民になる恐れがあったのである。にもかかわらず、ただちにすべては期待しまた懸念していたのとは異なった仕方でやってくるであろう。ハイデルベルクはバーデンにとどまっており、ヘーゲルがベルリーンの教授職に就く前に、シュライエルマッハーは——ヘーゲルのアカデミー入会を阻止し自分の権力を確実なものにするために——（ライプニッツが初代総裁であったアカデミーの）哲学部会の解散を決議させたのである（書簡集 II, 449）。

しかし、シュライエルマッハーの策謀にも増して、またベルリーンの哲学部においてヘーゲルが後ろ盾を欠いていたことにも増して（その学部には後に公然となる、ヘーゲル哲学と体系的哲学に敵対して自然科学者と歴史家とが手を結んだ同盟の兆しが既にあった）、ヘーゲルにとって憂慮すべきことは、一八一八年には予想もできなかった政治的結果をともなう事件、急進ブルシェンシャフトのザントによるコッツェブ殺害であった（一八一九年三月二十三日）。それは続く殺人の試み（運よく挫折したが）を誘発し、メッテルニヒの反動政策の側から、プロイセンにおいてもただちに厳格な措置が執られ、そうしてまさに政治情勢全体が一挙に変化したのである。カールスバートの決議［一八一九年九月二十日］と［ドイツ］連邦から始まった「デマゴーグ狩り」の政策は大学における一連の懲戒処分にまで及んだ。この政策に対していかなる立場を取るべきかという問題をめぐって、プロイセンの改革派閣僚の間で足並みが乱れ、このことが改革期の終焉を決定づけたのである。他面では、皇太子の周囲にいる「奸臣たち」が力を増し、プ取り巻きたちのロマン主義的改革の傾向が勢力を得ることとなった。ドイツの君主たちのすべての官房において、プロイセンにとどまらず、学術組織の拡大計画は今やその見通しを失ったのである。抑圧に対する恐怖が拡がったように改革に対する恐怖も拡がっていった。自由主義勢力は用心深く行動せざるをえなくなった。
主にこの抑圧的処置を受けたのは J. Fr. フリースのサークルにいた学生たちや教師たちであった。ベルリーンでは、例えばヘーゲルの神学の同僚デ・ヴェッテである。彼はコッツェブ殺害を擁護する激烈な書簡を出したことによって明らかに身の危険にさらされた。しかしまた、多数の穏健な、ヘーゲルに近いブルシェンシャフトたちやかつての自由の戦士たちも、その一部は生涯に渡って追及の犠牲になったのである（アースヴェルス、カロヴェ、フォン・ヘニング、フェルスター）。ヘーゲルはアルテンシュタインの好意に身を委ねることができたが、彼自身は情況の転換によってもろに巻き添えを食わされた。つまり、検閲の実施は必然的に、疑わしきは罰するという一般的雰囲気のなかで、思弁哲学に対して新たなスピノザ主義すなわち無神論という非難の脅しがかけられる危険を伴うものだったのである（『エンチュクロペディー』一八二七年の序文も参照）。ヘーゲルが申請した共同研究者の採用は認められなかった。しかし、何よりもまずヘーゲルはここでもやはり遅れてやってきた男であった。なぜなら、情況のこの変化の下で、もはやアルテンシュタインは企図していた改革の基金を捻出することができなくなり、したがって約束していたアカデミーでの活動の場をヘーゲルに作ってやることもできなくなったからである。「暗い時代」のなかでヘーゲルは自らに言って聞かせる。「この永遠に安らぐことのない時代には」「恐怖と希望が……いつまでも続く、いや……一層ひどくなることであろう」（書簡集 II, 219）、と。哲学の時代は、始まる間もなく、既に再び過ぎ去ってしまったように見えた。

　にもかかわらず、彼は抑鬱的な静寂主義に落ち込むことはなかった。力の限り、彼はデマゴーグ狩りの犠牲となった彼の学生たちのために奔走した。しかし「うぬぼれや幻想にとりつかれている者のためにではなく、聡明で思慮深い者たちのために」（書簡集 II, 217）である――数年後、ドレースデンで拘束されそこからベルリーンに移送されてきたクーザンのためにもそのようにしているのである（書簡集 III, 75ff., 374ff.）。思想家としての彼は今や、大部分の人びとにとっての運命である政治と、具体的に人びとに負わされるべき道徳的無能とを峻別している。その視点から、彼はザントの犯行を、その追随者を含めてその実行者とブルシェンシャフトの政治グループの責任を問うだけではなく、青年たちを扇動した先の同僚たちの責任を問わざるをえなかったのである。そして彼は（法哲学 §140 注の（e））、フリースとその同志たちが「明らかに無益な学校おしゃべり」によって広げた「見解に含意されているものが、現実の内にそして現実に対して」現れてくることになる、と考えている。彼は、長い間闘ってきたあの「不毛で思い上がった党派」（フリース派のことであるが、シュライエルマッハーのような中身のない宗教性をも指している）の政治的に危険な常套文句を、彼らがその名を簒奪してきた哲学から、すべての形式において「切り離す」（書簡集 II, 242）ことを、自分の職業上の義務と見なしている。非難されるべき悪事の思想的原因を指摘しようとして、彼は『法哲学』に最も長い注を付け加えたのである（同 §140）。彼は闘いの成果に必要な注意を促すために、自らの哲学的立場をまず序文で、はなはだ激烈にこの「党派」の見解と対立させ、その後も何年もそのことを公言している。それどころか、彼は「シュヴァーベンで言われるように、子牛［おばかさんの意］の目を叩こう［目を覚まさせるの意］とする」（書簡集 II, 253）のである。一年後、彼は「子牛」を「われらが自由無頼の徒」とさえ呼ぶ。したがって、彼は単に怒りをぶちまけようとしているのではなく、彼らからの応答によって実りある合意を意識しつつ、賢明な改革自由主義者（彼は自分をそのなかに数えている）を育成しようとしていたことは間違いないのである。もし彼がかつて（一八二〇／二一年）執筆の意図を持っていた（書簡集 II, 271）あの「国家教育学」のための時間を見出したならば、おそらくしかるべきその方法を獲得して、多くの誤解を避けることができたであろう。

もっとも彼の介入は悪意に満ちた誹謗中傷を我が身に招く結果となった。ヘーゲルは次のように噂されたのである。

彼は自分の利益を計ってかあるいは追従からか、へたばっている者を踏みつけにした。彼は自由主義者に属する者などではまったくなく、抑圧する側に立っており、官僚国家に迎合し、プロイセン王国の専制政治の弁護人役を演じているか、自分の哲学学派のために奴隷的にプロイセンの改革政策を防御している。どんな情況になろうとも、彼は政府のお気に入りの役割にとどまろうとしており、それゆえ実際の情勢から害を蒙らないようにしているのだ、と。その「迎合」をあからさまに告白しているものとして、ものをよく考えない読者たちは、彼が『法哲学』の序文に（もちろんプラトンの『ポリテイア』との積極的な関連においてのことである！）「理性的なものは現実的であり、現実的なものは理性的である」（法哲学 XIX）と書いたことを挙げたのである。この文を楽天主義のしるしだと受け取った者は、それが「理性を現実の十字架の内にあるバラとして認識し、そうして現実を享受する」（同 XXII）という要請と結びついていたことを見落として、――何の思想的努力も求めずに、今ここにある事柄のすべてをただ恣意的に同意しているのだと考えたに違いない。ヘーゲル主義者ではなくともヘーゲルを正確に理解した者はもちろん、ヘーゲルが「徹底した立憲主義者で、プロテスタントで、自由主義者であり、フランス革命に、イギリス風の自由な生活に、完全に与している」（同時代人の報告 355）ことを知っていたのである。

大学においてもまた、ヘーゲルは彼のする論争に賛同を得ることができず、本人の言によれば「明らかに不機嫌で、少なくとも寡黙な表情……をしていた」（書簡集 II, 263）のである。教養ある人びとは政治的に始めて取るべき自由な改革的立場を代表して、ほんらいは手を取り合って自由の進歩のために働かなければならないはずであったのに、大学と国家行政との間に介在する相違を乗り越えて、封建社会、官僚国家、教会-聖職者の正統主義に対抗して結合するようなことはもはやなされなかったのである。彼らは一度として、国家を近代化の代弁者として根本から支え、現実の体制を拒絶する代わりに、国家的問題を長い視野で国家の助けによって解決しようとして、協調することはなかったのである。加えて、今や彼らは哲学に向けられた期待についても、分裂するに至ってしまった。そうして、ベルリーン大学に初めからそもそも存在していた歴史学派と体系的哲学との間の例の対立は鋭さを増していった。何よりもそれこそが、ヘーゲルとその著作のベルリーンにおける受容にとって命取りとなったのである。

所管大臣の愛顧は、それは決して思弁哲学を除外するものではなかったが、アカデミーの内に約束されていた職務を粘り強く待っていたことに対して、ヘーゲルにともかく残念賞は授けた。ギムナジウムに対する国家による学校監督のための「試験委員会」への加入（これは再びかなり時間的に拘束されることと結びついている）と、学期休みの休養と教養のための旅行に対して数回の手当が支給されたのである（一八二〇／二一年のドレースデン、一八二二年のオランダ、一八二四年のウィーンとプラハ、一八二七年のパリ、一八二九年のカールスバート）。しかし、国家の保護によって設立される文芸批評年報（フランスの『ジュルナール・デ・サヴァン』に倣ったもの）の計画を、アルテンシュタインが促進する見込みは既になくなっていた。ヘーゲル自身もそのような雑誌のために大学の同僚の「英雄主義」に期待するつもりはまったくなかった（ベルリーン著作集 629）。ベルリーンの『学的批評年報』は一八二六年にヘーゲルの監督の下に創刊されたが、その創刊は、法学部内で全く孤立し、反ユダヤ主義の攻撃にさらされていた［ユダヤ人の］若いヘーゲル主義者（エードゥアルト・ガンス）の個人的なイニシアチブと**J. F.** コッタの出版への意欲のおかげによるものである（書簡集 II, 386, 390ff.）。このような情況下で、ヘーゲルは改革期の表向きプロイセン国家哲学者であったわけである。

そこでまずその情況の一端を記そう。職務上、アルテンシュタインがヘーゲルを彼の学術行政の目標を実現するために必要としていたように、ヘーゲルはアルテンシュタインをその目標の推進者として必要としている。二人はたがいを高く評価している。もし階級的違いがなければ、以前のニートハマー家との付き合いのように、ヘーゲルの家族とアルテンシュタイン家との間におそらく親しい付き合いすら形成されたことであろう（書簡集 III, 303ff. 参照）。けれども、ヘーゲルが次のように言わざるをえないとき、二人とも実際には相手を信頼できないのである。

私自身と私の果たすべきことに関して言えば、私はこの単調な職務を続けていくだろう。運命が私にこの大学で哲学を講ずることを決めたのである（書簡集 III, 105）。

なぜなら、その職務の成果は、増加する聴講者数のほかに、形成される「学派」の増大する影響力によって計られるのであるが、ところが学部の内ではヘーゲル哲学は政府が約束した教育政策上の役割に対して、競合する教育機関や他の専門学科に優先する特権を期待することはできず、明確な扱いも受けていなかったからである（ベルリーン著作集 629 参照）。他方で、ヘーゲル哲学は特別待遇を受けており、ヘーゲルもそれを狙っていたという嫌疑が、一部にしろ抜きがたく存在していた。この嫌疑が、そうでなくとも（例えば後任者の評価問題に関して）哲学と精神科学の諸学科とのあいだで燻り続けていた葛藤を絶え間なく煽り立てたのである。こうして、ヘーゲル哲学に関してたがいに対立する立場の間で（ヘーゲル哲学がその敵対者たちを判断しているように）、さまざまの傾向の波がたがいに葛藤を増幅させてゆくという事態が生じたのである。とりわけ社会の解放プロセス、例えばユダヤ人解放あるいはむしろ（部分的には違法である）ユダヤ人排斥との関連において、それが明らかになったのである。つまり、エードゥアルト・ガンスの指名の際に見られたように、ヘーゲルは個人的態度においてのみならずその哲学においても、彼の敵対者や彼の友人の多くの者よりも、ユダヤ人に対してはるかに自由主義的な立場を代表していたのである（例えば、同時代人の報告 317, 335, 373f., 453f. 参照）。

葛藤の目立たないところでは、ヘーゲルはプロイセン移住を機に彼の教説を実質的に変化させた。講義はより豊かな材料を扱うようになるが、構想とその扱い方は以前と変わらなかった。講義のテーマ一覧には今や世界史、宗教史、（新しい意味での）神の証明が挙げられるようになる。以上のテーマ（さらに哲学史のテーマ）に基づいて、ヘーゲルは歴史主義と感情の敬虔さに還元される宗教性とに対決している。この二つは非常に似通ったものであるだけではなく、ベルリーンの同僚の二三の者に模範的に人格化されるものである。ニュルンベルクでもそうであったように、彼は組織の仕事によって消耗するのだが、それでも不利な状況のなかで哲学的著作の執筆に最善を尽くそうとしている。ただしそれに役立ったのは、イェーナでもそうであったように、主には同僚の論文の批評である。そして「組織の仕事」は、講座の外に、今は国家試験の委員、『年報』、それから特に博士号や教授資格、専攻とその他に関わる諸業務、これらの学部管理であった。

『ベルリーン年報』に掲載したW. v. フンボルトのバガヴァット・ギーターについての評論（一八二七年）とJ. ゲレスの世界史についての評論（一八三一年）は、『ハイデルベルク年報』に掲載したヤコービ批評から始められた、同時代の重要な刊行物についての批判的評論シリーズの続きである。この三つの論文は、ヘーゲルがその間におこなった彼の哲学的仕事と共鳴するものを論じたものである。ゾルガーとハーマンの著作集に関する二つの浩瀚なエッセーにおいて、ヘーゲルは（一八二八年）、その思索を生活と融合させつつ追求した二人の著者に心酔して、具体的な知的個性を可能な限り精密に肖像化するという新しいタイプの評論を試みている。ハーマン評論はゲーテの決定的な賞賛を獲得した（同時代人の報告 392）。もっとも大部分の時間は講義のために広範な新しい材料を入念に考えることに費やされたと思われる。

一八二〇年代の後半になってやっとヘーゲルの講義はベルリーンの人びとを引きつけるようになる。ドイツの大学生のみならず、「少佐、上流階級、枢密顧問官たち」（書簡集 II, 218）をも、さらに多くの東欧人、特にポーランド人を惹きつけたのである（同時代人の報告 375ff., 398 参照）。ヘーゲルが特にそのことをもくろんでしていたとは思われない。以前はフリースを支持していた者たちやシュライエルマッハーの崇拝者だった者の幾人かを自分の側につけたのに、彼の聴講者のだれひとりとしてその逆にはならなかったことに（同時代人の報告 197, 386, 389, 421ff. 参照）、彼の心は満たされたであろう。その満足は、たとえその名望と勢力は諸学科のなかでは依然としてかなり低いままではあったが、自分の努力の「成果」が少なくともすでに「一定数の非常に前途洋々の教養された学生たちのあいだで」「花開いて」いるという印象を彼に与えたのである（書簡集 III, 105）。けれども彼は、そのことによって彼の哲学が、単に大学においてのことであろうとも、支配的なものになるだろうとは想像だにしていない。加えて彼には、「不毛、浅薄、無分別、これらの思い上がりを蔓延《はびこ》らせている権力欲と拡張欲が……あまりにも大きくなりすぎている」（書簡集 II, 26 : 89参照）と思われたのである。そうであるならば、教師として大きな成果を挙げようと努力することは、彼にとっては義務ではなく、自分で決めた「主要な関心」というよりも、彼本来の希望を満たすことは拒まれているのだから、それはいずれにしろ代償的満足にすぎない。それは、彼の労働意欲の副産物である。それとも、籠声《こもりごえ》で聞き取りづらい――「聴講者に向けて話すよりも一人沈思黙考している」（同時代人の報告 466）――教壇での彼の講義は、ありきたりの教授ぶった虚栄心をその裏に隠すための仮面にすぎなかったのだろうか。そのどこかに「権力的人間」の成功への渇望が隠されてはいなかったのであろうか。もしそうならば、彼は生涯にわたって困難を背負ったことになるだろうが。

しかし、彼の生活全体、特に交友関係はそれを証拠立てるものを提供してはいない。彼は職務を離れた日常生活のために、高位高官の人物やアカデミーの高級官僚との交際を求めることはなかった。彼は二重生活を送っていたので

1828 年のヘーゲル。J. L. ゼバースによる水彩画。
背後の書棚にプラトンとアリストテレスの書物が読み取れる。
ゲーテからゼバースへ。「敬うべき人は敬いなさい［ローマ人への手紙 13. 7］、
あなたが初めてベルリーンのヘーゲルを描いたのだ。」（同時代人の報告 389）

ある（同 452f. 参照）。その人物の真剣な職務上の側面に関しては、彼は生まれながらの複雑な闘士であった。その内面にある数多くの対立は外に向かうのだが、その対立を最も根底的で抽象的な思惟が合一することができるのである。この性格的特徴によって彼は自分を鼓舞する偉大なものに立ち向かい、敵対者、同僚、協同者の前に現れ、「彼のすべての本質を、彼の漲る努力を、彼の完全な人格を、講壇に上せる」（同 421：442f. 参照）ことによって、重要なことをまじめに教え、そのことに関わることを促すのである。それに対して自由な時間には、彼は生まれつきの社交好きで純朴で気のいい側面を見せる――それは家庭や友人との小さなサークルに限られず、学生たちとの間やアカデミー外の団体においてもそうであり、そこでは彼は「ほかの遊び人のように」（同 396）、「心をすり減らす思弁の困難な労働から解放されて」元気を取り戻すのである。「この労働は、彼の表現によると、『なんとも忌々しいやつ』なのである」（同 434）。彼はカルタ遊びが好きで、その相手を探すときは人を選ばなかった。多数の社交グループに入るために、彼は好んでユダヤ人家庭のサロンを訪ねた。最もお気に入りだったのはベルリーンのベーメ家だった――そこには、多くの画家、音楽家、女性歌手、演劇関係者、文学者、そして美しいご婦人たちが集ったのである。

彼は一日いっぱい働くと、夕方には、散歩やホイスト遊び［トランプ］、それから愉快な遊びや音楽に熱を上げています。素敵なものを聴いたり見たりできるとなると、行かないことはありません。彼は、ハイデルベルクにいたときよりも、十歳若返り、二十歳陽気になり、人生を楽しんでいます（義妹クリスティアーネ宛てのマリー・ヘーゲルの手紙、一八二九年六月二十四日、同時代人の報告 396）。

耳目を集めたこの若返りはおそらく、彼の内部における対立が鋭さを失っていたことを示しているのであろう。疑いなくそれにはまた、彼が今や徐々に世間の承認を経験したことが貢献している。彼の講義ノートが広まったのである。ゲーテのような、知性の大空に輝く大立者のスターたちが、彼に心からの敬意を払うようになる。例えばヴィクトール・クーザンのような、外国から来た若い名士が彼の近づきになろうとし、彼を公に賞賛する。オランダではヘーゲル哲学を普及させるための雑誌が創刊される（書簡集 III, 314, 433)。ルートヴィヒ・フォイエルバハやクリスティアン・ヘルマン・ヴァイセのような一徹な若い学生たちが、ヘーゲルを超えてゆこうとして、彼に接近してくる（同 III, 244, 250f., 259)。彼の誕生日を祝う集まりは数日間のお祭り騒ぎにまで発展し、八月二十七日と二十八日と連続して、ヘーゲルとゲーテの誕生日が合同で祝われたのである。一八二六年に『フォス新聞』に載ったこの件についての新聞の反響はセンセーショナルを起こし、国王は（同じ月の彼の誕生日はもっと慎ましかった）政令によって「私人の祝祭」に関するこの種の記事の掲載を禁止させた（同時代人の報告 303ff., 318)。ある著名な彫刻家によってヘーゲルの胸像が制作され公開された。別の彫刻家によって一八三〇年に彼の肖像メダルが作られた（同時代人の報告 308, 418ff.; 書簡集 III, 462)。一八二九年には大学における彼の声望は高まり、友人たちは彼を総長選に勝利させることができた。同時に彼は政府全権使節代理に指名される。この職はカールスバート決議に従って大学に置かれたものである。こうして彼が総長に就任するとともに、事実上初めて、外部から委任されて大学を監督する者はいなくなったのである。アウクスブルク信仰告白三百年祭にあたっての彼のラテン語による総長演説は絶賛を浴びた。一八三一年初め、彼についに（シュライエルマッハーと一緒に）赤鷲勲章が授与された——これは三等章にすぎず、その年にアレクサンダー・フォン・フンボルトが、ヘーゲルの功績に対して上級勲章を授与しようとした大臣の提案を、その前に妨害した結果ではあったが（書簡集 III, 331, 464; 同時代人の報告 410 参照）。

マリー・ヘーゲルが一八二九年夏に夫について記録したこの若返りは、単なる願望でなければ、身体よりも内面的なものに関してであった。その喜ばしい徴候はヘーゲルの健康状態に不安が感じられていたことを隠すものだったのである。その徴候はまた彼の外見の対立する二つの側面の一方だけを描くものでもあった。他の証言によれば、ヘーゲルは長いあいだ慢性的に過労状態にあり、この十年間の終わりには苛立ちが目立ち、攻撃的になり、論争においては非妥協的になったことを、教えてくれる。彼は既に一八二三年には、「昼夜を措かず熟考を重ね」、「下腹部に負担をかけ」、「頭が疲労困憊していた」（書簡集 III, 8）のである。一八二七年のパリ滞在を、彼は、深刻な胃腸病のせいで、死を予感して予定を早め、中断せざるをえなかった（同 III, 197f.; 229, 238 参照）。

私は赤銅堀《クプファーグラーベン》で生活しながら死ぬつもりだ。——どれだけのあいだ一緒にいられるか、心構えをしていてほしい（同 III, 201）。

これは帰路（一八二七年十月十二日）妻宛てに書かれたものである。以前彼は一八一九年のゾルガーの葬儀の際には、フィヒテを思い出しながら「哲学者たちは……ここでは歳をとらないようだ」（同 II, 220）と確言していたのに。ついに彼は無理がきかなくなったのだろう。しかし、自分の地位を保持する長年の戦いと危険に心身をすり減らしながらも（同 III, 321ff. も参照）、もはや彼は超過密な仕事から解放されることはできなかった。一八三〇年秋、執拗な「激しい熱」が消化器官に問題を起こした。その冬の間中ずうっと彼は、彼の妻もまた、病に罹り、親しい友人たちや赤銅堀の隣人たちがその身を本気で心配したのである（同時代人の報告 418ff.）。

再び危機が訪れる。それは今や彼の身体そのものを、突然にヨーロッパの社会と政治の身体を震撼させた熱とともに、襲うこととなった。フランスにおける七月革命の勃発がヨーロッパの広い部分において内政的緊張を爆発させたのである。そうして西方ではベルギーがオランダ連合王国から離脱し、そのことによってイェーナ時代からの友人であり弟子であったファン・ゲールトの反‐教皇権至上主義の宗派政治的努力は水泡に帰した。そしてポーランドでは民衆がツァーリの支配に抗して立ち上がる。ヘーゲルは、この不安定によって何よりもヨーロッパの領土的秩序が脅かされ、その結果、反動の新たな動きが起こることを恐れていたように見える（書簡集 III, 333 参照）。フランスにおける革命に対する熱狂は今度は彼の弟子であるガンスやミシュレをとらえたが、今回はとにかく彼はそれに与することはなかった（同時代人の報告 415）。一七八九年の時とは違って、彼はそこに輝かしい「夜明け」（選集 XII, 529）や新しい時代の始まりを見ることができなかったのである。ナポレオン後の諸課題は新たな革命の期待によって解決されるべきものではなかったが、イギリスの議会主義制度に盲目的に賛成することによってもまた解決されるものではなかった。そのことを彼は若い友人や聴講者たちにさらに概念的に理解してもらおうと望んだ。そのために、彼は一八三一年春学期の歴史哲学講義を、復古期の十五年にわたる「道化芝居」と、その結果である七月革命の根拠を指摘することによって終えたのである（同 XII, 534）。彼の最後の政治批評論文――議会選挙に関する同時期のイギリスの立法運動に関する論文（『イギリスの改革法案について』一八三一年）――もまたこれを目的としたものである。そのなかで、彼はイギリスの議会主義制度は（選挙権の変更後も）未来のモデルとはならないことを明らかにしようとしている。同時にヘーゲルは今や初めて根本から、なぜヨーロッパにおける革命の時代が――フランスやベルギーのようなカトリック諸国の状態は別として――依然として終結を見ないのか、ドイツにおいてはどのように対処すべきか、という問いに答えようと望んだ。その回答は彼の政治哲学の遺言となったであろうが、「改革‐論文」の内にその答えを見出すことはできない。

またしても政治が引き寄せたこの「巨大な関心」は他のすべてをかき消すことはできず、それが彼に犠牲を強いて、外見は危機から来ているにもかかわらず、「かつては意味があったすべて」が今や問題となるであろう。哲学は「ただ思惟による認識という情熱なき沈黙に関与する」ために明らかに自制すべきだったのである。哲学が「無知、暴力行為、悪しき情熱」に、現実的に対立しうると考えたのは幻想だった。哲学に精進する者は「時代のやかましいお喋り」から身を引かざるをえず、彼は哲学が「少数者のためにのみある」と悟って自分のための落ち着きを見出すであろう。それでもヘーゲルは自分の精神を満たし、さらに他の人びとと「同じ小道」で出会う希望を抱くことができたのである。その心構えで、ヘーゲルは最後に『論理学』（序文の最後及び書簡集 III, 323f. を参照）と『現象学』の改訂第二版の準備に取りかかった。近いうちにそのための時間が見つかる見通しが以前よりも確実だったからである。一八三一年の夏にはシュライエルマッハーがヘーゲルのアカデミー入会に反対することを諦め、しかも彼に友情を示すようになったとすら見えたのである（同時代人の報告 330 : 501 参照）。

遅きに失した。東欧から――ポーランドにおける戦闘の結果として――徐々に拡がり、ただちにベルリーンにも侵入していたコレラから身を守るために、ヘーゲルは家族とともに市の郊外、ハレ門の南、クロイツベルクの「グルーノの庭園」にある夏の別荘（「小さなお城」と呼ばれていた）に移り、そこで休暇週を過ごした。その週の遮るもののない炎暑は一時的なものだったのか、九月初めに、ニュルンベルクへの避難が指示されなかったのかどうか（これについてはヘーゲルは何も知ろうとしなかった）、この疑問に関しては意見が分かれはっきりしないように思われる（同 434, 436）。休暇も終わりに近づくころ、ベルリーンでの伝染病の猛威も終わったかのように見えた（同 466）。しかし、ヘーゲルは以前から自分の身体に危険を抱えていたのである。彼は（十一月十日と十一日の）講義と十一月十二日の試験業務を辛うじて再開したが、日曜日（十一月十三日）消化器官からの耐え難い不快感が彼を襲った。その三十時間後、月曜日の午後五時ころ、彼は亡くなった。ライプニッツの命日であった。立ち会った医師たちは「劇症コレラ」と診断した。死の枕元には十八歳と十七歳の息子、カールとイマーヌエールが母とともにいた。

ルートヴィヒ、この結婚によらない息子は、だいぶ前からその家族の圏内にはおらず、少し前に――誰に知られることなく――死んでいたのである。彼は医学を学ぼうとした。学校の成績からするとその判断は正しかったように思われる。ところが、彼の父親は彼を一八二二年か二三年に（書簡集 II, 306f.; IV, 125 参照）、代父であるイェーナの出版者フロマンの仲介で、ある商店主に「授業料なしで」預け、シュトゥットガルトに商人の修業に出したのである。その地で彼は再び、出版者の義理の姉妹であり以前イェーナにいた代母ゾフィー・ボーンの家ではなかったが、彼女の近くで生活し、彼女の二人の息子たちの「友情に溢れる監督」下に置かれていた。ゾフィー・ボーンがシュトゥットガルトに引っ越していたからである。こうしてルートヴィヒは十六歳になって、父親を探して十歳のときに後にした（同 IV, 122ff. 参照）家庭に、舞い戻った。それゆえ、ヘーゲルを安心させるために、彼はそれまでいつも（それとも再びか）、信頼できる愛情溢れる知り合いに取り囲まれていたのである。一八二二年のフロマン宛てのヘーゲルの手紙の言うところでは（同 II, 307）、彼は「もうこれ以上彼［ルートヴィヒ］にしてやれること」はなかった。この言葉は、彼を父親の階層にふさわしく教育することが経済的に不可能だとの暗示と取るべきであろう。しかし、それはまた、この少年がそれには同意してはおらず、そして（継母のふるまいや異父兄弟とのうまくいかない関係によってであろうか）父親の家の雰囲気が負担になっていたのではないか、という推測をも表現しているであろう。明らかにルートヴィヒは、実の息子に対する父親の態度に比べて、自分が軽視されていることによって深く傷つけられていた。かつての代母の目には彼は扱いにくい存在に映った（同 IV, 128f., 127 参照）。彼は従順でないだけではない、彼の父親が同じ年頃にそうであったように、大人びて、精励で、そして軽視されることに敏感であった。好きでもない徒弟奉公をしながら「番頭」に反抗的態度を取り、親方との「不愉快な口論」の後で、彼は解雇を願い出て、ただちに（一八二五年夏）許可され、彼は――父親の了解を得て、しかしヘーゲルからの別れの手紙はない（！）――軍務に服し、オランダの植民地軍に送られた。アムステルダムへ赴く途中、彼はマインツから父親との関係を義絶する手紙を出した。

［私はマインツからヘーゲル氏に心をこめた別れの手紙を出しました。この手紙が、彼が私から受け取る最後の手紙になるでしょう。ですから、私たちの関係は終わったのです。］許しを請うたり、立ち直りを約束することなど、私にはできません。私は自分が間違ったことをしたとは思っていないのですから。私は寛いだ気持ちになれる境遇に置かれたことは一度もなかったのです（同 IV, 129）。［ルートヴィヒ・フィッシャーから友人エーバートへの手紙、一八二五年七月十一日］

東インドでの六年間の勤務の後、彼は下士官に昇進したが、その直後「一等軍曹」としてジャカルタにて炎症による熱《フェブリス・インフラマートリア》のために死んだ――ちょうどその時（一八三一年八月二十八日）、彼の父親は、最後となるヘーゲル－ゲーテの合同誕生日を祝っていた最中だった（同 IV, 135f.）。父親とは、彼は怒りにふるえて絶交したのであり、彼の記念帳に記されたゲーテの祝福（同 IV, 123）［ゲーテはルートヴィヒの誕生を、一八〇七年三月三十日付書簡で祝福していた］は実を結ぶことがなかったのである。

さらに不可思議な符合がヘーゲルの死の周りを取り巻いている。妹クリスティアーネは、十一月末に兄の死を知る前に、「この月の半ばから」危険な「精神放心状態」にあったので、彼女の周囲の者たちは兄の死を彼女に伝えることを数日間躊躇していた（同時代人の報告 489）。ニートハマーの妻、「最良の女性」は、彼女の夫が、ヘーゲルの最期が「穏やかで至福な眠り」であったことを報告してきた（同 500, 512）マリー・ヘーゲルの手紙に返信を認めている間に、死の眠りについた。

1831年のヘーゲル。J. シュレジンガー描く。

……この力強い、威厳のある鼻、……瞳、円い顎、能弁な、複雑な形の唇、……同時に思慮深い……人間性が満ち溢れ、さらに、額、表情、感情や情念の、この刻みあげられた筋肉、生気のなかにひそむ、老境の落ち着き、静寂、気高さ。そしてまた、……頬の……弛み、……これによって鼻梁が……一層高く秀でている。……——堅固で、力強く、時間を絶する精神が、逃れられない可死性の仮面をまといつつ、今まさにその覆いを落とさんとしているのである。
（クリスティアン・ラウホ作のゲーテの胸像についてのヘーゲルの記述、選集 XIV、84）

医者たちは〈コレラ〉と診断し、この病気がまた死因となったと説明したが、これはむしろ流行病衛生学上の予防措置であると判断すべきであろう。コレラの症状は病気の間にも最期にも現れなかったのである。マリー・ヘーゲルは可能な予防知識を（したがっておそらくその症状の知識も）持っていたから、明らかに医者の所見を信じることはなかったし（同 505）、ガンスもまた疑っていた（同 501）。剖検はされなかったが、症状の進行、長期間にわたり次第に激しさを増す苦痛、ヘーゲルの並はずれた顔色の悪さと突然急速に募った加齢化、これらの報告は十中八九、消化器の部位の悪性の病気であったことを示唆しているであろう。有力な取りなし（同 463）もそうだが、それ以上に、診断の正しさに対して兆した疑いが、ヘーゲルの遺体がコレラの犠牲者の遺体のようにただちに隔離はされたが、条例に従わずにさしあたっては搬出されずに家に留め置かれたこと、その後警察署は遺体を解放してドーロテ市営墓地（ヘーゲルはここにフィヒテとゾルガーと並んで埋葬されることを望んでいた）において公開で埋葬式（十一月十六日午後）が行われたことの根拠となるであろう。もしコレラで死んだのならば、彼はただちに石灰で消毒され、二十四時間以内に夜間にコレラ墓地に埋められたはずである。もちろん多くの者は死因に関する公式見解にあくまでも固執したが、『一般プロイセン国家新聞』ですらその見解をただちに受け入れなかったのである。フィヒテは一八一四年に蔓延したチプスで死んだ。そうであれば、彼の後継者であるヘーゲルが今回の伝染病の犠牲者とならないこともないだろう（同 469ff., 488, 510 参照）、と。

彼に対する弔辞や多くの公式の哀悼の辞は時代の影響を受け、劇的な死の情況のゆえに荘厳なものであった。ヘーゲルに敵対した者たちによる意地の悪い論評は今日距離をおいて見ても卑劣に思われる。それらをここに記すのは適切ではない。正当な公式の論調は『一般プロイセン国家新聞』に見られる。「彼への追憶は、ドイツ哲学が語られる限り、生き続けるであろう」（一八三一年十一月十六日、同469 参照）。その追憶からヘーゲルの生涯への知見を獲得しようと欲する者は、私的な証言を尊重し、戻ってこの短い伝記の初めにも目を向けるべきであろう。それ以上述べることは差し控えよう。

Ⅳ　死後の生、その一瞥

ヘーゲルが残した足跡を現代までたどることはここではもはや不可能である。この聖人伝の信頼できる一人の証人、フランスの現象学者、モーリス・メルロオ＝ポンティは一九四八年に、ヘーゲルはこの百年の間に哲学において起こった大きな出来事すべての始まりに位置している、と考えている。その場合に考えられているのは、マルクスとマルクス主義、キェルケゴールとニーチェ、ヘーゲルの現象学から二十世紀の現象学運動への不可思議な転換、無意識についてのヘーゲル後の哲学が持っていた精神から精神分析が誕生したこと、そしてドイツ＝フランスの実存哲学であった。とはいえこれは影響力の小さな断面にすぎない。ヘーゲルが今日まで英語圏の哲学界（大西洋の彼方だけとは限らない）に与えてきた共感、さらにはまた東欧、南欧、スカンジナビア、南米、日本、韓国における多様な影響力も、算え入れなければならないであろう。その断面は、歴史的な精神科学や社会科学へ放射されたヘーゲルの光線を考慮に入れるならば、さらに細かく現れてくる。しかしそのような「影響」を指摘することはとりとめなくなる。そこで、以下ではほとんど内容は説明されずに、代わりに多数の名前（最も重要な者はゴチック体で示す）を挙げることになっても、奇異の念を抱かないでいただきたい。必要なことは、たとえその影響力の非常に興味深い差出人は考慮に値しない人物ではあっても、その影響力の特定のタイプに思惟を集中することである。少なくとも七つの著者グループと影響力の種類が区別されるが、4から6に挙げたものについてはさらに詳しく述べることにする。

1．本来の敵対者たち。彼らはヘーゲルを、初めて彼によって到達されたのではない立場から批判する。かえってヘーゲルは彼らの抗議を細部に至るまで知っていた（ヘーゲルのベルリーン著作集に収められた関連論文を参照せよ）。ヘーゲルに向けられた罵詈雑言の珍品にして見本として、ここではまずショーペンハウアー Schopenhauer の中傷文書『大学哲学について（パレルガとパラリポメナ）*Über Universitätsphilosophie* (*Parerga und Paralipomena*)』（1850）にふれるべきであろう。無理解という点でそれほど違わないものには、ヘーゲルの批判者 **K. R.** ポッパー

Popper（1945、第二巻）とB. ラッセル Russell（1940、第二二章）、それから百年前のJ. F. フリース Fries の論争的文書（1828, 1840）がある。ヘーゲルのベルリーン時代とその後の最初の影響期における最も重要なヘーゲルの対立者には、シェリング Schelling（1827, 1841/42）、A. トレンデレンブルク Trendelenburg（1840）、E. v. ハルトマン Hartmann（1868）がいる。ここではヘルバルト Herbart を忘れてはならない。彼は公にはヘーゲルとの対決を避け、ただ『法哲学』（一八二一年）と『エンチュクロペディー』（一八三一年）について短い書評を書いただけである。彼はその根本的批判（1828/29）をシェリングの同一哲学との対決の内に潜めておこなった。彼は同一哲学をヘーゲルの思弁的観念論と同一視していたのである。

2. ヘーゲルに――彼にとっては疎遠な文脈において――部分的に刺激を受けた人びと。彼らはあれこれのヘーゲルの思想に触発されるか、あるいは「ヘーゲル主義者」にもヘーゲルの敵対者にもならずに、ヘーゲルの思想に生産的に取り組んだ。この大きなグループのなかには、刺激的な思考をおこなった多数の十九世紀と二十世紀の哲学者が含まれている。しかし、彼らのヘーゲルとの関わり方は文脈に左右され、非常に散漫であり、部分的には視野が歪められているか不明瞭なものもあり、全体として彼らに特に価値を見出すことは難しい。

3. 似而非ヘーゲル主義者たち。彼らはヘーゲルと直接の師弟関係にあったか、あるいは少なくともヘーゲルに思想的に依存していた人びとであったが、ヘーゲル学派の基本的合意に従わぬか、あるいは常にその外部にとどまりながら、空しくも自分の位置をヘーゲル主義の執るべき位置だと自ら主張していた人びとである。そのなかで最も著名な者はI. H. フィヒテ Fichte（J. G. フィヒテの息子）とCh. H. ヴァイセ Weisse（ロッツェの先生）である。彼らのヘーゲルとの関係は何よりも次の問いに関わる。いかにしてひとはヘーゲル哲学に入ってゆくか、ひとはヘーゲル哲学の内でいかにして認識が可能であるか、いかにしてひとはヘーゲル哲学によって神について思惟すべきであるか

（フィヒテ 1832：ヴァイセ 1832）。この広範な影響圏内には、カトリック神学が十九世紀に形成した「テュービンゲン学派」の代表者たちが含まれている。そのなかに特に **F. A. シュタウデンマイアー** Staudenmaier がいる（1844, F. W. Graf/F. Wagner 1982 を参照）。国家哲学の領域でこのグループに属するのは **F. J. シュタール** Stahl である（1830/33/37, W. Jaeschke 1979a 参照）。

4．直弟子たち。多くの場合、彼らはヘーゲルの講義を聴いた者でもあった。ここで特に彼らが重要であるのは、先生の仕事を反復しその思想を影響力あるものにしようとした彼らの意図が、広く後世のヘーゲル像を刻印したからである。先生を突然奪われた人びとは「ヘーゲル学派」として、短期間にドイツ、特にプロイセンの世論における公然たる一勢力となり、ヘーゲルが生きていたとき以上に彼の活動と書物に対する激しい反応を引き起こした。学派内のあちこちで、またヘーゲル学派とその敵たちとの間で、そして特に追随する者と蔑視する者、偽りの友人と誤った情報を吹き込まれた敵との間で、ヘーゲル哲学の内容に関してステレオタイプの解釈が作られてゆき、そのような解釈が生産的なヘーゲル研究を妨げることになる。彼らの影響力は、次に述べる三つのグループに混じって狼藉を働くだけになおさら尾を引いたのである。

5．孫弟子たち。彼らはドイツ国内やヘーゲル存命中の直接の後継者の内だけではなく、遠隔の地や時間的にはるかに隔たって存在している。彼らを直弟子たちと区別するのは特に次の理由からである。ヘーゲル学派においては十九世紀の三〇年代から四〇年代の間に分解の過程が完了したのであって、その分解過程がヘーゲルの最初の後継者たちを特徴づけたものであった。この過程はますます直接的になってゆくヘーゲルの影響力を抜きにしては理解できない。外部からの、しかしより強力になってゆく諸要因によって、その過程は哲学としての哲学を越えてゆく。その主唱者たちは、広範なグループに属する人びととは区別して、ついでに以下で描こう。

6．ヘーゲル学派の影響の流れの外部のヘーゲル主義者たち。彼らのあいだでヘーゲルは――人びとが彼を忘却の淵に沈めた後かなりの時間を経て、あるいは彼の最初の後継者たちがいたあいだには彼を全く知ることのなかった国々で――彼の思想の「ルネサンス」あるいは「発見」に基づく新たな意味を獲得したのである。ヘーゲルを受け入れた諸条件はドイツの三月革命以前［一八一五年ころから四八年ころ］とは全く違っていた。したがって、これに属する人びとを見るときは、その諸条件がどこに存在していたのか、地域的にも時間的にもはなはだしい違いがあるにもかかわらず、それらに性格上の共通点はあったのか、この中心的な疑問を問う必要がある。

7．哲学史及びその学問研究におけるヘーゲルの後継者たち。この影響タイプの始まりはヘーゲル学派の分解過程の終わりに位置している。それは、今日なお読むに値する**J. E. エールトマン** Erdmann（1853, §§46–53）や、ジャーナリスティックな手法と国民主義的自由主義の党派心の持ち主**R. ハイム** Haym（1857）に見られる。ハイムの意図するところは、国民主義的事柄に対する裏切りの罪をヘーゲルに着せ、彼のためにすべての哲学の墓場のなかに霊廟を立ててやることにあった。この二人の包括的叙述以後、十九世紀ドイツにはヘーゲル哲学に関する特記すべき論文は、一八七〇年の百年忌までわずかしか残っていない。次の二人は疲れを知らぬ真摯なヘーゲル主義者であった。**K. ローゼンクランツ** Rosenkranz は一八四四年に最初のヘーゲル伝を出版し、そして**C. L. ミシュレ** Michelet は一八三八年、カント以後のドイツ体系哲学の最初の記録者の一人として登場した。その後、ヘーゲルに関するドイツ語で書かれたより大部な哲学史的著作が世紀の転換後に――新たなヘーゲル主義の時代に――再び出版されるが、これについては後に語ることにしよう。第二次世界大戦後、ヘーゲルならびにカント以後のドイツ観念論を含めて、その哲学史的、解釈学的、編集上の、集中的な仕事の波が到来した。これはそれ以後ほとんど地球全体に及んでいる。

一一　ヘーゲル学派とその解体

ヘーゲルの後を襲ったのは、はるか以前イェーナ時代の最初の聴講者の一人であったG. A. ガーブラーである。しかし、今や公然と姿を現わした学派が彼の周りに集まることはなかった。学派を結晶させる核となったのは『ベルリーン年報』に集うヘーゲル-グループであった。『年報』に基礎を置く活動は「友の会」を形成し、その構成員たちはヘーゲルの死後ただちに、彼の著作集を刊行し各巻のためにそれぞれ編集業務に当たることを取り決めた。死後の哲学的著作出版の歴史においてこれは未曾有の大胆な企てである。出版に要する時間が短かった（一八三二―四五年）だけではない、参加した協力者の数からしてもそう言える。ヘーゲルの講義録としての実質二十巻（そしてさらに資料としての四巻）のうち九つのテクストはそれまでどこにも公表されなかったものを公刊したのであり、これもまた近代には見られないことである。これらのテクストが著作集全体の半分以上を占めることになった。

一方では、歴史家や自然科学的実証主義の先駆者たちに取り囲まれ、他方では、大臣やプロイセン学校制度の責任者たちから特別の評価をおくられながらも、ヘーゲルは自分の学部の内では厄介な立場に置かれていた。何よりもその点を考慮すると、『著作集』の計画は重要な役割を持たされたのである。その計画は、今やヘーゲル哲学を過小評価しようと押し寄せてくる動きに対抗して、親を失った弟子たちが不利な立場に陥らないように保護し、権力者たちに対しては学派の卓越した実行力を証明し、そして広範な大衆にはヘーゲルが時代の唯一の哲学者であることを分からせなければならなかった。これは効を奏した。けれどもそれはある避けがたい裏面を持っていた。ヘーゲルの著作物が法外に増加することは、非常に豊かな内容を持ってはいるが熟考を要求する真にヘーゲル的な諸テクストの重心を、聖書外典的な〔典拠の疑わしい〕講義用語と表現形式へ押しやることになったのである。そのような形式によってヘーゲルは、体系的著作におけるよりも、大学の授業を歴史家に期待される教育・学習法に近づけていたのである。まず第一に「概念の努力」が要求されることはなかったように思われる。そういうものが哲学には今後必要だとされるよりも、むしろヘーゲルにおいてはまだ曖昧で抽象的であった思想を具体化し直観化する方が必要とされたようである。それに加えて、ヘーゲル自身の著作や論文の多くの部分が、友人たちのなかでも、その内容をオリジナルな仕方で整理する能力のない人びとによって編集されるということが起こった。他方、膨大な講義録は各専門分野に最も良く通じていた弟子たちの手に任された。例えば**E. ガンス** Gans は世界史の哲学、神学者である**Ph. マルハイネケ** Marheineke は宗教哲学についての講義を受け持ち、**ミシュレ**は哲学史を担当した。

四〇年代始めに登場したのは、ヘーゲルの直弟子のなかで最も独創的であった**L. フォイエルバハ** Feuerbach である。彼は一八三二年にはもはやベルリーンにはおらず、『著作集』の刊行に加わらなかった。彼の諸著作と比較するとき、編集作業のもう一つの危険を孕んだ活動が明らかになる。編纂者たちは「故人」との同一化を遮断するように強制されたのである。もしまだ先生が生きていて、その弟子としてならば、彼らは先生に自分の力を試してもらい、互いに張り合って、比類ないものは作れなくとも、新しい独自のものについて、先生と優劣を競うこともできたであろう。ヘーゲルの早逝によって彼らはそうすることを拒まれ、また編纂者としてはそうすることが許されることもなかった。彼らは自分たちがアレキサンダーの遺産を互いに分け合っているような後継者であると感じた。ヘーゲルの強靭な思想の集塊は数多くの破損個所や断絶を持っており、根拠づけをなおざりにしたり検証を欠いている多数のものを含んでいた。しかし彼らはその仕事に携わらなかった。彼らは後継者争いに巻き込まれてしまったのである。一八三一年夏、ヘーゲルは一人の誠実な弟子から、「今すぐ最も優れた著作、特に哲学史と歴史哲学の編纂に取りかかってください」と強く迫られた。彼は、「そうだ、そうだ、古臭い紳士たちを出し抜いてやらねば」と答えたといわれる。古臭い紳士たちとは「追随者の弟子の多くの者たち」のことを言っているのであり、こうして「彼らの小賢しい悟性と年寄りじみた智恵を、彼はときおり屈託なく茶化していた」（同時代人の報告 434f.）のである。このすばらしい企ては彼から根本的に失われてしまった。三十歳そこそこの「古臭い紳士たち」は今やヘーゲル党を作ることになった。

ヘーゲルの聡明な格言に従えば、党派とはそれが崩壊するときに存在するものである。「なぜならば、崩壊するときには内にあった差異が実在するものとして顔を出してくるのだから」（発展の記録 353）。しばしば、このヘーゲル学派の「内なる差異」はヘーゲルの「止揚」についての原理的な曖昧さ、保守的にも革命的にも解釈されること、この点にあると主張されている（例えば K. Löwith 1941, ^{3}1953, 39 など）。これは正しくない。差異が突然に現れ出たことに罪があったのは、専門分野が考慮されなかったからであり、もしそれぞれの専門分野に従って止揚が考えられていたならば、その意味は明確にされたであろう。

この差異は初めは神学的-政治的な性格を取った（Jaeschke 1979b, 73ff. 参照）。D. F. シュトラウス Strauss の『イエス伝』（一八三五／三六年）の出版とともに、それから数年の間は、差異は全体としてヘーゲルのキリスト論解釈と思弁的宗教哲学に集中して現れた（M. Saß 1963; W. Jaeschke 1986、第四章を参照）。議論に加わったのは似而非ヘーゲル主義者と反ヘーゲル主義者であり——そのことは、対決が哲学の概念にも関わるものとなるという結果を生んだ。ヘーゲル主義者たちはこれに関わる論争のなかで思弁的思惟の根拠に立ち入ることがあまりに少なかった。そこでそこから多くの人びとが（もう一度）哲学の基盤に注目するようになったのである。宗教哲学的論争の底流には政治的敵対と政策の背景が関連していたと言われる（Jaeschke 1979b, 82ff. 参照）。なかんずくそこでは、「左派」、「右派」、「中間派」のような議会における立場の規定が、今やヘーゲル学派内部における位置を分類するのに広く用いられる表現となり（D. F. Strauß 1837）、また例えば「実践」対「単なる理論」のような抽象観念が、あるいは「青年」（ヘーゲル派）対「老」（ヘーゲル派）のようにただその時代にのみ意味がある分類が広くおこなわれるようになった。これらの分類がかなりに流動的であったことに驚いてはならない。そしてただちに戦線ははっきりと移動し、ますます政治的になるにつれて、一八四八年の革命が近づいてきたのである。

時代の動きもまた学派の多極化を促した。ヘーゲルが一八三〇年に恐れていた軍事的対立は起こらなかった。フランスはイギリスと同盟し、自由主義と立憲主義の古典的な国として再び登場し、ツァーの支配するロシアだけは未だ反動の防壁であった。経済的発展と産業的発展が国民的で文化的な近代化を促進させる力と並行して現れているように見え、ヘーゲル学派はその先駆者を自認していた。ところが、四〇年代初めプロイセンの情勢は急変し、民族主義を助長するドイツとフランスとの間にただちに再び緊張が生まれた。ヘーゲル派の『ハレ年報』が一八四〇年に、フリードリヒ二世即位百周年記念にあたって、彼を「思想と理性の支配を初めて広めた」哲人王として顕彰している間に、――『年報』が言及したことのない――「頑迷なロマン主義者」フリードリヒ・ヴィルヘルム四世が前任のフリードリヒ・ヴィルヘルム三世と交替したのである。反動主義者とドイツ心酔者たちは王の交替を熱狂的に歓迎した。アルテンシュタイン（一八四〇年没）の後任にはアイヒホルンが就いた。彼はヘーゲル哲学に代えてシュライエルマッハーを引き立てた。司法大臣にはフォン・ザヴィニーがなる。彼は初めからヘーゲルとその追随者を敵視していた人物である。『ハレ年報』はプロイセンを去らざるをえなくなる。その少し前には、あるパンフレットが、ヘーゲルの国家論はプロイセン国家のきわめて優れた生活原理と発展原理には一致しないこと（K. E. Schubarth 1839）を証明しようと試み、ヘーゲルの理論に賛同するプロイセン官僚を破壊的哲学を庇護したと咎めている。こうしてもはやヘーゲル哲学の自由主義的信奉者とプロイセン政府内の改革勢力との間の連帯のチャンスは存在しなくなった。典型的な「老ヘーゲル派」とヘーゲル学派の「右派」は反動への転換に予め順応していたか、あるいは今や一緒に転換した。ヘーゲル派の「左派」は体制に対してただ公然たる反対の立場を選択するだけであった。

　これには別の事情が加わる。ヘーゲルもまたプロイセンの憲法論争において彼の国家論によって自由主義的改革を志向する立場を取っていた（Lübbe-Wolff 1981, 476ff. 参照）。ヘーゲル自身が青年期にそうであったように、彼のきわめて優秀な弟子E. ガンスは（フランスの友人たちとの意見交換において）好んでその改革の政策と表明にたずさわったのではあるが、他方で彼は抽象的‐論理的な、そして原理的‐精神哲学的な思弁には興味を持たなかった。彼の学生たちのなかには、ヘーゲルを聴いたことのない数多くの弟子が含まれていた。「ヘーゲル左派」の代表者を、ヘーゲル体系にそのなかでも特に政治哲学に歴史的影響力を持たそうとした人物（Löwith ^{3}1953, 78）ということで特徴づけるならば、ガンスがその始祖となったのである。ガンスの後任に、新しい王は遅滞なくF. J. シュタールを指名した。この人物は王自身に、また（王と国民とを直接に一つにするという）王のロマン主義的考えにも近かった。こうして進歩的で自由主義的で共和主義的な心情を持っていたヘーゲルの弟子たちは、再び彼らの模範‐像を奪われたのである。徹底という点で互いに競い合って、彼らは——ガンスと違って——アカデミックな生活という目標を、部分的にはまた教養市民的な生活という目標を、自らに課した。彼らが身を委ねたいくつかの要因が、哲学をヘーゲルへの批判や、時代と宗教の批判に向かわせ、そして哲学への関心を失わせることに、寄与したのである。

その際、さらに長期間にわたって影響を与えることになる文化的要因も役割を演じていた。つまり、「教養市民層」の「世俗化」された近代の敬虔思想（Koselleck 1990, 25f. 参照）によって、「哲学的世界観」の大きな構想に対する要求が生まれたのである。教養市民層は十九世紀に多数の文筆家を動かし、広範に分散した時代の諸傾向を支配した。多数の青年ヘーゲル派たちもまた彼らの満足を得ようとして（L. フォイエルバハ、D. F. シュトラウス、B. バウアー、M. シュティルナー）、その世界観的立場についての衝撃的言動によって自らの社会的存在を周縁へと追いやったのである。こうして彼らは大学で活動していたヘーゲル学派との関わりを失ってしまったが、他方で大学のヘーゲル学派は遅くとも五〇年代以降はもはやほとんど姿を消したのである。

ヘーゲル学派の運命と同様、ヘーゲル学派の著作のテーマも多様に広く拡散してしまった。ところが、**マルクス** Mrax と**キェルケゴール** Kierkegaard だけは、特徴的なことに二人はヘーゲルの直弟子ではなかったが、画期的な意味を持つ著作を書いたのである。彼らはまた初めてヘーゲル学派の「世界観的な」立場を根本から批判し、最も独自な立場に到達した唯一の者たちであるが、それは偶然ではなかった。キェルケゴールは、最も近代的である美的態度とコペンハーゲンのヘーゲル主義者の世俗的-キリスト教的な敬虔思想との対決を通して、妥協の余地のないキリスト教的実存を明らかにしたのであり、マルクスは（エンゲルスと協働して）かつての青年ヘーゲル派に共通した心的態度である『ドイツ・イデオロギー』（1845／46）を解体し、そのことを通して「上部構造」も含めて、資本主義的な政治経済の革命的批判に到達したのである。彼らはヘーゲル学派なしにはその存在が考えられないであろうが、もはやヘーゲル学派に算えることはできない。

一二　ヘーゲルを知らぬ地域とヘーゲルを忘れた時代におけるヘーゲル主義

ヘーゲル死後の初めの十年間、彼は西欧ではV. クーザンと彼の知的な友人たちの間で、またファン・ゲールトのまわりのオランダ学派の間で高い名声を得ていただけであった。とは言っても、オランダのサークルの影響はわずかばかりのものであった。それどころか、クーザンや彼のフランス人の友人たちのヘーゲル理解は会話による接触と講義遺稿に依拠するものにすぎなかった。ヘーゲルがフランスである程度の影響を形成したのは一八七〇年までにすぎない。その後フランスでは、ヘーゲル哲学とその学派は、ドイツから伝来した一切のものとともに、長い間すげなく拒否されたのである。

これに対して、スカンジナビア諸国、特にコペンハーゲンには活発なヘーゲル主義が存在していた。それがキェルケゴールの近代批判の背景となった（Thulstrup 1972 参照）。その他のスカンジナビアのヘーゲル主義者たちは、オスロ（M. Monrad）やフィンランド（J. Snellmann）で活躍していた。これらの国々にはヘーゲル右派や中間派のような立場を受け入れる条件が整っていたのである。

スラブ諸国では情況が異なる。十九世紀の八〇年代以降、多くのロシア知識人と著述家や大学教授の卵たちが母国の奨学金を手にしてベルリーンに遊学して来たのである（D. Tschizewskij, [2]1961, 145ff. 参照）。ヘーゲル主義者となった彼らは、ベルリーンを「新しいヘラス」、ベルリーン大学を「エレウシスの秘儀と最新の知識の聖なる火を守護する女神」と誉め称えた（同書 175）。元来文学的であったロシアのサークルやサロンは次第に哲学化してゆく。人びとはヘーゲル哲学を老ヘーゲル派と青年ヘーゲル派のテーマの範囲内でのみ議論していたのではあるが、フィヒテ、シェリング、その他のドイツ観念論者の思想も受容した。後にヘーゲル主義は多くの人びとにおいて、スラブ主義あるいは急進‐西欧的な（ニヒリズム的、無神論的、無政府主義的、社会革命的な）信条告白と交替するようになる。しかし、ロシアのように現代に至るまでヘーゲルが継続して研究されている国はどこにも見当たらない。

三〇年代にヘーゲルに「熱狂的に心酔した」のもポーランドの若い知性たちであった（同時代人の報告 230）。彼らの祖国はロシアに抑圧されていた。エリートたちはそのことの解釈を、ヘーゲルの世界史の哲学の講義の内に見出し（Losurdo 368f. 参照）――他方ではヘーゲルの『法哲学』の内に「行動の哲学」と国家再生のための希望の根拠を見出したのである（A. v. Cieszkowski; H. Stuke 1963, Tschizewskij, 7ff. を参照）。国家の同一性を育てる意識のためという類似の意味づけを、ヘーゲルはチェコやスロヴァキアにおいても持っている（Tschizewskij 397ff., 431ff. 参照）。

こうして典型的な影響モデルが浮かび上がってくる。ある国の国民文化のそのつど特有な問題と、それはヘーゲル思想の助けを借りれば考えることができるという希望とが、生産的な受容を引き起こした。その受容には反響が続くのであるが、問題意識あるいは問題そのものが消えると、ただちにその反響もまた鳴りやんでしまうのである。イタリアにおけるヘーゲル主義はその古典的な例である。ヘーゲル主義の始まりはイタリアが国民国家を創設しその領域を画定しようと努めた時期とかなり正確に一致する。その努力が成果を収めた後、ヘーゲル主義は国家を内部から近代化し帝国主義の権力を解体する期待が働いている間は継続する。そのような期待が消え去ると、ヘーゲル主義は終わりを告げ（一九四五年）、代わりにヘーゲル哲学をより深く理解し、より概念的に理解されたヘーゲルによってこの歴史的経験を消化しようとする学問的研究が現れてくる（C. Cesa 1978 参照）。

重要な著作家（一八一五年前後に生まれた第一世代）には、ベルトランド Bertrando とシルヴィオ Silvio の**スパヴエンタ兄弟** Spaventa、それから **A. ヴェッラ** A. Vera、デ・メイス A. C. De Meis、デ・サンクティス F. De Sanctis がいる。彼らは優れた学者であるが、生涯をただ書斎や講義室で過ごしたのではない。彼らのほとんどは、まず独立闘争に積極的に加わり、そのために投獄や亡命を蒙った後に、公的生活で傑出した人物となったのである。彼らは政治活動の点ではドイツの青年ヘーゲル派に似ている。けれども、彼らはこの派の近くにいたのではなく（大部分の者はその派の者と知り合わぬままであったろう）、ドイツのヘーゲル派の中央派近くに位置しており、個人的にも彼らと接触していた。彼らと（それより五十歳から六十歳若い）ヘーゲル主義者の第二世代の指導者たち――**B. クローチエ** B. Croce や **G. ジェンティーレ** G. Gentile――の間には、家族的絆や師弟関係が作られ、それが伝承を継続させたのである。

リソルジメント［十九世紀イタリアの統一運動］のヘーゲル主義の内では、次に挙げるような典型的にドイツ的なアンチテーゼの間に選択の余地はなかった。世界を哲学的に解釈すべきか、それとも世界を変革すべきか。アンシャン・レジームの階層社会を政治的に革命すべきか、それとも階級社会を一八四八年のヒューマニズム的理想に従って社会的に革命すべきか。（少数の支配者による）官僚国家の監督下にある人間を解放すべきか、それとも国土全体を支配する国民国家を作り上げるべきか。しかし、後者が政治的に達成された後に、高揚した国家的熱狂の下層で、（カブル Cavour の政治のスタイルによる）統一の経済自由主義的な構造と、政治的統一を人倫的、文化的に基礎づけるという哲学者たちが自覚した課題との間に、緊張が目立つようになる。問題になったのは相変わらず、ヘーゲルが「市民社会」から（個別化された政治的な）「国家」へ移行することによって解消しようとした事柄であった。特にこの問題と結び付いている弊害を正すためにこそ、イタリアのヘーゲル主義者たちは書物を書いたのである。したがって彼ら、第二世代は、自己を貫徹する権力国家的な帝国主義に対して、哲学的には、ドイツの新ヘーゲル主義者たちよりも無力であった――それは、最後に（ジェンティーレのように）ファシズムの側に立って死を迎えたか、それとも（クローチェのように）反ファシズムの側で生き延びたか、そのこととは別の問題である。それどころか――ドイツ人たちにおいても同じだが――、『ヘーゲル弁証法の改良』（Gentile 1913）という新カント主義的、生の哲学的な編成が、またヘーゲル哲学における『生きているものと死んだもの』（Croce 1906）とを分けることが、国家哲学の諸問題を混乱させるのに力を貸したと思われるのである。

北米にヘーゲルが影響を及ぼしたのは十九世紀中葉のごく前のことである。そのための外的チャンスはヨーロッパとは全く違っていた。「未来の国」（選集 XII, 114）ではそのチャンスはさしあたり新‐イギリス‐国家の大学あるいはカレッジには存在しなかった。そこでは哲学の授業が緊密に宗派と結びついており、イギリス経験主義か曖昧な「超越主義」に固定されていた。他方で、劇的に発展し急速に西部へと拡がっていった地域にはまだ大学やカレッジは作られておらず、それにひきかえ新しき社会のコスモポリタン的な夢が歴然と実在していたのである。それは、世紀の中葉頃からきわめて多様な出身国と伝統文化からやってきた植民が飛躍的に増加し、植民地の最前線に接して大都会がいくつも大地から生え出た茸のように成長したからである。そこには三〇年代以降、ドイツ人の移住者とその友人たちの間に、ヘーゲルに大いに熱中する小さな哲学サークルがいくつか存在した――まずオハイオ（Easton 1966 参照）に、続いて五〇年代と六〇年代の間に特にセント・ルイスに（Goetzmann 1973 参照）。

この熱中が、成功した商人たちやたたき上げの人びとを活気づけたのである。ヘーゲルが彼らに影響を与えることになったのは、ここでも再び彼が生活することの包括的な意味を約束したからである。唯一この哲学だけが、さまざまの対立が和解されることなく激しくぶつかり合い、矛盾が克服されないように思われた、絶望的な先の情況を見通すことのできない束縛のなかから、そうであるにもかかわらず正当なそれどころか開放的な実践的オプティミズムのための養分を引き出すことを、許したのである。そしてそのような楽天主義のみが、「諸国家が群がって作る国家」（ウォルト・ホイットマン）の社会的、知的な不一致を超える見通しを与えたのである。その鍵となる本や聖書（これも努力すれば手に入るようになっていた）と見なされたものは、驚くべきことにヘーゲルの『大論理学』であった（Lenin 1914/15と比較されたい）。堅く固定されたカテゴリーを『大論理学』が溶かし繰り返し新しく鋳直すことの内に、特に**ブロクマイアー Brokmeijer** は、彼の（皮鞣しと靴作りに続く）第三の手仕事である鋳造の仕事が、つまり人間の共同生活のための――自由、共同体にふさわしい個人主義、そして自主的に生まれる協同組織に基づく法秩序、これらを状況に合わせてより良く理解するための――概念を形成する秘密が、そこに潜んでいると推測したのである。

「ヘーゲルに英語を喋らせる」ことを計画して、ブロクマイアーは『大論理学』全三巻を翻訳しようと試みた。その翻訳は写本で広まったが、それは彼自身の要望を十分に満たすものではなく、それが好転するには長い時間が必要であったが、結局彼はそれを公刊することができた。つまり、彼の友人**W. T. ハリス** W. T. Harrisが一八六七年に『思弁哲学雑誌 *Journal of Speculative Philosophy*』――これは合衆国最初の純粋に哲学的な雑誌であり一八九三年まで続いた――を創刊したのである。何よりもこの雑誌を通してそして教育機関の一連の活動によって、次にヘーゲル主義は諸大学にも足場を確保することになる。そこにおいて、ヘーゲル主義は八〇年代と九〇年代にイギリス観念論の活動と融合した。たしかに南北戦争後にやってきた産業と商業の新たな時代になると、プラグマチストたちがただちにヘーゲル主義者たちを凌駕していった。けれども、彼らがヘーゲル主義者たちから多くの恩恵を受けたことを、プラグマチズムの創設者であるパース Ch. S. Peirce は、また後にデューイ J. Dewey も、否定しなかった。論理実証主義の時代になって初めて、北米の哲学はヘーゲルを数十年の間死んだ犬として扱うことになる。しかし二十世紀の七〇年代になると、その著名な代表者たちは、今再びヘーゲルを問題にすべきかどうか、と問うことはもはやなく――そうではなくただ、なぜヘーゲルを問題にするのか、と問うたのである（Bernstein, 1977 を参照）。いかにすればヘーゲルを実り豊かに理解できるかが、カナダ人のテイラー Ch. Taylor の包括的著作『ヘーゲル *Hegel*』（1975）によって明らかにされたばかりだったのである。

　北米にのみ目をやるひとは、ヘーゲルが英語を話すようになったのがようやく最近の三十年においてであることを心にとめなければならない。ところが、英国では時計の進みは違っており、ブロクマイアー（一九〇六年没）が諦めるはるか前に、時計は彼の切望を満たしていたのである。つまり、この国では十九世紀の六〇年代に、徐々に講壇哲学の伝統が、社会的に開放されたエリート層の抱く近代的形成への関心と衝突するようになってゆく。そのエリート層は、公共生活の改善にあたり、世界に通用するように教育された国家官僚に対する急増する需要を満たすものであった（Richter 1964 参照）。その先鞭を付けたのが**スターリング** J. H. Stirling の『ヘーゲルの秘密 *The Secret of Hegel*』（1865）である。ヘーゲルの「具体的概念」の内には秘密が潜んでいるというのである。ところがこの概念は悪用されただけであって、彼は神や意志の自由、そして魂の不死や啓示宗教としてのキリスト教、これらに対する信仰を復興させるために、ヘーゲルを（適当に）利用したのである。ヘーゲルの立場を似而非ヘーゲル主義者の立場と混同したこの「暴露」は、その数年後、**ウォレス** W. Wallace の『ヘーゲルの論理学 *The Logic of Hegel*』（翻訳と注、1874）によって吟味され訂正された。

　より妥当な『ヘーゲル *Hegel*』を一八八三年に公刊したのは**ケアード** E. Caird である。彼はまず何よりも、ヘーゲルが欲したことは、伝統的宗教を再建することではなく、伝統的宗教と物質主義的学問とを、歴史的に自らを展開する無限な精神の哲学的目的論によって和解させようとした点にあることを、明らかにしようとしたのであった。この線上にそれから十年後に始まる**マクタガート** J. E. McTaggart のヘーゲル解釈（1896, 1901, 1910）が位置している。しかし、この道を見失わないようにするためには、英国のヘーゲル主義に対してはただちに初めから他の観念論的で精神主義的ないくつかの傾向が競いあっていたことを、心に留めておかなければならない。その傾向は初めは合理的なものであったが（T. H. Green, F. H. Bradley）、後に次第に非合理的なもの（J. Passmore 1957 の三章と四章を参照）になっていった。当時何よりもマクタガートは、これらの傾向に対して、同時にヘーゲル弁証法からは距離を取りながら、主著（『実在の本性 *The Nature of Existence*』、1921/27）を対決させたのである。彼に対しては暗黙に、しかしラッセルとブラッドリーに対しては公然と、死後一九四八年に公刊され、不当に無視された『論理研究 *Logical Studies*』（1927—35）において、ヘーゲルの形而上学的洞察と彼の弁証法を弁護したのが、**ジョアキム** H. H. Joachim である。彼は最後のヘーゲル主義者となった。

最後にこのこだまが消える前の数十年間に、英国のヘーゲル主義は、**ボーザンケト** B. Bosanquet によってまず美学へと拡張され（1892）、続いてヘーゲルの法哲学が対象にしていたテーマへ（『国家についての哲学的理論 *Philosophical Theory of the State*』、1899）、また精神と自然との関係の問いへ（1912）拡大されていった。この拡大は『論理学、あるいは知の形態学 *Logic, or the Morphology of Knowledge*』（一八八八年）に支えられており、そして一方で「生の哲学的な」あるいは政治的参加の世界観的信念の吐露へと、他方で、すでに顕著に見られていたのだが、文脈との結びつきがきわめて微弱な個別問題の「論理分析」へと、哲学が分離するのを阻止する助けになるはずのものであった。しかしながらボーザンケトの概念研究の構想はあまりにも複雑すぎた。一人で仕事をしていたので、極度の単純化（二十世紀の初めの三十年は哲学においてこの単純化が支配していた）という志向にとらわれ、そのような探究に陥らない術を手にすることがなかったのである。世紀の転換期に興ったドイツの新ヘーゲル主義であっても、その助けにはならなかったであろう。しかし、イギリス人たちは新ヘーゲル主義の良い面、悪い面のいずれにもまったく注意を払うことはなかった。

そこで、最後にドイツの新ヘーゲル主義について一言（Helferlich 1979; Ottmann1977 参照）。忘却の数十年を経て新たにヘーゲル研究に最も強い刺激を与えたのは、「ヘーゲルとの闘いの時は過ぎ去り、歴史的理解の時がやってきた」という**ディルタイ W. Dilthey** の言葉であった（1888）。生の哲学者にして歴史学派の後継者である彼のペンから出たこの言葉は、明らかにその根本では、ヘーゲルが哲学に携わったように、哲学に対する闘いを別の手法によって継続しようという勧めであった。しかし、この言葉は新ヘーゲル主義を超えて広範な影響を与えた（例えば、**レーヴィット K. Löwith** の『ヘーゲルからニーチェへ *Von Hegel zu Nietzsche*』1941, 1953 第三版を参照）。この刺激によって生まれたものは、まずヘーゲルの——少なくとも『現象学』までの——思想発展に関する仕事であった（Dilthey 1905, Haering 1929）。さらにヘーゲルのいわゆる『青年期神学論文集 *Theologische Jugendschriften*』（H. Nohl 編 1907）が初めて出版され、またこれまで公表されていなかったヘーゲルの多数の著作を収めた歴史的-批判的全集がまとめられた。とは言え、（G. ラッソンによって始められ、J. ホフマイスターが継続した）この全集はトルソーにとどまった。刷新されたヘーゲル主義に第二の刺激を与えたのは**クーノ・フィッシャー Kuno Fischer** の千ページを越える包括的なヘーゲル研究書（1901）である。この書物の著者は新ヘーゲル主義者ではない。哲学史の大家の頂点に位置する、老ヘーゲル派エールトマン **J. E. Erdmann** の弟子であった。しかし、彼はハイデルベルクにおける活動を通して、その地に漠然とあった「ヘーゲル・ルネサンス」を綱領にまで凝縮させるのに貢献したのである（**ヴィンデルバント Windelband**

1910)。この綱領の源泉は西南ドイツの新カント派にあった。新カント派には以前から（フィヒテから引き継いだ）確信、ドイツ文化全体が危機に瀕しており、哲学はその危機に立ち向かうべく命じられているという確信が存在していた。この点について、二三の新カント主義者は、カント由来の哲学を、もし守られるべき文化遺産の領域のなかにカント以後のドイツ観念論全体が取り入れられて、ヘーゲルを再びその完成者として見なしうるならば、もう一度（今度は新カント派的な）『カントからヘーゲルへ *Von Kant zu Hegel*』（**クローナー** Kroner 1921/24）の道に戻すことができると、思ったのである。

この第三の刺激によって初めて、「ヘーゲル・ルネサンス」からビスマルク的ドイツの文化的自己主張の試みもまた生まれたのであろう。この立場において、新たなヘーゲル主義は古いヘーゲル右派の国家哲学を僭称する最後の末裔と結びついた。その二人の代表者（**レスラー** Rössler 1857, **ラッソン** A.Lasson 1882）はその時代に、彼らの法哲学によって、それをヘーゲルの法哲学と区別せずに、ビスマルクの権力国家的な政策構想に賛同して、そうしてまた皇帝国家とともに帝国主義への道を突き進んでいった。ヘーゲル主義者のなかで法哲学に関心を抱いた人びとは（彼らには、古ヘーゲル主義から、A. ラッソンの息子であるG. ラッソンを介して、細い直線的な伝承の糸が繋がっていた）、この第四の刺激を権威主義的な（そして最終的には民族主義的な）国家イデオロギーへ作り上げた（Binder / Busse / Larenz 1931）。ここからあの運命的な転落が始まったのである。第二次世界大戦後、自由主義的批評家たちはこの転落が直截に「ヘーゲルからヒットラーへ」（Kiesewetter 1974, Topitsch 1967 を参照）導いた、と考えた。それが誤りであることは既に戦後時代に指摘されている（Weil 1950）。しかしそれは、新ヘーゲル主義者たちが、真実のヘーゲルを、権力国家のイデオローグにされた疑似ヘーゲル像から引き離すことができなかったように、彼らには自然のものであった。**ローゼンツヴァイク** F. Rosenzweig（1920）のように国家哲学に関心を抱く自由主義的歴史家ですら、彼が敵対したヴィルヘルム主義的偏見を、ヘーゲルの内に逆投射していたのである。さらに、その後の新ヘーゲル主義の内で支配的になったのは、彼の立場ではなく、文化保守的で権力国家的な勢力の立場であった。三〇年代初めに、オランダのイニシアチヴにより国際的な「ヘーゲル連盟」が結成されたとき、そこにおいてファシズム-イタリアのヘーゲル観がドイツの新ヘーゲル主義者たちと結びつき、その後すぐに彼らはナチ的になっていった。

イデオロギー的多彩のもう一つの極、マルクス主義的知性においては、同じころヘーゲル研究は若きマルクスの『パリ草稿 *Pariser Manuskripte*』（これは細部にわたるヘーゲルとの対決を含む）の公刊によって急速に促進された。これ以後、マルクス主義の内に保存されてきたヘーゲルの「遺産」の「正統的な」保護に加えて、青年ヘーゲル派マルクスをめぐる集中的なヘーゲル論争が存在した――そしてただちに若きヘーゲルのマルクス主義的解釈も現れた。それは新ヘーゲル派的な解釈に対抗したものである（**ルカッチ Lukács** 1948）。

フランスではそのころ画期的-ヨーロッパ的な影響力を持つサークルが閉じられた。ロシアの亡命者**コジェーヴ A. Kojève**（1947）が一九三三年から一九三九年まで高等研究院でヘーゲル『現象学』について行った一連の講義が、初めてヘーゲルの主著の一つに対する（世界大戦にもかかわらず）持続的な影響力をフランスにもたらしたのである。ヘーゲルを人間学的に活性化するコジェーヴの講義は実存主義のインスピレーションの源泉となり、『現象学』の広範な解釈（**ヴァール Wahl** 1929, **イポリット Hyppolite** 1946）と相まって、ヘーゲル読解のフランス独自の伝統の基礎を作った。

一三　今日のヘーゲル

現代は、ヘーゲル学派やその他のすべてのヘーゲル主義と、その決定的な終焉及び時間的隔たりによって分かたれているだけではない。東西対立の緊張下において半世紀にわたったヘーゲル論争もまた過去のものとなっている。それと同時に次のような争いも副次的なものになった。ヘーゲルをイデオロギー批判の道具とするかあるいはそれを解体することと、ヘーゲル哲学を研究しながらイデオロギー問題に無関心でいるかあるいはそれを超越してただ真理を追究する解釈学でいること、この二つの立場の争いは過去のものとなった。思惟を挑発するこの哲学の力は、すべてのヘーゲル主義や哲学のそこから拡がった問題設定をも含めて、それらに耐え抜いて生きのびているのである。その力はいかなる十把一絡げの判断や歴史的相対化にも耐え抜き、そして還元や世界観化の試みにも屈しなかったのである。ヘーゲルの著作をそれが与えた影響の歴史を撚り上げている多数の綱の最後一つにおいて理解する者は、彼が受けたさまざまの刺激をその出発点にまで辿りなおす十分な根拠を持っている。なぜなら、天才ヘーゲルが追思惟のために提供した諸理念の可能性は、彼がそのなかで生きていた哲学の歴史の若い形態が有していた可能性よりも、今日でははるかに包括的で実り豊かなものとなっているのだから。

ヘーゲルの著作はわれわれにとって汲み尽くしがたい意義を持っているのであって、単に理念の石切場としてあるのではない。現代の哲学が手を加える諸思想のためのあれこれの「原石」を、そこに発見する人もいるかも知れない。しかし、彼の一つ一つの仕事のほとんどは他のものと連続しているのであり、そのような利用のされ方に抵抗するのである。そのなかで意義のあることはまた、数世紀にわたって続いてきた十分に熟知されたあれこれの問題と模範的に取り組んでいることでもない。それの持つ意味は何よりも、哲学の歴史において五本の指に算えられる非常に偉大な「英雄的」業績がわれわれに対して持っているに違いない、機能の内にある。つまり、もはやわれわれは持っていない包括的であるとともに実体的でもある彼の哲学を再現することである（Fulda 1999, 22ff. 参照）。そのような「場を確保するもの」として、ヘーゲルの著作がこの本のなかで描かれたのである。特に六〔現象学と大論理学〕と七〔エンチュクロペディー〕において、私は、そこで何が私には特にアクチュアルと思われるかを、述べたつもりである（Fulda 1998 も参照）。それについてはここで繰り返すべきではない。

訳者あとがき

本書は、Hans Friedrich Fulda : *G. W. F. Hegel*. Verlag C. H. Beck. Müünchen, 2003 の全訳である。

フルダは、一九三〇年八月二日、（へーゲルと同じく）シュトゥットガルトに生まれ、その地のギムナジウム（その前身はへーゲルも学んだエーバーハルト・ルートヴィヒ・ギムナジウム）を卒業後、一時福音派の神学校で学んだ後、ハイデルベルク大学、フランクフルト大学に進んだ。フランクフルト大学では、アドルノやホルクハイマーに学び、一九五七年再び、ハイデルベルク大学に入り、ガダマー、レーヴィット、ヘンリッヒの指導の下、ドイツ観念論を研究した。一九五九年、ハイデルベルク大学副手、一九六〇年には、ベルリーン自由大学に移ったヘンリッヒ教授の助手となり、翌年『精神現象学』に関する博士論文を提出した。この論文は一九六五年に、『へーゲル論理学への導入の問題 *Das Problem einer Einleitung in Hegels Wissenschaft der Logik*』として刊行された。一九六九年、ハイデルベルク大学講師になり、一九八二年には、ミュンヘン大学に移ったヘンリッヒの後を襲って、ハイデルベルク大学の正教授となった。一九八七年から一九九五年まで、国際へーゲル協会の（ガダマー、ヘンリッヒに継いで）三代目会長職にあった。一九九〇年秋には日本に二週間ほど滞在し、講演をおこなった。現在は、ハイデルベルク大学哲学科の名誉教授である。

邦訳されている著書は、私の狭い知識では、上記の博士論文、邦訳名『導入としての現象学』（久保陽一、高山守訳、法政大学出版局、二〇〇二年）と、上述の日本での講演原稿を中心にしてまとめられた『カントとヘーゲル』（上妻精編、酒井修、上妻精、久保陽一、宮島光志、小川真人訳、晃洋書房、一九九四年）がある。——なお、本書はベック書店の「思想家 Denker」シリーズの一冊であり、このシリーズからは現在のところ、オトフリート・ヘッフェ Otfried Höffe『イマヌエル・カント *Immanuel Kant*』（藪木栄夫訳、法政大学出版局、一九九一年）が翻訳されている。

目次をご覧になれば分かるように、本書は、哲学者についての一般の概説書がまず伝記を記して次に思想内容を解説するのとは異なり、思想内容の解説を中央に置き、その思想を形成するまでの苦闘の前半生（一八〇〇年まで）と、その思想が毀誉褒貶、特に意図的な曲解に晒される後半生（一八三一年、六十一歳で亡くなるまで）とで挟み込むという特徴的なスタイルを取っている。ヘーゲルのような近代の哲学者は、古代の哲学者とは違って、哲学と実人生とが密接に関係しており、思想内容の解明には、両者の関わりが意味するものを考えることが避けられない、と著者は考えているからである。そこで、「前置き」にある「生涯《レーベン》と著作《ヴェルク》？」（あるいは「生活と仕事？」）の節の趣旨に従って、原著にはないものだが、そのフレーズを副題とした。

伝記の部分は、著者のヘーゲルに対する穏やかな敬愛の念が表れている。偏愛に陥ることなく、しかし客観的を装うのでもなく、ヘーゲルを、安定した生計を確保する地位を見出し、また妹と庶子の難問を抱えながらそれを切り抜けようとする家長として、そしてまた何よりも十九世紀初頭の世界史的転換のなかで現実を理念の実現として理解しようとする哲学者として、細緻かつ淡々と描いている。是非まずこの伝記を読み通して、新しいヘーゲル像にふれていただきたい。第三の生すなわち「死後の生」、要するにヘーゲル哲学の影響の歴史であるが、著者はこれを、全世界的規模で叙述しており、少なくとも私にとってはこの部分からもいくつかの新しい知見を得ることができた。

　全体の三分の二を占める「Ⅱ．著作と教説」も、特徴的なスタイルを取っている。著者はヘーゲルの四つの著作、『精神現象学』、『大論理学』、『エンチュクロペディー』、『法哲学』を取りあげ、それらの内容をただ羅列的に解説するのではなく、それぞれの著作に特有のアスペクトから問いを設定し、それに答えるという仕方で叙述している。『精神現象学』については、その著作の理念と全体の構造に、『大論理学』については、この学が構想されるに至る発展史的考察とこの学の方法に、的が絞られている。『エンチュクロペディー』の自然哲学と精神哲学に関しては、それらの導入部分の緻密な読解を通してその「深層構造」が明らかにされる。その内の客観的精神は『法哲学』と内容的に重なるが、『法哲学』に関しては特に、ヘーゲルが明確に述べていない理念史的コンテクストが指摘され、そのなかでヘーゲルの思想内容が説明されている。


　フルダはこの書の執筆に十二年を費やしたと書いている。ヘーゲルは、「私を理解した弟子は一人しかいない。その一人も私を誤解している」と言ったと伝えられるが、著者は、ヘーゲルの死後さらに増していったその誤解や曲解に陥る罠からわれわれを救うために、ヘーゲルその人の生涯と著作を新たに描き直したのである。ここには著者の多年にわたるヘーゲル研究のすべてが凝縮されているのであろう、われわれにとって新鮮な生きたヘーゲル像が刻まれている。

　私は、ミュンヘン大学に二度目の留学をしていたおり、大学裏の書店に出版されたばかりで平積みされていた本書を見つけ、ニュンフェンブルク城に続く運河畔の下宿で、空き時間を見つけて読み始めた。初めは自分の勉強のためにと興味のある箇所を拾い読むだけであったが、多くの人にとっても読む価値があるのではないかと考え、菲才を顧みず翻訳を思い立ち、それから八年余、ようやく清書を終えることができた。フルダの文章は技巧的というのではないが、豊かな内容を盛るために良い意味で執拗な思索と凝った言い回しが多く、翻訳は難渋した。少しでも間違いの少ないことを祈るばかりである。

なお、本書は二〇一二年度愛知大学出版助成金による刊行図書である。梓出版社の本谷貴志さんにはヘーゲル『大論理学』の解説書につづけて（この解説書の方が先に出版されるであろう）、今回もたいへんお世話になった。記して感謝の気持を表したい。

二〇一二年九月

海老澤善一

付　録

ヘーゲルの生涯の年譜

シュトゥットガルト

一七七〇年　八月二十七日　ゲオルク・ヴィルヘルム・フリードリヒ・ヘーゲル Georg Wilhelm Friedrich Hegel 生まれる（現在のエーバーハルト街五十三番地 Eberhardstr. 53 にて）

一七七三年　四月　ヘーゲルの妹クリスティアーネ Christiane 生まれる（一八三二年没）

一七七六年　五月　弟ゲオルク・ルートヴィヒ Georg Ludwig 生まれる（一八一二年没）

一七八〇年　「卓越したギムナジウム」に入学、後期啓蒙主義の精神において教育される

一七八三年　テュービンゲン「神学院」への予備入学試験に合格

　命に関わる病気に罹る

　九月二十日　母クリスティーネ・ルイーゼ・ヘーゲル Christine Luise Hegel、旧姓フロム Fromm 没（一七四一年生）

一七八八年　九月　ギムナジウム卒業にあたっての講演

テュービンゲン

一七八八年　十月　哲学部に学籍登録、大公の奨学生として神学院に入る。十二月　学士号取得

一七九〇年　九月　修士号取得（他国で授与される博士号に相当する）

　十一月　神学部に学籍登録。ヘルダリーン Hölderlin、シェリング Schelling と（併せて少なくとも七人以上の神学生とともに）同室に居住する

一七九三年　たびたび病気休暇を取り、シュトゥットガルトで過ごす。「国民宗教」について、文筆家としての最初の試論を書く

七月　神学討論
九月　教会役員会の試験に合格、学業を終える

ベルン
一七九三年　ベルンの上層市民階級のシュタイガーC. F. Steiger家で最初の家庭教師職に就く
一七九三／九四年　ベルンの国政の現状を知り、フランスの事件について直接に情報を手に入れる
一七九五年　宗教哲学的カント主義から離れる、五月　ジュネーヴ（ルソーの生誕地）旅行、七月まで草稿『イエス伝 *Das Leben Jesu*』を書く
秋　キリスト教が実定化したことに関して執筆を開始
一七九六年　七月　ベルン・アルプスをめぐる徒歩旅行
年末「ふさぎ込んで」シュトゥットガルトに帰還

フランクフルト
一七九七年　一月　豪商ゴーゲルJ. N. Gogel家の家庭教師となる。今や彼はヘルダリーンの近くにおり、その「精神の同盟」に属する。ついに彼は多彩な関心に没頭する時間を持つようになる。二月　いわゆる『ドイツ観念論の最古の体系計画 *Ältestes Systemprogramm des Deutschen Idealismus*』を書き下ろす（これがヘーゲルの書いた草稿であるか、それとも他の人物の筆になるテクストの写しであるか、定かではない）
一七九八年　最初の公刊物（匿名）『ベルン市とヴァートランド（ボー州）とのかつての国法的関係に関する信書 *Vertrauliche Briefe über das vormalige staatsrechtliche Verhältnis des Waadtlandes* (*Pays de Vaud*) *zur Stadt Bern*』（ヴァートランドの弁護士カルJ.-J. Cartの書簡に注を付した翻訳）
一七九九年　一月十五日　父ゲオルク・ルートヴィヒ・ヘーゲルGeorg Ludwig Hegel没（一七三三年生）、最後は上部ヴュルテンベルク財務省の調査官であった、三月シュトゥットガルトに滞在

一八〇〇年　九月　この間にフランス領になったマインツへの旅

イェーナ

一八〇一年　一月　これからシェリングと協同して執筆活動をするために、フランクフルトから到着する。八月二十七日　資格請求論文（『惑星軌道論 *De orbitis planetarum*』）、十二テーゼについての討論、続いて試験講義によって、教授資格を取得

秋の書籍見本市　『フィヒテとシェリングの哲学体系の差異について *Über die Differenz des Fichteschen und Schellingschen System der Philosophie*』（ヘーゲルの最初の哲学書）

一八〇二／三年　『哲学批評雑誌 *Kritisches Journal der Philosophie*』、二巻、シェリングとヘーゲルの編集による

一八〇四年　イェーナ大公立鉱物学会の試補及びヴェストファーレン自然研究協会の会員となる

一八〇五年　二月　哲学の員外教授に任命される

一八〇六年　夏　初めて大学の給与を得る（年俸百ターラー）

一八〇七年　一月　ハイデルベルクの物理学協会の名誉会員となる

二月　非嫡出子（男）ゲオルク・ルートヴィヒ・フリードリヒ・フィシャー Georg Ludwig Friedrich Fischer 生まれる（一八三一年没）。母親はクリスティアーナ・シャルロッテ・ブルクハルト Christiana Charlotte Burkhardt、旧姓フィッシャー（一七七八年生、一八一七年以後に没）

バンベルク

一八〇七年　三月から、『バンベルク新聞』の編集者、四月　ついに『学の体系。第一部、精神の現象学 *System der Wissenschaft. Erster Theil, die Phänomenologie des Geistes*』が出版される。七月　ジャン・パウル Jean Paul と知り合う。シェリングとは距離を置き、ヤコービ Jacobi に近づく

ニュルンベルク

一八〇八年　十一月から、ニュルンベルク・ギムナジウムの校長

一八一一年　九月　マリー・フォン・トゥハー Marie v. Tucher（一七九一年生、一八五五年没）と結婚

一八一二年　『論理の学。第一部 *Wissenschaft der Logik. Erster Band*』出版

冬　弟、ナポレオンのロシア出征から帰還せず

一八一三年　『論理の学。第一部。第二分冊 *Wissenschaft der Logik. Erster Band. Zweites Buch*』出版

七月　息子カール Karl 生まれる（一九〇一年没）。十二月　地方学校監督官の職を追加的に引き受ける

一八一四年　妹クリスティアーネに精神病の発作

九月　息子イマーヌエール Immanuel 生（一八九一年没）

一八一五年　九月　ミュンヘンにニートハマー Niethammer とヤコービを訪ねる

一八一六年　七月　ハイデルベルク大学への招聘の報を受ける

八月　招聘を受諾し、またベルリーン大学への招聘の報が到着

秋　『論理の学。第二部 *Wissenschaft der Logik. Zweiter Band*』出版

十月　ハイデルベルクへ転居

ハイデルベルク

一八一六年　十月　就任講演

一八一七年　冬（あるいは一八一六年晩秋）『ハイデルベルク年報 *Heidelberger Jahrbücher*』の編集に参加。その雑誌に、春に『フリードリヒ・ハインリヒ・ヤコービ全集第三巻について *Über Friedrich Heinrich Jacobi's Werke. Dritter Band*』を、秋に『ヴュルテンベルク王国の領邦等族集会において印刷公刊された論文の評価 *Beurtheilung der im Druck erschienenen Verhandlungen der Landstände des Königreichs Würtenberg*』を発表する

四月か五月　ルートヴィヒ・フィッシャー、父の家に来る

六月　『哲学的諸学綱要のエンチュクロペディー *Encyklopädie der philosophischen Wissenschaften im Grundrisse*』
十二月　新たにベルリーンから招聘の報を受け、（一月に）受諾する

ベルリーン

一八一八年　九月　ハイデルベルクから移住
十月　就任講義

一八二〇年　ギムナジウムに関する国家監督委員会の会員（一八二二年末まで）
夏　ドレースデンへの旅
十月　『法の哲学綱要 *Grundlinien der Philosophie des Rechts*』出版
冬学期から、一年間、哲学部の学部長

一八二一年　秋　再びドレースデンへの旅
十月　胃腸疾患の初めての徴候

一八二二年　大学評議会の構成員となる。秋　オランダへの旅

一八二四年　九月から十月　プラハ経由、ヴィーンへの旅

一八二五年　秋　ルートヴィヒ・フィッシャー（一八二三年からシュトゥットガルトで商店の徒弟になっていた）、父と絶縁し、オランダの植民地軍隊に入隊

一八二六年　七月　ヘーゲルを会長として、（一八二七年から）『学的批評のための年報 *Jahrbücher für wissenschaftliche Kritik*』を編集する「協会」が作られる。（この雑誌に以下〈J〉で記すヘーゲルの論文が掲載された。）

一八二七年　一月と十月　『フンボルト–書評 *Humboldt-Rezension*』〈J〉
七月　『エンチュクロペディー』の大幅に改訂し拡張された第二版
八月から十月　パリへの旅。帰路、ゲーテを訪ねる

一八二八年　三月と七月　『ゾルガー–書評 *Solger-Rezension*』〈J〉、十月と十二月　『ハーマン–書評 *Hamann-Rezension*』〈J〉

一八二九年　五月と六月　『ゲシェル–書評 *Göschel-Rezension*』〈J〉、七月と八月と十二月　ヘーゲル哲学に関する著作へのメタ批評的『返答 *Repliken*』〈J〉、八月から九月　プラハとカールスバートへの旅、最後のゲーテ訪問
十月　ベルリーン大学総長に選ばれる

一八三〇年　六月　『アウクスブルクの信仰告白三百年祭の講演 *Rede zur dritten Säkularfeier der Augsburgischen Konfession*』
九月から十二月　憂慮すべき熱病に罹る
十月　『エンチュクロペディー』の第三版、総長職を古典文献学者ベック A. Boekh に譲る

一八三一年　『論理学』新版の仕事
一月　赤鷲勲章三等級を受ける
四月　『イギリス議会改革法案について *Über die englische Reformbill*』、六月　『オーレルト–書評 *Ohlert-Rezension*』〈J〉、九月　『ゲレス–書評 *Görres-Rezension*』〈J〉
十一月十四日　ヘーゲルの忌日

ヘーゲル——生涯と著作

2013年3月31日　第1刷発行　〈検印省略〉

訳　者© 海老澤善一
発行者 本谷高哲
制　作 シナノ書籍印刷
東京都豊島区池袋4-32-8

発行所 梓出版社
千葉県松戸市新松戸7-65
電話・FAX 047(344)8118

乱丁・落丁本はお取り替えいたします。

ISBN 978-4-87262-033-7 C3010

著者紹介

Hans Friedrich Fulda（ハンス・フリードリヒ・フルダ）

1930年シュトゥットガルト生。ハイデルベルク大学，フランクフルト大学で学び，1959年ハイデルベルク大学副手，1961年ハイデルベルク大学に博士論文『ヘーゲル論理学の導入の問題』（1965年刊）を提出。1982年からハイデルベルク大学正教授。1987年から1995年まで国際ヘーゲル協会の会長を務めた。

ヘーゲル関係の著書は本書の「主要文献」のフルダの項を参照されたい。邦訳されたものには，上記博士論文（2002年，法政大学出版局）と，1990年秋来日したときの講演原稿を中心に編まれた『カントとヘーゲル』（1994年、晃洋書房）がある。

訳者紹介

海老澤善一（えびさわ　ぜんいち）

1945年生。愛知大学教員。

ヘーゲル関係の著訳書として，『ヘーゲルの「ギムナジウム論理学」』（1976年），『ヘーゲル批評集』（1992年），『ヘーゲル批評集II』（2000年），『ヘーゲル論理学研究序説』（2002年），『対話　ヘーゲル大論理学』（2012年）（いずれも梓出版社）がある。

人名索引

（例えば3f. は3ページと4ページに渡るの意）

あ　行

アイヒホルン Eichhorn　308
アースヴェルス Asverus　341
アナクサゴラス Anaxagoras　74
アヘンヴァル Achenwall, G.　238f. , 241, 243f.
アリストテレス Aristoteles　7, 130, 147, 185, 202-205, 217-222, 300, 348
アルテンシュタイン Altenstein, K.S.F. Frh.v.Stein zum　333, 338-341, 344f., 368
イポリト Hyppolite, J.　380
ウォレス Wallace, W.　376
ウーラント Uhland, L.J.　14
ヴァイセ Weiße, Ch.H.　350, 362f.
ヴァール Wahl, J.　380
ヴィルケン Wilken, F.　336
ヴィルデナウアー Wildenauer, M.　4
ヴィンデルバント Windelband, W.　378
ヴェッテ, デ de Wette, W. M. L.　338, 341
ヴェッラ Vera, A.　373
ヴォルテール Voltaire　20
ヴォルフ Wolff, Ch.　83, 146, 180, 300
エルヴェシウス Helvetius, C.A.　20
エールトマン Erdmann, J.E.　364, 378
エンゲルス Engels, F.　370

か　行

ガーブラー Gabler, G.A.　365
カブル Cavour　312
カル Cart, J. J.　39
カール・オイゲン Karl Eugen　20
カロヴェ Carové, F.W.　335, 341
ガンス Gans, E.　344f., 352, 357, 366, 369
カント Kant, I.　6, 9, 20, 22, 27f., 32-35, 37, 39, 40-42, 45f., 48, 53, 55f., 58f., 60f., 64, 66, 68-70, 76-78, 80, 83-88, 103, 106, 109f., 120-122, 131, 135, 146-150, 152, 154, 164, 172, 180f., 183-185, 191, 193f., 196, 214, 218f., 222f., 232-235, 237-239, 241-245, 271f., 276, 282, 286, 300, 304, 334, 364
キェルケゴール Kierkegaard, S.　5, 8, 361, 370f.
クーザン Cousin, V.　342, 350, 371
グラーフ Graf, F.W.　363
グリーン Green, T.H.　377
クロイツァー Creuzer, G.F.　338
クローチェ Croce, B.　373f.
クローナー Kroner, R.　379
クロプシュトク Klopstock, F.G.　20
ケアード Caird, E.　376
ゲーテ Goethe, J.W.　15, 152, 318, 348, 350, 355f.
ゲールト、ファン van Gehrt　352, 371
ゲレス Görres, J.　346
コジェーヴ Kojève, A.　380
コツェブ Kotzebue, A.v.　245, 340f.
コッタ Cotta, J.F.　79, 344
ゴンタルト Gontard　44
コンディヤック Condillac, E.B.　20

さ　行

ザヴィニー Savigny, F.K.v.　336, 338, 368
サンクティス, デ De Sanctis, F.　373
ザント Sand, K. L.　245, 340, 342
シェークスピア Shakespeare, W.　22
シェリング Schelling, F. W. J.　6, 15,

27, 30, 37, 40, 42, 44, 51, 60, 65-72, 74f., 79f., 94f., 101, 103, 105f., 113, 140, 180, 320f., 337, 362, 372
ジェンティーレ Gentile, G. 373f.
シュタウデンマイアー Staudenmaier, F.A. 363
シュタール Stahl, F.J. 363, 369
シュックマン Schuckmann, K.F. 333
シュティルナー Stirner, M. 370
シュトラウス Strauß, D.F. 367, 370
シュトル Storr, G.Ch. 14, 27
シュヌラー Schnurrer, C.F.v. 14
シュライエルマッハー Schleiermacher, F. 332, 338, 340, 342, 347, 350, 353, 368
シュレーゲル Schlegel, A.W. 79
シュレーゲル Schlegel, F. 79, 246
シュレジンガー Schlesinger, J. 356
ジョアキム Joachim, H.H. 377
ショーペンハウアー Schopenhauer, A. 361
シラー Schiller, F. 65, 318, 327
スターリング Stirling, J.H. 376
スネルマン Snellmann, J. 371
スパヴェンタ Spaventa, B. 373
スパヴェンタ Spaventa, S. 373
スピノザ Spinoza, B.de 21, 44, 66, 78, 155, 163, 191, 194-196
スミス Smith, A. 235, 256
ゼバース Sebbers, J.L. 348
ソクラテス Sokrates 182f., 237, 265
ゾルガー Solger, K. 338, 346, 351, 357

た 行

ダウブ Daub, K. 336, 338
チェーサ Cesa, C. 373
ツェルター Zelter, K.F. 152
テイラー Taylor, Ch. 376
ディドロー Diderot, D. 20
ティボー Thibaut, A. F. J. 336, 338
ディルタイ Dilthey, W. 61, 378
デカルト Descartes, R. 156, 180, 199
デューイ Dewey, J. 376
トイニッセン Theunissen, M. 283
トレンデレンブルク Trendelenburg, A. 362

な 行

ナポレオン一世 Napoleon I. 264f., 306, 317, 324, 329f.
ニーチェ Nietzsche, F. 177, 361
ニートハマー Niethammer, F.I. 319, 322-327, 329-333, 337, 344, 355
ニュートン Newton, I. 164
ノール Nohl, H. 378

は 行

ハイデッガー Heidegger, M. 276
ハイム Haym, R. 61, 364
バウアー Bauer, B. 370
バウムガルテン Baumgarten, A. G. 172
パウル, ジャン Paul, J. 318, 325, 337
パウルス Paulus, H.E.G. 337
パウロ Paulus 76
パース Peirce, Ch.F. 376
ハーマン Hamann, J.G. 346
ハラー Haller, C. L. v. 306
ハリス Harris, W. T. 375
ハルトマン Hartmann, E.v. 362
ヒューム Hume, D. 20, 195, 235
フィッシャー Fischer, G.L.F. 322
フィッシャー Fischer, K. 378
フィヒテ Fichte, I.H. 362
フィヒテ Fichte, J.G. 6, 40, 42, 44, 58, 60, 65-72, 79f., 101, 106-110, 140, 219, 232-234, 237, 241, 246, 276, 281f., 286, 319, 332, 338, 351, 357, 362f., 372, 379
フェルスター Förster 287

フォイエルバハ Feuerbach, L.　350, 366, 370
ブーク Boeckh, A.F.　14, 27
プファイダァラー Pfeiderer, C.F.　14
フラット Flatt, J.F.　14, 27
ブラッドリー Bradley, F.H.　377
プラトン Platon　91, 182f., 210, 212, 264, 300, 343, 348
フリース Fries, J.F.　70, 332, 341f., 347, 362
フリードリヒ二世 Friedrich II.　368
フリードリヒ・ウィルヘルム三世 Friedrich Wilhelm III.　368
フリードリヒ・ウィルヘルム四世 Friedrich Wilhelm IV.　368
ブルクハルト Burkhardt, Ch.Ch.　321
フルダ Fulda, H.F.　196, 221
ブレヒト Brecht, B.　4
ブレンターノ Brentano, C.　24
ブロクマイアー Brokmeyer　375f.
プロクロス Proklos　336
プロティノス Plotin　204
フロマン Frommann, F.　321f., 354
フンボルト Humboldt, A.v.　65, 350
フンボルト Humboldt, W.v.　65, 346
ヘーゲル（妻）Hegel, M.　324, 326-328, 349f., 354f.
ヘーゲル（父）Hegel, G.L.　14, 17, 25f., 327
ヘーゲル（母）Hegel, Ch.L.　14, 17, 23f., 327
ヘーゲル（妹）Hegel, Ch.　23f., 327-329, 349, 355
ヘーゲル（庶子）Hegel, L.　322, 354f.
ヘーゲル（長男）Hegel, K.　327, 354
ヘーゲル（二男）Hegel, I.　327, 354
ヘニング Henning, L.v.　287
ヘーリング Haering, Th.　378
ヘルダー Herder, J.G.　278
ヘルダリーン Hölderlin, F.　24, 27, 32, 44-46
ヘルバルト Herbart, J.F.　362
ベルリヒンゲン Berlichingen, Graf v. 327
ボアスレー Boisserée, B.　333
ホイットマン Whitman, W.　375
ボーザンケト Bosanquet, B.　377
ポッパー Popper, K.R.　361
ホトー Hotho, G.　366
ホフマイスター Hoffmeister, J.　378
ボーン Bohn, S.　354

ま　行

マイアー Meier, G.F.　172
マクタガート McTaggart　377
マルクス Marx, K.　262, 361, 370, 380
マルハイネケ Marheineke, Ph.　366
マン Mann, T.　180
メイス, デ De Meis, A.C.　373
メッテルニヒ Metternich, Ft. Klemens v.　340
ミシュレ Michelet, C.L.　352, 364, 366
メルロオ-ポンティ Merleau-Ponty, M. 361
モンテスキュー Montesquieu, Ch.L.de 272
モンラード Monrad, M　371

や　行

ヤコービ Jacobi, F.H.　21f., 28, 44, 69, 80, 89, 103, 194, 331, 333, 337, 339, 346
ヨーゼフ二世 Joseph II.　27

ら　行

ライプニッツ Leibniz, G.W.　83, 146, 180, 281, 340, 353
ラインホルト Reinhold, K.L.　42, 66f., 69, 78, 219
ラッセル Russell, B.　362

ラッソン Lasson, A.　379
ラッソン Lasson, G.　378f.
ルカッチ Lukács, G.　380
ルソー Rousseau, J.-J.　20, 28, 31-33, 36, 40f., 50, 232, 262, 264, 275
ルブレト Lebret, J.F.　14
レスラー Rössler　379
レッシング Lessing, G.E.　20f.
レーニン Lenin, W. I.　375
レーヴィット Löwith, K.　378
ローゼンクランツ Rosenkranz, K.　61, 364
ローゼンツヴァイク Rosenzweig, F. 379
ロッツェ Lotze, H.　303
ロベスピエール Robespierre, M.　31, 36

事項索引

あ　行

愛 Liebe　46
アトム化 Atomisierung　307
アレキサンドリア学派
Alexandrinismus　204, 211
アンチノミー Antinomie　57, 103, 149
イギリスの改革法案 englische
Reformbill　352
意志 Wille　70, 222, 226-229
——現実に自由な意志 wirklich
freier Wille　231
——自由な意志 freier Wille　231f.
意志 Wollen　226-229
意識 Bewußtsein　91-102
——自然的意識 natürliches
Bewußtsein　91-102
一元論 Monismus　193, 308-310
——自然主義的な一元論
natüralistischer Monismus　185
——絶対理念の一元論 Monismus
der absoluten Idee　194, 300
——哲学的な一元論
philosophischer Monismus　300
意図 Absicht　243
エンチュクロペディー Encyklopädie
144-153, 314, 335
——綱要としてのエンチュクロペディー Encyklopädie als Grundriß
152, 301
——（その）弱点 Schwächen
301-309
——哲学的なエンチュクロペディー
philosophische Enzyklopädie
146
疑い Zweifel　91
宇宙 Kosmos　176
宇宙神学 Kosmotheologie　42, 157,
194, 196
宇宙論 Kosmologie　149, 154, 172, 176
ヴュルテンベルクの領邦等族
Würtembergische Landstände
337
運命 Schicksal　43, 48f., 342
——罰としての運命 Schicksal als
Strafe　50
似而非ヘーゲル主義者
Pseudohegelianer　362, 376
延長スルモノ res extensa　217
王朝 Dynastie　269
王立プロイセン学術アカデミー
Königlich-Preußische Akademie
der Wissenschaften　339f., 353

か　行

改革自由主義者 Reformliberale　342f.
懐疑 Skepsis　93, 134-137
懐疑主義 Skeptizismus　9, 80, 93,
124-128, 134-137
——古代の懐疑主義 antiker
Skeptizismus　203, 211
概念 Begriff　105, 130, 212, 299
——概念の開示 Exposition des
Begriffs　132, 161
——概念と理念 Begriff und Idee
161
——思弁的概念 spekulativer Begriff
160, 186, 206
学 Wissenschaft　51, 95, 108
——学の体系 System der
Wissenschaft　89
家族 Familie　251, 259, 262
客観 Objekt　218
カテゴリー Kategorie　172, 223

神 Gott　21, 57, 148, 281, 290, 297-298, 362
神の存在の証明 Beweis vom Dasein Gottes　314
カールスバートの決議 Karlsbader Beschlüsse　340
感覚的確信 sinnliche Gewißheit　98
感傷主義 Empfindsamkeit　22
感情の敬虔さ Gefühlsfrömmigkeit 346
観念的 ideell　69
カント主義（哲学、思想） Kantianismus　9, 20, 27f., 32-48, 83-88, 110f., 120-122, 146-150, 152-154, 164, 185, 191-195, 214, 223, 232-239, 241, 243-246, 271f., 282, 286, 300, 304, 334f., 339
観念論 Idealismus　73f.
——イギリス観念論 Britischer Idealismus　375
——思弁的観念論 spekulativer Idealismus　67-79, 86-88, 150f.
——思弁的観念論の立場 Standpunkt des spekulativen Idealismus　88
記憶 Gedächtnis　221-226
記憶術 Mnemonik　222
教育改革 Bildungsreform　340
教会 Kirche
——教会と国家 Kirche und Staat 50
——見えざる教会 unsichtbare Kirche　35
教養 Bildung　255-258
教養史（あるいは形成史） Bildungsgeschichte　94, 277
教養市民層 Bildungsbürgertum　370
緊急事態 Notstand　243
緊急避難権 Notrecht　244
近代の正当性 Legitimität der Neuzeit 306f.
国 Reich
——神の国 Reich Gottes　35, 47
——世界史の国 welthistorisches Reich　278
経験 Erfahrung　97
形而上学 Metaphysik　81-87, 147
——アリストテレスの形而上学 Aristotelische Metaphysik　202f.
——カント以前の形而上学 vorkantische Metaphysik　83, 109f., 184
——悟性形而上学 Metaphysik des Verstandes　165f., 184, 186
——批判以前の形而上学 vorkrtische Metaphysik　178
——批判的形而上学 kritische Metaphysik　78f.
——本来の形而上学 eigentliche Metaphysik　109f.
啓示 Offenbaren　199-201, 204-210, 297f.
芸術 Kunst　274, 283-285, 313
——芸術哲学 Philosophie der Kunst 296
——象徴的芸術 symbolische Kunst 296
——美的芸術の宗教 Religion der schönen Kunst　295
——ロマン主義芸術 romantische Kunst　296
啓蒙 Aufklärung　19-21
ゲッティゲンの森の詩社 Göttinger Hain　20
顕現 Manifestation　198-201
憲法制定権 pouvoir constituant　264
権力 Gewalt
——君主（王侯）の権力 fürstliche Gewalt　269, 307
——軍事権力 Militärgewalt　263

——政治権力 politische Gewalt 266
——司法権 judikative Gewalt　268
——統治権 Regierungsgewalt　268
——文民権力 Zivilgewalt　263
——立法権 gesetzgebende Gewalt 269
権力国家 Machtstaat　270
憲法の保証 Verfassungsgarantien 267
故意 Vorsatz　243
国際ヘーゲル連盟 internationaler Hegelbund　380
悟性 Verstand　98
古代の霊魂論 antike Seelenlehre 202-204
古典主義 Klassizismus　296
国際法 äußere Staatsrecht, Völkerrecht 270f.
国家 Staat　259-283
——国家教育学 Staatspädagogik 342
——国家と宗教 Staat und Religion 274-281, 287f.
——国家の概念 Begriff des Staates 260-263
——国家の理念 Idee des Staates 262f.
——国家への移行 Übergang in den Staat　260
——自由な機械論としての国家 Staat als freier Mechanismus　263
——政治的な国家 politischer Staat 240
——必要国家あるいは悟性国家 Not- oder Verstandesstaat　240, 254
国家学 Staatswissenschaft　230, 233, 238-240, 254-283, 335
国家論 Staatslehre
——国家論の出発点 Ansatz der Staatslehre　259
——国家論の範囲 Umfang der Staatslehre　259-283

さ　行

再興（ハラーの書物）Restauration 306
恣意 Willkür　221
思惟 Denken　74-78, 82, 104-109, 111, 139-143, 221-229, 298
——思惟と意志 Denken und Wollen 227
——思惟の思惟 noesis noeseos 130
——思弁的思惟 spekulatives Denken　87, 92, 142
——人倫的実体の思惟 Denken der sittlichen Substanz　286f.
——対象に内在する思惟 dem Gegenstand immanentes Denken 113, 139-143
思惟スルモノ res cogitans　217
自己意識 Selbstbewußtsein　99
自己認識 Selbsterkenntnis（汝自身を知れ）182, 229
自然 Natur
——自然が生成すること Werden der Natur　206
——自然と精神 Natur und Geist 148, 174-178, 187-195, 211f., 217f.
——自然に対する立場 Einstellung zur Natur　153-160, 296f., 308-311
——自然の概念 Begriff der Natur 160-178, 187-190
——自然の創造 Schöpfung der Natur　208f.
——自然を創りだすこと Erschaffen der Natur　208-210
——自然の認識可能性 Erkennbarkeit der Natur　206

——自然の無力 Ohnmacht der Natur 172f.
——ピュシスとしての自然 Natur als Physis 163
自然主義 Naturalismus 70, 155, 193f.
自然状態 Naturzustand 235
自然哲学 Naturphilosophie 66, 80, 106, 148f., 152-180
——自然哲学と自然科学 Naturphilosophie und Naturwissenschaften 164-167, 178-180
——自然哲学の概念の充実 Erfülltheit ihrer Begriff 167f.
——自然哲学の構造 Aufbau der Naturphilosophie 171f.
——自然哲学の材料 Stoff der Naturphilosophie 162f.
——自然哲学の弱点 Schwächen der Naturphilosophie 178-180
——自然哲学の遂行 Verfahren der Naturphilosophie 161-166
——自然哲学の方向づけ Orientierung der Naturphilosophie 168-173
自然法 Naturrecht 80, 234-238, 335
——自然法と歴史 Naturrecht und Geschichte 236f., 271-288
思想 Gedanke 81-88, 102-142, 228f.
思想規定 Gedankenbestimmungen 85f., 115, 177
七月革命 Julirevolution 351
自治団体 Korporation 258
実在するもの Reales 148
実在論 Realismus 73
実定性 Positivität 48, 90
実定的信仰 positiver Glaube 38-42
支配ノ移譲 transratio imperii 278
思弁 Spekulation 73-78, 110, 140
思弁的なもの Spekulatives 124-126, 140
思弁哲学雑誌 Journal of Speculative Philosophy 375
市民社会 bürgerliche Gesellschaft 251-259, 261f.
ジャコバン支配 Jakobinerherrschaft 254
自由 Freiheit 31, 35, 40, 45, 70f., 186, 190-197, 205-215, 228f., 291
——具体的な自由 konkrete Freiheit 262f.
——自然としての自由 Freiheit als Natur 289
——実現された自由 realisierte Freiheit 244
——市民の自由 Freiheit der Bürger 260
——自由と決定論 Freiheit und Determinismus 186
——自由と自然 Freiheit und Natur 47, 56, 58, 155
——自由の実現 Verwirklichung der Freiheit 276
——自由の知 Wissen der Freiheit 276f.
——自由無頼の徒 Freiheitsgesindel 342
——人間の自由 Freiheit des Menschen 278
自由主義 Liberalismus 217, 303
宗教 Religion 31, 100
——イエス Jesu 49f., 56
——キリスト教 christliche Religion 35, 101, 283-299, 313
——国家宗教 National-Religion 31
——実定宗教 positive Religion 37-42
——市民の宗教 civile Religion 32f.
——宗教と人倫 Religion und Sittlichkeit 57
——宗教と政治 Religion und Politik

38-43
——主体的な宗教 subjektive Religion　34
——真の宗教 wahre Religion　297
——民族宗教 Volks-Religion　35
——理性宗教 Vernuft-Religion　34
主観 Subjekt　218f.
主観性哲学 Subjektivitätsphilosophie　80, 222
——主観性哲学の遂行 Verfahren der Subjektivitätsphilosophie　222
シュトゥルム・ウント・ドラング Sturm und Drang　20
ジュルナール・デ・サヴァン Journal des Savans　344
常識 gesunder Menschenverstand　80, 88
叙述 Darstellung　93, 142, 151
進化 Evolution　171
心情 Gesinnung　46
新人文主義 Neuhumanismus　19
神聖同盟 Heilige Allianz　304
真なるもの Wahres　94
新プラトン主義 Neuplatonismus　203
新ヘーゲル主義 Neuhegelianismus
——イタリアの新ヘーゲル主義 Neuhegelianismus in Italien　380
——オランダの新ヘーゲル主義 Neuhegelianismus in Holland　380
——ドイツの新ヘーゲル主義 Neuhegelianismus in Deutschland　378-380
進歩 Fortschritt　277, 286, 305
心理学 Psychologie　149, 216-230
——経験的心理学 empirische Psychologie　184
——合理的心理学 rationale Psychologie　184
人倫 Sittlichkeit　230, 233, 247-288, 293, 295-299
——美しき人倫 schöne Sittlichkeit　295-297
——近代の人倫 moderne Sittlichkeit　249-271
——人倫の概念 Begriff der Sittlichkeit　247-251
遂行 Verfahren　116
スピノザ主義 Spinozismus　21, 44, 103, 155, 191, 196, 309
正義 Gerechtigkeit
——刑罰の正義 strafende Gerechtigkeit　242
——正義の理念 Idee der Gerechtigkeit　242
——配分の正義 distributive Gerechtigkeit　235
——不完全な正義 unvollkommene Gerechtigkeit　279
——復讐の正義 rachende Gerechtigkeit　242
——物質的正義（公正）materiale Gerechtigkeit　235, 243f.
精神 Geist　94
——客観的精神 objektiver Geist　214f., 230-288
——実践的精神 praktischer Geist　221, 226-228
——自由な精神 freier Geist　222, 228f.
——主観的精神 subjektiver Geist　213, 216-230, 287, 301
——人倫的な精神 sittlicher Geist　100
——精神と魂 Geist und Seele　220
——精神と自然 Geist und Natur　187-195, 206-208
——精神の概念 Begriff des Geistes　187-204
——精神の認識可能性

Erkennbarkeit des Geistes 214-216
——精神の証言 Zeugnis des Geistes 293
——即自的に存在する精神 ansichseiender Geist 205f., 210
——対自存在する精神 fürsichseiender Geist 207-210
——有限な精神と無限な精神 endlicher und unendlicher Geist 194, 205f., 285
——理論的精神 theoretischer Geist 221, 226-228
精神現象学 Phänomenologie des Geistes 88-102, 219, 301, 336
——精神現象学の出版 Publikation der Phänomenologie des Geistes 319
——精神現象学の遂行 Verfahren der Phänomenologie des Geistes 95-97
——精神現象学の体系構造 Systematik der Phänomenologie des Geistes 97-102
精神哲学 Geistphilosophie
——精神哲学のアポリア Aporien der Geistphilosophie 191-195
——精神哲学の区分 Einteilung der Geistphilosophie 213f.
——精神哲学の体系構造 Systematik der Geistphilosophie 180-311
——精神哲学の立場 Einstellung der Geistphilosophie 182-187
——精神哲学の方向づけ Orientierung der Geistphilosophie 204-214
生命 Leben 56, 59
世界 Welt 148
世界観 Weltanschauung 370
世界史 Weltgeschichte 240, 271-283, 294-299, 313
——世界史の基準 Kriterien der Weltgeschichte 304
——世界史の問題 Problem der Weltgeschichte 305f.
世界精神 Weltgeist 273
——世界精神の構造 Struktur des Weltgeistes 278-280
——世界精神の法 Recht des Weltgeistes 275-278
世界の創造 Schöpfung der Welt 309
世界法廷 Weltgericht 276
絶対者 das Absolute 57, 74, 78, 94, 117-126, 129, 278
——絶対者の定義 Definition des Absoluten 181, 193, 210-212, 278, 308
絶対精神 absoluter Geist 214, 283-299, 302
——絶対精神の立場 Einstellung des absoluten Geistes 288-290
——絶対精神の哲学 Philosophie des absoluten Geistes 290-294
——絶対精神への移行 Übergang zum absoluten Geist 284-288
絶対-定立 Absolut setzen 136
絶対的否定性 absolute Negativität 190
善 das Gute 244
前古典期 Vorklassik 20
戦争 Krieg 271
想起 Erinnerung 221
想像力 Einbildungskraft 221
存在神学 Ontotheologie 121, 300
存在論 Ontologie 82, 147

た 行

体系 System 51, 55-59, 67, 71, 169-174, 253
——学の体系 System der

Wissenschaft　144
——哲学の体系 System der Philosophie　312
——欲求の体系 System der Bedürfnisse　255
大衆哲学 Popularphilosophie　19-22, 27f.
体制 Verfassung
——政治体制 politische Verfassung　225-270
——特殊なものの内にある体制 Verfassung im Besonderen　262
体制的法 Verfassungsgesetze　264
大論理学の執筆 Arbeit an der Wissenschaft der Logik　324
立場 Einstellung　154-160
魂 Seele　218, 230
——魂と身体 Seele und Leib　218-230
段階 Stufen
——意識の諸段階 Stufen des Bewußtseins　97-101
——自然の諸段階 Stufen der Natur　169-172
——世界史の諸段階 Stufen der Weltgeschichte　277
知 Wissen　285-299
——現象する知 erscheinendes Wissen　93
——絶対知 absolutes Wissen　100f.
——絶対理念の知 Wissen der absoluten Idee　299
知覚 Wahrnehmung　98
知識学 Wissenschaftslehre　66
知性 Intelligenz　216-230
——解放されている知性 befreite Intelligenz　290
——知性の再生産 Reproduktion der Intelligenz　224-226
知の形態 Wissensgestalt　294
超越論的な哲学 Transzendentalphilosophie　83f.
超自然主義 Supranaturalismus　27, 37
直観 Anschauung　103, 221, 295
——直観の概念 Begriff der Anschauung　135
——精神的直観 geistige Anschauung　299
——知的直観 intellektuelle Anschauung　72, 76f., 106, 140
——感覚的直観 sinnliche Anschauung　299
定義 Definition　116, 124-128, 185
定言命法 kategorische Imperativ　245
哲学 Philosophie　57, 79f., 91, 274, 283-285
——型にはまったヘーゲル哲学の理解 Klischeemeinungen zur Hegelsche Philosophie　5-8
——カント以後の哲学 nachkantische Philosophie　6, 42-50, 60f., 66-79
——思弁哲学 spekulative Philosophie　339
——学としての哲学 Philosophie als Wissenschaft　298
——精神の哲学 Philosophie des Geistes　150（精神哲学も見よ）
——絶対精神の哲学 Philosophie des absoluten Geistes　283-299, 308-311
——哲学史 Geschichte der Philosophie　313f.
——哲学と学 Philosophie und Wissenschaft　9-11
——哲学と生活 Philosophie und Leben　8-11, 30-37, 51, 60f., 324-327, 336f., 341-343, 347-349
——哲学と専門学問 Philosophie und Fachwissenschaften　146-150

——哲学とその時代 Philosophie und Gegenwart　282f.
——哲学と未来 Philosophie und Zukunft　282
——哲学における認識 Erkenntnis in der Philosophie　56-59
——哲学の学科 Disziplinen der Philosophie　147
——哲学の理念 Idee der Philosophie　151
——ヘーゲル哲学に対する諸立場 Einstellungen zur Hegelsche Philosophie　345
哲学批評雑誌 Kritisches Journal der Philosophie　79-f., 318
デマゴーグ狩り Demagogenverfolgungen　340
ドイツ文芸雑誌 Journal der deutschen Literatur　321
同一性 Identität
——絶対的同一性 absolute Identität　71f.
——同一性体系 Identitätssystem　72
——同一哲学 Identitätphilosophie　66, 103
道徳 Moralität　230, 233, 242-247, 251-260
特殊形而上学 Metaphysica specialis　148
富 Reichtum　258

な　行

名前 Name　224
二元論 Dualismus　193
人間 Mensch　31
——人間と動物 Mensch und Tier　217-220
人間学 Anthropologie　216-221
認識 Erkenntnis
——思弁的認識 spekulative Erkenntnis　96
——主体的認識 subjektives Erkenntnis　152
——精神の認識 Erkenntnis des Geistes　182-186
——哲学的認識 philosophisches Erkenntnis　113
——認識批判 Erkenntniskritik　125, 128
能産的自然 natura naturans　163, 173

は　行

ハイデルベルク年報 Heidelberger Jahrbücher　321, 336
ハレ年報 Hallische Jahrbücher　368
反自由主義 Antiliberalismus　256-258
反省 Reflexion　54, 72, 75-77, 140
反動 Reaktion　331
バンベルク新聞 Bamberger Zeitung　322
非キリスト教化 Dechristianisierung　31
必要国家、悟性国家 Not-und Verstandesstaat　253
非哲学 Unphilosophie　79, 88
ヒポコンデリー Hypochondrie　36, 43
表象 Vorstellung　221, 295-298
貧困 Armut　258
フォルマリスムス Formalismus　296
福利 Wohl　243f., 252, 257
——権利としての福利 Wohl als Recht　257
フランス革命 Französische Revolution　29-44, 343
プラグマチズム Pragmatismus　376
ブルシェンシャフト Burschenschaft　335, 340-342
プロイセンの改革期 preußische Reformära　338-341

ヘーゲル学派 Hegelsche Schule 365-370
——オランダにおけるヘーゲル学派 Hegelianismus in Holland 371
——スカンジナビア諸国におけるヘーゲル学派 Hegelianismus in Skandinavien 371
——スラブ諸国におけるヘーゲル学派 Hegelianismus in slawischen Ländern 371
——フランスにおけるヘーゲル学派 Hegelianismus in Frankreich 371f.
ヘーゲル左派 Hegelsche Linke 369
ヘーゲルの影響 Wirkung Hegels
——英国におけるヘーゲルの影響 Wirkung Hegels in Großbritanien 376-378
——イタリアにおけるヘーゲルの影響 Wirkung Hegels in Italien 372-374
——現代におけるヘーゲルの影響 Wirkung Hegels in der Gegenwart 364, 372, 376, 380-382
——種類からするヘーゲルの影響 Wirkung Hegels nach Sorten 302-305
——ヘーゲルの影響のモデル Muster der Wirkung Hegels 372
——北米におけるヘーゲルの影響 Wirkung Hegels in Nordamerika 374-376
——マルクス主義におけるヘーゲルの影響 Wirkung Hegels im Mraxismus 380
ヘーゲルの講義 Vorlesungen Hegels 312-314, 318, 334-336, 345-347
ヘーゲルの病いと死 Krankheit und Tod Hegels 350-355
ベルリーンの学的批評年報 Berliner Jahrbücher für wissenschaftliche Kritik 344-347
弁識する権利 Recht der Einsicht 245
弁証法 Dialektik 87, 103, 141
弁証法的なもの Dialektisches 103, 124-128, 141
弁神論（真実の）wahrhafte Theodizee 281
法（権利）Recht 230-282
——国際法 internationale Recht (Äußeres Staatsrecht) 270f.
——実定的な法 positives Recht 234
——抽象法 abstraktes Recht 240-242, 245, 252-256
——法律的権利 juridisches Recht 235
方向づけ Orientierung 292
法的責任 Zurechnung 243
法哲学 Rechtsphilosophie 230-283, 300, 303-307, 313, 343
方法 Methode 67, 81, 111, 114,116, 133-139
——哲学的認識の方法 Methode des philosophischen Erkennens 128
ポリツァイ Polizei 257

ま　行

民衆教育 Volkserziehung 32, 36
無宇宙論 Akosmismus 194
メタモルフォーゼ Metamorphose 149
目的論 Teleologie 150
——外的目的論 äußere Teleologie 266, 286, 288, 309
——内的目的論 innere Teleologie 262, 266, 287f., 309

や　行

唯心論 Spiritualismus 73, 217
唯物論（物質主義）Materialismus

73, 217
有機体 Organisches　226
有機体（組織）Organismus　174, 266
——政治的諸権力の有機体 Organismus politischer Gewalten 263-269
——動物的有機体 animalischer Organismus　220
——有機体としての国家 Staat als Organismus　266
ユダヤ人に対する態度 Einstellung zu Juden　336, 345
様相 Modalität　195-203

ら　行

理性 Vernunft　71, 78, 87, 98-100, 234, 343
——実践理性 praktische Vernunft 40f., 154-160
——実践理性の優位 Primat der praktischen Vernunft　40-45
——実践理性の要請 Postulate der praktischen Vernunft　40, 154, 244, 276, 286
——理性の思弁的自己認識 spekulative Selbsterkenntnis der Vernunft　86f.
——理論理性 theoretische Vernunft 154-160
理想 Ideal　30-35, 42, 47, 50, 55, 295
——永遠平和の理想 Ideal des Ewigen Friedens　271
——純粋理性の理想 Ideal der reinen Vernunft　88
立憲君主制 konstitutionelle Monarchie 265-270
立法論争 Gesetzgebungsstreit　336
理念 Idee　158, 208, 228
——生命の理念 Idee des Lebens 161, 173f.
——絶対理念 absolute Idee 133-143, 188, 290
——直観する理念 anschauende Idee 161
——認識の理念 Idee des Erkennens 189, 216
良心 Gewissen　245
流出 Emanation　171
ルソー主義 Rousseauismus　28-35
歴史学派 Historische Schule　289, 378
歴史主義 Historismus　283
老ヘーゲル派 Althegelianer　369
論理学 Logik　82-86, 103-109
——論理学と形而上学 Logik und Metaphysik　86-88
——他の学科との関係における論理学 Logik im Verhältnis zu anderen Disziplinen　147f.
論理実証主義 logischer Positivismus 376

主要文献

［概説書にはその前に＊を付す］

A. ヘーゲルの著作

Ⅰ. 著作集

Werke. Vollständige Ausgabe durch einen Verein von Freunden des Verewigten. 18 Bde. Berlin [1]1832-45, u. ö.『故人の友の会』版。

Sämtliche Werke. Hrsg. v. G. Lasson, nach 1932 v. J. Hoffmeister (als *Sämtliche Werke. Kritische Ausgabe*, später *Neue Kritische Ausgabe*). Leipzig 1911ff., nach 1951 Hamburg. この版には『友の会』版に収録されなかった多数のヘーゲルの文書が収められている。

Sämtliche Werke. Jubiläumsausgabe in 20 Bänden. Hrsg.v.H. Glockner.Stuttgart 1927 ff.『友の会』版の写真復刻版。ヘーゲルの論文の編成を改善し、『エンチュクロペディー』初版（第6巻）を補充し、編者によるヘーゲル研究論文「ヘーゲル哲学の発展と運命 Entwicklung und Schicksal der Hegelschen Philosophie」（第21, 22巻）及び編者によるヘーゲル事典 Hegel-Lexikon（第23－26巻）が付けられている。

Gesammelte Werke. In Verbindung mit der Deutschen Forschungsgemeinschaft hrsg. v. d. Nordrhein-Westfälischen Akademie der Wissenschaften. Hamburg 1968 ff. 歴史-批判版。全22巻が予告されており、目下18巻刊行されている（＝GW）。このGWを基礎にしたものに、*Hauptwerke.* 6 Bde. Hamburg 1999の学生版がある。

Werke in zwanzig Bänden. Frankfurt 1971.『友の会』版の新しい版（＝TW）。E. Moldenhauer と K. M. Michel によって編集され、補充された（特に *Frühe Schriften* の巻）。

Ⅱ. 全集に収録されていない書簡と記録

Briefe von und an Hegel. 4 Bde. Bd. 1-3 hrsg. v. J. Hoffmeister. Bd. 4 zunächst v. R. Flechsig, dann（in zwei Teilen）v. F. Nicolin. Hamburg [1]1952 ff.; [3]1969 ff.

Dokumente zu Hegels Entwicklung. Hrsg. v. J. Hoffmeister. Stuttgart 1936.

Nicolin, G.: *Hegel in Berichten seiner Zeitgenossen.* Hamburg（1970）

Hegels Vorlesungen über Rechtsphilosophie 1818-1831. 4 Bde. Hrsg. v. K.-H. Ilting. Stuttgart-Bad Cannstatt 1973 ff.（「法哲学講義 1818-1831Ho」及び「法哲学講義 1818-1831Gr」を収録。この講義略称については「凡例」を参照）

Religionsphilosophie. Band I. Die Vorlesung von 1821. Hrsg. v. K.-H. Ilting. Neapel 1978

Naturphilosophie. Band I. Die Vorlesung von 1819/ 20. Hrsg. v. M. Gies. Neapel 1982（「自然哲学講義」）

Philosophie des Rechts. Die Vorlesung von 1819/20 in einer Nachschrift. Hrsg. v. D. Henrich. Frankfurt/M. 1983 (「法哲学講義 1819/20」)
Vorlesungen. Ausgewählte Nachschriften und Manuskripte. 15 Bde.（その大部分は、他で編集刊行されたものの遺稿と草稿である。）Hrsg. v. Mitgliedern des Hegel-Archivs in Bochum. Hamburg 1983 ff.（この版は *Gesammelten Werke* を補完するものであり、次の講義を含む。哲学的エンチュクロペディー、論理学、主観的精神の哲学、法哲学と歴史哲学、そして芸術、宗教、哲学史、これらの哲学。さらに、「自然法と国家学講義 1817/18」を含む。）
Vorlesung über Ästhetik. Berlin 1820/ 21. Eine Nachschrift. Hrsg. v. H. Schneider. Frankfurt/M 1995
Vorlesungen über Naturphilosophie. Berlin 1823/ 24. Nachschrift K. G. J. von Griesheim. Hrsg. v. G. Marmasse. Frankfurt/M 2000
Vertrauliche Briefe über das vormalige staatsrechtliche Verhältniß des Waadtlandes（*Pays de Vaud*）*zur Stadt Bern. Eine völlige Aufdeckung der ehemaligen Oligarchie des Standes Bern. Aus dem Französischen eines verstorbenen Schweizers übersetzt und mit Anmerkungen versehen*. Frankfurt/M 1798. Faksimiledruck der Ausgabe v.1798, hrsg. v. W. Wieland,. Göttingen 1970

B. 参考図書

1. 書籍目録

Hegel-Bibliographie. Materialien zur Geschichte der internationalen Hegel-Rezeption und zur Philosophie-Geschichte. Zusammengestellt v. K. Steinhauer. München/ New York/London/Paris 1980
Dasselbe. Teil II (mit Supplementen). 2 Bde. München 1998
Hegel-Bibliographie der Dissertationen aus sieben westeuropäischen Ländern 1885-1975. Hrsg. v. G. U. Gabel. Hamburg 1980

ヘーゲル—文献の、簡単な内容説明を伴った、継続的な資料整備 *Dokumentation* に関しては『ヘーゲル研究 *Hegel-Studien*』（=HST）の諸巻（さしあたり 35 巻まで）で見ることができる。二次文献の個別分野に関する特殊な書籍目録に関しては、以下においてその都度、各欄の始めか終わりを参照されたい。

2. 文献総覧

* Helferich, Ch.: *Georg Wilhelm Friedrich Hegel*. Stuttgart 1979. ヘーゲルに関するやや古い研究の文献と傾向について紹介する優れた報告書。

3. 事典

Hegel-Lexikon. Hrsg. v. H. Glockner. Stuttgart (Bad Cannstatt) [1]1927, [2]1957
Register der TW. Hrsg. v. H. Reinicke. Frankfurt/M 1979
A Hegel Dictionary. Hrsg. v. M. Inwood. Oxford/Cambridge (Mass.) 1992

G. W. F. Hegel. Werke in 20 Bänden（＝TW）auf CD-ROM（mit integrierter Seitenkonkordanz und umfangreichen Suchfunktionen）. Talpa-Verlag Berlin o. J.

4. 定期刊行物

Hegel-Studien. Hrsg. v. F. Nicolin u. O. Pöggeler. Bonn 1961 ff., ab 1998（Bd. 33）Hamburg（＝HST）

Hegel-Jahrbuch. Hrsg. v. W.R. Beyer. München 1961 ff., später Meisenheim am Glan, Köln, Rom, Bochum, Fernwald/Annerod. ab 1995 Berlin（《Hegel-Gesellschaft》の開催する学会の公表機関誌）

Annalen der internationalen Gesellschaft für dialektische Philosophie. Societas Hegeliana. Köln 1983 ff., später Bremen, Bonn, Frankfurt/M

C. ヘーゲルに関する 1950 年以降の二次文献

Ⅰ. ヘーゲル全体に関する、概説書、個別論文、研究書

* Taylor, Ch.（1975）: *Hegel*. Cambridge. Dtsch Frankfurt/M 1978

* Pöggeler, O. hrsg.（1977）: *Hegel. Eine Einführung in seine Philosophie*. Freiburg/Br.

* Inwood, M.（1983）: *Hegel*. London

* Verra, V.（1988）: *Introduzione a Hegel*. Rom/Bari.

* Houlgate, St.（1991）: *Freedom, Truth and History. An Introduction to Hegel's Philosophy*. New York

* Schnädelbach, H.（1999）: *Hegel zur Einführung*. Hamburg

* Emundts, D. u. Horstmann, R.-P.（2002）: *G. W. F. Hegel. Eine Einführung*. Stuttgart

Jaeschke, W.（2003）: *Hegel-Handbuch. Leben-Werk-Schule*. Stuttgart/Weimar このハンドブックには包括的な文献補助資料が含まれている。

Ⅱ. ヘーゲル哲学全体に関する論文集

Gadamer, H.-G., hrsg.（1973）: *Stuttgarter Hegel-Kongreß* 1970. Bonn

Heede, R. u. Ritter, J., hrsg.（1973）: *Hegel-Bilanz. Zur Aktualität und Inaktualität der Philosophie Hegels*. Frankfurt/M

Inwood, M. hrsg.（1985）: *Hegel*. Oxford

Beiser, F. C.（1993）: *The Cambridge Companion to Hegel*. Cambridge, U.K.

Ⅲ. 伝記

Rosenkranz, K.（1844）: *Georg Wilhelm Friedrich Hegels Leben*. Berlin（reprint Darmstadt 1969）

Gulyga, A.（1974）: *Georg Wilhelm Friedrich Hegel*.（W. Seidel によるロシア語からの翻訳）Frankfurt/M

D'Hondt, J.（1998）: *Hegel. Biographie*. Paris

Pinkard,T.（2000）: *Hegel. A Biography*. Cambridge, U.K.

Ⅳ. 特殊な視点からの研究、あるいは著作の部分に関する研究

1. 観念史のコンテクストからする研究

Henrich, D. (1971): *Hegel im Kontext.* Frankfurt/M

Henrich, D., hrsg. (1977): *Ist systematische Philosophie möglich?* Bonn

Henrich, D. (1982): *Selbstverhältnisse. Gedanken und Auslegungen zu den Grundlagen der klassischen deutschen Philosophie.* Stuttgart

Henrich, D., hrsg. (1983): *Kant oder Hegel? Über Formen der Begründung in der Philosophie.* Stuttgart

Henrich, D. u. Horstmann, R.-P., hrsg. (1988): *Metaphysik nach Kant?* Stuttgart

Horstmann, R.-P. (1991): *Die Grenzen der Vernunft. Eine Untersuchung zu Zielen und Motiven des deutschen Idealismus.* Frankfurt/M

Henrich, D. (1991): *Konstellationen. Probleme und Debatten am Ursprung der idealistischen Philosophie (1789-1795).* Stuttgart

Fulda, H. F. (1996): *Freiheit als Vermögen der Kausalität und als Weise, bei sich selbst zu sein.* In: Inmitten der Zeit. Beiträge zur europäischen Gegenwartsphilosophie. Hrsg. v. Th. Grethlein u. H. Leitner. Würzburg. S. 47-63

Pippin, R. B. (1997): *Idealism as Modernism. Hegelian Variations.* Cambridge

Bourgeois, B. (2000): *L'idéalisme allemand. Alternatives et progrès.* Paris

Sedgwick, S. (2000): *The Reception of Kant's Critical Philosophy. Fichte, Schelling, and Hegel.* Cambridge, U.K.

Düsing, K. (2001): *Subjektivität und Freiheit. Untersuchungen zum Idealismus von Kant bis Hegel.* Stuttgart-Bad Cannstadt

2. 青年期諸論文

Busche, H. (1987): *Das Leben des Lebendigen. Hegels politisch-religiöse Begründung der Philosophie freier Verbundenheit in seinen frühen Manuskripten. Bonn* (HST Bd. 31)

Fulda, H. F. u. Horstmann, R.-P. hrsg. (1991): *Rousseau, die Revolution und der junge Hegel.* Stuttgart

Bondeli, M. u. Linneweber-Lammerskitten, H., hrsg. (1999): *Hegels Denkentwicklung in der Berner und Frankfurter Zeit.* München

3. 現象学以前のイェーナ期の諸論文

Kimmerle, H. (1970): *Das Problem der Abgeschlossenheit des Denkens.Hegels 〈System der Philosophie〉 in den Jahren 1800-1804.* Bonn (HST Beiheft 8)

Siep, L. (1979): *Anerkennung als Prinzip der praktischen Philosophie. Untersuchungen zu Hegels Jenaer Philosophe des Geistes.* Freiburg/Br.

Henrich, D. u. Düsing, K., hrsg. (1980): *Hegel in Jena. Die Entwicklung des Systems und die Zusammenarbeit mit Schelling.* Bonn (HST Beiheft 20)

Bourgeois, B. (1986): *Le droit naturel de Hegel (1802-1803). Contribution à l'étude de*

la spéculation hégélienne à Iéna. Paris
Baum, M. (1986): *Die Entstehung der Hegelschen Dialektik.* Bonn
Forster, M. N. (1989): *Hegel and Scepticism.* Cambridge/Mass.
Bienenstock, M. (1992): *Politique du jeune Hegel. Iéna 1801-1806.* Paris
Vieweg, K., hrsg. (1998): *Hegels Jenaer Naturphilosophie.* München

4. 現象学

1973 年までの詳細な文献及び解釈の傾向についての概要は、次の 2 冊にある。

Fulda, H. F. (1965): *Das Problem einer Einleitung in Hegels Wissenschaft der Logik.* Frankfurt/M
Fulda, H. F. u. Henrich, D., hrsg. (1973): *Materialien zu Hegels 〈Phänomenologie des Geistes〉.* Frankfurt/M
Pöggeler, O. (1973): *Hegels Idee einer Phänomenologie des Geistes.* Freiburg/München
Claesges, U. (1981): *Darstellung des erscheinenden Wissens.* Bonn (HST Beiheft 21)
Marx, W. (1986): *Das Selbstbewußtsein in Hegels Phänomenologie des Geistes.* Frankfurt/M
Kaehler, K. E. u. Marx, W. (1992): *Die Vernunft in Hegels Phänomenologie des Geistes.* Frankfurt/M
* Hansen, F.-P. (1994): *G. W. F. Hegel: 〈Phänomenologie des Geistes〉. Ein einführender Kommentar.* Paderborn
Pinkard, T. (1994): *Hegel's Phenomenology. The Sociality of Reason.* Cambridge, U.K.
* Rockmore, T. (1997): *Cognition. An Introduction to Hegel's Phenomenology of Spirit.* Berkeley/Los Angeles
* Köhler, D. u. Pöggeler, O., hrsg. (1998): *G.W. F. Hegel. Phänomenologie des Geistes.* Berlin
Forster, M. N. (1998): *Hegel's Idea of a Phenomenology of Spirit.* Chicago/London
Stewart, J., hrsg. (1998): *The 〈Phenomenology of Spirit〉 Reader.* Albany, N.Y.
* Siep, L. (2000): *Der Weg der 〈Phänomenologie des Geistes〉. Ein einführender Kommentar zu Hegels 〈Differenzschrift〉 und zur 〈Phänomenologie des Geistes〉.* Frankfurt/M (335 から 360 ページに膨大な文献が紹介されている。)

5. 論理学、弁証法、思弁的思惟

有益な文献目録（1986 年までの）が上記 V. Verra (1988): *Introduzione a Hegel* にある。それを補完するものとそれ以後のものとしては次のものがある。

Gadamer, H.-G. (1971): *Hegels Dialektik. Fünf hermeneutische Studien.* Tübingen
Henrich, D., hrsg. (1978): *Die Wissenschaft der Logik und die Logik der Reflexion.* Bonn
Wolff, M. (1981): *Der Begriff des Widerspruchs. Eine Studie zur Dialektik Kants und Hegels.* Meisenheim am Glan
Düsing, K. (1976): *Das Problem der Subjektivität in Hegels Logik. Systematische und entwicklungsgeschichtliche Untersuchungen zum Prinzip des Idealismus und zur*

Dialektik. Bonn. [2]1984

Horstmann, R.-P., hrsg. (1978): *Seminar. Dialektik in der Philosophie Hegels*. Frankfurt/M. [2]1989

Henrich, D., hrsg. (1986): *Hegels Wissenschaft der Logik. Formation und Rekonstruktion*. Stuttgart

Pinkard, T. (1988): *Hegel's Dialectic. The Explanation of Possibility*. Philadelphia

* Horstmann. R.-P. (1990): *Wahrheit aus dem Begriff. Eine Einführung in Hegel*. Frankfurt/M

Pätzold, D. u. Vanderjagt, A., hrsg. (1991): *Hegels Transformation der Metaphysik*. Köln

Schmitz, H. (1992): *Hegels Logik*. Bonn/Berlin

Stekeler-Weithofer, P. (1992): *Hegels analytische Philosophie. Die Wissenschaft der Logik als kritische Theorie der Bedeutung*. Paderborn

* Hartnack, J. (1995): *Hegels Logik. Eine Einführung*. Frankfurt/M (デンマーク語からの翻訳)

* Hansen, F.-P. (1996): *G.W.F. Hegel : 〈Wissenschaft der Logik〉. Ein Kommentar*. Würzburg

Wandschneider, D., hrsg. (1997): *Das Problem der Dialektik*. Bonn

* Schmidt, K. J. (1997): *G. W. F. Hegel : 〈Wissenschaft der Logik－Die Lehre vom Wesen〉. Ein einführender Kommentar*. Paderborn

Hartmann, K. (1999): *Hegels Logik*. (Hrsg. v. O. Müller) Berlin/New York

Arndt, A. u. Iber, Ch., hrsg. (2000): *Hegels Seinslogik*. Berlin

Harnischmacher, I. (2001): *Der metaphysische Gehalt der Hegelschen Logik*. Stuttgart-Bad Cannstatt

Schäfer, R. (2001): *Die Dialektik und ihre besonderen Formen in Hegels Logik. Entwicklungsgeschichtliche und systematische Untersuchungen*. Hamburg (HST Beiheft 45)

6. 哲学的プロペドイティークとエンチュクロペディー

Fulda, H. F. (1985): *Hegels Heidelberger Encyklopädie*. In: W. Doerr u.a., hrsg.: *Semper Apertus. Sechshundert Jahre Ruprecht-Karls-Universität Heidelberg 1386-1986*. 6 Bde. Berlin/Heidelberg. Bd II, S. 298-320

Nuzzo, A. (1992): *Logica e Sistema sull'Idea Hegeliana di Filosofia*. Genua

Chiereghin, F., hrsg. (1995): *Filosofia e scienze filosofiche nell' 《Enciclopedia》 Hegeliana del 1817*. Trient

Gloy, K. u. Lambrecht, R., hrsg. (1995): *Bibliographie zu Hegels 〈Enzyklopädie der philosophischen Wissenschaften im Grundrisse〉. Primär- und Sekundärliteratur 1817-1994*. Stuttgart-Bad Cannstatt

* Schnädelbach, H., hrsg. (2000): *Hegels 〈Enzyklopädie der philosophischen Wissenschaften〉 (1830). Ein Kommentar zum Systemgrundriß*. Frankfurt/M

7. 自然哲学

Horstmann, R. P. u. Petry, M., hrsg. (1986): *Hegels Philosophie der Natur. Beziehungen zwischen empirischer und spekulativer Naturerkenntnis*. Stuttgart

Petry, M., hrsg. (1987): *Hegel und die Naturwissenschaften*. Stuttgart

Falkenburg, B. (1987): *Die Form der Materie. Zur Metaphysik der Natur bei Kant und Hegel*. Frankfurt/M

Gloy, K. u. Burger, P., hrsg. (1993): *Die Naturphilosophie im Deutschen Idealismus*. Stuttgart-Bad Cannstatt

Burbidge, J. W. (1996): *Real Process. How Logic and Chemistry Combine in Hegel's Philosophy of Nature*. Toronto

Wahsner, R. (1996): *Zur Kritik der Hegelschen Naturphilosophie. Über ihren Sinn im Lichte der heutigen Naturerkenntnis*. Frankfurt/M

Kalenberg, Th. (1997): *Die Befreiung der Natur. Natur und Selbstbewußtsein in der Philosophie Hegels*. Hamburg

8. 人間学、心理学、言語哲学、主観的精神の哲学

Bodammer, Th. (1969): *Hegels Deutung der Sprache*. Hamburg

Pippin, R. B. (1989): *Hegel's Idealism. The Satisfaction of Self-Consciousness*. Cambridge

Wolff, M. (1992): *Das Körper-Seele-Problem. Kommentar zu Hegel, Enzyklopädie (1830), §389*. Frankfurt/M

Stederoth, D. (2001): *Hegels Philosophie des subjektiven Geistes. Ein komparatorischer Kommentar*. Berlin

Fulda, H. F. (2001): *Anthropologie und Psychologie in Hegels Philosophie des subjektiven Geistes*. In: *Idealismus als Theorie der Repräsentation?* Hrsg. v. R. Schumacher. Paderborn. S. 101-129

9. 法哲学、客観的精神の哲学（歴史哲学を含む）

Riedel, M., hrsg (1975): *Materialien zu Hegels Rechtsphilosophie*. 2 Bde. Frankfurt/M. （比較的早期の）影響史と（比較的最近の）解釈史のテクストを集成した貴重なもの。啓発的な手引きと選り抜きの文献が掲載されている。

Ottmann, H. (1977): *Individuum und Gemeinschaft bei Hegel. Band I: Hegel im Spiegel der Interpretationen*. Berlin/New York. 体系的な意図からする詳細な文献報告。

* Siep, L., hrsg. (1997): *G. W. F. Hegel: Grundlinien der Philosophie des Rechts*. (Reihe *Klassiker Auslegen* Bd. 9). Berlin

* Schnädelbach, H. (2000): *Hegels praktische Philosophie*. Frankfurt/M

McCarney, J. (2000): *Hegel on History*. London

Lübbe-Wolff, G. (1981): *Hegels Staatsrecht als Stellungnahme im ersten preußischen Verfassungskampf*. In: Zeitschrift für philosophische Forschung 35

10. 絶対精神の哲学全体

Theunissen, M. (1970): *Hegels Lehre vom absoluten Geist als theologisch-politischer Traktat.* Berlin/New York

Bourgeois, B. (1991): *Eternité et historicité de l'esprit selon Hegel.* Paris

11. 芸術哲学

Bartsch, H. (1966): *Register zu Hegels Vorlesungen über die Ästhetik.* Stuttgart-Bad Cannstatt (reprint)

Henckmann, W. (1969): *Bibliographie zur Ästhetik Hegels.* In: HST 5. Bonn. S. 379-427

Gombrich, E. H. (1977): *Hegel und die Kunstgeschichte.* In: Kulturamt der Stadt Stuttgart. hrsg.: *Hegel-Preis-Reden 1977.* Stuttgart

Gethmann-Siefert. A. u. Pöggeler, O., hrsg. (1986): *Welt und Wirkung von Hegels Ästhetik.* Bonn (HST Beiheft 27)

Bradl, B. (1998): *Die Rationalität des Schönen bei Kant und Hegel.* München

Arndt, A., Bal, K. u. Ottmann, H., hrsg. (1999): *Hegels Ästhetik. Die Kunst der Politik – Die Politik der Kunst.* Berlin (Hegel-Jahrbuch 1999)

12. 宗教哲学、哲学の哲学

Graf, F. W. u. Wagner, F. (1982): *Die Flucht in den Begriff. Materialien zu Hegels Religionsphilosophie.* Stuttgart. 1981 年までの詳細な文献リストを含む。

* Jaeschke. W. (1983): *Die Religionsphilosophie Hegels.* Darmstadt.

Henrich, D. u. Horstmann, R.-P., hrsg. (1984): *Hegels Logik der Philosophie. Religion und Philosophie in der Theorie des absoluten Geistes.* Stuttgart

Jaeschke, W. (1986): *Die Vernunft in der Religion. Studien zur Grundlegung der Religionsphilosophie Hegels.* Stuttgart-Bad Cannstatt

13. 哲学史

* Düsing, K. (1983): *Hegel und die Geschichte der Philosophie. Ontologie und Dialektik in Antike und Neuzeit.* Darmstadt. この書には詳細な文献目録が含まれている。

O'Malley, J. J. et al., hrsg. (1974): *Hegel and the History of Philosophy.* Den Haag (詳細な文献目録は、194 から 236 ページ)

D'Hondt, J., hrsg. (1974): *Hegel et la pensée grecque.* Paris

D'Hondt, J., (1974): *Hegel et le siècle des Lumiers.* Paris (イタリア語 Neapel 2001)

Walker, J. (1995): *History, Spirit and Experience. Hegels Conception of the Historical Task of Philosophy in his Age.* Frankfurt/M

Fulda, H. F. u. Horstmann, R.-P., hrsg. (1996): *Skeptizismus und spekulatives Denken in der Philosophie Hegels.* Stuttgart

D'Hondt, J. (1998): *Hegel et les Français.* Hildesheim

Halfwassen, J. (1999): *Hegel und der Neuplatonismus. Untersuchungen zur Metaphysik des Einen und des Nous in Hegels spekulativer und geschichtlicher Deutung.* Bonn

(HST Beiheft 40)
* Fulda, H. F. (1999): *Philosophie als Selbsterkenntnis der Vernunft. Warum und wie wir Philosophiegeschichte studieren sollten.* In: *Wahrheit und Geschichte.* Hrsg. v. W. Carl u. L. Daston. Göttingen. S. 17-38

D. ヘーゲルの影響史

I. その影響が記録されているか、明らかである、1950年以前の著作

Schelling, F. W. J. (1827): *Zur Geschichte der neueren Philosophie. Münchener Vorlesungen.* シェリング全集第I部10巻。3ページ以下、特に126ページ以下。

Fries, J. F. (1828): *Nichtigkeit der Hegelschen Dialektik.* In: Ders., Sämtliche Schriften. Hrsg. v. G. König u. L. Geldsetzer. Bd. 24. Aalen 1978. S. 755 ff.

Cousin, V. (1828): *Introduction à l'histoire de la philosophie.* Paris (講義後、ただちに印刷された)

Herbart, J. F. (1828/ 29): *Allgemeine Metaphysik nebst den Anfängen der philosophischen Naturlehre.* In: Ders., Sämtliche Werke. Langensalza 1892/ 93. Bd.VII (§§ 100-110) und Bd.VIII (§§ 224-229)

Feuerbach, L. (匿名). (1830) : *Gedanken über Tod und Unsterblichkeit, aus den Papieren eines Denkers... herausgegeben von einem seiner Freunde.* Nürnberg

Stahl, F. J. (1830/ 33/ 37): *Die Philosophie des Rechts nach geschichtlicher Ansicht.* 2 Bde. Heidelberg

Weiße, Ch. H. (1832): *Ueber das Verhältniß des Publicums zur Philosophie in dem Zeitpuncte von Hegels Abscheiden. Nebst einer kurzen Darlegung meiner Ansicht des Systems der Philosophie.* Leipzig

Fichte, I. H. (1832): *Über Gegensatz, Wendepunkt und Ziel heutiger Philosophie.* Heidelberg

Gans, E. (1832/ 33): *Naturrecht und Universalrechtsgeschichte.* (Vorlesung in Berlin; Nachschrift v. I. Hegel). Hrsg. v. M. Riedel. Stuttgart 1981

Strauß, D. F. (1835/ 36): *Das Leben Jesu kritisch bearbeitet.* 2 Bde. Tübingen

Strauß, D. F. (1837): *Streitschriften zur Verteidigung meiner Schrift über das Leben Jesu und zur Charakteristik der gegenwärtigen Theologie.* Heft 3. Tübingen 1837; insbes. S. 95 ff.

Michelet, C. L. (1838): *Geschichte der letzten Systeme der Philosophie in Deutschland von Kant bis Hegel. Theil 2.* Berlin

Schubarth, K. E. (1839): *Über die Unvereinbarkeit der Hegelschen Staatslehre mit dem obersten Lebens- und Entwicklungs-Princip des preußischen Staates.* Breslau. M. Riedel. Materialien... Bd. 1. Frankfurt/M 1975. の内にある。

Fries, J. F. (1840): *Die Geschichte der Philosophie.* Band 2. Halle. Anhang §7. In: Ders. Sämtliche Schriften. Bd. 19. A. a. O. 1969

Trendelenburg, A. (1840): *Logische Untersuchungen.* Leipzig ^{3}1870

Schelling, F. W. J. (1841/42):*Philosophie der Offenbarung*. Erstes Buch, 5.-8. Vorlesung. シェリング全集第II部3巻、86ページ以下。

Marx, K. (1843): *[Kritik des Hegelschen Staatsrechts]* (草稿。Kreuznach にて執筆). In: Ders., Frühe Schriften. Erster Band. Hrsg. v. H. -J. Lieber u. P. Furth. Darmstadt 1962, S. 258-426

Staudenmaier, F. A. (1844): *Darstellung und Kritik des Hegelschen Systems. Aus dem Standpunkte der christlichen Philosophie*. Mainz

Kierkegaard, S. (1844): *Philosophiske Smuler eller en Smule Philosophie...* Kopenhagen. ドイツ語書名 : *Philosophische Bissen oder ein bißchen Philosophie von Johannes Climacus. Hrsg. v. S. Kierkegaard*. Übersetzt u. mit Einleitung u. Kommentar hrsg. v. H. Rochol. Hamburg 1989

Marx, K. u. Engels, F. (1845/46) *Die Deutsche Ideologie. Kritik der neuesten deutschen Philosophie in ihren Repräsentanten Feuerbach, B. Bauer und Stirner, und des deutschen Sozialismus in seinen verschiedenen Propheten* (草稿). In: K. Marx, Frühe Schriften. Hrsg. v. H.-J. Lieber u. P. Furth. a. a. O. Bd. 2, S. 5-655

Schopenhauer, A. (1850): *Über die Universitätsphilosophie*. In: Ders., *Parerga und Paralipomena*. (Werke in fünf Bänden. Nach den Ausgaben letzter Hand hrsg. v. L. Lütkehaus. Zürich 1988. Bd. 4. S. 139 ff.)

Erdmann, J. E. (1853): *Versuch einer wissenschaftlichen Darstellung der Geschichte der neueren Philosophie*. 3. Abt.: *Die Entwicklung der deutschen Spekulation seit Kant*. Bd. 2. Leipzig. (§§ 46 ff.)

Vera, A. (1855): *Introduction à la philosophie de Hegel*. Paris/London

Haym, R. (1857): *Hegel und seine Zeit*. Berlin

Rößler, C. (1857): *System der Staatslehre*. Halle

Stirling, J. H. (1865): *The Secret of Hegel*. 2 Bde. London

Spaventa, B. (1867): *Principi di filosofia. La conoscenza e la logica*. Neapel

Spaventa, B. (1868): *Studi sull'etica di Hegel*.

Hartmann, E. v. (1868): *Über die dialektische Methode*. Berlin. (Reprint Darmstadt 1963)

Rosenkranz, K. (1870): *Hegel als deutscher Nationalphilosoph*. Leipzig

Michelet, C. L. (1870): *Hegel, der unwiderlegte Weltphilosoph*. Leipzig

Lasson, A. (1882): *System der Rechtsphilosophie*. Berlin/Leipzig

Caird, E. (1883): *Hegel*. Edinburgh/London

Dilthey, W. (1888): *Briefe von und an Hegel* (Rezension). In: *Archiv für Geschichte der Philosophie*. Bd. 1, S. 289 ff.

Bosanquet, B. (1888): *Logic, or the Morphology of Knowledge*.

Bosanquet, B. (1892): *History of Aesthetic*. London

Mc Taggart, J. E. (1896): *Studies in the Hegelian Dialectic*. Cambridge

Bosanquet, B. (1899): *Philosophical Theory of the State*. London

Fischer, K. (1901): *Hegels Leben. Werke und Lehre*. 2 Bde. Heidelberg

Mc Taggart, J. E. (1901): *Studies in Hegelian Cosmology*. Cambridge
Dilthey, W. (1905): *Die Jugendgeschichte Hegels*. Berlin
Croce, B. (1906): *Ciò che è vivo e ciò che è morto nella filosofia di Hegel*. Bari. ドイツ語書名 : *Lebendiges und Totes in Hegels Philosophie*. Heidelberg 1909
Nohl, H., hrsg. (1907): *Hegels theologische Jugendschriften nach den Handschriften der Kgl. Bibliothek in Berlin*. Tübingen
Windelband, W. (1910): *Die Erneuerung des Hegelianismus*. Heidelberg
Mc Taggart, J. E. (1910): *A Commentary on Hegel's Logic*. Cambridge
Bosanquet, B. (1912): *The Principle of Individuality and Value*. London
Gentile, G. (1913): *La riforma della dialettica hegeliana*. Messina
Lenin, W. I. (1914/15): *Philosophische Hefte*. In: Ders., Werke. Dt. Ausgabe. Bd. XX. Berlin 1964
Heidegger, M. (1919 ff.): *Der Deutsche Idealismus (Fichte, Hegel, Schelling) und die philosophische Problemlage der Gegenwart*. In: Ders., Gesamtausgabe. Bd. 28. Frankfurt/M 1997
Rosenzweig, F. (1920): *Hegel und der Staat*. 2 Bde. München/Berlin (Reprint Aalen 1962)
Kroner, R. (1921/24): *Von Kant bis Hegel*. 2 Bde. Tübingen
Mc Taggart, J. E. (1921/27): *The Nature of Existence*. 2 Bde. Cambridge
Wahl. J, (1929): Le malheur de la conscience dans la philosophie de Hegel. Paris ([2]1951)
Haering, Th. (1929/ 38): *Hegel. Sein Wollen und sein Werk*. 2 Bde. Leipzig
Heidegger, M. (1930/ 31): *Hegels Phänomenologie des Geistes*. In: Ders., Gesamtausgabe. Bd. 32. Frankfurt/M 1997
Binder, J., Busse. M. u. Larenz, K. (1931): *Einführung in Hegels Rechtsphilosophie. Vorträge*. Berlin
Heidegger, M. (1933): *Die Grundfrage der Philosophie.* (講義). In: Ders., Gesamtausgabe. Bd. 36. Frankfurt/M 2001
Heidegger, M. (1938 ff.): *Hegel. 1. Die Negativität. 2. Erläuterung der 〈Einleitung〉 zu Hegels 〈Phänomenologie des Geistes〉*. In: Ders., Gesamtausgabe. Bd. 68. Frankfurt/ M 1993
Russell, B. (1940): *History of Western Philosophy and its Connection with Political and Social Circumstances from the Earliest Times to the Present Day*. London (Ch. XXII: Hegel)
Popper, K. R. (1945): *The Open Society and its Enemies. Vol. II. The High Tide of Prophecy. Hegel, Marx, and the Aftermath*. London. ドイツ語書名 : *Die offene Gesellschaft und ihre Feinde. Bd. II. Falsche Propheten. Hegel, Marx und die Folgen*. Bern 1958 u. ö.
Hyppolite, J. (1946): *Genèse et structure de la Phénoménologie de l'Esprit de Hegel*. Paris
Kojève, A. (1947): *Introduction à la lecture de Hegel. Leçons sur la Phénoménologie de*

l'Esprit. Paris. ドイツ語書名（全訳ではない）: *Hegel*. Versuch einer Vergegenwärtigung seines Denkens. Hrsg. v. I. Fetscher. Stuttgart 1958

Merleau-Ponty, M. (1948): *Sens et non-sens*. Paris

Lukács, G. (1948): *Der junge Hegel und die Probleme der kapitalistischen Gesellschaft*. Zürich/Wien

Joachim, H. H. (1948): *Logical Studies*. Postum hrsg. v. L. J. Beck. Oxford.（講義集 1927-35）

Heidegger, M. (1950): *Hegels Begriff der Erfahrung*. In: Ders., Holzwege. Frankfurt/M

Ⅱ. 1950年以後、二次文献のテーマとされたヘーゲルの影響

* Löwith, K. (1941): *Von Hegel zu Nietzsche. Der revolutionäre Bruch im Denken des neunzehnten Jahrhunderts*. Zürich. (Stuttgart ²1950, ³1953)

* Passmore, J. (1957): *A Hundred Years of Philosophy. London.* (*Kap.3 u.4*)

Tschizewskij, D., hrsg. (²1961): *Hegel bei den Slawen*. Darmstadt (Reichenberg ¹1934, unter Cyzevs'kyj)

Löwith, K., hrsg. (1962): *Die Hegelsche Linke*. Stuttgart-Bad Cannstatt (H. Heine, A. Ruge, M. Hess, M. Stirner, B. Bauer, L. Feuerbach, K. Marx, S. Kierkegaard に関する論考を含む)

Lübbe, H., hrsg. (1962): *Die Hegelsche Rechte. Texte aus den Werken von F. W. Carové, J. E. Erdmann, K. Fischer, E. Gans, H. F. Hinrichs, C. L. Michelet, H. B. Oppenheim, K. Rosenkranz und C. Rößler ausgewählt und eingeleitet*... Stuttgart-Bad Cannstatt

Stuke, H. (1963): *Philosophie der Tat. Studien zur《Verwirklichung der Philosophie》bei den Junghegelianern und den wahren Sozialisten*. Stuttgart

Gebhardt, J. (1963): *Politik und Eschatologie. Studien zur Geschichte der Hegelschen Schule in den Jahren 1830-40*. München

Saß, H. M. (1963): *Untersuchungen zur Religionsphilosophie in der Hegelschule 1830-1850*. Münster (学位論文)

Lübbe, H. (1963): *Politische Philosophie in Deutschland. Studien zu ihrer Geschichte*. Basel/Stuttgart

Richter, M. (1964): *The Politics of Conscience*. London

Easton, L. D. (1967): *Hegel's First American Followers*. Athens/Ohio

Topitsch, E. (1967): *Die Sozialphilosophie Hegels als Heilslehre und Herrschaftsideologie*. Neuwied/Berlin

Thulstrup, N. (1969): *Kierkegaards Verhältnis zu Hegel. Forschungsgeschichte*. Stuttgart (²1971)

Kaltenbrunner, G. K., hrsg. (1970): *Hegel und die Folgen*. Freiburg

Negt, O., hrsg. (1970): *Aktualität und Folgen der Philosophie Hegels*. Frankfurt/M

Theunissen, M. (1970): *Die Verwirklichung der Vernunft. Zur Theorie-Praxis-Diskussion im Anschluß an Hegel*. Tübingen (Philosophische Rundschau Beiheft

6)
Thulstrup, N. (1972): *Kierkegaards Verhältnis zu Hegel und zum spekulativen Idealismus. Historisch-analytische Untersuchung.* Stuttgart
Verra, V., hrsg. (1972): *L'opera e l'eredità di Hegel.* Bari
Goetzmann, W. H., hrsg. (1973): *The American Hegelians. An Intellectual Episode in the History of Western America.* New York
Planty-Bonjour, G. (1974): *Hegel et la pensée philosophique en Russie 1830-1917.* Den Haag
Kiesewetter, H. (1974): *Von Hegel bis Hitler. Eine Analyse der Hegelschen Machtstaatsideologie und der politischen Wirkungsgeschichte des Rechtshegelianismus.* Hamburg ([2]1995)
Bernstein, R. J. (1977): *Why Hegel now?* In: Review of Metaphysics 31, S. 29-60
Cesa, C. (1978): *Hegel in Italien. Positionen im Streit um die Interpretation der Hegelschen Rechtsphilosophie.* In: Allgemeine Zeitschrift für Philosophie Bd. 3, Heft 2. Stuttgart-Bad Cannstatt
Jaeschke, W (1979 a): *Staat aus christlichem Prinzip und christlicher Staat. Zur Ambivalenz der Berufung auf das Christentum in der Rechtsphilosophie Hegels und der Restauration.* In: Der Staat. 18. Bd. Berlin
Jaeschke, W (1979 b): *Urmensch und Monarchie. Eine politische Christologie der Hegelschen Rechten.* In: HST Bd. 14. Bonn
D'Hondt, J. (1982): *Hegel et l'hégélianisme.* Paris
Horstmann, R.-P. (1984): *Ontologie und Relationen. Hegel, Bradley, Russell und die Kontroverse über interne und externe Relationen.* Königstein
Dietl, P. G. (1988): *Die Rezeption der Hegelschen Rechtsphilosophie in der Sowjetunion. Eine kritische Rekonstruktion ihrer Wirkunsgeschichte.* Frankfurt/M
Losurdo, D. (1989): *Hegel und das deutsche Erbe. Philosophie und nationale Frage zwischen Revolution und Reaktion.* Köln
Losurdo, D. (1993): *Zwischen Hegel und Bismarck. Die achtundvierziger Revolution und die Krise der deutschen Kultur.* Berlin
Fulda, H. F. (1998): *Die Hegelforschung am Ende unseres Jahrhunderts.* In: Information Philosophie. 26. Jg., Heft 2. Lörrach. S. 7-18

E. 雑録

Achenwall, G. u. Pütter, J. St. (1750): *Elementa iuris naturae.* Göttingen. (二言語、übers. u. hrsg. v. J. Schröder. *Anfangsgründe des Naturrechts/Elementa iuris naturae.* Frankfurt/M 1995)
Meier, G. F. (1783): *Alexander Gottlieb Baumgartens... Metaphysik.* Halle. (Baumgarten の Metaphysica. Halle 1757 のドイツ語訳、パラグラフ番号は異なる。)
Haller, C. L. (1816 ff.): *Restauration der Staatswissenschaft oder Theorie des*

natürlichgeselligen Zustands, der Chimäre des Künstlich-Bürgerlichen entgegengesetzt. 6 Bde. Winterthur

Schelling, F. W. J. (1856 ff.): *Sämtliche Werke.* Hrsg. v. K. F. A. Schelling. Stuttgart/Augsburg (シェリング全集)

Kant, I. (1900 ff.): *Gesammelte Schriften.* Akademie-Ausgabe. Berlin (カント全集)

Rousseau, J.-J. (1959 ff): *Œuvres complètes.* Bibliothèque de la Pléiade. Hrsg. v. B. Gagnebin u. M. Raymond. Paris (ルソー全集)

Fichte, J. G. (1964 ff.): *Gesamtausgabe der Bayerischen Akademie der Wissenschaften.* Hamburg (フィヒテ全集)

Miller, A. (1983): *Das Drama des begabten Kindes.* Frankfurt/M.

Kosellek, R., hrsg. (1990): *Bildungsbürgertum im 19. Jahrhundert. Teil II. Bildungsgüter and Bildungswissen.* Stuttgart